博士论文
出版项目

鄂尔浑—叶尼塞碑铭语法标注及动词研究

Grammar Label of Orkhon-Yenisey Inscription and Study on Its Verbs

崔　焱　著

中国社会科学出版社

图书在版编目（CIP）数据

鄂尔浑—叶尼塞碑铭语法标注及动词研究 / 崔焱著. —北京：中国社会科学出版社，2023.6

ISBN 978-7-5227-2288-7

Ⅰ. ①鄂… Ⅱ. ①崔… Ⅲ. ①突厥语–碑铭学–研究–中国 Ⅳ. ①H211.3 ②K877.424

中国国家版本馆 CIP 数据核字（2023）第 136394 号

出 版 人 赵剑英
责任编辑 宫京蕾
责任校对 季 静
责任印制 郝美娜

出 版 中国社会科学出版社
社 址 北京鼓楼西大街甲 158 号
邮 编 100720
网 址 http://www.csspw.cn
发 行 部 010–84083685
门 市 部 010–84029450
经 销 新华书店及其他书店

印 刷 北京君升印刷有限公司
装 订 廊坊市广阳区广增装订厂
版 次 2023 年 6 月第 1 版
印 次 2023 年 6 月第 1 次印刷

开 本 710×1000 1/16
印 张 27.5
插 页 2
字 数 391 千字
定 价 168.00 元

凡购买中国社会科学出版社图书，如有质量问题请与本社营销中心联系调换
电话：010–84083683

出版说明

为进一步加大对哲学社会科学领域青年人才扶持力度，促进优秀青年学者更快更好成长，国家社科基金2019年起设立博士论文出版项目，重点资助学术基础扎实、具有创新意识和发展潜力的青年学者。每年评选一次。2021年经组织申报、专家评审、社会公示，评选出第三批博士论文项目。按照“统一标识、统一封面、统一版式、统一标准”的总体要求，现予出版，以飨读者。

全国哲学社会科学工作办公室

2022年

摘　　要

鄂尔浑—叶尼塞碑铭是指保留在从鄂尔浑河到多瑙河、从雅库特到沙漠地带及叶尼塞河上游地带的辽阔区域内的用古代突厥文刻写的众多铭文。鄂尔浑—叶尼塞碑铭文献不仅是研究突厥语族语言文字的第一手材料，对研究突厥语族语言文字史也有着重要作用。弄清碑铭文献的内容，专注于碑铭文献语言的本体研究，特别是对其动词系统的综合梳理，将对突厥语族语言学、阿尔泰语言学、中亚史、丝绸之路研究有着重要的学术价值。

古代突厥语属于阿尔泰语系突厥语族，是典型的 SOV 黏着型语言，构词和构形附加成分丰富。有格、单复数、时、体、态、式、肯定和否定、人称和数、名词化成分（名动词）、形容词化成分（形动词）、副词化成分（副动词）等语法功能成分。本书上编部分对《阙特勤碑》《毗伽可汗碑》《暾欲谷碑》三大鄂尔浑—叶尼塞碑铭、《铁兹碑》《铁尔痕碑》以及五方叶尼塞碑铭进行语法标注，首次将语法标注应用到碑铭语言的实际研究中去。在具体标注中，实义词标注汉语语义，功能词标注英文术语简称，词缀尽量切分到最小单元进行语法标注。本书对鄂尔浑—叶尼塞碑铭的语法标注体系以莱比锡大学语法标注规则（Leipzig glossing rules）的十条系统为基础，参考黄成龙《濒危语言语料标注模板》，缩略语以莱比锡大学语法标注规则（Leipzig glossing rules）的附录和黄成龙（2005，2006）语法标注缩

略语为基础，同时参考以维吾尔语为代表的力提甫·托乎提（2012）和王海波、阿力木江·托乎提（2016）的现代突厥语族语言语法缩略语形式。结合文献学传统四行对照的方法，第一行为原文行，第二行为转写行，第三行为分析行，第四行为翻译行，做到系统、全面、精细地描写碑铭语言，可以为早期及近代突厥文献语言和现代突厥语族诸语言研究加以补充、提供参考。在描写语言学领域内，以往传统观念总是把记录语料作为语法著作的附录，数量较少且处于附属地位。本书下编对鄂尔浑—叶尼塞碑铭语言的动词研究是建立在标注文本基础上，上编的标注文本与下编的动词研究二者处于同等地位。这种以传统文章附录作为正篇的研究思路既是对文本语料缺乏的弥补，也推进了语言研究迈入新的领域。文本标注不仅是一种语言研究方法，还可以是未来语言研究的一种范式，一种探索文化的、理解社会的范式，特别是对古代突厥文的文本标注和数字化建设，可以使之焕发新的学术活力。

本书下编是对鄂尔浑—叶尼塞碑铭语言动词的词法及形态描写。自 1893 年丹麦语言学家汤姆森成功解读古代突厥文以来，世界各国不但陆续发现了大量用古代突厥文记录的碑铭和纸质文献，而且相继对这些文献进行了卓有成效的解读和研究。但纵观目前的研究成果，对文献语言特别是动词的研究还有很大的深入和完善的空间，尤其在国内学界，尚未出现结合现代语言学理论的全面研究。因此，笔者选择从碑铭的语言角度，选取形态变化最为丰富的动词作为切入口，对鄂尔浑—叶尼塞碑铭文献展开研究。

本书首先介绍了鄂尔浑—叶尼塞碑铭的发现、刊布等情况，回顾总结了国内外对鄂尔浑—叶尼塞碑铭语言方面的研究成果。主体部分包括动词的分类及构词、语态范畴、肯定和否定范畴、时态范畴、体范畴、静词性动词、副动词、系动词等。在动词分类部分特别谈到了构词轻动词，包括 bol-、qïl-及 qïs-三种形式；语态部分包括主动态、使动态、被动态、交互共同态和使动态；时态部分包括时语缀、人称语缀、过去时人称语缀、现在—将来时人称语缀、将来时人称语缀；

体部分包括可能体、完成体、能动体、呈现体、持续体、重复体、尝试体、为他体八种体的形式；式范畴包括陈述式和祈使—愿望式，还另外交代了条件标记的情况；静词性动词包括名动词与形动词两类；副动词包括-a 副动词、-p 副动词、-uyïn 副动词、-matïn 副动词、-ɣalï 副动词；系动词主要谈了 är-系动词。通过上编对三大碑的语料标注分析，可在下编对动词词法及形态范畴的研究中描述出动词构词、构形语缀及各语法范畴在三大碑中出现的次数，以直观全面地考察碑铭文献中的动词，这也是本书的创新之处。采用定量与定性相结合的集成方法，将三大碑中所收动词的构词、构形及各形态范畴的附加成分量化，对各种词法及形态范畴的意义予以定性的平面描写，由此考察动词构词及形态范畴的意义；在分类统计的基础上，排列出三大碑动词附加成分及各形态范畴出现次数表，以此考察碑铭语言时期这些附加成分的表现能力，为突厥语言史研究提供比较可靠的数据。同时，在每章节分析之后，力图将鄂尔浑—叶尼塞碑铭语言与现代突厥语族语言的动词情况进行对照，旨在为突厥语族语言演变发展的历时研究提供参考。附录是对鄂尔浑—叶尼塞三大碑、《铁兹碑》《铁尔痕碑》与五方叶尼塞碑铭所涉及的全部动词所做的动词表，包括古代突厥文拉丁字母转写、汉译、出现位置及例句。

本书是在共时层面对碑铭文献中的动词做了形态分析和描写，共时描写可以为历时研究提供基础。要在整体上认识突厥语族诸语言动词的固有特点，对它进行历史的比较研究，首先应该对突厥语族诸语言的动词进行详尽的共时比较研究，找出其形式结构和形式的内涵意义上的差别。只有这样，才能正确认识突厥语族诸语言动词的实质，才能使突厥语族诸语言动词的历史比较研究成为可能。

本书采取部分历史类型学的相关理论观点，语言不仅是一个共时系统，也是一个历时的系统。这是语言发展呈现出的动态的一面。历时语言学研究语言各个阶段的发展变化，研究语言的历史发展规律。古代突厥碑铭文献语言是最早的共同部落方言，在研究碑铭文献语言时，采用历时语言学的方法，将其放入突厥语言史的纵向发展中，与

后期的回鹘文献语言及现代维吾尔语、哈萨克语等现代突厥语族语言进行比较，以考察其各动词要素从古到今的发展脉络，整体把握语言系统的连续性。

统计学目前已经发展成为自然科学和社会科学广泛应用的一种科学分析方法。在语言学研究中，很多分支学科也大量地采用了统计方法。实践证明，正确地使用统计方法及其统计结果，可以为定性描写研究提供精确的数量依据，从而减少研究中的主观臆断，有效地解释所研究的问题。碑铭文献语言的研究也和语言学研究的整体状况一样，以前的研究多侧重于定性研究和描写研究，较少注意定量的统计分析和研究。但随着科学的不断发展，特别是计算机的广泛运用，为碑铭文献语言的定量统计研究提供了有利的条件。

关键词： 鄂尔浑—叶尼塞；碑铭；语法标注；动词；范畴

Abstract

Orhon-Yenisey Inscriptions refer to the numerous inscriptions written in old Turk language that remain in the vast areas from the Orkhon to the Danube, from Yakutia to the desert and the upper reaches of the Yenisei River. Orhon-Yenisey inscription literature is not only the first-hand material for the study of old Turk languages, but also plays an important role in studying the history of old Turk languages. Make clear the contents of inscription documents and focus on the ontological study of inscription document language, especially, a comprehensive review of the verb system will be of great academic value to the studies of turkic linguistics, altaic linguistics, central Asian history and the silk road.

The old Turkic language belongs to the Turkic family of Altaic, it is a typical SOV adhesive language with abundant additional elements of word formation and configuration. There are ase, singular and plural, hour, aspect, state, formula, positive and negative, person and number, nominal components (nominal verbs), adjective components (adverbs), adverbial components (adverbs) and other grammatical functional components.The upper part of the paper is to carry out the grammatical marking on the <Küli Tigin> Inscription, the <Bilge Qaɣan> Inscription, the <Tunyukuk> Inscription, the <Tez> Inscription, the <Terkhin>

Inscription .and the fiveYenisey inscriptions, it is the first time to apply grammar annotation to the actual study of inscription language. In the specific annotation, content words are marked with Chinese semantics, function words are marked with English term abbreviations, the affix is divided into the smallest unit as far as possible for grammatical annotation. The annotation system refers to Huang Chenglong's <Endangered Language Corpus Annotation Template>. Abbreviations are based on Leipzig glossing rules, Huang Chenglong(2005,2006) Litip(2012), Huang Haibo and Alimjan(2016). Combined with the traditional four-line comparison method in philology, the first line is the original line, the second line is the transliteration line, the third line is the analysis line, and the fourth line is the translation line, to describe the inscription language systematically, comprehensively and meticulously. It can supplement and provide references for the language research of early and modern Turkic literature languages and modern Turkic languages.

The second part is the lexical and morphological description of Orkhon-Yenisey inscription linguistic verbs. Since Danish linguist Thomson successfully interpreted old Turk in 1893, countries around the world have not only discovered a large number of inscriptions and paper documents recorded in old Turk languages, but have also conducted effective interpretation and research of these documents. However, throughout the current research results, there is still a lot of room for the study of literature language, especially verbs, especially in the domestic academic circles, there is no comprehensive study combined with modern linguistic theory. Therefore, from the linguistic perspective of the inscription, this book chooses the verb with the most abundant morphological changes as the entry point, and studies the Orkhon-Yenisey inscription literature.

First, the introduction and publication of the Orkhon-Yenisey

inscription were introduced, review and summarize the linguistics research results at domestic and overseas advance. The main part includes the classification and word formation of verbs, voice category, positive and negative categories, temporal categories, aspect categories, static verbs, adverbs, system verbs and so on. In the verb classification section, we talk about the word-forming light verbs in particular, include bol-、qïl-and-qïs three forms. The morpheme part includes the main dynamic, the dynamic, the dynamic, the anti-body state, the interactive state and the common state. At the same time, the causative structure of Orhon-Yenisey inscription is introduced. The tenses include tenses suffix, personal tenses, past tenses, present-future tenses and future tenses. The aspect part of the verb includes eight forms: the possible aspect, the perfect aspect, the movable body, the presenting aspect, the persistent aspect, the repetitive aspect, the trial aspect, and the other forms. The formula category includes declarative and imperative-desirable, and additionally accounts for the case of conditional markers. There are two kinds of static verbs: noun verbs and adjective verbs. Adverbs include -a adverb、-p adverb、-uyïn adverb、-matïn adverb、-ɣalï adverb. Link verbs mainly talk about är- link verb. Based on the corpus annotation analysis of the three monuments, in the next part of the paper, we can describe the number of times that verb formation, affixes and grammatical categories appear in the three monuments, intuitive and comprehensive examination of the verbs in the inscription literature is also the innovation of this article. Integrated approach combining quantitative and qualitative, quantifying the word-formation, conformation and additional components of the verbs received in the three monuments. The meanings of various lexical and morphological categories are qualitatively described in a plane, so as to investigate the meanings of verb formation and morphological categories, on the basis of classification statistics, the three major monumental verb

additional components and the appearance frequency of each form category are arranged, in this way, the performance of these additional components in the inscription language is examined, provide more reliable data for the study of Turkic language history. At the same time, after analyzing each chapter, we try to compare the verbs of ancient Turkic languages with modern Turkic languages, aiming to provide a reference for the diachronic study of the evolution and development of Turkic languages. The appendix is a verb list of all the verbs involved in the three monuments and the five Yenisei inscriptions, including the ancient Turkic Latin alphabet transliteration, Chinese translation, occurrence location, and example sentences. The appendix also contains some plates of the inscriptions of Orhon-Yenisey .

This book analyzes and describes the verbs in the inscription documents at the synchronic level. The synchronic description can provide the basis for diachronic research. It is necessary to understand the inherent characteristics of the verb forms in the turkic languages as a whole, make a comparative study of its history, first of all, a thorough synchronic study of verbs in the Turkic languages should be carried out. Find out the difference in "form structure and form meaning", Only in this way can we understand the essence of the verb forms of the languages of the Turkic language family and make it possible to make a historical comparative study of the verb forms of the languages of the Turkic language family.

This book takes part of the relevant theoretical perspectives of historical typology. Language is not only a synchronic system, but also a diachronic system. This is the dynamic side of language development. Diachronic linguistics studies the development and changes of various stages of language, and studies thc historical development of language. Old Turk inscriptions document language is the earliest common tribal

dialect, when studying the language of inscription documents, diachronic linguistics is adopted. Put it into the vertical development of the history of Turkic languages, and compare it with the later Uyghur literature languages and modern Turkic languages such as modern Uyghur and Kazakh languages. By examining the development of its elements from ancient to modern times, we can grasp the continuity of the language system as a whole.

Statistics has developed into a scientific analysis method widely used in the natural and social sciences. In the study of linguistics, many branch disciplines have also adopted a large number of statistical methods. Practice has proved that the correct use of statistical methods and statistical results can provide accurate quantitative basis for qualitative descriptive research, thus reducing the subjective assumptions in the research, effectively explain the problem under study. The study of the inscription literature language is also the same as the overall situation of linguistics research. Previous studies mostly focused on qualitative research and descriptive research, and paid less attention to quantitative statistical analysis and research. However, with the continuous development of science, especially the widespread use of computers, it has provided favorable conditions for the quantitative statistical research of the inscription literature language.

Key Words: Orkhon-Yenisey; Inscription; Grammar Label; Verb; Category

dialect when studying the language of description documents. [illegible]

[illegible] the [illegible] development of the [illegible]

[illegible] with [illegible] literature

[illegible]

[illegible]

[illegible] as a whole.

[illegible] has developed [illegible]

[illegible] the study of linguistics, [illegible]

[illegible]

[illegible] and statistical [illegible] provide [illegible] basis for

qualitative description [illegible]

[illegible] The [illegible] of

[illegible] research [illegible] studies [illegible] based on quantitative

research and descriptive research, and paid less attention to [illegible]

statistical analysis, and [illegible]

[illegible]

[illegible] favorable [illegible] for the [illegible]

[illegible]

目　　录

下编　鄂尔浑—叶尼塞碑铭动词研究

Contents

Part 2 Study on Orhon-Yenisey Inscription Verb

绪　　论

第一节　鄂尔浑—叶尼塞碑铭与语法标注概述

一　鄂尔浑—叶尼塞碑铭概述

鄂尔浑—叶尼塞碑铭是指保留在从鄂尔浑河到多瑙河、从雅库特到沙漠地带及叶尼塞河上游地带的辽阔区域内的用古代突厥文刻写的众多铭文。在更西面的地区，自阿尔泰山至额尔齐斯河，大致今哈萨克斯坦和吉尔吉斯斯坦全境（尤其是第二突厥汗国首府怛逻斯）以及新疆东北部，也发现了少量可以解读的古代突厥文石刻。这种文字除为我国历史上曾活动于蒙古草原的突厥汗国（公元 552—744 年）使用外，也为回鹘人在西迁新疆塔里木盆地以前（即在漠北的游牧时期）和西迁后初期以及古代居住在叶尼塞河流域的黠戛斯人（今柯尔克孜人的祖先）所使用。因其在外形上近似古代北欧日耳曼民族使用的鲁尼（Rune）文（仅外形相似而已，之间并无渊源关系），所以有学者称为古代突厥鲁尼文。因用这种文字写成的主要碑铭在今蒙古国鄂尔浑（Orhon）河流域发现，故称为鄂尔浑鲁尼文（Orhon Rune Script）。塔拉特・特肯在 1968 年出版了《鄂尔浑突厥语语法》一书

后，以“鄂尔浑突厥文”为命名的也开始多了起来。又因为用此文字刻写的碑铭也在西伯利亚叶尼塞（Yenissei）河流域发现，故也称为叶尼塞文。由此，把鄂尔浑河及叶尼塞河两河流域的碑铭总结在一起，即鄂尔浑—叶尼塞河流域发现的碑铭文字统称为“鄂尔浑—叶尼塞碑铭”。古代突厥文的主要文献虽然发现于鄂尔浑流域和叶尼塞流域，但“鄂尔浑—叶尼塞文”的名称不能涵盖发现突厥文文献或文物的所有地区，例如，东西伯利亚列那河—贝加尔湖地区、阿尔泰地区、新疆和甘肃敦煌、中亚甚至东欧顿涅茨河—多瑙河地区。

古代突厥文是一种音素、音节混合型的文字，由 38～40 个字符构成（因时间和地域不同字符数目也不尽相同），若将分布于塔拉斯河流域、叶尼塞河流域和鄂尔浑河流域碑铭字符的变体计算在内，则至少有 90 个字符。目前，世界各国已发表和刊布的古代突厥文文献（包括碑铭、纸质文献残片、题记、器皿上的刻记、钱币等）约有千件，其内容多为历史传记或历史事件，也有部分墓志铭性质的叙事散文或韵文，极少一部分为宗教文献、法律军事文书和日用品标识。铭文作者多为达官贵人或其至亲、下属，日用品标识的作者多为器皿主人或匠师。

古代突厥文碑铭按政权、部族大致可分为以下七类：

1. 突厥汗国时期的碑铭文献：《雀林碑》《阙特勤碑》《毗伽可汗碑》《暾欲谷碑》《翁金碑》《阙利啜碑》；

2. 黠戛斯碑铭文献：《苏吉碑》；

3. 骨利干族的碑铭文献：指发现于勒拿河、贝加尔湖一带的少量铭文；

4. 西突厥汗国的碑铭文献：《塔拉斯碑》（部分应属西突厥）；

5. 漠北回纥汗国的碑铭文献：《磨延啜碑》《塔里亚特碑》《九姓回鹘可汗碑》《塞富莱碑》《铁兹碑》；

6. 高昌回鹘汗国（包括甘州回鹘王国）文献：《赛维列碑》；

7. 彼切尼克族铭文：指发现于欧洲东部，刻于日常器皿上的铭文。

以上文献中，以突厥汗国、西突厥汗国和回纥汗国碑铭最为重要，研究成果也最为丰富。[①]

二 鄂尔浑—叶尼塞碑铭的语法标注

在中国民族语言研究历程中，资源和语料库建设一直是重中之重。而加强少数民族古籍数字化建设则是保护和传承民族文化的重要手段。本书将首次按照描写语法的基础对鄂尔浑—叶尼塞碑铭语法标注。

类型学研究中对语言材料进行技术处理的一种常见方法，也称为语言行间标注（interlinear glossing），指出现在原始文本（original text）和翻译文本（translation text）之间的一系列对原始文本各成分意义的描述和定义。行间标注的主要功能是能够使读者追踪到原始文本和翻译文本各成分之间的对应关系，帮助读者清楚理解原始语言的结构。

标注是对语料进行语言学意义上的语法标注。语法标注，也称为词类标注、词性标注。或者 POS（part-of-speech tagging）标注。在这种标注过程中，对语料库中的每个词附加一个标记或符号，以此指明这个词的语法类，实际上语法标注是对文本材料进行的一次理解和解释。语料库标注是对语言进行多维度、多层面分析的基础，而此种分析结果的受益者不仅仅限于原标注者，还可对其他人、其他学科有用。语料库利用价值大不大，很大程度上与语料库标注的层次和质量息息相关。

语言标注一般牵涉两种语言：对象语言（object language）和元语言（meta language）。对象语言是被标注的原始语言，就是被描写者所描写的、想使读者了解的目标语言。元语言是指进行标注和翻译所用的语言，一般是文章或著作的写作语言。按照莱曼（Lehmann，2004）的观点，语言标注就是通过使用一连串的元语言成分对对象语言需要处理的材料进行注释。理想状态下，对象语言文本中的每个语

① 耿世民：《古代突厥碑铭研究》，中央民族大学出版社 2005 年版，第 37 页。

素都要使用元语言中的一个语素或其他语言单位进行标注，同时元语言的成分顺序对应于对象语言中被标注成分的顺序。也就是说，语言标注就是使用特定语言对另外一种语言的材料遵循一定规则进行逐词或逐语素标注。有时人们采取更广义的说法，把包括转写、标注和翻译在内的对语料的处理统称为语言标注。需要标注的语言成分大致可以分成两类：词汇性的成分和语法性的成分（functional elements），对象语言中的词汇性成分可以直接使用元语言中语义相同或类似的词或短语进行标注，而语法性成分如虚词、形态等，一般使用该成分的语法类别标签的缩写来标注。

莱曼（Lehmann，2004）详述了语言行间标注的发展。洪堡特（W. v. Humboldt，1836[1963]：534）最先在语言学著作中运用数字对应的标注方法帮助人们把有意义的元语言成分和对象语言中的语素相对应，他使用德语作为元语言解释古代 Nahuatl 语：

对象语言：

1	2	3	4	5	6	7	8	9
ni-	c-	Chihui	-lia	In	no-	Piltzin	ce	calli

元语言：

1	2	3	4	5	6	7	8	9
ich	mache	es	für	der	mein	Sohn	Ein	Haus

对象语言中的语素按从前到后的顺序编码，元语言中相对应的成分标出同样的编码，这样可以看出对象语言中第二个语素 c-和元语言中第三个语素 es 是相对应的语素。

20 世纪 70 年代，人们开始有意识地对语料进行标注，如艾伦（Allan，1977）对泰语的标注：

khru・ lâ・j khon ‘teacher three person’

= ‘three teachers’

早期标注的特点是：格式上不采用上下对齐的方式，并且不区分

词汇形式和功能性的范畴标记，比如上句中把表人的量词 khon 标注为“person”，使人无法辨识“person”是词汇意义还是语法属性。使用词汇意义来对译功能性语素是早期标注的一个特点。

标注语料最晚在20世纪80年代成为语言学著作中处理非写作语言语料的一个常规方法（Lehmann，2004）。但早期的标注无标准，格式常常不统一，把词汇性成分对应于功能性标记的现象很常见。最早关注标注问题的论著是莱曼的《Thoughts on Grammaticalization》。[①]此后莱曼等都尝试建立标注标准。由马普进化人类学研究所语言学系的科姆里（Bernard Comrie）和哈斯普马特（Martin Haspelmath）以及莱比锡大学语言学系比克尔（Balthasar Bickel）三人共同制定的莱比锡标注系统（The Leipzig Glossing Rules）是目前语言学界影响最大的标注规则，是由 10 条规则和一个附录构成。10 条规则规定了如何标注对象语言中的形态、句法、语义、语用等属性，附录列举了世界语言中常见的语法范畴标签及其缩写形式。

莱比锡规则是一个以英语作为元语言进行标注的规则，它采用三行标注模式：

第一行：以拉丁字母拼写的对象语言；

第二行：对词干语素和屈折语素逐个标注；

第三行：对对象语言的句子用英语自由翻译。

以 Hatam 语为例（Haspelmath，2014）：

a-yai	bi-dani	men	di-ngat	I
2sG-get	to-me	for	1SG-see	Q

“Would you give it to me so that I can see it?”

莱比锡规则的 10 条标注规则如下：

1. 上下对齐

标注的三个项目要上下靠左对齐，并且例句行和标注行之间要以词为单位上下靠左对齐。

① Lehmann，C. Thoughts on Grammaticalization[M]. Language Science Press, 1982.

2. 语素之间要对应

标注规则规定，可切分的语素中间要用短横线符号“-”隔开，在例句行和标注行都遵循此规则，要保证例句行和标注行有同样多的短横线。

3. 语法类别标签

有语法意义的语素通常由缩写的语法类别标签来标注，缩写在字体上要采用小型大写字母（small capital）形式，缩写形式在莱比锡系统中以附录形式出现在规则之后。

4. 一对多的对应

当对象语言中一个成分有几种语法功能，这几种语法功能要用多个元语言成分单词或者是缩写形式来标注时，这些多个功能要用圆点“•”隔开。

5. 人称代词的标注方式

这条规则是第四条规则的例外情形，即当对象语言中一个词语同时表达人称和数时，人称和数之间不必使用“•”隔开。

6. 非显性成分

对象语言中的非显性成分在标注行中也可以进行标注，这些非显性成分的标注要放在方括号之中，目标语言中这些非显性成分可以采用零形式，也可以在目标语言中标注上显性的零标记符号“ø”，这个零标记符号和其前面的语素要使用短横线“-”隔开。

7. 固有类别

有些固有类别在对象语言中是非显性的，但是属于对象语言的本质属性，可以在同现的其他组合中体现出来。比如法语中没有生物属性的名词，其阴阳性特征是固定的，这种固有特征并不表现在名词上，而要通过和名词同现的形容词、冠词等显示出来。

8. 二分成分

有些语法或者词汇性成分由两个明显的实体构成，也就是两个实体共同组成一个语言成分。典型的例证就是框式成分，莱比锡规则提出两种处理方式：

一种处理方式就是简单地重复一下，两部分都使用同样的词语或缩写做标注；

另外一种方法是用一部分来代表整体的意义，另一部分则使用语法标签标出。

9. 中缀

莱比锡规则特意对中缀做了规定，中缀由于其位置的特殊性，和前缀、后缀使用短横线和词干成分隔开不同，在目标语言和元语言中同样都要用尖括号括出中缀。这样做使得中缀比较明显地得到辨识。

10. 重叠

莱比锡规则对重叠的处理和附缀相似，只是用一个波浪号“~”，而不是短横线把重复的成分和词干成分隔开，同时和重复的成分相对应的地方标注出重叠的语法功能。

其实前辈语言学家在进行标注时大多都会遵循一定的标记法则，Comrie 等已经明确指出他们所提出的标注标准反映的是传统的语法规则，在语法标注中只提出了很少的创新，并且多数是可选的。他们总结莱比锡规则的主要目的就是使已经得到广泛应用的法则和传统更加明确。标注系统目前更新到 2008 年，并且作者指出，他们会不定期更新标注规则，所以欢迎大家的反馈。总之，莱比锡标注系统及莱比锡规则是国际语言学界广泛运用的语言标注规则，是语言描写的一项重要工具。①

黄成龙的《语法描写框架及术语的标记》②介绍了当前境外描写语法的主流倾向和分析语料的方法，还提供了形态学和句法学常用的一些术语和缩写形式。2006 年出版《蒲溪羌语研究》③，用当代国外比较流行的标准类型学框架，比较全面地分析、描写羌语南部方言大岐山土语浦溪话的语音、词汇、词法、句法和话语的结构特征，并在

---

① 陈玉洁、王健、Hilario de Sousa 等：《莱比锡标注系统及其在汉语语法研究中的应用》，《方言》2014 年第 1 期。

② 黄成龙：《语法描写框架及术语的标记》，《民族语文》2005 年第 3 期。

③ 黄成龙：《蒲溪羌语研究》，民族出版社 2006 年版。

正文之前列出了相应的缩略语表。随后，黄氏结合这两项研究，又提出了《濒危语言语料标注模板》，模板以莱比锡大学语法标注规则（Leipzig glossing rules）、黄成龙（2005，2006）语法标注缩略语为基础；参考国外出版的我国语言分语族概况，如藏缅语族、侗台语族、突厥语族、蒙古语族、朝鲜语等；还参考了国外出版的我国民族语言描写研究著作。删减国内语言没有的语法术语，补充国内语言有的一些语法标注缩略语，达到适用于我国语言的常用缩略语。该语料标注模板成为国内少数民族语言语法标注的范例。

力提甫·托乎提的《现代维吾尔语参考语法》[①]中“本书缩略词语及符号”列出了现代维吾尔语涉及的语法缩略语符号。江荻组织编撰的《中国民族语言语法标注文本丛书》已将语法标注应用于各民族语言的数据库建设、语料研究等方面，其中的《维吾尔语语法标注文本》[②]采用 Toolbox 软件，完成了 25 个维吾尔语语篇的语法标注工作。标注符号借鉴了国际规范，同时增加了维吾尔语特定需求的符号，并列出了标注符号缩写表，这是现代突厥语族对语法标注的具体实践成果。

语言标注可以服务于多种目的。可服务于新兴的语言保存（language preservation）、语言存档（language archiving）和语言典藏（language documentation）学科，尤其是对濒危语言、新发现语言或陌生语言的调查、归类、整理和写作发表都需要使用标注。

由于当代类型学大团队合作研究的需要，也出于研究者们共享所有语言样本的需要，每种语言的研究者或调查者都有必要对自己所研究的语言进行标注，以便非母语研究者能了解该语言的真实面貌。

本书对鄂尔浑—叶尼塞碑铭的语法标注体系以莱比锡大学语法标注规则（Leipzig glossing rules）的 10 条系统为基础，参考黄成龙《濒危语言语料标注模板》，缩略语以莱比锡大学语法标注规则

---

① 力提甫·托乎提：《现代维吾尔语参考语法》，中国社会科学出版社 2012 年版。

② 江荻主编，王海波、阿力木江·托乎提著：《维吾尔语语法标注文本》，社会科学文献出版社 2016 年版。

（Leipzig glossing rules）的附录和黄成龙（2005，2006）语法标注缩略语为基础，同时参考力提甫·托乎提（2012）和王海波、阿力木江·托乎提（2016）突厥语族语言的语法缩略语形式。

在描写语言学领域内，以往传统观念总是把记录语料作为语法著作的附录，数量较少且处于附属地位。本书下编对鄂尔浑—叶尼塞碑铭语言的动词研究是建立在标注文本基础上，上篇的标注文本与动词研究二者处于同等地位。这种以传统文章附录作为正篇的研制思路既是对文本语料缺乏的弥补，也推进了语言研究迈入新的领域。文本标注不仅是一种语言研究方法，还可以是未来语言研究的一种范式，一种探索文化的、理解社会的范式，特别是对民族古籍的文本标注和数字化建设，可以使之焕发新的学术活力。

古代突厥语属于阿尔泰语系突厥语族，是典型的SOV黏着型语言，构词和构形附加成分丰富。有格、单复数、时、体、态、式、肯定和否定、人称和数、名词化成分（动名词）、形容词化成分（形动词）、副词化成分（副动词）等语法功能成分。

上编部分对《阙特勤碑》《毗伽可汗碑》《暾欲谷碑》《铁兹碑》《铁尔痕碑》以及五方叶尼塞碑铭进行语法标注，实义词标注汉语语义，功能词标注英文术语简称，词缀尽量切分到最小单元进行语法标注。与莱比锡规则不同的一点是本语法标注增加了原文行作为第一行，结合文献学传统四行对照的方法，第一行为原文行，第二行为转写行，第三行为分析行，第四行为翻译行。

第二节　鄂尔浑—叶尼塞碑铭语言研究综述

国史籍及国外探险家、考古学家虽对古代突厥文有所记述，但直到19世纪末以前学界并不知道这种文字的结构。国外学界对鄂尔浑—叶尼塞碑铭的研究有着原始文献收集丰富和文献分布范围广等特点，研究不仅涉及蒙古境内的几大碑，而且对叶尼塞流域的诸多小

碑，甚至钱币、器皿上的刻记，岩石上的题记等都有所研究。但涉及语种多样，且资料较为分散。我国的研究优势在于有着记载突厥人、回鹘人历史的大量汉文史籍，并且境内现有的古代突厥语后裔语言和其他密切相关的蒙古族语言等造就了天然的语言环境，且有着浓厚良好的学术氛围。但仅对蒙古鄂尔浑河流域的几大碑研究较多，而对于其他地区的古代突厥文文献知之甚少。对于鄂尔浑—叶尼塞碑铭文献本体与语言学研究国内外学者已有了较多的关注，这为进一步研究提供了有益的启发和参考。纵观已有的研究，对碑铭动词这一类别的探索虽已引起学术界不同程度的重视，但相比国外学者的研究而言，我们的研究成果在广度和深度方面还有待进一步提高。回顾国内外以往关于碑铭文献本体与语言学的研究成果，以期对碑铭语言动词的研究提供思路。

关于鄂尔浑—叶尼塞碑铭动词的研究，塔拉特·特肯（Talat Tekin）（1968）研究了鄂尔浑碑铭的突厥语动词，艾尔达尔（Marcel Eldar）博士论文《古代突厥语的副动词及不定过去时》（1979）对突厥语碑铭和回鹘语的副动词以及简单和派生动词泛时后缀中的元音分布进行了描写；谢尔瓦希德泽（1978）讨论了碑铭中的分析动词形式，特肯（1996）分析了其中两种结构，谢尔瓦希德泽（1979）、Telicin（1987）和约翰逊（1988）都是关于古代突厥语副动词的研究成果。后来出版的著作中较有分量的是谢尔瓦希德泽的专著《突厥鲁尼文碑铭语言的动词形式》（1986），这一著作对汉文《史记》中部分记录的匈奴语句子的释读、古代突厥语构词法和构形法的区分以及动词各构词、构形形态的意义和功能的解释和分析等方面作了很有意义的工作。此外，他对突厥文文字符号的结构、突厥语言的音位问题的观点也都具有一定的深度。此外，阿依达洛夫的《八世纪古代突厥文鄂尔浑碑铭语言）（1971）、阿赫麻托夫（M. A. Axmetov）的内容和谢尔瓦希德泽的著作大体相同的研究成果《鄂尔浑—叶尼塞碑铭语言的动词》（1978）在研究鄂尔浑—叶尼塞碑铭语言研究方面具有同样重要的参考价值。谢尔巴克的《新疆十至十三世纪突厥文献语言语法概

论》（1989）中谈到了动词的构词法。1991 年，特肯出版专著《古代突厥语构词法》对古代突厥语的构词方法进行了详细描写分析。书中除了对重要鄂尔浑文献的许多转写和读法提出新的建议外，对鄂尔浑文献的构词语素从现代语言学理论和功能的角度作了科学的分析，是一部包括鄂尔浑文献语言在内的古代突厥语文献语言的科学构词法著作。特肯又于 2003 年出版了土耳其文的《鄂尔浑突厥法》。土耳其文版收录的碑铭较其英文版多，补充的内容明显多于前者。拉仁德·约翰逊（Lars Johanson）的《古代突厥语的使役句法》及《作为异化语言的古代突厥语》（1979）则首次将现代语法学理论应用于古代突厥语的研究。

一　国外研究综述

自 1893 年丹麦语言学家汤姆森成功解读古代突厥文以来，世界各国不但陆续发现了大量用古代突厥文记录的碑铭和纸质文献，而且相继对这些文献进行了卓有成效的解读和研究。其中主要的研究有：1894—1895 年俄国的拉德洛夫（W.W.Radloff）出版了《蒙古古突厥碑铭》（三册，圣彼德堡）。1897 年和 1899 年，拉氏又出版了该著作的修订本。1896 年汤姆森出版了《鄂尔浑碑文》。此外，巴尔托里德、班格（V.Bang）、布洛舍、万贝里（H.Vambery）、瓦西里也夫、加别林茨、德维里亚、科尔什、马迦特、梅里奥兰斯基（P.M.Melioranskiy）、沙畹等人也对古代突厥文及其碑文发表了许多论著，其中有的探讨字母起源问题，有的解释原文的个别词汇，有的谈论突厥的历史问题。突厥学家、汉学家、伊朗学家和阿拉伯学家等众多学科的研究者参与了鄂尔浑—叶尼塞碑文的研究。

比起其他学科，鄂尔浑—叶尼塞碑文的语言学研究开始较早，各国学者不断发表他们关于碑文语音、词汇、语法及语源研究的论著。最早由俄国学者德洛夫发表了他研究鄂尔浑文献语言形态问题的成果。两年后，拉德洛夫提出了头一部系统的古代突厥语语法——《古代突厥语语法纲要》，主要研究了古代突厥语的语音、形态学、句法

三个方面。拉德洛夫的这一著作首次对鄂尔浑碑文语言的性质、地位及结构特点等都进行系统的、较全面的研究，提出了许多建设性的见解，是一部开拓性著作。与拉德洛夫同时，汤姆森发表了他关于鄂尔浑文献语音、语法研究的三篇重要论文，题目分别为《鄂尔浑文献》（1896）、《突厥学》（1916）《蒙古发现的古代突厥语文献》（1924）。前一篇讨论了古代突厥语的语音问题，后两篇也不同程度地涉及古代突厥语的语音、语法问题。

除了拉德洛夫和汤姆森外，万贝利、梅里奥然斯基、班格等学者的有关研究也属于古代突厥语研究的早期重要著作。万贝利首次提出古代突厥文来自部落印记的观点，并在其《在蒙古和西伯利亚发现的古代突厥语铭注释》（1898）中对许多重要的语音、语法现象都提出了自己的解释。梅里奥然斯基在其硕士学位论文《阙特勤碑研究》（1899）中，对这一碑文进行历史语文学解释的同时，对碑文语言做了十分有意义的语音学、形态学研究。而德国著名突厥学家班格对汤姆森和拉德洛夫在翻译、解释鄂尔浑文献时所犯的部分错误提出了修正意见。从古代突厥语研究的整个历史来看，以上学者的研究属于鄂尔浑碑文语言研究的开拓性成果，这一时期（1895—1930）的研究相应地也可以称作鄂尔浑文献语言研究的开拓阶段。

19 世纪末 20 世纪初，随着《暾欲谷碑》《塔拉斯碑》《磨延啜碑》《苏吉碑》等碑铭和写本《占卜书》及各种世俗文书、军事文书的发现，迎来了鄂尔浑—叶尼塞碑文研究的第二次高潮，出版了一系列权威性著作。这与捷克—蒙古联合考古队、芬兰—蒙古考察队以及苏联—蒙古考察队的联合考古发掘密不可分。捷克—蒙古联合考古队的成果见于《1959 年捷—蒙考察队对阙特勤碑进行的考古研究报告》（1960）、《论古代突厥人的长相》（1968）、《作为东突厥人宗教观念体现的石人和其他石刻雕像》（1970）、《蒙古人民共和国的考古研究》（1962）、《蒙古对古代突厥碑文的研究》（1968）等。芬兰—蒙古考察队的成功见于《蒙古现存古代突厥文物的现状及保护问题》（1966）、《蒙古古代突厥的考古遗迹》（1971）等。1941 年德国著名突厥学家

冯加班的名著《古代突厥语语法》在莱比锡出版。该书除鄂尔浑文献外，还包括了用回鹘文、摩尼文、婆罗米文等多种文字书写的古代突厥语文献的实例。该书还包括了关于古代突厥语文献研究的几乎所有著作的分类目录、各类文字突厥语文献的范例和古代突厥语文献的简单词汇表。因此，该书不仅是一部多种文字形式的古代突厥语文献语言的描写语法，而且是学习、研究古代突厥语文献的重要手册。1950年和 1974 年两次再版，稍有补充和修订。冯加班的著作出版以后，出现了很多研究鄂尔浑文献语言问题的语言学论著。其中，比较重要的有奥尔昆的《古代突厥碑铭》（1936—1941 四卷）、日本小野川秀美的《突厥碑文译注》（1943）、土耳其学者 Acevat Emre 的《突厥语方言的比较语法》（1949）、冯加班的《突厥语元音和谐的历史》《古代突厥语》（1959）、《古代突厥语的连接词及句子的连接》（1959）、纳斯洛夫的《鄂尔浑—叶尼塞碑铭语言》（1960）等。1968 年土耳其学者塔拉特·特肯在美国出版了他的博士论文《鄂尔浑突厥语语法》（1968）。这是一部全面研究属于第一、二突厥汗国的《阙特勤碑》《毗伽可汗碑》《暾欲谷碑》《翁金碑》及《阙利啜碑》五个重要碑铭语言的语言学著作。该著作除导论外，共包括文字学、音位学、形态学、句法四个部分，书后还附有五个碑铭的转写和英文译文、语法形式索引和词汇表，是研究鄂尔浑文献语言结构和文献的另一部重要成果。特肯教授在这一著作中，对于鄂尔浑文献语言的长元音、文字符号和语音的关系、语音的音位特征、许多形态词尾的功能和意义、部分句法现象等都提出了自己独特的见解。尤其是他关于鄂尔浑文献语言长元音的观点和他的《原始突厥语的长元音》（1975）一文中的观点，对研究突厥语的长元音问题产生了很大的影响。

苏联的突厥语言学家在鄂尔浑—叶尼塞文献语言研究方面所做出的成绩应当特别提到。特肯教授的著作发表不久，苏联突厥学家康德拉铁夫出版了《古代突厥语语法编要》（1970），对鄂尔浑文献语言的结构进行了全面的、系统的研究，对于时态的确定和分类、部分形态词尾的意义等提出了建设性的意见。10 年后，阔诺诺夫出版了关

于鄂尔浑文献语言研究的名著《七至九世纪突厥鲁尼文文献语言的语法》（1980）。该书共分 11 章，每一章几乎都有很有见地的观点。尤其是在著作的第 5 章，专门讨论鄂尔浑文语言的性质和地位问题，经过一系列的分析，认为"古代突厥鲁尼文文献语言是突厥语族的两个分支，奥古斯语支和回鹘语支基本形态成分集合"，"是以上两种类型的语支在超方言标准下，长期混合的产物"。同时他还提出，根据突厥鲁尼文文献语言在语音、语法方面的实际，应当肯定奥古斯、回鹘两个古代语言的明显差异，并认为"鄂尔浑文献语言的基础是奥古斯语的语音、语法标志，同时吸收了回鹘语在形态方面的轻微的影响"。此外，他还提出了鄂尔浑文献语言存在 a 方言（以奥古斯语为核心）和 ï 方言（古代维吾尔人或回鹘人的语言）的观点。他对于鄂尔浑文献语言的语音、词根的语音结构，形态词尾的历史来源、形态词尾的功能和意义等都提出了独特的分析。可以说，阔诺诺夫的著作达到了突厥语言学界鄂尔浑文献语言研究的最高水平。

除了以上著作外，苏联学者还发表了许多值得重视的论文。包括捷尼舍夫的《突厥鲁尼文碑铭语言中的 s/š 交替》（1971）、《突厥鲁尼文碑铭语言中的塞音》（1973）、《突厥鲁尼文碑铭及回文文献反映的方言》（1976）、巴特曼诺夫的《鄂尔浑—叶尼塞碑铭语言的某些特征及其在现代突厥语言的反映》（1971），阿依达洛夫（G. Aydarov）的《鄂尔浑—叶尼塞流域及塔拉斯发现古代突厥语碑铭语言的词汇》等。

欧洲学者在研究鄂尔浑—叶尼塞碑铭语言方面的成就也特别引人注目。德国著名突厥语言学家拉仁德·约在 70 年代曾出版两部重要论著讨论了古代突厥语问题。其中，《古代突厥语的使役句法》（1974）从现代语言学句法理论的角度对古代突厥语的使动句及其有关的句法现象进行了详细、科学的探讨。在专著《作为异化语言的古代突厥语》中从现代语音学角度对古代突厥语的许多重要语音现象做出了分析和解释，找出了古代突厥语的重要特征，是一部真正采用现代语言学的较新理论分析、研究古代突厥语结构的研究成果。德国著

名突厥学家焦费尔（G. Do-erfer）教授也先后发表《古代突厥语的蒙古语成分》《古代突厥语非第一音节的元音》（1981）论文，讨论了古代突厥语的语音、转写等方面的许多棘手问题并提出了自己的看法。他的专著《新疆出土古代突厥语文献的语言学断代》为从宏观上认识鄂尔浑文献语言的特点提供了很多重要见解。

犹太学者艾尔达尔教授20世纪70年代就完成了题为《古代突厥语的语气和格》（没有公开发表，1976年，Jerusalem，两卷本的博士学位论文），详细研究古代突厥语语法。后来他又发表《古代突厥语的副动词及不定过去时》（1979）、《古代突厥语的复合语素》（1979）等论文，对古代突厥语语法中的许多重要现象进行了研究。

鄂尔浑—叶尼赛文的文字学研究方面，最具有代表性的是瓦斯里耶夫的《亚洲地区发现的突厥—鲁尼文碑铭的文字汇集》（1983）。这一专著首先系统回顾了鄂尔浑—叶尼塞文研究的过去，然后对亚洲地区发现的鲁尼文碑铭作了系统的介绍和研究。在此基础上，对突厥文的功能、结构、作者特点、书写特点等问题逐一进行了分析。最后对亚洲地区的突厥文文字符号的分布、各地区文字符号的地域特点、形式化解决方法的必要性等从统计学、文字字形学等角度作了十分深入的研究。书后，附录了反映文字符号的地域分布特点、形式特点等方面的技术性和科学性很强的46张图。所有这些为了解突厥—鲁尼文的文字特点、地域变体等提供了可靠的文字学依据。罗本、Laut、Maue、庄垣内正弘和森安孝夫等学者在近20年对古突厥语的梵语借词进行了对音研究，据此可以判断这些借词的词源是汉语、吐火罗语还是粟特语，进而可知佛教典籍译文的母本、文化接触的流向以及译者和抄者对梵语的掌握程度。

从20世纪90年代开始，日本、土耳其、俄罗斯等国与蒙古国进行合作，掀起了鄂尔浑—叶尼塞碑铭研究的又一次高潮。土耳其国际合作部（TICA）与蒙古国联合组成土蒙考察队，对蒙古国现存的古代突厥文碑铭进行了大规模的考察研究，出版了多种大型图录，如《蒙古现存鄂尔浑历史遗迹图录》（1995）、《蒙古突厥文物》（2001）等。

日本由文部省资助，组织了为期 3 年（1996—1999）的专门考察研究蒙古国现存古代突厥遗迹和碑文的研究团队，并于 1999 年出版了《蒙古国现存遗迹碑文调查研究报告》，后续研究成果还在不断出版。在此期间，其他各国学者也在新材料的基础上，陆续出版了不少论著，如阔尔穆辛的《叶尼塞突厥文碑铭》（1997）、艾尔达尔的《古代突厥语语法》（2004）。《古代突厥语语法》共有六个章节，分别从原始突厥语的语料、方言，字位、拼写、音系和形态音系，词的形态（包括词类、人称、格、代词、数词、动词、动词的时态，形式和构成、感叹词等），句法（包括句型，各类从句，名词词组等），语用和情态（说话者的意愿、非人称的表达、社会结构的反映），词汇六个方面进行了详细的论述，由于此书取材丰富，所使用的语料真实可靠，所以一经出版便受到了国内外同行的赞许。此外还有与此语法书相配套的《古代突厥语构词法》（1991）这是一本从词汇学的角度对突厥语进行研究的一本语法专著，在选材和举例方面都比较丰富和典型。谢尔巴克撰写了《十至十三世纪新疆突厥语文献语言语法概论》，该书不仅仅局限于新疆，涉及除新疆以外的中亚地区的语言的材料，实际上已经概括出了共同突厥语的特点。全书共有两章：第一章重点讲述了突厥语的语音，包括元音、辅音、长元音、短元音、元音和谐规律、清辅音浊辅音之间的关系、音节的划分、重音等问题；第二章主要讲述了词法学。包括词类的划分，静词及其词形的变化，名词的各种格位变化，数词的构成和分类，抽象名词和关系形容词，量词、称谓系统、指示代词的分类，动词和动词的变化，还有各种形式的句式，以及组词、后置词、纯助词、连词等。虽然只有两章，但内容涉及十分广泛，例证比较翔实可信。此书已在 2012 年由李经纬先生翻译出版。还有土耳其学者阿克萨的《古代突厥语》（2000）、艾尔汗·阿依登的《鄂尔浑碑铭》（2012）、《回鹘汗国碑铭》（2011）和《叶尼塞吉尔吉斯斯坦碑铭与〈占卜书〉》（2013）、勤格斯·阿勒依勒马斯的《鄂尔浑碑铭的现状》（2005）等。句法学在古代突厥语研究中是一个相对较新的领域。最早发表的有关具体句法问题的论文有 Ş. Tekin（1995，关于

旁格从句)、Poppe（1966，关于名词短语和复合名词），Adama（1981）和罗本（1987）也是研究名词短语和复合名词的学者。

二　国内研究综述

我国对古代突厥文及其文献报道和记载虽先于国外，并拥有浩如烟海的大量有关古代突厥民族历史、地理、政治、经济等方面的汉文史籍，但20世纪前仅有个别学者写过几篇介绍性的文章。20世纪30年代韩儒林、岑仲勉等历史学家利用国外的研究成果，结合汉文史料对古代突厥文碑铭进行了开创性的研究。如岑仲勉的《突厥集史》（1958）等。特别是中华人民共和国成立后，以耿世民为代表的一代学者直接从突厥语入手，刊布和研究了重要的古代突厥文文献，开设了古代突厥语班并招收了研究生，形成了国内研究古代突厥文文献的热潮，出版了引人注目的论著。耿世民、魏萃一两位先生曾在70年代编写过《古代突厥语语法》（中央民族学院油印，1976）讲义。讲义包括了鄂尔浑碑铭、回鹘文文献、摩尼文文献及阿拉伯文文献在内的所有11世纪以前各种文字、内容的古代突厥语文献的实例。2010年中央民族大学出版社出版了《古代突厥语语法》一书，主要对漠北发现的鄂尔浑碑铭、吐鲁番地区出土的高昌回鹘王国时期的文献以及喀喇汗王朝时期的文献做了语音、语法等方面的描述。

1978年，耿世民先生发表了《谈谈维吾尔族的古代文字》[①]。1980年，耿世民先生又先后发表了《古代维吾尔族文字和文献概述》[②]、《古代突厥文碑铭述略》[③]、《古代突厥主要碑铭及其解读研究情况》[④]。1981年，陈宗振先生在《中国史研究动态》第1期上发表了《突厥文及其文献》一文，该文对突厥文的发现和解读、突厥文的重要文献、国外研究突厥文的重要著作做了介绍。同年，库班·外力在《文物》

① 耿世民：《谈谈维吾尔族的古代文字》，《图书评介》1978年第4期。

② 耿世民：《古代维吾尔族文字和文献概述》，《中国史研究动态》1980年第3期。

③ 耿世民：《古代突厥文碑铭述略》，《考古学参考资料》1980年第3—4期。

④ 耿世民：《古代突厥主要碑铭及其解读研究情况》，《图书评介》1980年第4期。

第 1 期上发表了《吐鲁番出土公元五世纪的古突厥语木牌》一文。李经纬先生在《新疆大学学报》第 2 期上发表了《突厥如尼文〈苏吉碑〉译释》，对《苏吉碑》进行了汉译和注释。陈宗振先生发表了《突厥文》[①]一文。同年，新疆人民出版社出版了克由木霍加、吐尔逊阿尤甫斯拉菲尔等编译的《古代维吾尔文献选》(维吾尔文版)。书中对《暾欲谷碑》《阙特動碑》《毗伽可汗碑》和《磨延啜碑》进行了转写、现代维吾尔文翻译和注释，书末附有词汇表。耿世民先生著《维吾尔族古代文化和文献概论》一书也在这一年由新疆人民出版社出版，该书分专章对古代突厥文字母、主要拼写规则及其起源和发现、解读情况做了详尽的叙述。1984 年，新疆社会科学院历史研究所内部印发了耿昇先生翻译的《东突厥汗国碑铭考释》一书，该书是法国学者勒内·吉罗的博士论文，对《阙特勤碑》《暾欲谷碑》和《毗伽可汗碑》进行了解读和深入、全面的考证。同年，耿世民先生发表了《古代突厥文》[②]一文。1987 年，中华书局出版了林幹先生编辑的《突厥与回纥史论文选集》，书中收录了部分有关古代突厥文及其文献的论文。牛汝极发表了《古代突厥文〈翁金碑〉译注》[③]，邓浩发表了《论原始突厥语的结构类型》[④]。1990 年，张铁山先生发表了《我国古代突厥文文献研究现状及其发展设想》[⑤]。1991 年，阿西木·图尔迪发表了《从一个词的转写看阙特勤碑的解读》[⑥]。1992 年，牛汝极发表了

---

① 陈宗振：《突厥文》，中国民族古文字研究会编：《中国民族古文字》，中国社会科学出版社 1981 年版。

② 耿世民：《古代突厥文》，中国民族古文字研究会编：《中国民族古文字研究》，中国社会科学出版社 1984 年版。

③ 牛汝极：《古代突厥文〈翁金碑〉译注》，《喀什师范学院学报》1987 年第 3 期。

④ 邓浩：《论原始突厥语的结构类型》，《新疆师范大学学报》（哲学社会科学版）1988 年第 2 期。

⑤ 张铁山：《我国古代突厥文文献研究现状及其发展设想》，《西北民族研究》1990 年第 2 期。

⑥ 阿西木·图尔迪：《从一个词的转写看阙特勤碑的解读》，《中国民族古文字研究》1991 年第 3 辑。

《突厥文起源新探》[①]一文，胡振华发表了《黠嘎斯文献语言的特点》一文，从语音、语法和词汇方面简要介绍了用鲁尼文刻写的黠嘎斯碑铭所反映的“黠嘎斯文学语言”的特点。1993 年，张铁山、赵永红发表了《古代突厥文〈占卜书〉译释》[②]。1994 年，杨富学发表了《古代突厥文〈台斯碑〉译释》[③]。1997 年，杨氏又发表了《敦煌本突厥文 Irq 四书》[④]一文。

李祥瑞、牛汝极主编的《阿尔泰学论丛》第 1 辑[⑤]，提出了古代突厥文由象形、契刻符号发展出来，正处在从音义结合文字向音素文字转变的途中的观点。吴宏伟的《原始突厥语元音的构拟》[⑥]认为根据现代语言和方言以及古代文献能给我们提供的材料，对原始语言的元音系统进行构拟是突厥历史比较语音学的基本任务之一。郑婕的《试论回鹘文献语言和突厥碑铭文献语言的差异》[⑦]从语音、词汇、语法诸方面对回鹘文献语言和突厥碑铭文献语言的差异作了探索。欧伟贞的《浅谈古代突厥文与现代维语语法中名词和动词之异同》[⑧]探讨了古代突厥语与现代维吾尔语名词、动词的异同。武·呼格吉乐图的《古突版语与蒙古语语音比较研究》[⑨]对古突厥文和书面蒙古语进行了语音比较研究，归纳和梳理了古代突厥语与蒙古语之间存在的元音和辅音的对应规律。

---

① 牛汝极：《突厥文起源新探》，《新疆大学学报》1992 年第 4 期。

② 张铁山、赵永红：《古代突厥文〈占卜书〉译释》，《喀什师范学院学报》1993 年第 2 期。

③ 杨富学：《古代突厥文〈台斯碑〉译释》，《语言与翻译》1994 年第 4 期。

④ 杨富学：《敦煌本突厥文 Irq 四书》，《国家图书馆学刊》1997 年第 4 期。

⑤ 李祥瑞、牛汝极主编：《阿尔泰学论丛》（第 1 辑），新疆大学出版社 1994 年版。

⑥ 吴宏伟：《原始突厥语元音的构拟》，《语言与翻译》，1996 年第 4 期。

⑦ 郑婕：《试论回鹘文献语言和突厥碑铭文献语言的差异》，《西北民族学院学报》（哲学社会科学版）1997 年第 4 期。

⑧ 欧伟贞：《浅谈古代突厥文与现代维语语法中名词和动词之异同》，《喀什师范学院学报》2001 年第 3 期。

⑨ 武·呼格吉乐图：《古突版语与蒙古语语音比较研究》，《民族语文》2002 年第 2 期。

2005年，耿世民先生出版《古代突厥文碑铭研究》[①]，该书不仅简述了古代突厥回鹘的历史、古代突厥文碑铭的发现和解读情况、现存主要碑铭、古代突厥文字母和主要拼写规则、古代突厥语法等内容，而且对《阙特勤碑》《毗伽可汗碑》《暾欲谷碑》等九块碑铭以及《占卜书》，分别进行了转写、汉译和注释，为相关专业的进一步研究提供了可靠的文本。张铁山先生的《突厥语族文献学》[②]，该书共十章，内容包括：突厥语族各民族文化史略，突厥语族各期文字的起源与类型，突厥语族文献的载体形态，突厥语族文献的分期与分类等。

阿不都热西提·亚库甫先生先后发表了《鄂尔浑—叶尼塞碑铭语言的语音系统》[③]、《鄂尔浑—叶尼塞碑铭的语言学研究——研究史分期的尝试》[④]等论文。还与耿世民先生完成出版了《鄂尔浑—叶尼塞碑铭语言研究》[⑤]一书，这是在我国突厥学界中，第一次系统地研究突厥碑铭语言，它无论是从其研究方法上，还是从其写作语言方面都属上乘之作。洪勇明的《试论古代突厥语造词法》[⑥]将古代突厥语的造词法分为继合法、形合法、约合法、音合法、契合法、转合法、移合法等几种类型。他还与剡启超发表了《古突厥文碑铭中čik刍议》[⑦]，文章以语言历史学派理论为基础，对比了汉文、古代突厥文、古藏文、和阗塞文历史记载，论述了不同语言文献对čik族属和来源的记述。阿依达尔·米尔卡马力的《阙特勤碑silik一词考》[⑧]认为鲁尼文（阙

---

① 耿世民：《古代突厥碑铭究》，中央民族大学出版社2005年版。

② 张铁山：《突厥语族文献学》，中央民族大学出版社2005年版。

③ 阿不都热西提·亚库甫：《鄂尔浑—叶尼塞碑铭语言的语音系统》，《新疆大学学报》（维文版）1992年第3期。

④ 阿不都热西提·亚库甫：《鄂尔浑—叶尼塞碑铭的语言学研究——研究史分期的尝试》，《新疆大学学报》（汉文版）1999年第3期。

⑤ 耿世民、阿不都热西提·亚库甫：《鄂尔浑—叶尼塞碑铭语言研究》，中央民族大学出版社1999年版。

⑥ 洪勇明：《试论古代突厥语造词法》，《伊犁师范学院学报》2007年第3期。

⑦ 洪勇明、剡启超：《古突厥文碑铭中čik刍议》，《新疆大学学报》（哲学·人文社会科学版）2015年第5期。

⑧ 阿依达尔·米尔卡马力：《阙特勤碑silik一词考》，《语言与翻译》2008年第2期。

特勤碑）里出现的silk一词是借用汉语的si（丝）缀接构形附加成分-ik构成，该词语译成“丝般的”更为恰当。吴玉全的《古代突厥语（暾欲谷碑）与现代吉尔吉斯语主从复合句对比分析》[①]通过古代突厥语与现代吉尔吉斯语主从复合句在形态和意义上的对比，总结了现代吉尔吉斯语演变与发展特点和规律。

哈斯巴特尔、陈爱峰翻译了蒙古学者Ц·巴图土拉格系列作品《一组突厥——如尼文刻铭研究》分别在《吐鲁番学研究》2009年第2期与2013年第1期上发表。洪勇明根据其博士论文《回纥汗国古突厥文碑铭语言和历史研究》（中央民族大学，2009年）于2012年由世界图书出版公司出版《回纥汗国古突厥文碑铭考释学术文库》，该书借鉴语言学、历史学的研究成果，重新对回纥汗国古突厥文进行系统、全面的研究，对于构建回纥民族关系史、回纥汗国政治宗教史和完善北方民族源流和发展史、文化和语言变迁史、政治组织和社会生活史是大有益处的。同年，郑玲发表了《试析〈阙特勤碑〉分词符的省略》[②]。

2013年，张铁山先生发表了《突厥语族文献概论》[③]。冯懿发表了《20世纪上半期突厥碑铭研究成就述论》[④]。帕提曼·比都拉发表了《试析古代突厥语文献中的格词尾在哈萨克语中的演变》[⑤]。李刚的《塔拉斯（TalasI-Ⅱ）碑铭探微》也在这一年发表，该文主要选取塔拉斯流域的号和号碑铭进行研究，并分别对这两个碑铭进行标写、转写汉译和注释。他还分别于2015年和2016年发表《浅谈突厥碑铭中

---

① 吴玉全：《古代突厥语（暾欲谷碑）与现代吉尔吉斯语主从复合句对比分析》，《和田师范专科学校学报》2008年第3期。

② 郑玲：《试析〈阙特勤碑〉分词符的省略》，《伊犁师范学院学报》（社会科学版）2012年第1期。

③ 张铁山：《突厥语族文献概论》，《满语研究》2013年第1期。

④ 冯懿：《20世纪上半期突厥碑铭研究成就述论》，《牡丹江师范学院学报》（哲学社会科学版）2013年第1期。

⑤ 帕提曼·比都拉：《试析古代突厥语文献中的格词尾在哈萨克语中的演变》，《兰州教育学院学报》2013年第1期。

“tiyin”一词——兼论现代突厥语之“däp”一词》[①]与《试析古代突厥碑铭分词符省略现象》[②]。2014年，吴迪发表了《由〈阙特勤碑〉史实窥探阿尔泰语对汉语山东沂水方言的影响》[③]，乔睿发表了《古代突厥语动词 ti-之用法初探》[④]。

米热古丽·黑力力的博士论文《回鹘汗国时期突厥文碑铭词汇考释》（中央民族大学，2015年）选取了回鹘汗国时期的七个主要碑文，对其中的词汇进行词源研究，详细描述了这一过渡时期的语言的词汇结构及特点。帕提曼·比都拉博士论文的《古代突厥语词在现代哈萨克语中的演变》（中央民族大学，2013年）和乌丽达娜依·居玛拜的《鄂尔浑碑铭文献词汇与现代哈萨克语词汇比较——以〈暾欲谷碑〉〈阙特勤碑〉〈毗伽可汗碑〉为主》[⑤]探讨了古代突厥语碑铭文献中出现的词在现代哈萨克语中的发展演变情况。李刚的博士论文《叶尼塞金石突厥文献研究》（中央民族大学，2016年）细致研究了部分在叶尼塞河流域发现的各类突厥文献。

陈宗振先生的著作《中国社会科学院老学者文库——维吾尔语史研究》[⑥]重点论述了从突厥文文献语言到现代维吾尔语在语音、词汇、语法方面的主要发展演变，在当今有关维吾尔语历史研究极少的情况下，具有填补相关研究空白的意义。刘钊翻译了马塞尔·艾尔达尔（Marcel Erdal）于2004年出版的著作《古突厥语语法》，于2017年由民族出版社出版，该书分六章，主要研究了古突厥语的字位，拼写，

① 李刚：《浅谈突厥碑铭中“tiyin”一词——兼论现代突厥语之“däp”一词》，《吐鲁番学研究》2015年第2期。

② 李刚：《试析古代突厥碑铭分词符省略现象》，《语言与翻译》2016年第2期。

③ 吴迪：《由〈阙特勤碑〉史实窥探阿尔泰语对汉语山东沂水方言的影响》，《伊犁师范学院学报》（社会科学版）2014年第4期。

④ 乔睿：《古代突厥语动词 ti-之用法初探》，《佳木斯职业学院学报》2014年第12期。

⑤ 乌丽达娜依·居玛拜：《鄂尔浑碑铭文献词汇与现代哈萨克语词汇比较——以〈暾欲谷碑〉〈阙特勤碑〉〈毗伽可汗碑〉为主》，《伊犁师范学院学报》（社会科学版）2017年第4期。

⑥ 陈宗振：《中国社会科学院老学者文库——维吾尔语史研究》，中国社会科学出版社2016年版。

音系和形态音系、形态、句法、语用与情态等内容，译者刘钊历时五年翻译了这部六百多页的大部头著作，通过出色的译笔和大量的译注使得原著更加精进、丰富，且便于中国突厥学者学习参考。

鄂尔浑—叶尼塞碑铭是我们研究古代突厥语言和历史的重要文献资料，自改革开放以来，在前辈学者开创的学术天地中关于其语言研究的佳作与成果不断涌现，取得了可喜的成就。但现有对于鄂尔浑—叶尼塞碑铭语言中动词的专项研究屈指可数。本书所涉及的动词语法体系的系统性研究也相对滞后，国内学界目前尚无相关成果问世。本书在全面梳理鄂尔浑—叶尼塞碑铭文献的基础上，整理出全部动词的语法体系，旨在为阿尔泰语言学和语文学研究提供一份基础性资料。

第三节　研究方法

按照共时平面描写的方法，语言是一个共时的系统。语言的交际功能要求语言具有相对的稳定性，这是语言呈现出的相对静态的一面。共时语言学研究语言在一定发展阶段的状况，研究语言的共时结构和规律。共时语言学研究的重点是平面的语言结构要素及其相互关系。碑铭文献语言是突厥语族诸民族 7—10 世纪使用的一种书面语，可利用共时语言学的方法，研究其在这一发展阶段的共时结构和规律，平面描写碑铭语言动词的结构及其相互关系。

依据历时纵向研究方法，语言不仅是一个共时系统，也是一个历时的系统。这是语言发展呈现出的动态的一面。历时语言学研究语言各个阶段的发展变化，研究语言的历史发展规律。古代突厥碑铭文献语言是最早的共同部落方言，在研究碑铭文献语言时，采用历时语言学的方法，将其放入突厥语言史的纵向发展中，与后期的回鹘文献语言及维吾尔语、哈萨克语等现代突厥语族语言进行比较，以考察其各要素从古到今的发展脉络，整体把握语言系统的连续性。语言的共时研究和历时研究虽然各有不同的侧重点，但二者有着密切的联系，不

能截然分开。一方面，语言始终处于发展变化之中，是一个动态的过程，因而不可能分出一个界限分明的语言共时体系。另一方面，语言的历时研究是以共时平面描写为出发点。语言的共时现象既是语言历时发展变化的结果，也是语言继续发展的起点。因此，在对碑铭语言动词进行共时的平面描写时，也必须充分考虑到突厥语言史的发展过程。

历史类型学是突厥语历史比较研究的一个重要方面，或者说是一种补充，无论对于探讨突厥语的类型及发展演变规律，还是对于进一步验证突厥语历史比较的某些结论而言，都具有重要的意义。语言从共时的角度是封闭的，从历时的角度则是开放的，它们是自主的系统，又受其他的语言（或方言）的影响。古代突厥语虽然已具有黏着的特征，但也还保留着某些更古时期突厥语的残迹，如静词性动词的混合性特征，可以推测出古代突厥语的某些类型学特征。比较方言或亲属语言之间的差异，找出对应关系，并在此基础上探索语言发展的线索和规律，重建原始语。

采用定量统计研究方法，统计学目前已经发展成为自然科学和社会科学广泛应用的种科学分析方法。以真实语言交际活动中呈现的各种语言现象、语言结构、结构属性以及它们之间的相互关系作为研究对象。碑铭文献语言的研究也和语言学研究的整体状况一样，以前的研究多侧重于定性研究和描写研究，较少注意定量的统计分析和研究。但随着科学的不断发展，特别是计算机的广泛运用，为碑铭文献语言的定量统计研究提供了有利的条件。不仅有助于我们对语言系统的精神认识，加深了对人的认知机理的理解，也极大地提升了语言学研究的科学价值。

第四节　选题意义

世界上现存 40 多种突厥语族语言，使用人口超过 1 亿多。这些突厥语族的现代语言中，都或多或少地保留了古代突厥语的一些词语

和语法现象。要弄清它们的来龙去脉，就必须学习和研究古代突厥语。突厥语言学的研究离不开古代突厥文及其文献的研究。鄂尔浑—叶尼塞碑铭文献不仅是研究突厥语族语言文字的第一手材料，对研究突厥语言文字史也有着重要作用，弄清碑铭文献的内容，特别是语言学方面动词的语法体系，不仅将对突厥语言学、阿尔泰语言学、中亚史、丝绸之路研究有着重要的学术价值，而且对推进“一带一路”建设也有着重要的现实意义和社会价值。

首次对鄂尔浑河流域的三大碑、《铁兹碑》《铁尔痕碑》及五封叶尼塞河流域碑铭进行语法标注，基于传统文献学原文、转写、对译、意译四行对照的方法，在其中对译部分增加了语法标注，做到系统、全面、精细地描写碑铭语言，可以为早期及近代突厥文献语言和现代突厥语族诸语言的研究加以补充、提供参考。

在鄂尔浑—叶尼塞碑铭语言中，动词是一个形态变化最为丰富的词类。动词通过自身的形态变化与名词对立，与名词一起成为鄂尔浑—叶尼塞碑铭语言词类体系的主体。古代突厥语作为黏着语，其动词形态变化具有典型的黏着式特点，即在词根或词干之后缀接各种构形附加成分来表达各种语法意义，一种附加成分通常表示一种语法意义。本书的主要任务是对鄂尔浑—叶尼塞碑铭语言动词的形态特征进行共时描写。形态有构形（infection）和构词（derivation）之分，本书侧重对构形的研究；属于构词范畴但较为能产或在句法有需要特别说明者，文中也会有所涉及。重点研究动词的各项语法范畴，力图做到全面而精细的描写。作为碑铭语言语法系统研究最重要的组成部分，动词的研究自然引起国内外学者的关注和重视。现有的研究虽从不同角度和方面揭示了鄂尔浑—叶尼塞碑铭语言的各种特性和功用，而缺乏对于鄂尔浑—叶尼塞碑铭语言中动词作独立的、系统的分析和探讨，尤其是国内学者几乎没有对碑铭动词的专项研究问世。动词在句法和语用上都存在着差异，逐一而细致的考察很有必要。因此，本研究将充分吸收学术界已有成果，在现代语言学理论支撑下，对碑铭动词进行科学分类，进而全面考察其语法范畴，以推动碑铭动词的多

视角研究和碑铭语言学的基础理论研究，同时为古代突厥语言应用提供相关的文献基础。

语言是一个形式（能指）与意义（所指）相统一的符号系统，其描写必须形义兼顾。因此对任何一种语言成分的观察都应将其置于相关的语境之内，分析它的分布特点，不能对形式意义偏颇一面，不能脱离语境，否则无异于盲人摸象。认清动词的变位系统，正确认识动词的各语法范畴，对鄂尔浑—叶尼塞碑铭语言的学习和研究具有十分重要的理论意义和实际价值。在研究鄂尔浑—叶尼塞碑铭动词的同时，还尝试通过共时描写与现代突厥语族内部各种语言的动词范畴进行对比研究。突厥语族诸语言包括属于不同历史时期、不同地域发掘与遗留的书面文献以及分布在亚欧两大陆广大地区的 30 多种活的民族语言，通过彼此一系列的比较、对照、研究，找出它们的共性和个性，从而推动形成独具体系的突厥比较语言学，为突厥比较语言学的发展开拓广阔的道路。

语言是不断发展变化的，了解历史有助于认识现在。语言的演变不仅是一种语言形式有无的变化，也不仅是其语音实现形式的变化，至少还包括同源形式的意义、能产性和分布特点等方面的演变。在动词的体、语态、时态等章节中将现代突厥语族诸语言以系统的观念，配以量化的描写以及细致的意义剖析，不仅于共时描写而言当属必需，于历时以至语言类型学研究而言也能提供可靠的证据。本书的最终目的是希望为更广阔的语言研究提供可靠的参考。

第五节　文献解读与语法标注凡例

本书共收录六个语篇，分别是《阙特勤碑》《毗伽可汗碑》《暾欲谷碑》《铁兹碑》《铁尔痕碑》以及五方叶尼塞地区碑铭（《乌裕克吐冉》《埃莱盖斯特》《库兹埃里克霍夫》《阿勒延啜》《乌依巴特》）。原始文本录入参照《ORHON-UYGUR HANLIĞI DÖNEMİ MOĞOLİSTAN′DAKİ

ESKİ TÜRK YAZITLARI METİN-ÇEVİRİ-SÖZLÜK》[①]《YENISEY－KIRGIZISTAN YAZITLARI VE IRK BITIG》；转写部分参照《古代突厥文碑铭研究》[②]《ORHON-UYGUR HANLIĞI DÖNEMİ MOĞOLİSTAN′DAKİ ESKİ TÜRK YAZITLARI METİN-ÇEVİRİ-SÖZLÜK》[③]《YENISEY – KIRGIZISTAN YAZITLARI VE IRK BITIG》[④]；翻译部分参照《古代突厥文碑铭研究》[⑤]《古突厥碑铭研究》[⑥]的语法标注工作以描写语法为基础，实义词标注汉语语义，功能词标注英文功能术语简称，词缀尽量切分到最小单元进行语法标注。莱比锡规则第二条语素之间要对应，词条标注规则规定，可切分的语素中间要用短横线“-”（英文输入法）号符号隔开，在例句行和标注行都是如此，要保证例句行和标注行有同样多的短横线。

如下例：

il-ig	tut-up	törü-g	it-miš.	öz-i	an-ča
国-ACC	抓-ADVL	法制-ACC	做-PAST	自己-3sg.POSS	那-EQUI

他们统治了国家并创建了法制。（阙-D3）

第一行：突厥文原文，书写方向从右至左。

第二行：突厥文转写，采用突厥语通用拉丁符号转写，并分析切分词根和词缀。

第三行：语法标注和语义注释

① Mehmet Ölmez：《ORHON-UYGUR HANLIĞI DÖNEMİ MOĞOLİSTAN′DAKİ ESKİ TÜRK YAZITLARI METİN-ÇEVİRİ-SÖZLÜK》，BilgeSu Ankara，2013.

② 耿世民：《古代突厥文碑铭研究》，中央民族大学出版社 2005 年版。

③ Mehmet Ölmez：《ORHON-UYGUR HANLIĞI DÖNEMİ MOĞOLİSTAN′DAKİ ESKİ TÜRK YAZITLARI METİN-ÇEVİRİ-SÖZLÜK》，BilgeSu Ankara，2013.

④ Erhan Aydin：《YENISEY-KIRGIZISTAN YAZITLARI VE IRK BITIG》，BilgeSu Ankara，2013.

⑤ 耿世民：《古代突厥文碑铭研究》，中央民族大学出版社 2005 年版。

⑥ 芮传明：《古突厥碑铭研究》，上海古籍出版社 1998 年版。

其中：（1）“实义词”注释其相应的汉语翻译，“词缀（语缀）”则标注其语法缩略语（以标注构形词缀为主，兼顾派生能力较强的构词词缀）；（2）语法标注的最小单位是词，如后置词“üčün（为了）”等自由功能语类（词类）不做词类的标注，仅标注其汉义；（3）将动词语态作为构形成分，标注出语法术语，如“tüz-ül-tim”标注为“建立-PASS- 1sg.PAST”，ül-为被动态（PASS）；（4）对于动词的体，采取“语法术语（汉义）这样的标注形式，如“yańa ält-di”，ält 为能动体的标志，整体标注为“回-ADVL ABIL（拿走）-3sg.PAST”，其“驱赶”义可参考汉语译文行。

第四行：汉语译文，对该句进行汉语意译。

本书涉及的简写说明如下：

阙——阙特勤碑　　　　毗——毗伽可汗碑

暾——暾欲谷碑　　　　铁兹——铁兹碑

铁尔痕—铁尔痕碑

D——东面　　　　N——南面

X——西面　　　　B——北面

如“阙 D11”表示《阙特勤碑》东面第 11 行；“暾 1B13”表示《暾欲谷碑》第 1 石北面第 13 行。

突厥文字母表如下：

NO.	字母	转写字母	NO.	字母	转写字母
1	𐰀	a,ä	9	𐰍	ɣ
2	𐰃	ï,i	10	𐰏	g
3	𐰆	o,u	11	𐰴	q
4	𐰇 𐰈	ö,ü	12	𐰚 𐰛	k
5	𐰉 𐰊	b^1	13	𐰞	l^1
6	𐰋 𐰌	b^2	14	𐰠	l^2
7	𐰑	d^1	15	𐰣	n^1
8	𐰓	d^2	16	𐰤 𐰤 𐰥	n^2

续表

NO.	字母	转写字母	NO.	字母	转写字母
17	𐰺	r^1	29	𐰲	č
18	𐰼	r^2	30	𐰢	m
19	𐰽	s^1	31	𐰪	ny/ń
20	𐰾	s^2	32	𐰭	ŋ/ng
21	𐱃 𐱃	t^1	33	𐰯	p
22	𐱅	t^2	34	𐱁	š
23	𐰖	y^1	35	𐰔 𐰔 𐰔	z
24	𐰘	y^2	36	𐰡	lt
25	𐰸	q,oq,uq,qo,qu	37	𐰨	nč
26	𐰜	k,ök,ük,kö,kü	38	𐰦 𐰦 𐰦	nt
27	𐰶	q,ïq,qï	39	𐱁	aš
28	𐰱	ič	40	𐱈	baš

语法术语缩略语表如下①：

缩略语	英语	汉义	形态语素
1sg	1st person	第一人称单数	-m/-im/-ïm/-um/-üm
2sg	2nd person	第二人称单数	-ng/-ing/-ïng/-ung/-üng
3sg	3rd person	第三人称单数	-si/-sï/-i/-ï
1pl	First plural	第一人称复数	-miz/-mïz/-imiz/-ïmïz

① 目前国际上没有语料标注术语的通用标准，本缩略语表综合参考莱比锡语法标注系统的附录部分（缩略语表）、黄成龙（2005，2006）的语法标注缩略语、力提甫·托乎提（2012）和王海波、阿力木江·托乎提（2016）突厥语族语言的语法缩略语形式，少数几个是笔者根据碑铭语言特点添加的，如 EPE（增音）、POSSI（可能体）。

续表

缩略语	英语	汉义	形态语素
2pl	Second person plural	第二人称复数	-ngiz/-ngïz/-ingiz/-ïngïz/-unguz/üngüz
3pl	Third person plural	第三人称复数	-si/-sï/-i/-ï
ABL	Ablative case	从格	-din/-tin/-dïn/-tïn/-dun/-tun/-dün/-tün
ABIL①	Ability aspect	能动体	a 副动词+al-
ACC	Accusative case	宾格	-i/-ï; -ɣ/-g/-ïɣ/-ig/-uɣ/-üg; -n/-in/ïn/-un/-ün;-ni/nï
ADJL②	Adjectivalizer	形动词标志	-miš/-mïš; -dačï/-däči/-tačï/-täči; -r/-ir/-ïr/-ar/-är/-ur/-ür/-yur/-yür; -duq/-tuq/-dük/-tük; -/ɣma/-gmä/-ïɣma/-igmä/-uɣma/-ügmä/-aɣma/-ägmä
ADVL③	Adverbializer	副动词标志	-p/-ip/-ïp/-up/-üp/-ap/-äp; -pan/-ipän/-ïpan/-upan/-üpän; -a/-ä/-i/-ï/-u/-ü/-ya/-yä/-yu/-yü/-yï/-yi; -ɣalï/-qalï/-gäli/-käli
ALTR④	Altruism aspect	为他体	a 副动词+bir-
CAUS	Causative	使动态	-t/-it/-ït/-ut/-üt; -r/-ir/-ïr/-ur/-ür/-ar/-är; -dir/-tir/-dïr/-tïr/-dur/-tur/-dür/-tür; -ɣur/-qur/-gür/-kür

① 能动体作为鄂尔浑—叶尼塞碑铭语言动词体的形式之一，其缩略语形式参照力提甫·托乎提（2012）。

② 形动词标志是鄂尔浑—叶尼塞碑铭语言静词化动词的一种，其缩略语形式参照王海波、阿力木江·托乎提（2016），力提甫·托乎提（2012）写作“形容词化标志”。

③ 副动词是鄂尔浑—叶尼塞碑铭语言修饰名词并接受动词的各类外部形态和形态词尾的动词形式。其缩略语形式参照王海波、阿力木江·托乎提（2016），力提甫·托乎提（2012）写作“副词化标志”。

④ 为他体作为鄂尔浑—叶尼塞碑铭语言动词体的形式之一，其缩略语形式参照力提甫·托乎提（2012）与王海波、阿力木江·托乎提（2016），二者皆写作“利他体”。

续表

缩略语	英语	汉义	形态语素
COND	Conditional	条件式	-sar/-sär
CONJ[①]	Conjunctive marker	联合标志	-li…-li/-lï…-lï
CONT[②]	Continuative aspect	持续体	a 副动词+bar-
DAT	Dative case	与格（本书中 DAT 也指“向格”）[③]	-ɣa/-qa/-gä/-kä; -ɣaru/-qaru/-gärü/-kärü; -a/-ä; -ra/-rä
EPE[④]	Epenthesis	增音	-n-/-in-/-ïn-/-un-/-ün
EQUI[⑤]	Equivalence case	量似格	-ča/-čä
FACT[⑥]	Factual aspect	呈现体	p 副动词+qal-
FUT	Future tense	将来时	-dačï/-tačï/-däči/-täči
GEN	Genitive case	领属格，相当于“……的”	-ing/-ïng/-ung/-üng/-ang/-äng/ -ning/-nïng/-nung/-nüng

① 联合标志，其缩略语形式参照黄成龙（2005）。

② 持续体作为鄂尔浑—叶尼塞碑铭语言动词体的形式之一，其缩略语形式参照黄成龙（2005），王海波、阿力木江·托乎提（2016）和力提甫·托乎提（2012）也有此表述。

③ 严格区分应该是“向格”（allative case）、“与格”（dative case），古代突厥语中“向格”与“与格”使用同一词缀形式。

④ 增音形式是鄂尔浑—叶尼塞碑铭语言的元辅音共时变化的现象，如在名词之后缀接第三人称领属附加成分后，再缀接其他附加成分时要，要增加一个“n”音，缩写“EPE”系笔者添加。

⑤ 量似格，缀加在名词类及短语末尾，表示人或事物相互间在数量、规格等方面具有可比喻得共性。其缩略语形式参照王海波、阿力木江·托乎提（2016）和力提甫·托乎提（2012）。

⑥ 呈现体作为鄂尔浑—叶尼塞碑铭语言动词体的形式之一，其缩略语形式参照王海波、阿力木江·托乎提（2016）和力提甫·托乎提（2012）。

续表

缩略语	英语	汉义	形态语素
IMP	Imperative	祈使式	-yin/-yïn/-ayïn/-äyin; -lïm/-lim/-alïm/-älim/-lam/-läm; -ng/-ïng/-ing/-ung/-üng; -nglar/-nglär/-ïnglar/-inglär/-unglar/-ünglär; -sun/-sün/-sïn/-sin/-su/-sü/-zun/-zün; -sunlar/-sünlar/-sïnlar/-sinlär/-zunlar/-zünlär
INST①	Instrumental case	工具格	-n/-an/-än/-un/-ün/-in/-ïn
ITR②	Iterative aspect	重复体	a 副动词+olur-
LMT③	Limitative case	界限格	-ɣïča/-gičä/-kičä;-ča/-čä
LOC	Locative case	处所格，表示方位	-da/-ta/-dä/-tä
LQ④	Locativequalitative case	时位标志格	-daqï/-däki/-taqï/-täki
MOOD⑤	Mood	语气标志	-mu;ärinč;oq/ök;idi
NEG	Neccessity	否定	-ma/-mä/-maz/-mäz

① 工具格，莱比锡规则附录中的缩写为“INS”，此处采用黄成龙（2005）的缩写形式，写作“INST”。

② 重复体作为鄂尔浑—叶尼塞碑铭语言动词体的形式之一，其缩略语形式参照王海波、阿力木江·托乎提（2016）和力提甫·托乎提（2012）。

③ 界限各缀加在名词类及其短语末尾，表示行为动作或状态在时间或空间上发生或持续的界限，句中一般作状语。其缩略语形式参照王海波、阿力木江·托乎提（2016）和力提甫·托乎提（2012）。

④ 时位标志格缀加在名词类及其短语末尾，表示人或事物在时间或空间上所处的范围，句中一般作定语。其缩略语形式参照王海波、阿力木江·托乎提（2016）和力提甫·托乎提（2012）。

⑤ 语气是一个定式句的重要标志，基于人称成分和时、语气助词等一些特殊成分之上、需要特定语调的复杂体系。其缩略语形式参照王海波、阿力木江·托乎提（2016）和力提甫·托乎提（2012）。

续表

缩略语	英语	汉义	形态语素
NMLZ①	Nominalizer marker	名词化标志	-ɣ/-g/-k/-ïɣ/-ig/-ik/-uɣ/-üg/-ük; -ɣu/-qu/-gü/-kü; -sïq/-sik/-tuq/-tüq/-tük/-duq/-dük
ORD②	Ordinal marker	序数标志	-nč/-inč/-ïnč/-unč/-ünč; -ndi/-nti
PASS	Passive	被动态	-l/-il/-ïl/-ul/-ül/-al/-äl; -n/-in/-ïn/-un/-ün/-an/-än; -ïq/-ik/-uq/-ük/-sïq/-suq/-sük
PAST③	Past tense	过去时	-dim/-dïm/-tim/-tïm/-dum/-tum/-düm/-tüm; -dimiz/-dïmïz/-timiz/-tïmïz/-dumuz/-tumuz; -ding/-dïng/-ting/-tïng; -dïɣ/-tïɣ/-duɣ/-tuɣ/-tig; -dingizlar/-dïngïzlar/-tingizlär/-tïngïzlar/-dunguzlar/-tunguzlar; -di/-dï/-ti/-tï
PERF④	Perfective aspect	完成体	a 副动词+ïd-
PL	Plural	复数	-lar/-lär
POSS	Possessee	领属附加成分	
POSSI⑤	Possible aspect	可能体	a 副动词+u-

① 莱比锡规则附录中的缩写和黄成龙（2005）的缩写形式为 NMLZ，王海波、阿力木江・托乎提（2016）和力提甫・托乎提（2012）写为 NOML，本书写作 NMLZ。

② 序数标志的缩略语形式参照王海波、阿力木江・托乎提（2016）和力提甫・托乎提（2012）。

③ 过去时的缩略语形式参照黄成龙（2005）和力提甫・托乎提（2012），王海波、阿力木江・托乎提（2016）写作“PST”。

④ 完成体作为鄂尔浑—叶尼塞碑铭语言动词体的形式之一，其缩略语形式参照王海波、阿力木江・托乎提（2016）和力提甫・托乎提（2012）。

⑤ 可能体作为鄂尔浑—叶尼塞碑铭语言动词体的形式之一，其缩略语形式系笔者添加。

续表

缩略语	英语	汉义	形态语素
PRES①	Present tense	现在时	-r/-ïr/-ir/-ur/-ür/-ar/-är/-yur/-yür
RECP②	RECProcal voice marker	交互态	-š/-iš/-ïš/-uš/-üš
REFL	Reflexive pronoun	反身态	-n/-in/-ïn/un/-ün; -l/-il/-ïl/-ul/-ül
SML③	Similitude case	形似格	-däg/-täg
TENT④	Tentative mood	尝试体	a 副动词+kör-

本书所用转写符号（突厥语拉丁符号/[国际音标]）

元音

a[a] ä[ɛ] e[e] i[i] o[o] ö[ø] u[u] ü[y]

辅音

b[b] č[ʧʰ] d[d] f[f] g[g] ɣ[ʁ] x[x] h[ɦ]

j[ʤ] k[kʰ] l[l] m[m] n[n] ŋ[ŋ] p[pʰ] q[qʰ]

r[r] s[s] š[ʃ] t[tʰ] v[v] w[w] y[j] z[z] ž[ʒ]

① 现在时在莱比锡规则附录中的缩写为“PRS”，黄成龙（2005）和力提甫·托乎提（2012）写作“PRES”，本书参考后者，王海波、阿力木江·托乎提（2016）不见。

② 交互态属于鄂尔浑—叶尼塞碑铭语言动词的语态范畴，莱比锡规则附录中的缩写和黄成龙（2005）的缩写形式为 RECP，王海波、阿力木江·托乎提（2016）和力提甫·托乎提（2012）写为 RECIP，本书写作 RECP。

③ 形似格缀加在名词类及其短语末尾，表示人或事物相互间在性质、形状、特征等方面具有可比喻的共性，在比喻结构中一般用作定语。其缩略语形式参照王海波、阿力木江·托乎提（2016）和力提甫·托乎提（2012）。

④ 尝试体作为鄂尔浑—叶尼塞碑铭语言动词体的形式之一，其缩略语形式参照王海波、阿力木江·托乎提（2016）和力提甫·托乎提（2012）。

上　编

鄂尔浑—叶尼塞碑铭语料标注

第一章

阙特勤碑

第一节 南　面

N1

𐱅𐰭𐰼𐰃:𐱅𐰏:𐱅𐰭𐰼𐰃𐰓𐰀:𐰉𐰆𐰞𐰢𐱁:𐱅𐰇𐰼𐰜:𐰋𐰃𐰠𐰏𐰀:𐰴𐰍𐰣:𐰉𐰆:𐰇𐰓𐰚𐰀:𐰆𐰞𐰺𐱃𐰢

𐰽𐰉𐰢𐰣:𐱅𐰇𐰚𐱅𐰃:𐰀𐱁𐰃𐰓𐰏𐰠:𐰆𐰞𐰖𐰆:𐰃𐰣𐰃𐰘𐰏𐰇𐰤𐰢:𐰆𐰍𐰞𐰣𐰢:𐰋𐰃𐰼𐰚𐰃:𐰆𐰍𐰆𐱁𐰢:

𐰉𐰆𐰑𐰣𐰢:𐰋𐰃𐰼𐰘𐰀:𐱁𐰑𐰯𐱃:𐰋𐰏𐰠𐰼:𐰖𐰃𐰺𐰖𐰀:𐱃𐰺𐰴𐱃:𐰉𐰆𐰖...

täŋri-täg　täŋri-dä　bol-mïš　tür^ü^k　bilgä　qaɣan

天-SML　天-LOC　成为-ADJL　突厥　毗伽　可汗

我，像天一样的，在天所成就的突厥毗伽可汗，

bu　öd-kä　olur-tïm　sab-ïm-ïn　tükäti　äšid-gil

这个 时间- DAT　登基-1sg.PAST　话-1sg.POSS-ACC　全部　听-2sg.IMP

这时登上了汗位。（你们）都聆听我的话：

ulayu　iniyigün-im　oɣl-an-ïm　biriki　oɣuš-ïm

以及　弟弟们-1sg.POSS　儿子-PL-1sg.POSS　以及　氏族-1sg.POSS

bodun-um　biri-yä　šadap-ït　bäg-lär

人民-1sg.POSS　右-DAT　诸失毕-PL　官-PL，

首先是我的诸弟和诸子，其次是我的族人和人民，右边的诸失毕官，

yïra-ya　　tarqa-t　　buyuruq　　bäg-lär　otuz(...)

左-DAT　　达干-PL　　梅禄（大臣）　官-PL　　三十

左边的诸达官梅禄官、三十姓（鞑靼）、

N2

[illegible]

[illegible]

[illegible]

[illegible]……………………

toquz　　oɣuz　　bäg-lär-i　　　　　bodun-ï:

九　　　乌古斯　　官-PL-3sg.POSS　　人民-3sg.POSS

九姓乌古斯诸官和人民，

bu　　sab-ïm-ïn　　　　　ädgüti　　äši-d　　　qatïɣdï　　tïŋ-la

这　　话-1sg.POSS-ACC　　好好地　听-2sg.IMP　　努力地　　听-2sg.IMP

我的话你们好好听着，努力听着：

il-gärü　　kün　　toɣ-sïq-qa,　　　bir-gärü　　kün　　ortu-sï-n-garu

前-DAT　　日　　出生- NMLZ-DAT　右-DAT　　日　　中间-3sg.POSS-EPE-DAT

往前（东面）到日出，往右（南面）到日中，

qurï-ɣaru　kün　　batsïq-ï-n-ga,　　　　　　　yïr-ɣaru　　tün

后-DAT　　日　落- NMLZ-3sg.POSS-EPE-DAT　左-DAT　　夜

ortu-sï-n-ɣaru,

中间-3sg.POSS-EPE-DAT

往后（西面）到日落，往左（北面）到夜中，

an-ta　　ičräki　　bodun　qo[p]　m[an-g]a　　kör-ür,　　bu-n-ča　　　bodun:

那-LOC　里面的　人民　　全部　　我-DAT　　看-FUT，这-EPE-EQUI　人民

那里的人民全部属于我，

N3

[illegible]

[illegible]

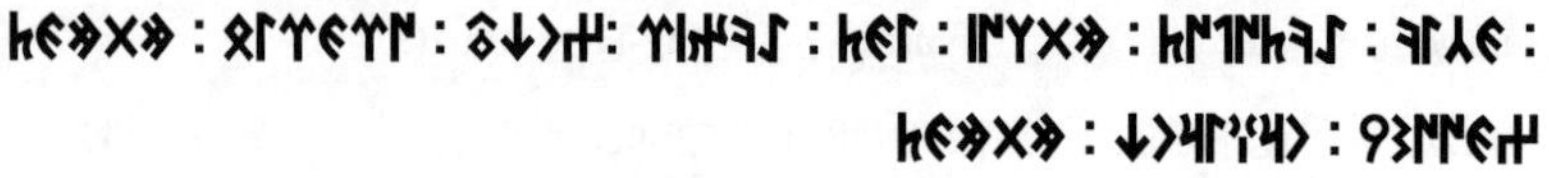

qop it-dim ol amtï ańïɣ yoq

全部 组织-1sg.PAST 他 现在 坏 没有。

那里所有的人民都组织起来了，他们现在都相安无事。

türk qaɣan ötükän yïš olur-sar il-tä buŋ yoq

突厥 可汗 于都斤山 山 坐-COND，国-LOC 忧愁 没有。

突厥可汗如果住在于都斤山，则国家没有忧愁。

il-gärü šanduŋ yazï-qa tägi sülä-dim taluy-qa kičig

前-DAT 山东 平原-DAT 直到 出兵-1sg.PAST 海-DAT 小的

täg-mä-dim

到达-NEG-1sg.PAST。

向前我曾征战到山东平原，几乎到达海滨。

bir-gärü toquz ärsin-kä tägi sülä-dim tüpüt-kä:

右面-ALL 九 焉耆-DAT 直到 出兵-1sg. PAST 吐蕃-DAT

kičig täg-mä-dim qurï-ɣaru yinčü ögüz

小的 到达-NEG-1sg.PAST 后-DAT 珍珠 河流

向右我曾征战到九姓焉耆，几乎达到吐蕃。

N4

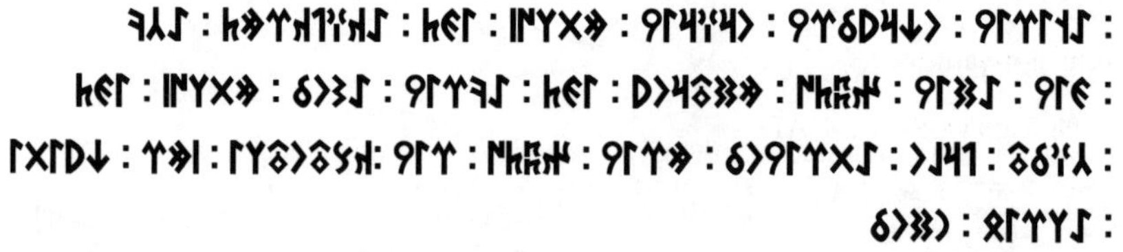

käč-ä tämir qapïɣ-qa tägi sülä-dim

渡过-ADVL 铁 门-DAT 直到 出兵- 1sg.PAST

向后渡过珍珠河，我曾征战到铁门关。

yïr-ɣaru yir bayïrqu yir-i-n-gä tägi sülä-dim

左面- ALL 拔野谷 地方-3sg.POSS-EPE-DAT 直到 出兵-1sg.PAST

向左我曾征战到拔野谷地方。

bu-n-ča　　yir-kä　　tägi　　yorït-dïm　　ötükän　　yïš-da

这-EPE-EQUI　地方-DAT　直到　出征-1sg.PAST　于都斤山　山-LOC

yig　　idi　　yoq　　är-miš

好的　MOOD　没有　是-PAST

我曾出兵到这样多的地方，没有比于都斤山林再好的地方。

il　　tut-sïq　　yir　　ötükän　　yïš　　är-miš:

国家　统治-NMLZ　地方　于都斤山　山　是- ADJVZ

统治国家的地方是于都斤山。

bu　　yir-dä　　olur-up　　tabɣač　　bodun　　birlä:

这　地方-LOC　坐-ADVL　唐　人民　共同。

住在这里，我同唐人

N5

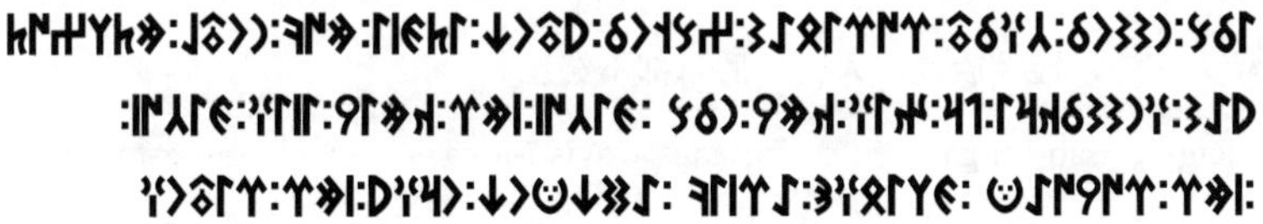

tü-zül-tim　　altun　kümüš　isgti　qutay　buŋ-suz　an-ča　bir-ür

建立-PASS-1sg.PAST　金　银　粮食　丝绸　忧愁-NEG　那-EQUI　给-FUT

建立了关系。他们慷慨地给了（我们）这么多金、银、粮食、丝绸。

tabɣač　bodun　sab-ï　　süčig　aɣï-sï　　yïmšaq　är-miš

唐　人民　话-3sg.POSS　甜的　宝物-3sg.POSS　软　是-PAST

唐人的话语甜蜜，宝物柔软，

süčig　sab-ïn　　yïmsaq　aɣ-ïn　　ar-ïp　　ïrak　bodun-uɣ　an-ča

甜的　话-INST　软　宝物-INST　欺骗-CONV　远　人民-ACC　那-EQUI

yaɣ-ut-ïr　　är-miš,

近-CAUS-PRES　是- PAST，

他们用甜蜜的话语，柔软的宝物欺骗，使得远处的人民靠近（他们）。

yaɣru　qon-tuq-da　　kisrä　ańïɣ　bilig　anta　ö-yïr　　är-miš

近处　住下-ADJVZ-LOC　之后，　坏　知识　那样　想-PRES　是- ADJVZ

当住近了以后，他们就心怀恶意。

N6

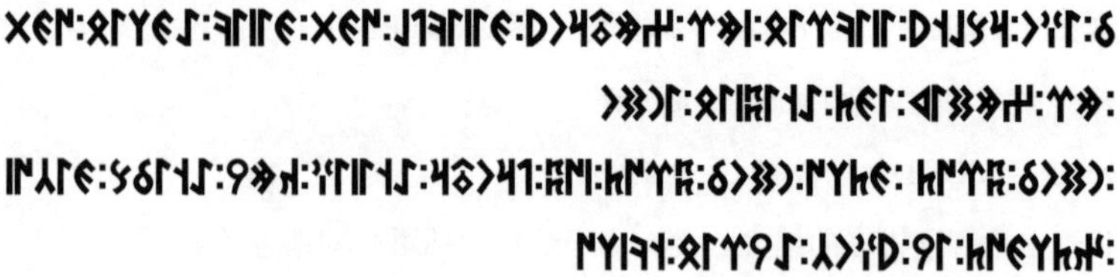

ädgü　bilgä　kiš-ig　ädgü　alp　kiši-g　yorït-maz　är-miš:

好　智慧的　人民-ACC 好　勇敢的　人民-ACC　出征-NEG　是- ADJVZ

他们不让真正英明的人、真正勇敢的人有所作为，

bir　kiši　yaŋïl-sar　oɣuš-ï　bodun-ï

一　人　犯错-COND　氏族-3sg.POSS　人民-3sg.POSS

bišük-i-n-ge　tägi　qïd-maz　är-miš

亲族-3sg.POSS-EPE-DAT　直到　怜悯-NEG　是- ADJVZ

一人有错，连其族人、人民、后辈都不饶恕。

süčig　sab-ï-n-ga　ïmšaq　aɣïs-ï-n-ga　ar-tur-up

甜的 话-3sg.POSS-EPE-DAT 软 财物-3sg.POSS-EPE-DAT 欺骗-CAUS-CONV，

由于受到他们甜蜜的话语、华丽的宝物的诱惑，

üküš　türk　bodun　öl-tüg

许多　突厥　人民　死-2sg.PAST。

许多突厥人死了。

türk　bodun　ülsikiŋ　biri-yä　čuɣay　yïš　tügültün:,

突厥　人民　一部分　南-DAT　地名　山林　地名

当突厥人民一部分要向南住在阴山，

N7

yazï　qon-ayïn　ti-sär　türk　bodun　üläs-ig　an-ta

平地　住下-1sg.IMP　说-COND，突厥　人民　部分-ACC　那-LOC

ańïɣ　kiši　an-ča　bošgur-ur　är-miš

坏　人　那-EQUI　教唆-FUT　是-PAST

并要住在平原时，恶人就这样教唆部分突厥人民道：

ïrak　är-sär　yablaq　aɣï　bir-ür　yaɣuq　ärsär　ädgü　aɣï　bir-ür

远　是-COND　坏　宝物　给-FUT　近　是-COND　好　宝物　给-FUT

凡住远处的给坏的礼物，凡住近处的给好的宝物。

tip　anča　bošɣur-ur　är-miš　bilig　bil-mäz　kiši　ol　sab-ïɣ　al-ïp

说　那样　教唆-FUT　是-PAST　知识　知-NEG　人　那　话-ACC　拿-ADVL

他们就这样教唆了。无知的人听信了那些话，

yagru　bar-ıp,　üküş　kişi　öl-tüŋ.

近　去-ADVL　多　人　死-2sg.PAST.

走近了他们，于是你们死了很多人。

N8

ol　yär-gärü　bar-sar　türk　bodun　öl-täči　sän

那　地方-DAT　去-COND　突厥　人民　死-FUT. ADJVZ　你，

如去那地方，突厥人民你就将死亡；

ötükän　yir　olor-up　arqïš　tirkiš　ïd-sar,　näŋ　buŋ-uɣ　yoq

于都斤　地方　坐-ADVL　商队　商队　派-COND　什么也不　忧愁-ACC　没有

如果你们住在于都斤山这地方，（从这里）派出商队，那就没有忧虑。

ötükän　yïš　olur-sar　bäŋgü　il　tut-a　olur-tačï　sän

于都斤　山林　坐-COND　永久的　国家　抓住-CONV　坐下- FUT. ADJVZ　你

如果住在于都斤山，你们将永保国家。

türk　bodun　toqurqaq　sän　āčsïq　tosïq　ö-mäz　sän

突厥　人民　饱的　你　饿的　饱　想-NEG　你

突厥人民，你们自满了，你们不考虑会有饥有饿；

bir　tod-sar　ačsïq　ö-mäz　sän　antaɣ-ïŋ-ïn

一　饱-COND　饿的　想-COND　你　那样-2sg.POSS-ACC

你们一旦饱食，就不考虑饥饿。由于你们那样，

N9

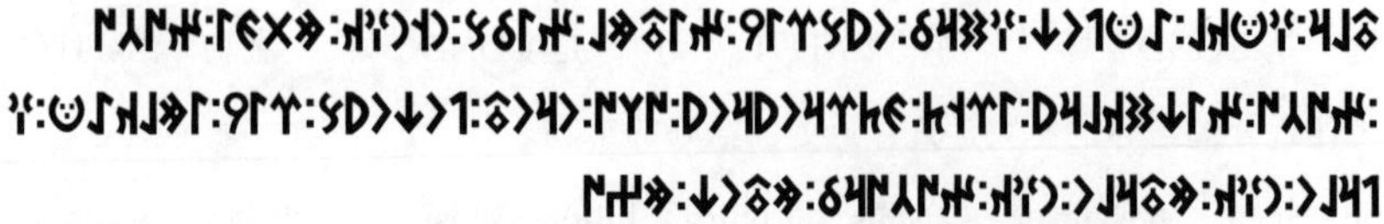

üčün　igid-miš　qaɣan-ïŋ-ïn　sab-ïn　al-ma-tïn

由于　养育-ADJL　可汗-2sg.POSS-ACC　话-ACC　听-NEG-ABL，

你们不听曾养育（你们的）可汗的话，

yir　sayu　bar-dïɣ　qop　an-ta　alqïn-tïɣ　arïl-tïɣ

土地　每一个　去-2sg.PAST　全部　那-LOC　完了-2sg.PAST　除净-2sg.PAST

到处走散，（结果）你们全都毁灭在那里，

an-ta　qal-miš-ï　yir　sayu　qop　tor-u　öl-ü

那-LOC　留下-ADJL-3sg.POSS　土地　每一个　全部　变瘦-ADVL　死-ADVL

yorï-yïr　är-tig

走-PRES　是-2sg.PAST

你们中剩下的到处（流徙），处境困难（直译：瘦死）。

täŋri　yarlïqa-duq-in　üčün　ö-züm　qut-ïm　bar　üčün

上天　保佑- NMLZ-ACC　由于　自己-1sg.POSS　福禄-1sg.POSS　有　由于

由于上天的保佑，由于我自己有福，

qaɣan　olur-tïm　qaɣan　olur-up

可汗　坐-1sg.PAST　可汗　坐-CONV

我做了可汗。我做了可汗后，

N10

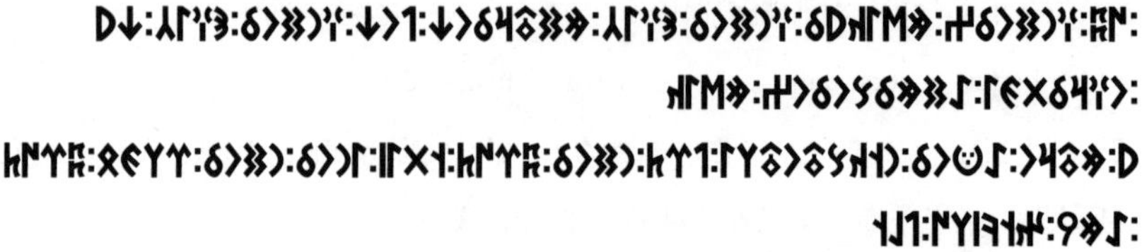

yoq　čïɣań　bodun-ïɣ　qop　qubra-t-dïm　čïɣań　bodun-ïɣ

没有　穷的　人民-ACC　全部　使集起-CAUS-1sg.PAST　穷的　人民-ACC

把贫困的人们集合起来，

bay　qïl-tïm　az　bodun-ïɣ　üküš　qïl-tïm

富　做-1sg.PAST　少　人民-ACC　多　做-1sg.PAST

使穷人变富，使较少的人民变多。

azu　bu　sab-ïm-da　igid　bar-ɣu

或者　这　话-1sg.POSS-LOC　虚假　有-MOOD

难道在我的话中有什么虚假吗？

türk　bäg-lär　bodun　bu-nï　äšid-iŋ

突厥　官-PL　人民　这-ACC　听-2sg.IMP

突厥诸官和人民，你们敬听这个吧！

türk　bodun-ïɣ　tir-ip　il　tut-sïq-ïŋ-ïn

突厥　人民-ACC　集起-ADVL　国家　抓-NMLZ-2sg.POSS-ACC

我在这里刻写下了（如何）

bunta　ur-tum，　yaŋïl-ïp　öl-sik-iŋ-in　yämä

在这里　打-1sg.PAST　犯错-ADVL　死-NMLZ-2sg.POSS-ACC　也

集合起突厥人民、建立国家（的事迹），

N11

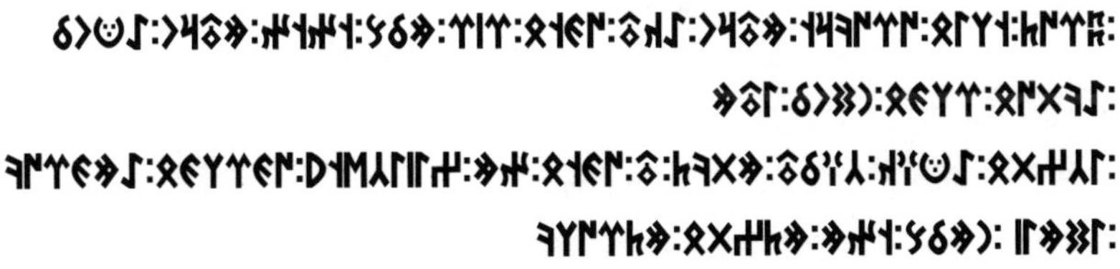

bunta　ur-tum.

在这里　打-1sg.PAST

我又在这里刻写下了你们（如何）做错了事，几乎就要灭亡（的情形）。

näŋ　näŋ　sab-ïm　är-sär　bäŋgü　taš-qa　ur-tum

什么也不　什么也不　话-1sg.POSS　是-COND　永久的　石碑-DAT　打-1sg.PAST

我把所有的话都刻写在（这）永久的石碑上，

an-gar kör-ü bil-iŋ türk amtï bodun bäg-lär

它-DAT 看-ADVL 知道-2sg.IMP 突厥 现在 人民 官-PL

突厥现在的人民和诸官，愿你们看后都知道，

bödkä kör-ügmä bäg-lär gü yaŋïl-tačï siz

这时 看-ADJL 官-PL MOOD 犯错误-FUT 你

这时诸官看了以后，你们还要犯错吗？

män bäŋgü taš tik-dim[1] tabγač qaγan-ta bädizči

我 永久的 石 立起-1sg.PAST 唐 可汗-LOC 画匠

käl-ür-tüm bädiz-ät-dim:

来-CAUS-1sg.PAST 画- CAUS-1sg.PAST

我立起这永久的石碑，我从唐朝皇帝那里请来了画工，让他们装饰了。

män-iŋ sab-ïm-ïn sï-ma-dï

我-GEN 话-1sg.POSS-ACC 毁坏-NEG-3sg.PAST

他们没有拒绝我的要求（直译：毁坏我的话）。

N12

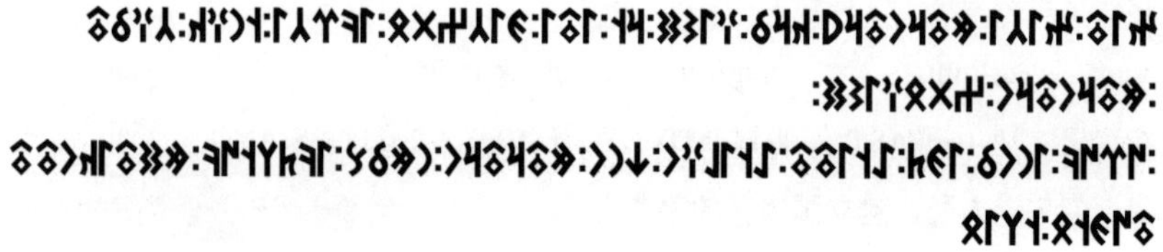

tabγač qaγan-ïŋ ičräki bädizč-ig ït-tï

唐 可汗-GEN 里面的 画匠-ACC 派-3sg.PAST

他们派来了唐朝皇帝的宫内画匠。

an-gar adïnčïγ barq yara-tur-tïm.

他-DAT 奇异的 建筑物 建立-CAUS-1sg.PAST

我令他们建造了宏伟的建筑物。

ič-i-n taš-i-n adïnčïγ bädiz ur-tur-tïm

内-3sg.POSS-ACC 外-3sg.POSS-ACC 奇异的 画 打造- CAUS-1sg.PAST

我让他们在其内外都绘上动人的画。

---

① 耿世民：《古代突厥文碑铭研究》，中央民族大学出版社 2005 年版，第 119 页，此处为：toqutqu üčün。

taš toq-ït-dïm köŋül-täki sab-ïm-in urt-ur-tïm

石 打造-1sg.PAST 心-LQ 话-1sg.POSS-ACC 打造- CAUS-1sg.PAST

我令他们打造了石碑，让他们刻下了我心中（要说）的话。

on oq oɣl-ï-n-ga tat-ï-n-ga tägi

十 箭 儿-3sg.POSS-EPE-DAT 族名-3sg.POSS-EPE-DAT 直到

愿十箭的子孙和外族

bu-nï kör-ü bil-iŋ. bäŋgü taš

这-ACC 看-ADVL 知道-2sg.IMP 永久的 石

臣民（Tat）看到这个都知道。

N13

toqït-dïm:……. ärig yir-tä är-sär an-ča

打造-CAUS-1sg.PAST 有人的 地方-LOC 是-COND 那-EQUI

我打造了永久的石碑，

ärig yir-tä bäŋgü taš toqï-t-dïm biti-t-dim

有人的 地方-LOC 永久的 石 打造-CAUS-1sg.PAST 让写-CAUS-1sg.PAST

在这人来人往的地方建造了永久的石碑，我让人写下了我的话。

anï kör-üp an-ča bil-iŋ ol taš bark-in

把他 看-ADVL 那-EQUI 知道-2sg.IMP 那 石 建筑物-ACC

kït-dïm yara-tur-tïm.

做-1sg.PAST 建造-CAUS-1sg.PAST

愿你们看到后都知道我组织人打造了那石碑。

bu bitig biti-gmä atïs-i yolliɣ tigin

这 文字 写-PRES.ADJVZ 侄子-3sg.POSS 药利特 勤

书写此碑文的是其侄子药利特勤。

第二节 东 面

D1

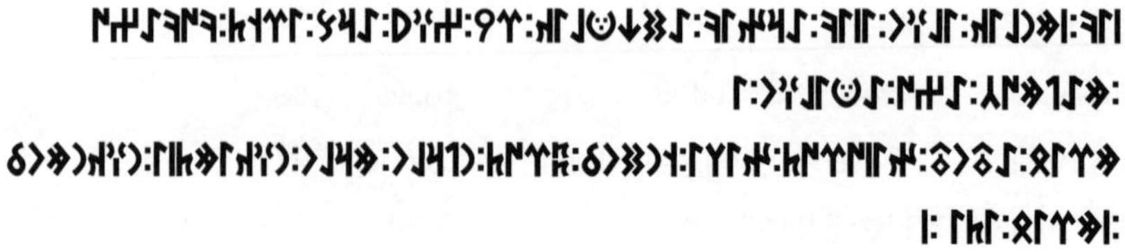

üzä kök täŋri asra yaɣïz yir qïl-ïn-tuq-da

在……之上 蓝 天 下面 褐色 土地 做-PASS-NMLZ-LOC

当上面蓝天、下面褐色大地造成时，

äkin ara kiši öɣl-ï qïl-ïn-mïš

两个 中间 人 儿子-3sg.POSS 做-PASS-PAST

在二者之间（也）创造了人类之子。

kiši oɣl-ï-n-ta üzä äčü-m apa-m bumïn

人 儿子-3sg.POSS-EPE-LOC 之上 姐-1sg.POSS 妈-1sg.POSS 布民

qaɣan ištämi qaɣan olur-miš

可汗 室点密 可汗 坐-PAST

在人类之子上面，坐有我祖先布民可汗和室点密可汗。

olur-ïpan türk bodun-ïŋ il-i-n törü-si-n

坐-PAST.CONV 突厥 人民-GEN 国家-3sg.POSS-ACC 法制-3sg.POSS-ACC

tut-a bir-miš, it-i bir-miš.

抓-ADVL 给予-PAST 做-ADVL 给予-PAST

他们即位后，创建了突厥人民的国家和法制。

D2

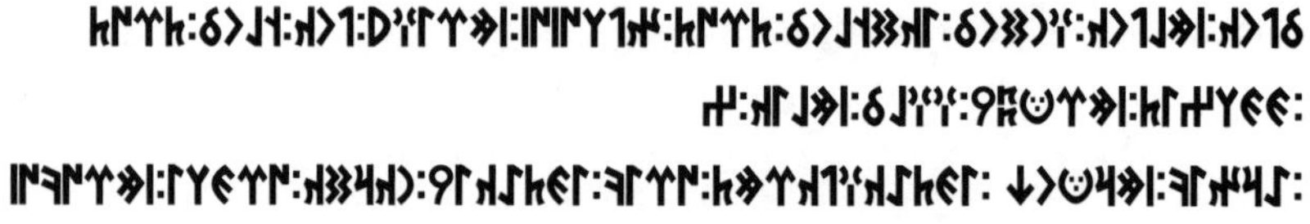

tört buluŋ qop yaɣï är-miš, sü sülä-pän
四 角落 全部 敌人 是-PAST 军队 作战-ADVL
（这时）四方皆是敌人。他们率军作战，

tört buluŋ-daqï bodun-ïɣ qop al-mïš, qop baz qïl-mïs
四 角落-LQ 人民-ACC 全部 拿-PAST 全部 从属的 做-PAST
取得了所有四方的人民，全征服了（他们）。

bašlïɣ-ïɣ yükün-tür-miš, tiz-lig-ig sök-ür-miš
有头的-ACC 敬拜-CAUS-PAST 膝-ADJVZ-ACC 跪-CAUS-PAST
使有头的顿首，使有膝的屈膝投降。

il-gärü qadïrqan yïš-qa tägi, kirü tämir qapïɣ-qa tägi
前-DAT 大兴安岭 山林-DAT 直到 后面 铁 门-DAT 直到

qon-tur-mïš. äkin ara
住下-CAUS-PAST 两个 之间
并使他们住在东方直到大兴安岭，西方直到铁门（关）的地方。

D3

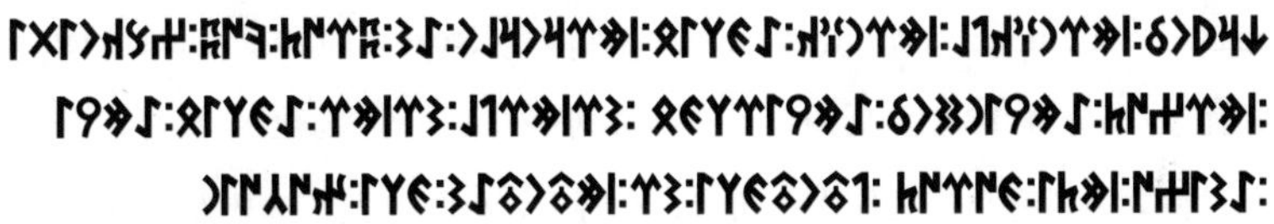

idi oq-sïz kök türk <äti>: anča olor-ur är-miš
主人 箭-NEG 兰 突厥 使做 那样 坐-CAUS 是-PAST
他们统治着二者之间的没有君长的兰突厥。

bilgä qaɣan är-miš alp qaɣan är-miš
有智慧的 可汗 是-PSAT 勇敢的 可汗 是-PAST
他们是英明的可汗、勇敢的可汗。

buyruq-ï yämä bilgä är-miš ärinč, alp är-miš ärinč
梅录-3sg.POSS 又 智慧的 是-PAST MOOD 勇敢的 是-PAST MOOD
据说他们的梅录也是英明的、勇敢的。

bäg-lär-i yämä bodun-ï yämä tüz är-miš
官-PL-3sg.POSS 又 人民-3pl.POSS 又 平直的 是-PAST
他们的诸官和人民也是驯服的。

anï üčün il-ig anča tut-mïš ärinč

为此 由于 国-ACC 那样 抓-PAST 据说是

il-ig tut-up törü-g it-miš. öz-i an-ča

国-ACC 抓-ADVL 法制-ACC 做-PAST 自己-3sg.POSS 那-EQUI

因此，他们这样统治了国家。他们统治了国家并创建了法制。

D4

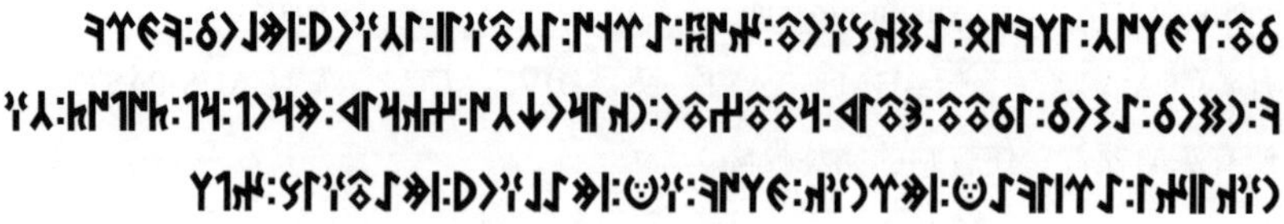

kärgäk bol-mïš. yoɣčï sïɣïtčï öŋrä,

需要的（喻死亡） 成为-PAST 吊唁者 吊唁者 前面

他们（之后）去世了。吊唁者从前面，

kün tuɣ-sïq-da bükli čöllig il, tabɣač, tüpüt,

日 东方-NMLZ-LOC 莫离 沙漠 国家 唐 吐蕃

apar, purum, qïrqïz, üč qurïqan, otuz tatar, qïtań, tatabï

阿瓦尔 拂林 黠戛斯 三 骨利干 三十 鞑靼 契丹 奚

从日出之方，有莫离荒原人、唐人、吐蕃人、阿瓦尔人、拂林人、黠戛斯人、三姓骨利干人、三十姓鞑靼人、契丹人、奚人，

bu-n-ča bodun käl-ipän sïɣta-mïš yoqla-mïš

这-EPE-EQUI 人民 来-ADVL 哭丧-PAST 吊唁-PAST

这样多的人前来吊唁。

antaɣ külig qaɣan är-miš an-ta kisrä ini-si qaɣan:

那样 名声 可汗 是-PAST 那-LOC 之后 弟弟-3sg.POSS 可汗

他们是那样声名显赫的可汗。之后，

D5

bol-mïš ärinč oɣl-ï ta qaɣan bol-mïš ärinč:

成为-PAST MOOD 儿子-3sg.POSS 也 可汗 成为-PAST 据说是

其弟做了可汗，其子也做了可汗。

an-ta kisrä ini-si äči-si-n-täg qïl-ïn-ma-duq ärinč

那-LOC 之后 弟-3sg.POSS 兄-3sg.POSS-EPE-SML 做-PASS-NEG-ADJL MOOD

之后，弟不像兄，

oɣl-ï qaŋ-i-n-täg qïl-ïn-ma-duq ärinč

儿子-3sg.POSS 父-3sg.POSS-EPE-SML 做-PASS-NEG- ADJL MOOD

子不像父。

biligsiz qaɣan olur-mïš ärinč yablaq qaɣan olur-mïš ärinč:

无智的 可汗 坐-PAST MOOD 坏 可汗 坐-PAST MOOD

昏庸的可汗登了位，坏的可汗也登了位。

buyruq-ï yämä biligsiz är-miš ärinč yablaq är-miš ärinč

梅录-3sg.POSS 也 无智的 是-PAST 据说是 坏 是-PAST 据说是

其梅录也是昏庸的、坏的。

D6

bäg-lär-i bodun-ï tüzsüz üčün

官-PL-3sg.POSS 人民-3sg.POSS 不平的 由于

由于其诸官和人民的不忠，

tabɣač bodun täblig-in kürlüg-in üčün:

唐 人民 狡猾-ACC 狡猾-ACC 由于

由于唐人的奸诈和欺骗，

armaqčï-si-n üčün ini-li äči-li kikš-ür-tük-in üčün

骗人者-3pl.POSS-ACC 由 弟-CONJ 兄-CONJ 仇视-CAUS- NMLZ-ACC 由于

由于他们的引诱，由于他们使兄弟相仇，

bäg-li bodun-lïɣ yoŋaš-ur-tuq-in üčün:

官-CONJ 人民-CONJ.ACC 不合-CAUS- NMLZ-ACC 由于

由于他们使官民不和，

türk bodun illä-dük il-i-n ïčɣïn-u ïd-mïš

突厥 人民 具有国家-ADJL 国家-3sg.POSS-ACC 失去-ADVL 送-PAST

拥有国家的突厥人民丧失了国家，

D7

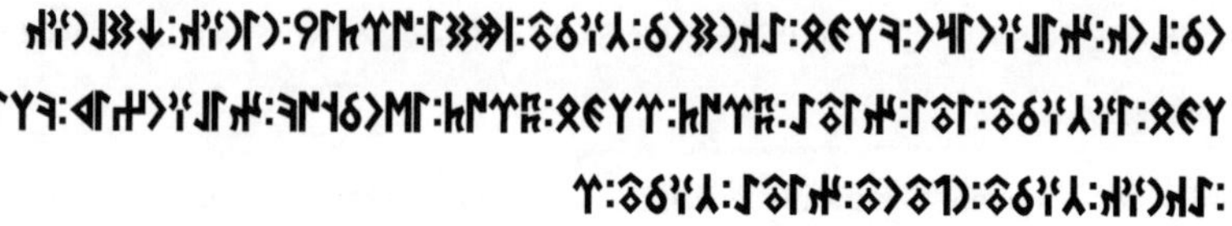

qaɣanla-duq qaɣan-ï-n yitür-ü ïd-mïš

成为可汗-ADJL 可汗-3sg.POSS-ACC 丢失-ADVL 送-PAST

失去了成为可汗的可汗；

tabɣač bodun-qa bäglig urï oɣl-ï-n qul bol-tï

唐 人民-DAT 官 男儿 子-3sg.POSS-ACC 奴隶 成为-3pl.PAST

高贵的男儿成为唐人的奴隶，

šilik qïz oɣl-ïn küŋ bol-tï

丝 女儿 子-ACC 奴婢 成为-3pl.PAST

清白的姑娘成了奴婢。

türk bäg-lär türk at-ï-n ït-tï. tabɣač bäg-lär:

突厥 官-PL 突厥 名称-3sg.POSS-ACC 送-3pl.PAST 唐 官-PL

tabɣač at-ï-n tut-ïpan tabɣač qaɣan-qa

唐 名称-3sg.POSS-ACC 抓-ADVL 唐 可汗-DAT

亲唐朝的诸官采用唐朝称号，臣属于唐朝皇帝，

D8

kör-miš. älig yïl iš-ig küč-üg bir-miš

看-PAST 五十 年 事-ACC 力量-ACC 给-PAST

（并为他们）出力五十年。

il-gärü kün toɣ-sïq-da bükli qaɣan-qa tägi sülä-yü bir-miš,

前-DAT 太阳 出生-NMLZ-LOC 莫离 可汗-DAT 直到 率军-ADVL 给-PAST

前面，在日出之方，一直打到莫离可汗那里，

qurï-ɣaru tämir qapïɣ-qa tägi sülä-yü bir-miš

西-DAT 铁 门-DAT 直到 率军-PRES.CONV 给-PAST

在西方，一直打到铁门关，

tabɣač qaɣan-qa il-i-n törü-si-n al-ï bir-miš.

唐 可汗-DAT 国家-3sg.POSS-ACC 法制-3sg.POSSACC 拿-ADVL ALTR（给）-PAST

把其国家和法制交给了唐朝皇帝。

türk qara qamaɣ:

突厥 普通（黑） 所有的

突厥所有普通的

D9

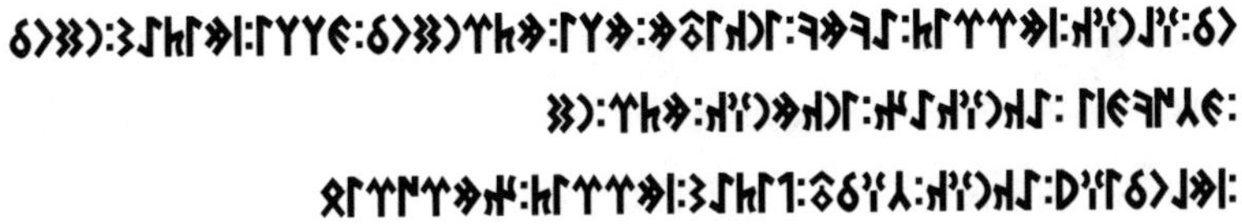

bodun anča ti-miš, il-lig bodun är-tim

人民 那样 说-PAST 国家-ADJVZ 人民 是-1sg.PAST

人民这样说道："我曾是有国家的人民，

il-im amtï qanï? kim-kä il-ig qazɣan-ur män?

国家-1sg.POSS 现在 哪里 谁-DAT 国家-ACC 得到-FUT 我

现在我的国家在哪里？我在为谁获取国家？"

ti-r är-miš. qaɣanlïg bodun är-tim, qaɣan-ïm qanï?

说-FUT 是-PAST 可汗的 人民 是-1sg.PAST 可汗-1sg.POSS 哪里

——他们说。"我曾是有可汗的人民，现在我的可汗在哪里？

nä　qaɣan-qa　iš-ig　küč-üg　bir-ür　män　ti-r　är-miš:

什么　可汗-DAT　事-ACC　力量-ACC　给-FUT　我　说-FUT　是-PAST

我为哪家可汗效力？”——他们说

an-ča　ti-p　tabɣač　qaɣan-qa　yaɣï　bol-miš

那-EQUI　说-PAST.CONV　唐　可汗-DAT　敌人　成为-PAST

这样说着，他们就成为唐朝皇帝的敌人。

D10

yaɣï　bol-up　itin-ü　yaratun-ü　u-ma-duq　yana

敌人　成为-PAST.ADVL 组成-ADVL 组织-ADVL POSSI（能）-NEG- NMLZ　又

成为敌人后，但他们未能自立，重又内属了。

ičik-miš　bunča　iš-ig　küč-üg　bir-tük-gärü:　saqïn-ma-tï,

内属-PAST 这样的　事-ACC　力量-ACC　给- NMLZ-DAT　想-NEG-3sg.PAST

(唐朝皇帝)并不考虑（突厥人民）曾出了这么多的力，

türk　bodun　öl-ür-äyin,　uruɣsïra-t-ayïn　ti-r　är-miš

突厥　人民　死-CAUS-1sg.IMP　断绝后代- CAUS-1sg.IMP　说-FUT 是-PAST

他们说：“我要灭掉突厥人民，并使其断绝后代。”

yoq-ad-u　bar-ïr　är-miš.　üzä　türk　täŋri-si　türk　ïduq

消灭-CAUS-ADVL CONT（去）-FUT 是-PAST 上面 突厥 天-3sg.POSS 突厥 神圣的

yir-i:

地-3sg.POSS

他们（突厥）在灭亡。（但）上面突厥的上天，（下面）突厥的神圣水土（神）

D11

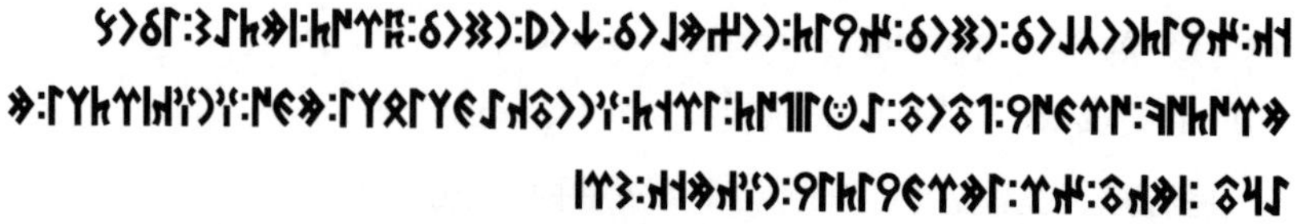

sub-ï anča ti-miš, türk bodun yoq bol-ma-zun ti-yin,

水-3sg.POSS 那样 说-PAST 突厥 人民 没有 成为-NEG-3sg.IMP 说-1sg.IMP

这样说："不要让突厥人民灭亡！

bodun bol-čun ti-yin

人民 成为-3sg.IMP 说-1sg.IMP

让他们成为人民！"

qaŋ-ïm ilteriš qaɣan-ïɣ ög-üm il bilgä qatun-ïɣ

父-1sg.POSS 颉跌利施 可汗-ACC 母-1sg.POSS 颉利毗伽 可敦-ACC

（于是）把我父颉跌利施可汗、我母颉利毗伽可敦

täŋri töpü-si-n-tä tut-up yögärü kötirmiš ärinč

天 头顶-3sg.POSS-EPE-LOC 抓-PAST.ADVL 向上 举起-PAST 据说是

护持在上天之顶，高高举起了。

qaŋ-ïm qaɣan yiti yigirmi är-in tašïq-mïs, tašra:

父-1sg.POSS 可汗 七 二十 人-INST 外出-PAST 往外

我父可汗同十七人

D12

yorï-yur ti-yin kü äšid-ip, balïq-daqï taɣïq-mïš:

走-FUT 说-1sg.IMP 名声 听-ADVL 城市-LQ 上山-PAST

出走。在听到（他们）外走的消息后，城中的人上了山，

taɣ-daqï in-miš, tir-il-ip yätmiš är bol-mïš.

山-LQ 下去-PAST 集起-PASS-ADVL 七十 人 成为-PAST

山上的则走下来，聚集起来是七十人。

täŋri küč bir-tük üčün qaŋ-ïm qaɣan sü-si

天 力量 给-NMLZ 由于 父-1sg.POSS 可汗 军队-3sg.POSS

böri täg är-miš, yaɣï-si qoń täg är-miš

狼 像……的 是-PAST 敌人-3sg.POSS 羊 像……的 是-PAST

由于上天赋予力量，我父可汗的军队像狼一样，（而）其敌人像绵羊一样。

il-gärü qurï-ɣaru sülä-p tir-miš qubra-t-mïš qamuɣï:

东-DAT 西-DAT 征战-ADVL 集起-PAST 集起-CAUS-PAST 全部

东西征战，（结果）集结起来的

D13

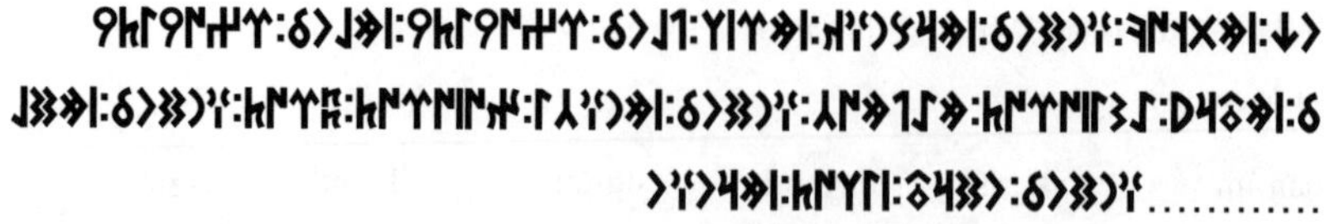

yäti yüz är bol-mïš. yäti yüz är bol-up

七 百 人 成为-PAST 七 百 人 成为-ADVL

共是七百人。当有了七百人之后，

äl-sirämiš qaɣansïra-mïš bodun-ïɣ, küŋ-äd-miš qul-ad-mïš:

失去国家-ADJL 失去可汗-ADJL 人民-ACC 女婢-CAUS-ADJL 奴隶-CAUS-ADJL

（我父可汗）就按照我祖先的法制，组织和教导了曾丧失国家、

bodun-ïɣ, türk törü-si-n ïčɣïn-mïš bodun-ïɣ:

人民-ACC 突厥 法制-3sg.POSS-ACC 失去-ADJL 人民-ACC

丧失可汗的人民，曾沦为女婢、

äčü-m apa-m törü-si-n-čä yarat-mïš. bošɣur-mïš.

祖先-1sg.POSS 祖先-1sg.POSS 法制-3sg.POSS-EPE-EQUI 创立-PAST 教导-PAST

成为奴隶的人民，曾失掉突厥法制的人民，

tölis tarduš bodun-ïɣ an-ta ät-miš,

突利斯 达头 人民-ACC 那-LOC 组织-PAST

在那里组织了突利斯及达头（两部）人民，

D14

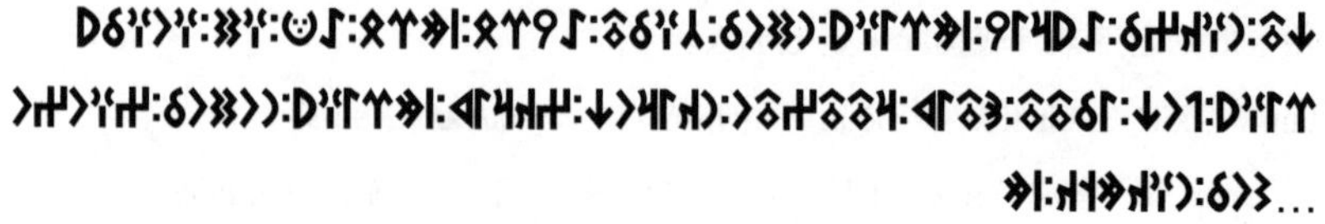

yabɣu-ɣ šad-ïɣ an-ta bär-miš.

叶护-ACC 设-ACC 那-LOC 给-PAST

并在那里赐给了叶护及设（的称号）。

biriyä　tabγač　bodun　yaγï　är-miš,　yïraya　baz　qaγan,

向南　唐　人民　敌人　是-PAST　向北　巴兹　可汗

toquz　oγuz　bodun　yaγï　är-miš

九　乌古斯　人民　敌人　是-PAST

南方唐人是敌人，北方巴兹可汗及九姓乌古斯是敌人。

qïrqïz　qurïqan　otuz　tatar　qïtań　tatabï　qop　yaγï　är-miš:

黠戛斯　骨利干　三十　鞑靼　契丹　奚　全部　敌人　是-PAST

黠戛斯、骨利干、三十姓鞑靼、契丹、奚，全部都是敌人。

qaŋ-ïm　qaγan　bunča　sülä-miš.

父-1sg.POSS　可汗　这样　征战-PAST

我父可汗征战这样多次……

D15

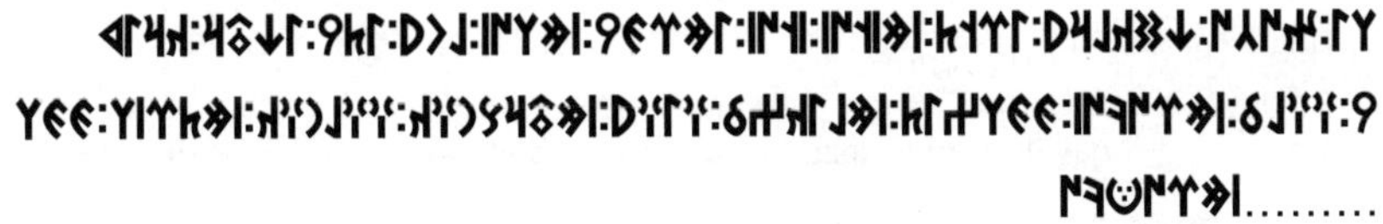

qïrq　artuqï　yiti　yolï　sülä-miš,　yägirmi　süŋ-üš　süŋ-üš-miš

四十　多余　七　次　征战-PAST　二十　打仗-RECP　交战-RECP-PAST

他出征了四十七次，参加了二十次战斗。

täŋri　yarlïqa-duq　üčün　illig-ig　ilsirä-t-miš

天　命令-NMLZ　由于　有国家的-ACC　国家-失去-CAUS-PAST

由于上天保佑，使有国家的失去国家，

qaγanlïγ-ïγ　qaγansïra-t-miš,　yaγ-ïγ:　baz　qïl-miš

有可汗的-ACC　失去可汗-CAUS-PAST　敌人-ACC　征服　做-PAST

使有可汗的失去可汗，征服了敌人，

tizlig-ig　sök-ür-miš,　bašlïγ-ïγ　yükün-tür-miš:

有膝的-ACC　跪-CAUS-PAST　有头的-ACC　敬拜-CAUS-PAST

使有膝的屈膝，使有头的顿首（投降）。

qaŋ-ïm　qaγan　inča　il-ig

父-1sg.POSS　可汗　这样　国家-ACC

D16

[illegible]……

törü-ɣ qazɣan-ïp, uč-a bar-mïš.

法制-ACC 努力-ADVL 飞-ADVL 去-PAST

我父可汗这样建立了国家、法制以后就去世了（直译：飞去了）。

qaŋ-ïm qaɣan-qa bašlayu baz qaɣan-ïɣ balbal tik-miš.

父-1sg.POSS 可汗-DAT 以…为首 巴兹 可汗-ACC 杀人石 立起-PAST

为纪念我父可汗，首先把巴兹可汗立作杀人石。

ol törü-dä üzä äč-im qaɣan olur-tï

那 法制-LOC 在……之上 叔父-1sg.POSS 可汗 坐下-3sg.PAST

依法制，我叔在上即位为可汗。

äč-im qaɣan olur-upan, türk bodun-uɣ yičä it-di,

叔父-1sg.POSS 可汗 坐下-PAST.CONV 突厥 人民-ACC 重新 做-3sg.PAST

我叔即位为可汗后，重新组织和

igit-ti, čïɣań-ïg bay qïl-tï az-ïɣ üküš qïl-tï

养育-3sg.PAST 穷的-ACC 富 做-3sg.PAST 少-ACC 多 做-3sg.PAST

养育了突厥人民，使穷的变富，使少的变多。

D17

[illegible]……

äč-im qaɣan olur-tuq-da, öz-üm tarduš bodun üzä šad

叔父-1sg.POSS 可汗 坐-NMLZ-LOC 自己-1sg.POSS 达头 人民 上 设

är-tim.

是-1sg.PAST

当我叔父即位为可汗时，我自己任达头人民上面的设。

äč-im qaɣan birlä il-gärü yašïl ügüz, šantuŋ yazï-qa tägi sülä-dimiz,

叔父-1sg.POSS 可汗 一起 东-DAT 黄 河 山东 平原-DAT 直到 作战-1pl.PAST

我同我叔可汗一起，向东一直征战到黄河和山东平原。

qurï-ɣaru tämir qapïɣ-qa tägi sülä-dimiz,

西-DAT 铁 门-DAT 直到 作战-1pl.PAST

向西一直征战到铁门关，

kökmän aš-a qïrqïž yir-i-n-gä tägi sülä-dimiz

曲漫 越过-ADVL 黠戛斯 地方-3sg.POSS-EPE-DAT 直到 作战-1pl.PAST

并越过曲漫山，一直征战到黠戛斯人的地方。

D18

[illegible]

[illegible]

[illegible]……

qamaɣ-ï biš otuz sülä-dimiz, üč yägirmi süŋüš-dimiz,

所有的-3sg.POSS 五 三十 征战-1pl.PAST 三 二十 交战-1pl.PAST

一共出征了二十五次，参加了十三次战斗。

illig-ig ilsirä-t-dimiz, qaɣanlïɣ-ïɣ qaɣansïra-t-dïmïz,

有国家的-ACC 失去国家-CAUS-1pl.PAST 有可汗的-ACC 失去可汗-CAUS-1pl.PAST

使有国家的失去国家，使有可汗的失去可汗，

tizlig-ig sök-ür-tümiz, bašlïɣ-ïɣ yünkün-tür-timiz.

有膝的-ACC 跪-CAUS-PAST 有头的-ACC 敬拜-CAUS-PAST

使有膝的屈膝，使有头的顿首投降。

türgiš qaɣan türk-imiz bodun-ïmïz är-ti. bil-mä-dük-in

突骑施 可汗 突厥-1pl.POSS 人民-1pl.POSS 是-3sg.PAST 知道-NEG- NMLZ-ACC

突骑施可汗是我们突厥族，我们的（人民）。

D19

[illegible]

[illegible]

[illegible]……[illegible]

üčün, bizi-ŋä yaŋïl-duq-ïn üčün qaɣan-ï öl-ti,

由于 对我们-DAT 犯错-NMLZ-ACC 由于 可汗-3sg.POSS 死-3sg.PAST

由于他们无知，由于他们对我们做错了事，其可汗死了。

buyruq-ï bäg-lär-i yämä öl-ti. on oq bodun ämgäk kör-ti.

梅录-3sg.POSS 官-PL-3sg.POSS 也 死-3sg.PAST 十 箭 人民 痛苦 看-3sg.PAST

其梅录、其官员也死了。十箭百姓受到了痛苦。

äč-ümiz apa-mïz tut-mïš yir sub idisiz

祖先-1pl.POSS 祖先-1pl.POSS 抓住-ADJL 地方 水 无主人

bol-ma-zun ti-yin,

成为-NEG-3sg.IMP 说-1sg.IMP

为了不要让我们祖先统治的地方（直译：土地、水）没有主人，

az bodun-ug it-ip yarat-ïp

阿热 人民-ACC 做-ADVL 造-ADVL

于是，（我们）组织了阿热人民。

D20

[illegible]

[illegible]

[illegible]……

bars bäg är-ti, qaɣan at bunta biz bir-timiz.

虎 官 是-3sg.PAST 可汗 称号 在这里 我们 给-1pl.PAST

他原为虎官，我们在这里给予了可汗称号，

siŋil-im qunčuy-uɣ bir-timiz. öz-i yaŋïl-tï,

妹-1sg.POSS 公主-ACC 给-1pl.PAST 自己-3sg.POSS 犯错-3sg.PAST

并把我的妹公主嫁给了他。

qaɣan-ï öl-ti, bodun-ï küŋ qul bol-tï.

可汗-3sg.POSS 死-3sg.PAST 人民-3sg.POSS 奴婢 奴隶 成为-3sg.PAST

他们自己做错了事，其可汗死了，其人民成了奴婢。

kökmän yir sub idi-siz qal-ma-zun ti-yin,

曲漫山 地方 水 主人-NEG 留下-NEG-3sg.IMP 说-1sg.IMP

为了不要让曲漫山地方没有主人，

az　qïrkïz　bodun-ïɣ　yarat-ïp　käl-timiz　süŋüš-dimiz,　il-in

阿热　黠戛斯　人民-ACC 造-ADVL　来-1pl.PAST　交战-1pl.PAST　国家-ACC

我们来整顿阿热和黠戛斯人民。（我们打了仗，）

D21

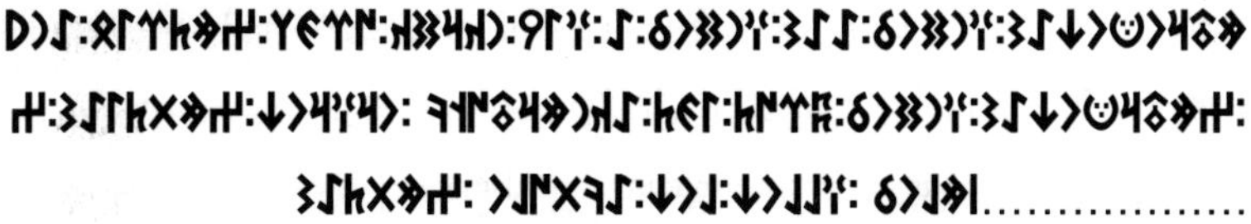

yana　bir-timiz.　il-gärü　qadïrqan　yïš-ïɣ　aš-a

又　给-1pl.PAST　东-DAT　大兴安岭　山林-ACC　越过-CONV

又（把国家）交给了（他们）。东面，越过大兴安岭，

bodun-ïɣ　anča　qon-tur-tïmïz,　anča　it-dimiz.

人民-ACC　那样　住下-CAUS-1pl.PAST　那样　做-1pl.PAST

我们让人民这样住下了，这样组织了。

qurï-garu　käŋü　tarman-qa　tägi　türk　bodun-ïɣ　anča

西-DAT　康居　贪漫-DAT　直到　突厥　人民-ACC　那样

qon-tur-tïmïz,　anča　it-dimiz.

住下-CAUS-1pl.PAST　那样　做-1pl.PAST

西面，一直到康居贪漫，让突厥人民这样住下了，这样组织了。

ol　öd-kä　qul　qullïɣ　bol-mïš　är-ti,　küŋ　küŋlüg

那　时间-DAT　奴隶　有奴隶的　成为-PAST　是-3sg.PAST　女婢　有女婢的

bol-mïš　är-ti,

成为-PAST　是-3sg.PAST

那时奴隶成了拥有奴隶的人，女婢成了拥有女婢的人，

ini-si　äči-si-n　bil-mäz　är-ti,

弟-3sg.POSS　兄-3sg.POSS-ACC　知道-NEG　是-3sg.PAST

oɣl-ï　qaŋ-in　bil-mäz　är-ti

子-3sg.POSS　父-ACC　知道-NEG　是-3sg.PAST

弟弟不认识其哥哥，儿子不认识其父亲（按：此处喻国家之大）。

D22

anča qazɣan-mïš, anča it-miš il-imiz törü-miz är-ti.

那样 努力-PAST 那样 做-PAST 国家-1pl.PAST 法制-1pl.PAST 是-3sg.PAST

这样努力了，我们建立的国家和法制就是这样。

türk oɣuz bäg-läri, bodun, äšid-iŋ!

突厥 乌古斯 官-3pl.POSS 人民 听-2sg.IMP

突厥诸官和突厥人民，你们听着！

üzä täŋri bas-ma-sar, asra yir tälin-mä-sär, türk bodun,

上 天 压-NEG-COND 下面 土地 裂-NEG-COND 突厥 人民

当上面上天不塌，下面大地不裂，突厥人民，

il-iŋ-in törü-ŋ-in: käm arta-tï

国家-2sg.POSS-ACC 法制-2sg.POSS-ACC 谁 破坏-3sg.PAST

u-dačï är-ti türk bodun,

POSSI（能）-FUT 是-3sg.PAST 突厥 人民

谁能毁灭你的国家和法制？突厥人民，

D23

ökü-n küräg-üŋ-in üčün, igid-miš bilgä qaɣan-ïn-ga,

后悔-2sg.IMP 违法-2sg.POSS-ACC 由于 养育-ADJL 英明 可汗-2sg.POSS-DAT

你们悔过吧！由于你们的无法，你们自己对养育你们的英明可汗

är-miš bar-mïš ädgü il-in-gä käntü yaŋïl-tïɣ, yablaq

是-ADJL 有-ADJVZ 好 国家-2sg.POSS-DAT 自己 犯错-2sg.PAST 坏

ki-gür-tig:

进入-CAUS-2sg.PAST

和自由、良好的国家犯了罪，招致了恶果。

yaraqlïγ　qan-tan　käl-ip　yań-a　alt-dï

有武器的　哪里-ABL　来-ADVL　回-ADVL　拿走-3sg.PAST

（否则）带武器的人从哪里来赶走（你们）？

süŋüglüg　qan-tan　käl-ipän　sür-a　alt-dï

带矛的　哪里-ABL　来-ADVL　驱赶-ADVL　拿走-3sg.PAST

带矛的人从哪里来驱走你们？

ïduq　ötükän　yiš　bodun　bar-dïγ　il-gärü　bar-ïγma

神圣的　于都斤　山林　人民　走-2sg.PAST　东-DAT　走-ADJL

神圣的于都斤山林的人民，你们走了，你们往东去的

D24

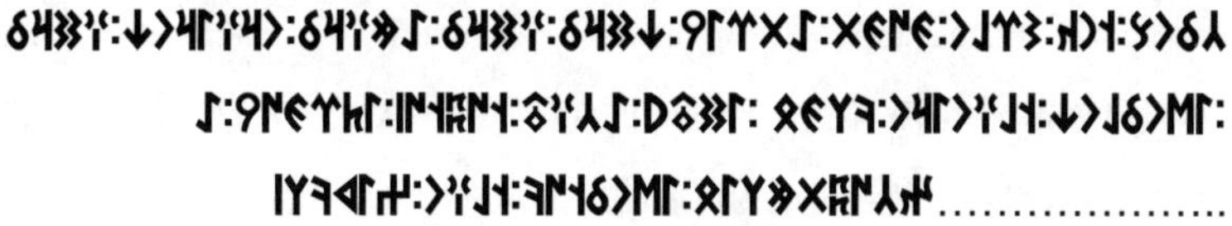

bar-dïγ,　qurïγaru　bar-ïγma　bar-dïγ.

去-2sg.PAST　往西　去- ADJL　去 2sg.PAST

走了，你们往西去的走了；

bar-duq　yir-dä　ädgü-g　ol　ärinč:　qan-ïŋ　subča　yügü-r-ti,

去-ADJL　地方-LOC　好-ACC　那　语气词　血-2sg.POSS　像水　跑-CAUS-3sg.PAST

在你们去的地方（所得到）的好处就是：你们血流如水，

söŋük-üŋ　taγ-ča　yat-dï,　bäglik　urï　oγl-ïŋ　qul　bol-tï,

骨-2sg.POSS　像山　躺下-3sg.PAST　高贵的　男儿　子-2sg.POSS　奴隶　成为-3sg.PAST

你们的骨头堆积如山，你们高贵的男儿成了奴隶，

silik　qïz　oγl-ïŋ:　küŋ　bol-tï.　bil-mä-dük　üčün,

清白的　女儿　子-2sg.POSS　女婢　成为-3sg.PAST　知道-NEG-NMLZ　由于

你们清白的女儿成了女婢。由于你们无知，

yablaq-ïŋ-ïn　üčün　äči-m　qaγan　uč-a　bar-dï

坏-2sg.POSS-ACC　由于　叔-1sg.POSS　可汗　飞-CONV　去-3sg.PAST

由于你们无义，我叔可汗死去了。

D25

[illegible]

[illegible]

[illegible]……………………

bašlayu qïrqïz qaɣan-ïɣ balbal tik-dim,

以……为首 黠戛斯 可汗-ACC 杀人石 立起-1sg.PAST

我先把黠戛斯可汗立作（墓前）杀人石。

türk bodun-ïɣ at-ï kü-si yoq bol-ma-zun ti-yin,

突厥 人民-ACC 名声-3sg.POSS 名声-3sg.POSS 全部 成为-NEG-3sg.IMP 说-IMP

为了不要让突厥人民无名无声，

qaŋ-ïm qaɣan-ïɣ, ög-üm qatun-ïɣ kötür-miš täŋri,

父-1sg.POSS 可汗-ACC 母-1sg.POSS 可汗-ACC 举起-ADJVZ 天

使我父成为可汗、使我母成为可敦的上天，

il bir-igmä täŋri, türk bodun at-ï kü-si yoq

国家 给- ADJL 天 突厥 人民 名声-3sg.POSS 名声-3sg.POSS 无

bol-ma-zun ti-yin, öz-üm-in ol täŋri

成为-NEG-3sg.IMP 说-IMP 自己-1sg.POSS-ACC 那 天

赐给我们国家的上天，为了不让突厥人民无名无声，那上天让我自己

D26

[illegible]

[illegible]

[illegible]……………..

qaɣan olur-t-dï ärinč. näŋ yïlsïɣ bodun-qa olur-ma-dïm.

可汗 坐下-CAUS-3sg.PAST 据说是 什么也不 温暖 人民-DAT 坐-NEG-1sg.PAST

做了可汗。我统治的完全不是昌盛繁荣的人民，

ičrä aš-sïz, tašra ton-sïz, yabïz yablaq bodun-ta üzä olur-tïm.

里面 饭-NEG 往外 衣-NEG 坏 坏 人民-LOC 在……之上 坐-1sg.PAST

我统治的是内无食、外无衣、贫困可怜的人民。

ini-m　　kül tigin　　birlä　　sözläš-dimiz.

弟-1sg.POSS　阙特勤　　一起　　交谈-1pl.POSS

我同我弟阙特勤商谈了，

qaŋ-ïmïz　　äč-imiz　　qazɣan-mïš　bodun　　at-ï　　　　kü-sï:

父-1pl.POSS　叔-1pl.POSS　获得-ADJL　人民　名声-3sg.POSS　名声-3sg.POSS

yoq　　bol-ma-zun

全部　　成为-NEG-3sg.IMP

为了不让我父、我叔获得的人民无名无声，

D27

ti-yin,　türk　bodun　üčün　tün　udï-ma-dïm,

说-IMP　突厥　人民　为了　夜　睡眠-NEG-1sg.PAST

为了突厥人民，我夜不能眠，

küntüz　olur-ma-dïm.　　in-im　　kül tigin　birlä,

昼　　坐-NEG-1sg.PAST　弟-1sg.POSS　阙特勤　一起

äki　šad　birlä　öl-ü　　yit-ü　　qazɣan-tïm.

两个　设　一起　死-ADVL　失去-ADVL　努力-1sg.PAST

昼不安坐。我同我弟阙特勤和两个设在一起，努力工作，筋疲力尽；

anča　qazɣan-ïp　biriki　bodun-ïɣ　ot　sub　qïl-ma-dïm

那样　努力-ADVL　联合的　人民-ACC　火　水　做-NEG-1sg.PAST

我努力不使联合起来的人民成为水火。

män　özüm　　qaɣan　olur-tuq-ïm-a,　　　yir　sayu

我　自己-1sg.POSS　可汗　坐- NMLZ-1sg.POSS-DAT　土地　每一个

当我继位为可汗时，

D28

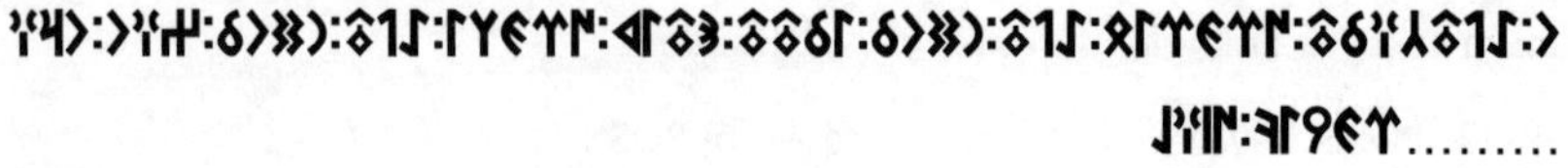

bar-mïs bodun öl-ü yit-ü yadaɣ-ïn yalaŋ-ïn yana käl-ti.

去-ADJVZ 人民 死-CONV 失去-CONV 步行-INST 赤裸-INST 又 来-3sg.PAST

流散各处的人民，筋疲力尽地、无马无衣地归来了。

bodun-ïɣ igid-äyin ti-yin, yïrɣaru oɣuz bodun tap-a,

人民-ACC 养育-1sg.IMP 说-1sg.IMP 北面 乌古斯 人民 朝着

为了养育人民，北面反对乌古斯人民，

ilgärü qïtań tatabï bodun tapa,

东面 契丹 奚 人民 朝着

东面反对契丹、奚人民，

birgärü tabɣač tapa uluɣ sü äki yägimi sülä-dim…..

南面 唐 朝着 大 军队 二 二十 作战-1sg.PAST

süŋüš-dim. an-ta

打仗-1sg.PAST 那-LOC

南面反对唐人，我出征了十二次……我作了战。

D29

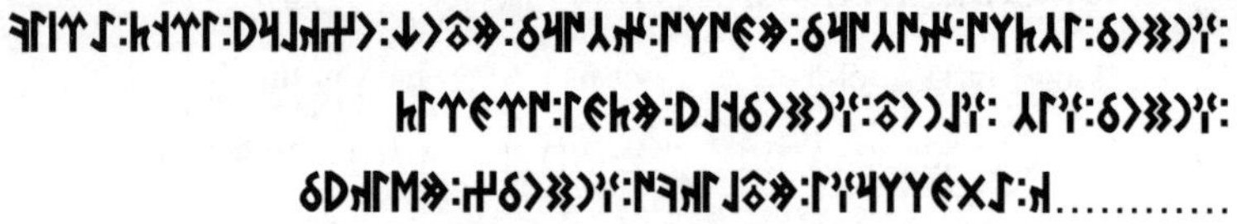

kisrä, täŋri yarlïqa-zu, qut-um bar üčün:

之后 天 命令-NMLZ 福-1sg.POSS 有 由于

之后，感谢上天，由于我的福分，

ülüg-üm bar üčün, öl-täči bodun-ïɣ tirgür-ü igit-tim.

命运-1sg.POSS 有 由于 死-FUT 人民-ACC 活-CAUS-ADVL 养育-1sg.PAST

由于我的幸运，我振兴了濒死的人民，

yalaŋ bodun-ïɣ tonlïɣ, čïɣań bodun-ïɣ bay qïl-tim.

赤裸的 人民-ACC 有衣的 穷的 人民-ACC 富 做-1sg.PAST

使赤裸的人民有衣穿，使贫穷的人民富裕起来，

az　bodun-ïɣ　üküš　qïl-tïm,　ïɣar　ällig-dä:

少　人民-ACC　多　做-1sg.PAST　重的　有国家的-LOC

ïɣar　qaɣanlïɣ-da　yig　qïl-tïm,　tört　buluŋ-daqï

重的　有可汗的-LOC　好的　做-1sg.PAST　四　角落-LQ

使人民由少变多，我使他们比有强大国家和可汗的人民过得更好。

D30

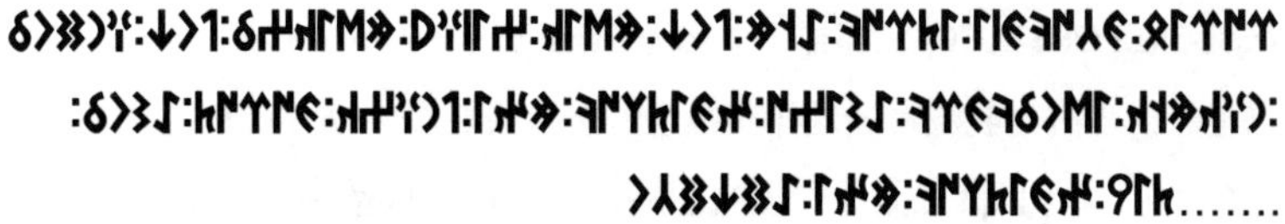

bodun-ïɣ　qop　baz　qïl-tïm,　yaɣï-sïz　qïl-tïm.

人民-ACC　全部　征服　做-1sg.PAST　无敌　做-1sg.PAST

我把四方的人民全部征服了，使其不再为敌。

qop　maŋ-a　kör-ti,　iš-ig　küč-üg　bir-ür.

全部　我-DAT　看-3sg.PAST　事-ACC　力量-ACC　给-CAUS

他们全臣服于我，并为我出力。

bunča　törü-g　qazɣan-ïp　ini-m　kül tigin　özi　anča

这样的　法制-ACC　努力-ADVL　弟-1sg.POSS　阙特勤　自己-3sg.POSS　那样

kärkäk　bol-tï.

需要的（喻死亡）　成为-3sg.PAST

我弟阙特勤如此努力于建立法制之后去世了。当我父可汗去世时，我

qaŋ-ïm　qaɣan　uč-duq-ta,　ini-m　kül tigin　yiti　yaš-da　qal-tï

父-1sg.POSS　可汗　飞-NMLZ-LOC　弟-1sg.POSS　阙特勤　七　年岁-LOC　留下-3sg.PAST

当我父可汗去世时，我弟阙特勤七岁。

D31

umay　täg　ög-üm　qatun　qut-ïn-ga,　ini-m　kül tigin

乌迈　像　母-1sg.POSS　可敦　福禄-3sg.POSS-EPE-DAT　弟-1sg.POSS　阙特勤

är at bol-tï

人 名字 成为-3sg.PAST

托像乌迈女神一样的我母可敦的福，我弟受成丁之名。

altï yägirmi yaš-ï-n-ga äči-m qaɣan il-i-n

六 二十 年岁-3sg.POSS-EPE-DAT 叔-1sg.POSS 可汗 国家-3sg.POSS-ACC

törü-si-n anča qazɣan-tï.

法制-3sg.POSS-ACC 那样 努力-3sg.PAST

当他十六岁时，我叔可汗这样获得了国家和法制。

altï čub soɣdaq tapa sülä-dimiz, buz-dïmïz.

六 州 粟特人 朝着 作战-1pl.PAST 破坏-1pl.PAST

我们出征六州粟特人，破之。

tabɣač oŋ tutuq biš tümän sü käl-ti, süŋ-üš-dïmiz

唐 王都督 五 万 军队 来-3sg.PAST 打仗-RECP-1pl.PAST

唐朝的王都督领五万兵到来，我们交了战。

D32

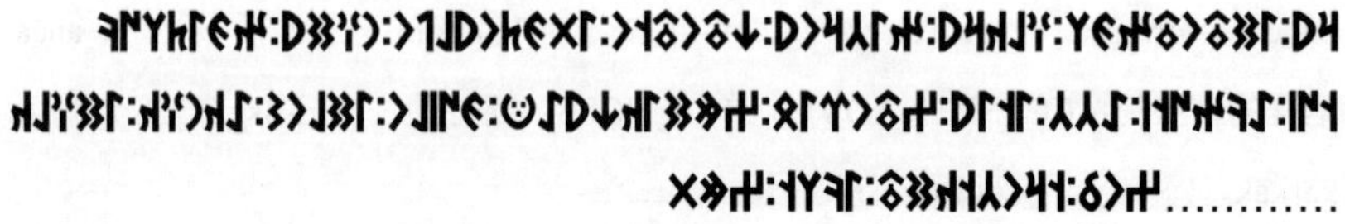

kül tigin yadaɣ-ïn opla-yu täg-di.

阙特勤 步行-INST 突击-ADVL 袭击-3sg.PAST

阙特勤徒步冲击，

oŋ tutuq yorč-in yaraqlïɣ äli-gin tut-dï

王都督 内弟-ACC 有武器的 手-INST 抓住-3sg.PAST

俘获了手执武器的王都督内弟，

yaraqlïɣdï qaɣan-qa ančula-dï. ol sü-g

有武器的 可汗-DAT 献给-3sg.PAST 那 军队-ACC

an-ta yoq qïš-dïmïz.

那-LOC 没有 做-1pl.PAST

连同武器把他献给了可汗。我们在那里消灭了那支军队。

bir　otuz　yaš-ï-n-ga　čača　säŋün-kä　süŋ-üš-dimiz.

一　三十　年岁-3sg.POSS-EPE-DAT　沙吒　将军-DAT　打仗-RECP-1pl.PAST

当他二十一岁时，我们与沙吒将军交战。

äŋ　ilki　tadïqïn　čor-ïŋ　boz　at-ïn　bin-ip　täg-di,

最　先的　tadïqïn　啜-GEN　灰色的　马-ACC　骑-ADVL　到达-3sg.PAST

ol　at　anta

那　马　那-LOC

最初，他骑 tadïqïn 啜的灰马进击，该马在那里

D33

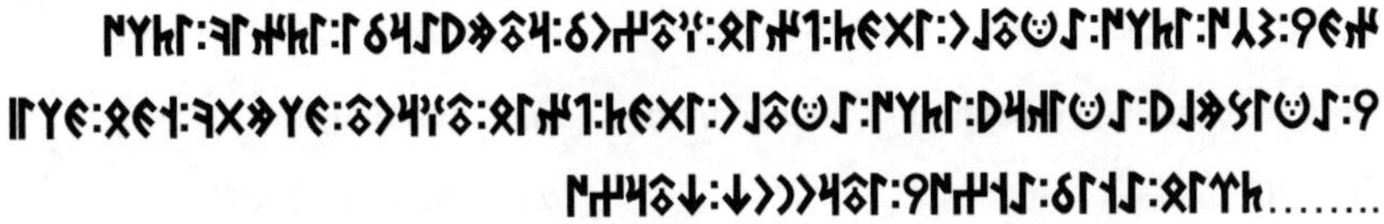

öl-ti.　äkinti　ïšbara　yamtar　boz　at-ïɣ　bin-ip　täg-di.

死-3sg.PAST　第二次　ïšbara　yamtar　灰色的　马-ACC　骑- ADVL　到达-3sg.PAST

死了。第二次骑始波罗的灰马进击，

ol　at　an-ta　öl-ti.

那　马　那-LOC　死-3sg.PAST

该马在那里死了。

üčünč　yägin silig　bäg-iŋ　kädimlig　toruɣ　at　bin-ip　täg-di.

第三次　人名　官-GEN　穿衣的　栗色　马　骑-ADVL　到达-3sg.PAST

ol　at　an-ta　öl-ti.

那　马　那-LOC　死-3sg.PAST

第三次骑 yägin silig 官的带有马衣的栗色马进击，该马在那里死了。

yarïq-ï-n-ta　yalma-sï-n-ta　yüz　artuq　oqun　ur-tï

甲胄-3sg.POSS-EPE-LOC　披肩-3sg.POSS-EPE-LOC　百　多余的　箭-ACC　打-3sg.PAST

他的甲胄和披风上中了一百多箭，

yüz-i-n-gä　baš-ï-n-ga　bir　tägür-mi-di

脸-3sg.POSS-EPE-DAT　头- 3sg.POSS-EPE-DAT　一　送交-CAUS-NEG-3sg.PAST

但未让一箭中其面部和头部……

D34

täg-dük-in　türk　bäg-lär,　qop　bil-irsiz.

进攻-NMLZ-ACC　突厥　官-PL　全部　知道-2sg.FUT

突厥诸官，你们都知道他的进攻。

ol　sü-g　an-ta　yoq　qïš-dïmïz.

那　军队-ACC　那-LOC　没有　做-1pl.PAST

我们在那里把那支军队消灭了。

an-ta　kisrä　yir bayïrqu　uluɣ　irkin　yaɣï　bol-tï

那-LOC　之后　拔野谷　大　俟斤　敌人　成为-3sg.PAST

这之后,拔野谷的大俟斤与我们为敌.

anï　yań-ïp　türgi　yarɣun　köl-tä　buz-dïmïz.

把他　驱散-CONV　türgi　yarɣun　湖-LOC　破坏-1pl.PAST

我们击溃了他，并在 türgi yarɣun 湖畔破之。

uluɣ　irkin　azqïńa　är-in　täz-ip　bardï.

大　俟斤　很少一点　人-ACC　逃走-CONV　去-3sg.PAST

大俟斤同少数人逃走。

kül tigin　altï　otuz

阙特勤　六　三十

当阙特勤二十六岁时，

D35

yaš-ï-n-ga　qïrqïz　tap-a　sülä-dimiz.

年岁-3sg.POSS-EPE-DAT　黠戛斯　反对-CONV　作战-1pl.PAST

我们出征黠戛斯。

süŋüg batïm-ï qar-ïɣ sök-ipän, kögmän yïš-ïɣ toɣ-a yor-ïp,

矛 深-3sg.POSS 雪-ACC 折破-ADVL 曲漫 山林-ACC 翻越-ADVL 出征-CONV

从和矛一样深的雪中开道，越过曲漫山，

qïrqïz bodun-uɣ u-da bas-dïmïz.

黠戛斯 人民-ACC 睡眠-LOC 压-1pl.PAST

我们袭击黠戛斯人于睡梦中。

qaɣan-in birlä suŋa yïš-da süŋ-üš-dimiz.

可汗-ACC 一起 suŋa 山-LOC 交战-RECP-1pl.PAST

我们与其可汗战于 suŋa 山。

kül tigin bayïrqu-nïŋ aq adɣïr-ïɣ

阙特勤 拔野谷-GEN 白 儿马-ACC

阙特勤骑拔野谷的白儿马冲击。

D36

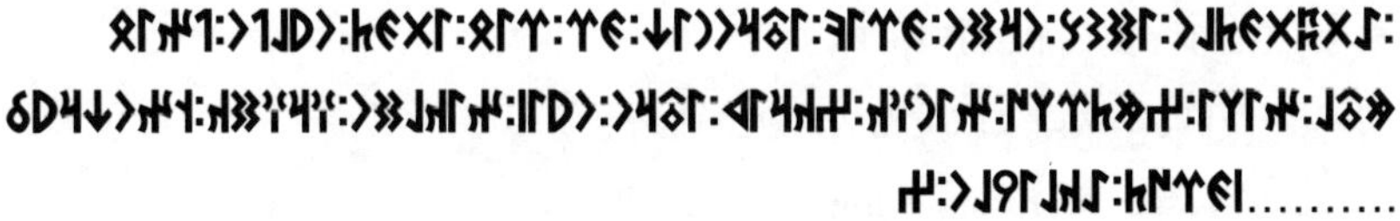

bin-ip opla-yu täg-di.

骑-ADVL 突击-ADVL 袭击-3sg.PAST

bir är-ig oq-un ur-dï, äki är-ig udïšr-u sanč-dï.

一 人-ACC 箭-INST 打-3sg.PAST 两 人-ACC 追赶-ADVL 刺-3sg.PAST

他用箭射死一人，并追杀两人。

ol täg-dük-dä bayïrqu-nuŋ aq adɣïr-ïɣ udlïq-in sï-yu ur-tï.

那 进击-NMLZ-LOC 拔野谷-GEN 白 儿马-ACC 大腿-ACC 破-ADVL 打-3sg.PAST

当他进攻时，折断了拔野谷白儿马的大腿。

qïrqïz qaɣan-ïn öl-tür-tümüz, il-i-n al-tïmïz.

黠戛斯 可汗-ACC 死-CAUS-1pl.PAST 国家-3sg.POSS-ACC 取-1pl.PAST

我们杀死了黠戛斯的可汗，取得了他的国家。

ol yïl-qa türgiš tapa altun yiš-ïɣ

那 年-DAT 突骑施 朝着 阿尔泰 山林-ACC

那年为征讨突骑施，我们越过阿尔泰山，

D37

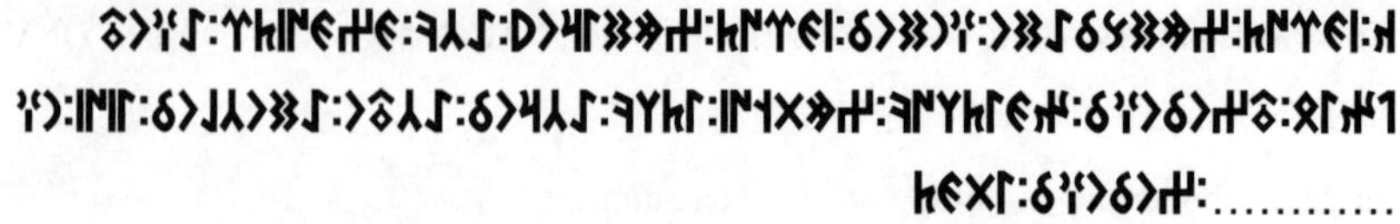

toɣ-a ärtiš ügüz-ig käč-ä yorï-dïmïz.

越-ADVL 额尔齐斯 河-ACC 渡过-ADVL 出征-1pl.PAST

渡过额尔齐斯河，

türgiš bodun-uɣ ud-a bas-dïmïz.

突骑施 人民-ACC 睡眠-ADVL 袭击-1pl.PAST

袭击突骑施人于睡梦之中。

türgiš qaɣan sü-si bolču-da ot-ča bor-ča

突骑施 可汗 军队-3sg.POSS 地名-LOC 火- EQUI 风暴- EQUI

käl-ti. süŋ-üš-dümiz.

来-3sg.PAST 交战-RECP-1pl.PAST

突骑施可汗的军队如火似飚地从勃勒齐而来，

kül tigin bašgu boz at bin-ip täg-di. bašgu boz

阙特勤 名称 灰 马 骑-ADVL 进击-3sg.PAST 名称 灰

阙特勤骑 bašgu 灰马进击。bašgu 灰马……

D38

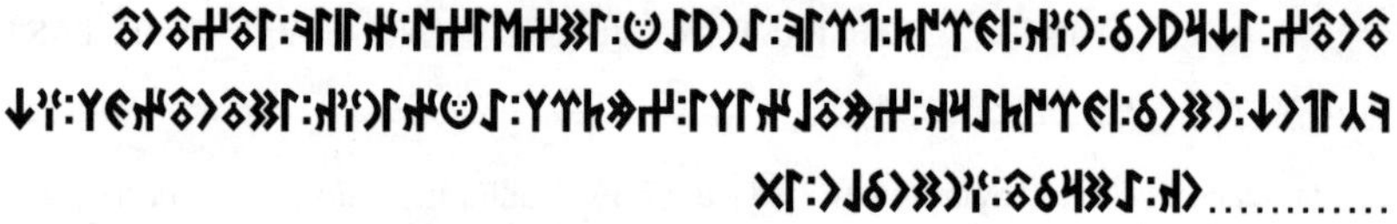

tut-uz-tï, äki-si-n öz-i ämgäk-dï.

抓住-CAUS-3sg.PAST 两-3sg.POSS-ACC 自己-3sg.POCC 使拿-3sg.PAST

让捉住了……他自己俘获了其中的两个，

an-ta yana kir-ip türgïš qaɣan buyruq-ï,

那-LOC 又 进入-ADVL 突骑施 可汗 梅录-3sg.POSS

az tutuq-uɣ älig-in tut-dï.

阿热 都督-ACC 手-INST 抓住-3sg.PAST

然后又攻入（敌阵），亲手俘获了突骑施可汗的梅录、阿热都督。

qaɣan-ï-n an-ta öl-tür-timiz, il-i-n al-tïmïz.

可汗-3sg.POSS-ACC 那-LOC 死-CAUS-1pl.PAST 国家-3sg.POSS -ACC 取-1pl.PAST

在那里我们杀死了他们的可汗，取得了他们的国家。

qara türgiš bodun qop ičik-di.

黑（普通的） 突骑施 人民 全部 内属-3sg.PAST

普通的突骑施人民全部归顺了。

ol bodun-uɣ tabar-da qon-tur-tumïz

那 人民-ACC 地名-LOC 住下-CAUS-1pl.PAST

我们让那些人民住在 tabar.

D39

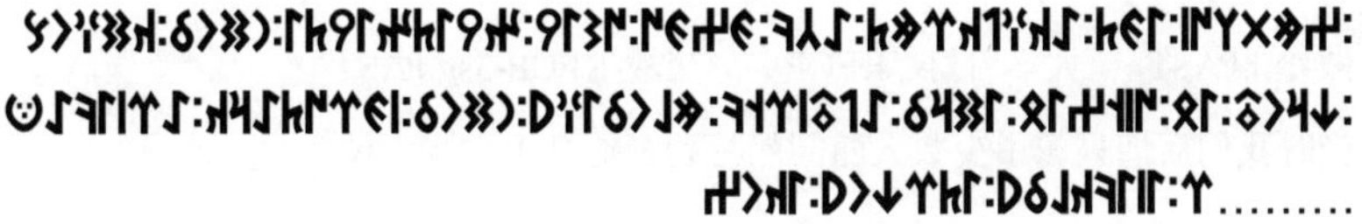

soɣdaq bodun it-äyin ti-yin

粟特 人民 做-1sg.IMP 说-IMP

为了整顿粟特人民，

yinčü ügüz-üg käč-ä tämir qapïɣ-qa tägi sülä-dimiz.

珍珠 河-ACC 渡过-ADVL 铁 门-DAT 直到 作战-1pl.PAST

我们渡过珍珠河，一直出征到铁门关。

an-ta kisrä qara türgiš bodun yaɣï bol-mïš,

那-LOC 之后 黑（普通） 突骑施 人民 敌人 成为-PAST

在那之后，普通的突骑施人民成了我们的敌人。

käŋäräs tapa bar-dï. biz-iŋ sü at-i toruɣ[1],

地名 朝向-CONV 去-3sg.PAST 我们-GEN 军队 马-3sg.POSS 瘦弱

我们到达了 käŋäräs。当时我们的军马瘦弱，

azuq-ï yoq är-ti. yablaq kiši är

口粮-3sg.POSS 没有 是-3sg.PAST 坏 人 人

没有粮秣，坏人……

① 存疑，该为 q 还是 ɣ，两者词义不同。

D40

[illegible]

[illegible]

[illegible]……..

alp är bizi-ŋä täg-miš är-ti.

勇敢 人 我们-DAT 袭击-PAST 是-3sg.PAST

袭击我们的是勇敢的人。

an-ta öd-kä ökün-üp, kül tigin-ig az är-in ir-tür-ü

那-LOC 时间-DAT 后悔-CONV 阙特勤-ACC 少 人-ACC 到达-CAUS-CONV

ït-tïmïz. uluɣ süŋ-üš süŋ-üš-miš.

做-1pl.PAST 大 打仗-RECP 交战-RECP-3sg.PAST

当时我们后悔只派了少数人随同阙特勤。他打了一次大仗。

alp šalčï aq at-in bin-ip täg-miš.

勇敢 šalčï 白 马-ACC 骑-ADVL 进攻-PAST

他骑英雄 šalčï 的白马进击，

qara türgiš bodun-uɣ an-ta öl-ür-miš, al-mïš, yana yorï-p

黑（普通）突骑施 人民-ACC 那-LOC 死-CAUS-PAST 取-PAST 又 出征-ADVL

在那里杀死并收服了普通突骑施人民，又出征……

第三节 北　面

B1

…[illegible]…………:

[illegible]

[illegible]

birlä, qušu tutuq birlä süŋ-üš-miš, är-i-n qop öl-ür-miš,

一起 哥舒 都督 一起 作战-RECP-3sg.PAST 人-3sg.POSS-ACC 全部 死-CAUS-PAST

并与哥舒都督交战，杀死其全部勇士，

äb-i-n barïm-ï-n qalïsïz qop käl-ür-ti.

毡房-3sg.POSS-ACC 财物-3sg.POSS-ACC 无遗 全部 来-CAUS-3sg.PAST

获取其全部毡房和财产。

kül tigin yiti otuz yaš-ï-n-ga, qarluq bodun:

阙特勤 七 三十 年岁-3sg.POSS-EPE-DAT 葛逻禄 人民

är-ür bar-ür ärikli yaɣï bol-tï.

是-ADJL 去- ADJL 当……时候 敌人 成为-3sg.PAST

当阙特勤二十七岁时，葛逻禄人民独立自主并成为我们的敌人。

tamaɣ ïduq baš-da süŋ-üš-dimiz.

地名 神圣的 头-LOC 作战-RECP-1pl.PAST

我们战于 tamaɣ 圣泉。

B2

kül tigin ol süŋüš-dä otuz yaša-yur är-ti.

阙特勤 那 打仗-LOC 三十 活着-ADVL 是-3sg.PAST

阙特勤在那次战役时三十岁。

alp šalčï aqïn bin-ip opla-yu täg-di.

勇敢 šalčï 白-ACC 骑-ADVL 突击-ADVL 进攻-3sg.PAST

他骑英雄 šalčï 的白马进击，

äki är-ig udïšr-u sanč-dï.

两 人-ACC 跟随-ADVL 刺-3sg.PAST

他连续刺杀两人。

qarluq-uɣ öl-tür-timiz, al-tïmïz. az bodun yaɣï bol-tï.

葛逻禄-ACC 死-CAUS-1pl.PAST 拿-1pl.PAST 阿热 人民 敌人 成为-3sg.PAST

我们杀死、征服了葛逻禄。阿热人民变成敌人了。

qara köl-tä süŋüš-dimiz. kül tigin bir qïrq yaša-yur är-ti.

哈拉湖-LOC 交战-RECP-1pl.PAST 阙特勤 一 四十 活着-ADVL 是-3sg.PAST

我们战于哈拉湖。当时阙特勤三十一岁，

alp šalqï aq-ïn:

勇敢 人名 白-ACC

他骑英雄 šalčï 的白马进击。

B3

bin-ip opla-yu täg-di. az ältäbär-ig tut-di.

骑-ADVL 突击-ADVL 进攻-3sg.PAST 阿热 颉利发-ACC 抓住-3sg.PAST

他俘获了阿热人的颉利发，

az bodun an-ta yoq bol-tï

阿热 人民 那-LOC 没有 成为-3sg.PAST

阿热人民在那里被消灭。

äčü-m qaɣan il-i qamšaq bol-tuq-ïn-ta,

叔-1sg.POSS 可汗 国家-1sg.POSS 乱的 成为- NMLZ-EPE-LOC

当我叔可汗的国家动乱时，

bodun il-ig ikägü bol-tuq-ïn-ta:

人民 国家-ACC 两个 成为- NMLZ-EPE-LOC

izgil bodun birlä süŋ-üš-dimiz.

思结 人民 一起 交战-RECP-1pl.PAST

当人民和统治者分为两部分时，我们与思结人民交战。

kül tigin alp šalčï aq-in bin-ip:

阙特勤 勇敢 人名 白-ACC 骑-ADVL

阙特勤骑英雄 šalčï 的白马进击。

B4

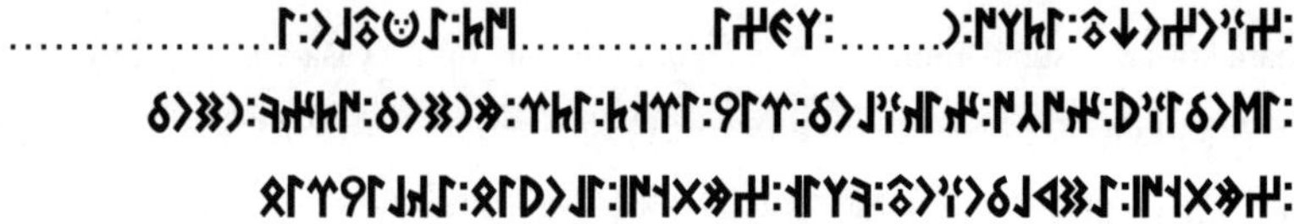

opla-yu　täg-di.　ol　at　an-ta　tüš-di.　izgil　bodun　öl-ti.

突击-ADVL　进攻-3sg.PAST　那　马　那-LOC　落下-3sg.PAST　思结　人民　死-3sg.PAST

该马在那里死了。思结人民被消灭了。

toquz　oɣuz　bodun　käntü　bodun-um　är-ti.

九　乌古斯　人民　自己　人民-1sg.POSS　是-3sg.PAST

九姓乌古斯人民本是我自己的人民。

täŋri　yir　bulɣaq-ïn　üčün　yaɣï　bol-tï.

天　地　乱的-ACC　由于　敌人　成为-3sg.PAST

由于天地混乱，乃（与我们）为敌。

bir　yïl-qa　biš　yolï　süŋ-üš-dimiz.

一　年-DAT　五　次　交战-RECP-1pl.PAST

一年中我们交战五次。

äŋ　ilk　toɣu　balïq-da　süŋ-üš-dimiz.

最　先的　都护　城市-LOC　交战-RECP-1pl.PAST

最先我们交战于都护城。

B5

kül tigin　azman　aq-ïɣ　bin-ip　opla-yu　täg-di.

阙特勤　名称　白-ACC　骑-ADVL　突击-ADVL　进攻-3sg.PAST

阙特勤骑白马 azman 冲击，

altï　är-ig　sanč-dï.　sü　tägiš-i-n-tä　yitinč　är-ig

六　人-ACC　刺-3sg.PAST　军队　交战-3sg.POSS-EPE-LOC　七　人-ACC

qïlïčla-dï.

用剑斩杀-3sg.PAST

刺杀六人。在两军接战时，用剑斩杀了七人。

äkinti　qušlaɣaq-da　ädiz　birlä　süŋ-üš-dimiz.

第二次　地名-LOC　族名　一起　交战-RECP-1pl.PAST

第二次在 qušlaɣaq 与阿跌人交战，

kül tigin az yaγïz-in bin-ip opla-yu täg-ip bir är-ig sanč-dï.
阙特勤 阿热 褐色-ACC 骑- ADVL 突击- ADVL 进攻- ADVL 一 人-ACC 刺 -3sg.PAST
阙特勤骑阿热的褐色马进击，刺杀一人，

B6

[illegible]
[illegible]
[illegible]

toquz är-ig ägir-ä toqï-dï. ädiz bodun an-ta öl-ti.
九 人-ACC 围绕-CONV 打-3sg.PAST 阿跌 人民 那-LOC 死-3sg.PAST
围击九人。阿跌人民在那里被消灭了。

üčünč bolču-da oγuz birlä süŋ-üš-dimiz.
第三次 勃勒齐-LOC 乌古斯 一起 交战-RECP-1pl.PAST
第三次我们在勃勒齐与乌古斯交战，

kül tigin azman aq-ïγ bin-ip täg-di, sanč-dï.
阙特勤 名称 白-ACC 骑- ADVL 进攻-3sg.PAST 刺-3sg.PAST
阙特勤骑白马 azman 冲击，

sü-si-n sanč-dïmïz, il-i-n al-tïmïz.
军队-3sg.POSS-ACC 刺-1pl.PAST 国家-3sg.POSS-ACC 取-1pl.PAST
我们刺杀其军并获取其国家。

törtinč čuš baš-ï-n-ta süŋüš-dimiz. türk:
第四次 地名 泉-2sg.POSS-EPE-LOC 交战-1pl.PAST 突厥
第四次我们在 čuš 泉交战，突厥

B7

[illegible]
[illegible]
[illegible]

bodun adaq qamša-t-dï, yablaq bol-tačï är-ti.
人民 脚 动摇-CAUS-3sg.PAST 坏 成为-FUT 是-3sg.PAST
人民动摇了，情况不妙。

oz-a kläl-miš süsi-n kül tigin aɣï-t-ïp:

冲到前- ADVL 来- ADJL 军队-3sg.POSS-ACC 阙特勤 散-CAUS-ADVL

阙特勤将超越过来的敌军冲散了，

toŋra bir oɣuš alpaɣu on är-ig toŋa tigin

同罗 一 氏族 英雄 十 人-ACC 通阿特勤

yoɣ-ï-n-ta ägir-ip öl-ür-timiz.

葬礼-3sg.POSS-EPE-LOC 围绕-CONV 死-CAUS-1pl.PAST

并在通阿特勤举行葬礼的地方，包围杀死了同罗族一勇士和十个人。

bišinč äzginti qadaz-da oɣuz birlä süŋ-üš-dimiz. kül tigin

第五次 地名-LOC 乌古斯 一起 交战-RECP-1pl.PAST 阙特勤

第五次我们在 äzginti qadaz 与乌古斯交战。阙特勤

B8

az yaɣïz-ïn bin-ip täg-di. äki är-ig sanč-dï,

阿热 褐色-ACC 骑- ADVL 进击-3sg.PAST 两 人-ACC 刺-3sg.PAST

骑阿热的褐色马进击，刺杀两人，

balïq-qa basïq-dï. ol sü an-ta öl-ti

泥沼-DAT 扔-3sg.PAST 那 军队 那-LOC 死-3sg.PAST

并把他们扔到泥沼中。该军在那里被消灭了。

amɣï qurɣan qïšla-p yaz-ï-n-ga oɣuz-ɣaru sü

地名 堡 过冬- ADVL 春天-3sg.POSS-EPE-DAT 乌古斯-DAT 军队

我们在 amɣï 堡过冬。春天时候我们出兵乌古斯。

tašïq-dïmïz. kül tigin äb-ig bašla-yu qït-tïmïz.

外出-1pl.PAST 阙特勤 房子-ACC 以……为首-ADVL 做-1pl.PAST

我们留阙特勤守家。

oɣuz yaɣï ordu-ɣ bas-dï kül tigin

乌古斯 敌人 宫-ACC 袭击-3sg.PAST 阙特勤

乌古斯敌人袭击汗庭，阙特勤

B9

ögsüz aq-ïn bin-ip toquz ärin sanč-dï, ordu-ɣ bir-mä-di

名称 白-ACC 骑- ADVL 九 人-ACC 刺-3sg.PAST 宫-ACC 给-NEG-3sg.PAST

骑白马 ögsüz，刺杀九人。并守住了汗庭。

ög-üm qatun ulayu ög-lär-im, äkä-lär-im, käliŋün-im,

母-1sg.POSS 可敦 以及 母-PL-1sg.POSS 姐姐-PL-1sg.POSS 儿媳们-1sg.POSS

qunčuy-larïm bunča yämä tirig-i küŋ bol-tačï är-ti,

公主-1pl.POSS 这样的 又 活的-3pl.POSS 女婢 成为-FUT 是-3sg.PAST

（否则）我母可敦及诸夫人、诸姊妹、诸媳、诸公主，活着的将沦为女婢，

ölüg-i yurt-da yol-ta yat-u qal-tačï är-tiŋiz!

尸体-3sg.POSS 住地-LOC 路-LOC 躺下-CONV 留下-FUT 是-2sg.PAST

死去的将遗尸于住地和路上！

B10

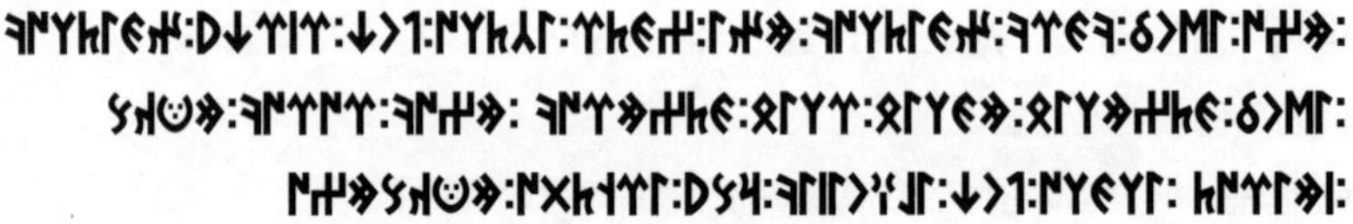

kül tigin yoq är-sär, qop öl-täči är-tiŋiz!

阙特勤 没有 是-COND 全部 死- FUT 是-2sg.PAST

要是没有阙特勤的话，你们都将死掉！

ini-m kül tigin kärgäk bol-tï. öz-üm saqïn-tïm.

弟-1sg.POSS 阙特勤 需要的 成为-3sg.PAST 自己-1sg.POSS 想-1sg.PAST

我弟阙特勤去世了，我自己很悲痛。

kör-ür köz-üm kör-mäz täg, bil-ir bilig-im

看- ADJL 眼睛-1sg.POSS 看-NEG 像 知道- ADJL 智慧-1sg.POSS

bil-mäz täg bol-tï.

知道-NEG 像 成为-3sg.PAST

我的眼睛好像看不见了，我能洞悉（一切事物）的智慧好像迟钝了。

öz-üm　saqïn-tïm.　öd　täŋri　yasa-r,　kiši　oɣl-ï:

我自己　想-1sg.PAST　时间　天　制作-FUT　人　子-3sg.POSS

qop　öl-gäli　törü-miš.

全部　死- ADVL　生-PAST

我自己十分悲痛。寿命是上天决定的，人类之子全都是为死而生。

B11

[illegible]

[illegible]

[illegible]

anča　saqïn-tïm.　köz-dä　yaš　käl-sär　tïd-a,

那样　想-1sg.PAST　眼睛-LOC　泪　来-COND　阻碍- ADVL

我十分悲痛。眼睛流泪，我强忍住；

köŋül-tä　sïɣït　käl-sär,　yan-tur-u　saqïn-tïm,

心情-LOC　吊唁　来-COND　返回-CAUS-ADVL　想-1sg.PAST

心情难过，我强抑住。

qatïɣdï　saqïn-tïm.　äki　šad　ulayu　iniygün-üm　oɣlan-ïm,

努力地　想-1sg.PAST　两　设　以及　弟弟们-1sg.POSS　儿子们-1sg.POSS

我万分悲痛。我想，两设及我的诸弟、诸子、

bäg-lär-im　bodun-um　köz-i　qaš-ï

官-PL-1sg.POSS　人民-1sg.POSS　眼睛-3sg.POSS　眉-1sg.POSS

yablaq　bol-tačï　ti-p　saqïn-tïm.

坏　成为-FUT.ADJVZ　说- ADVL　想-1sg.PAST

诸官、我的人民将哭坏他们的眼睛。

yoɣčï　sïɣïtčï　qïtań,　tatabï　bodun　bašlayu:

吊唁者　吊唁者　契丹　奚　人民　以……为首

作为吊唁者，

B12

[illegible]

[illegible]

udar säŋün käl-ti.

人名 将军 来-3sg.PAST

udar 将军代表契丹、奚人民到来了。

tabɣač qaɣan-ta išiyi likäŋ käl-ti, bir tümän aɣï, altun,

唐 可汗-LOC 御史 吕向 来-3sg.PAST 一 万 宝物，金，

kümüš kärgäksiz käl-ür-ti.

银 过多的 来-CAUS-3sg.PAST

从唐朝皇帝那里来了拾遗吕向，并带来了一万珍宝和金银。

tüpüt qaɣan-ta bölün käl-ti.

吐蕃 可汗-LOC 人名 来-3sg.PAST

从吐蕃可汗来了伦。

qurïya kün bat-sïq-daqï soɣd, bärčäkär, buqaraq uluš bodun-ta

往西 日 西方-NMLZ –LQ 粟特 波斯 安国 国家 人民-LOC

näk säŋün, oɣul tarqan käl-ti.

人名 将军 人名 达干 来-3sg.PAST

从西面，日落之方的粟特、波斯人、安国人民那里来了 nak 将军和 oɣul 达干。

B13

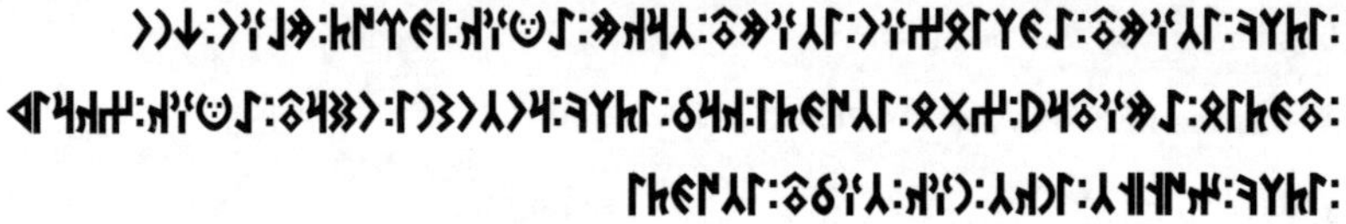

on oq oɣl-ïm türgiš qaɣan-ta maqarač tamɣačï,

十 箭 子-1sg.POSS 突骑施 可汗-LOC 人名 掌印官

oɣuz bilgä tamɣačï käl-ti.

人名 掌印官 来-3sg.PAST

从十箭我子突骑施可汗那里来了掌印官 maqarač 和掌印官 oɣuz bilgä。

qïrqïz qaɣan-ta tarduš ïnanču čor käl-ti.

黠戛斯 可汗-LOC 达头 伊难珠 啜 来-3sg.PAST

从黠戛斯可汗那里来了达头伊难珠啜。

barq　itgüči,　bädiz　yarat-ïɣma　bitig　taš　itgüči,

建筑物　作者　画　造-ADJL　书　石　作者

（从唐朝）来了建造祠庙的工匠、镂刻图纹碑文的石匠。

tabɣač　qaɣan　čïqan-ï　čaŋ　säŋün　käl-ti.

唐　可汗　表兄弟-3sg.POSS　张　将军　来-3sg.PAST

唐朝皇帝的表兄弟张将军来（指导事宜）。

第四节　东北面 东南面 西南面 西面 石龟上的字

东北面

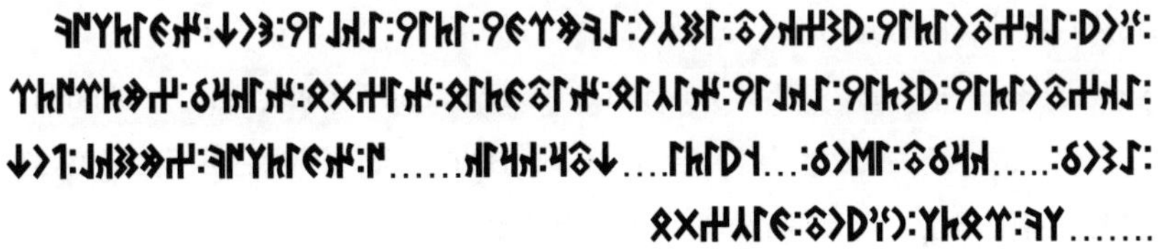

kül tigin　qoń　yïl-qa　yiti　yägirmi-kä　uč-dï.

阙特勤　羊　年-DAT　七　二十-DAT　飞-3sg.PAST

阙特勤于羊年十七日去世，

toquzïnč　ay　yäti　otuz-qa　yoɣ　är-tür-timiz.

第九　月　七　三十-DAT　丧礼　是-CAUS-1pl.PAST

九月二十七日举行葬礼。

barq-ïn　bädiz-in　bitig　taš-in　bičin　yïl-qa　yitinč　ay

建筑物-ACC　画-ACC　书　石-ACC　猴　年-DAT　第七　月

yiti　otuz-qa　qop　alqa-dïmïz.

七　三十-DAT　全部　完结-1pl.PAST

祠庙、绘画、碑石于猴年七月二十七日全部竣工。

kül tigin　öz-i　qïrq　artuq-ï　yiti　yaš-ï-n-ga

阙特勤　自己-3sg.POSS　四十　多的-3sg.POSS　七　年岁-3sg.POSS-EPE-DAT

bol-tï.

成为-3sg.PAST

阙特勤享年四十七岁。

taš barq itgüči-g, bunča bädizči-g toyɣun ältäbär käl-ür-ti

石 建筑物 作者-ACC 这样的 画匠-ACC 人名 官号 来-CAUS-3sg.PAST

碑石……这些工匠都是 toyɣun 颉利发派遣来的。

东南面

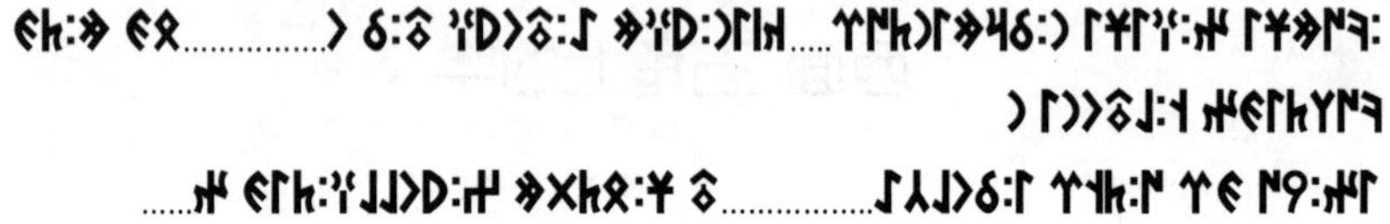

bunča bitig bit-igmä kül tigin atï-sï yolluɣ tigin biti-dim.

这样的 书 写- ADJL 阙特勤 侄子-3sg.POSS 药利特勤 写-1sg.PAST

我药利特勤，阙特勤的侄子写此碑文。

yigirmi kün olur-up bu taš-qa bu tam-qa qop yolluɣ tigin biti-dim.

二十 天 坐下- ADVL 这 石-DAT 这 墙-DAT 全部 药利特勤 写-1sg.PAST

我药利特勤用了二十天写全部文字于石碑及墙上。

ïɣar oɣlan-ïŋïz-da tayɣ-uŋuz-da yigdi igid-ür är-tigiz.

有力量的 儿子们-2pl.POSS-LOC 后辈-2pl.POSS-LOC 好地 养育-CAUS 是-2sg.PAST

您待（人民）胜于待您的子孙、后辈。

uč-a bar-dïɣïz. täŋri-dä tirig-däki-čä

飞-ADVL 去-2sg.PAST 天-LOC 活的-LQ-EQUI

您逝世了。您将在天上……像生时一样。

西南面

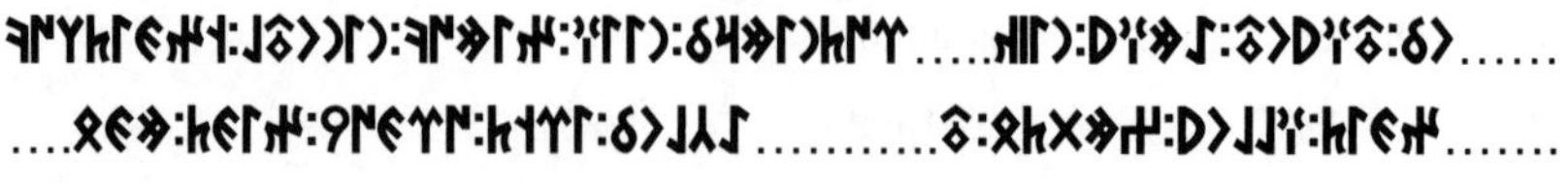

kül tigin-iŋ altun-ïn kümüš-in aɣï-sï-n barïm-ï-n tört biŋ

阙特勤-GEN 金-ACC 银-ACC 财物-ACC 财物-ACC 四 千

……照看阙特勤的金银珠宝和四千匹马的后辈……

yïlqï-ïn　ay-iɣma　toyɣun　bu　bäg-im　tigin　yügärü　täŋri
马群-ACC　照看- ADJL　后代　这　主-1sg.POSS　特勤　上边　天
taš　biti-dim.　yolluɣ tigin.
石　写-1sg.PAST　药利特勤
我主特勤将升上天……药利特勤写此碑。

西面

1
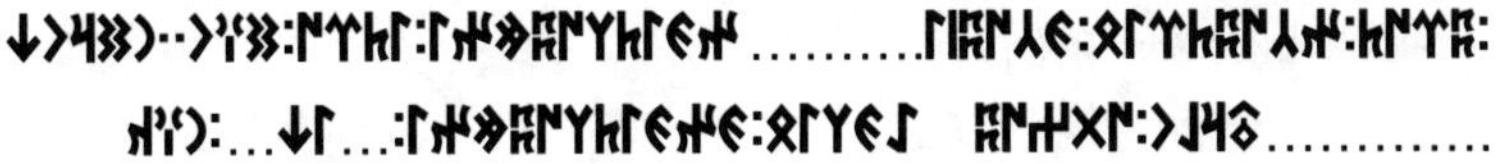
2
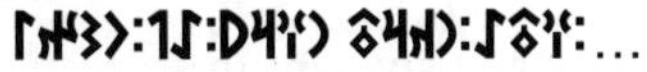

quridïn　soɣud　ör-ti.　ini-m　kül tigin　iš-ig　küč-üg:
西面　粟特　起事-3sg.PAST　弟-1sg.POSS　阙特勤　事-ACC　力量-ACC
西方粟特人反叛。由于我弟阙特勤……由于他辛勤尽力，
bir-tük　üčün　türk　bilgä　qaɣan　ayuq-ïŋa　ini-m　kül tigin-ig
给- NMLZ　由于　突厥　毗伽　可汗　侍卫-3sg.POSS　弟-1sg.POSS　阙特勤-ACC
我突厥毗伽可汗让自己的侍卫（ayuq?）
küzäd-ü　olur-tïm　inänču　apa　yarɣan　tarqan　at-ïɣ　bir-tim
守护-ADVL　坐下-1sg.PAST　伊难珠　阿波　守卫　达干　称号-ACC　给-1sg.PAST
守护我弟阙特勤（的陵墓）。我赐给他伊难珠阿波守卫达干的称号。
anï　ög-tür-tüm
把他　赞颂-CAUS-1sg.PAST
我让人尊敬他。

石龟上的字

1

1….bodun:…………………
人民

2

…𐰏𐰠𐰼:𐰉𐰆𐰑𐰣:𐰴……

2….[b]äg-lär:bodun:k….

官-PL　人民

诸官和人民

3

…𐰖𐰃:𐰚𐰇𐰠:𐱅𐰃𐰏𐰃𐰤:𐰋𐰃𐰔………

3….[?]yi:kül tigin:biz………..

阙特勤 我们

4

…𐰾𐰃𐰍𐱃𐰢𐰤:…𐰉𐰽𐰑𐰢………

4….sïɣït-ïm-ïn　　　　bas-dïm

吊唁-1sg.POSS-ACC　袭击-1sg.PAST

我忍住悲痛。

5

𐰚𐰇𐰔𐰇𐰢　𐰏………

5….[k]özüm…………g………………

köz-üm

眼睛-1sg.POSS

我的眼睛……

6

𐰇𐰠𐰇𐰼……..

6….öl-ür…………………………..

杀-CAUS

杀死

7

……𐰉………

7……………b............................

第二章

毗伽可汗碑

第一节 北 面

[illegible] B1

[illegible]……

täŋri-täg   täŋri-dä   bol-miš   türk   bilgä   qagan

天-SML   天- LOC   成为- ADJL   突厥   毗伽   可汗

我，像天一样的，在天所生的突厥毗伽可汗，

bu   öd-kä   olur-tum   sav-ïm-ïn   tükäti   äšid-gil

这个 时间-DAT 登基-1sg.PAST 话-1sg.POSS-ACC 全部 听-2sg.IMP

这时登上了汗位。（你们）全都聆听我的话：

ulayu   ini-yigün-im   oɣl-an-ïm   biriki   oɣuš-ïm

以及 弟-PL-1sg.POSS 儿子-PL-1sg.POSS 和 氏族-1sg.POSS

bodun-um   biriyä   šadap-ït   bäg-lär

人民-1sg.POSS 右面 失毕-PL 官-PL，

首先是我的诸弟和诸子，其次是我的族人和人民，右边的诸失毕官，

yïraya   tarqa-t   buyuruq   bäg-lär   otuz   tatar…

左边 达干-PL 梅禄（大臣） 官-PL 三十 鞑靼

左边的诸达官梅禄官、三十姓鞑靼、

toquz oɣuz bäg-lär-i bodun-ï:

九 乌古斯 官-PL-3sg.POSS 人民-3sg.POSS

九姓乌古斯诸官和人民，

bu sab-ïm-ïn ädgüti äš-id qatïɣ-dï tïŋla

这 话-1sg.POSS-ACC 好好地 听-2sg.IMP 努力地-2sg.IMP 听

我的话你们好好听着，努力听着：

il-gärü kün

向前-ALL 日

往前（东面）到日出，

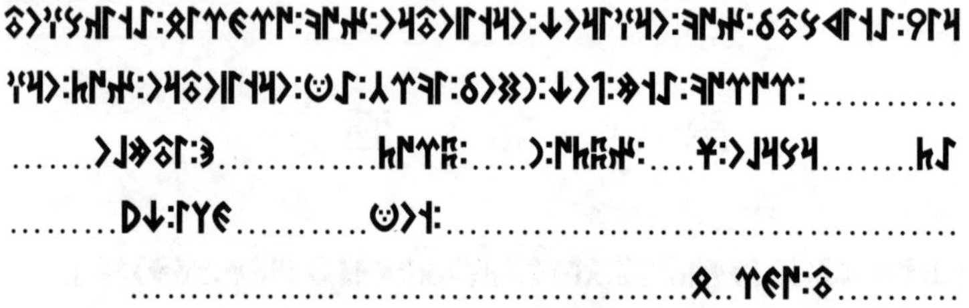

B2

toɣ-sïq-qa, bir-gärü kün ortu-sï-n-garu

出生-NMLZ-DAT 右面-DAT 日 中间-3sg.POSS-EPE-DAT

往前（东面）到日出，往右（南面）到日中，

qurï-ɣaru kün batsïq-ï-n-ga, yïr-ɣaru tün

后-DAT 日 落-NMLZ-3sg.POSS-EPE-DAT 左-DAT 夜

ortu-sï-n-garu,

中间-ACC-ALL

往后（西面）到日落，往左（北面）到夜中，

anta ičräki bodun qop m[an-g]a kör-ür, bunča bodun:

那-LOC 里面的 人民 全部 我-DAT 看-FUT， 这-EQUI 人民

那里的人民全部属于我，

qop it-dim ol amtï ańïɣ yoq

全部 做-1sg.PAST 他 现在 坏 没有。

那里的全部人民组织起来了，他们现在都相安无事。

türk qaɣan ötükän yïš olur-sar iltä buŋ yoq

突厥 可汗 于都斤 山林 坐-COND，国-LOC 忧愁 没有。

突厥可汗住在于都斤山，国家无忧愁。

il-gärü šanduŋ yazï-qa tägi sülä-dim taluy-qa

前-DAT 山东 平原-DAT 直到 率军-1sg.PAST 海-DAT

kičig täg-mä-dim

小的 到达-NEG-1sg.PAST。

向前我曾征战到山东平原，几乎到达海滨。

bir-gärü toquz

右面-DAT 九

向右我曾征战到九姓

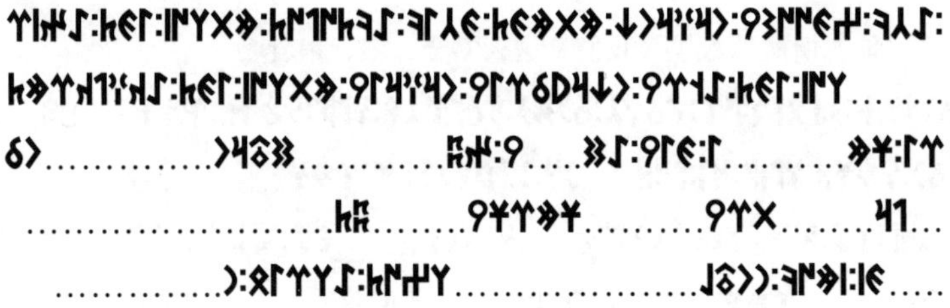

B3

ärsin-kä tägi sülä-dim tüpüt-kä:

焉耆-DAT 直到 率军-1sg. PAST 吐蕃-DAT

kičig täg-mä-dim qurï-ɣaru yinčü ögüz

小的 到达-NEG-1sg.PAST。 后面-ALL 珍珠 河流

焉耆，几乎达到吐蕃。

käč-ä tämir qapïɣ-qa tägi sülä-dim

渡过-ADVL 铁 门-DAT 直到 率军-1sg.PAST

向后渡过珍珠河，我曾征战到铁门关。

yïr-ɣaru yir bayïrqu yir-i-n-gä tägi sülä-dim

左面- DAT 拔野谷 地方-3sg.POSS-EPE-DAT 直到 率军- 1sg.PAST

向左我曾征战到拔野谷地方。

bunča yir-kä tägi yorï-t-dïm ötükän yïš-da

这-EQUI 地方-DAT 直到 出征-CAUS- 1sg.PAST，于都斤山 山林-LOC

yig idi yoq är-miš

好的 强调否定 没有 是-ADJVZ

我曾出兵到这样多的地方，没有比于都斤山林再好的地方。

il tutsïq yir ötükän yïš är-miš:

国家 统治 地方 于都斤山 山 是-ADJVZ

统治国家的地方是于都斤山。

bu yir-dä olur-up tabγač bodun birlä:

这 地方-LOC 坐-CONV 唐 人民 共同。

住在这里，我同唐人

tüzäl-tim altun kümüš isgti

建立- 1sg.PAST 金 银 粮食

建立了关系。他们慷慨地给了（我们）这么多金、银、粮食、

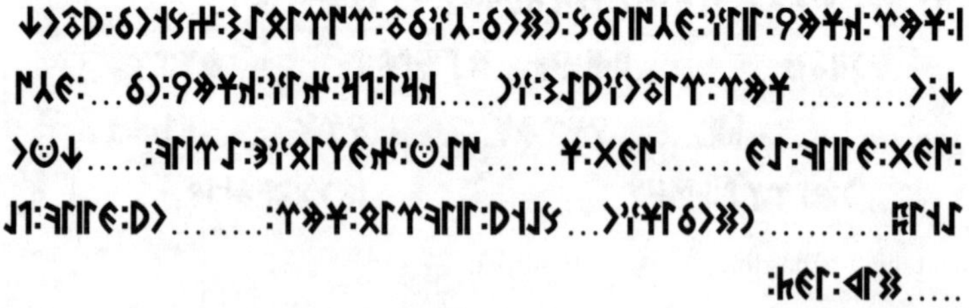
B4

qutay buŋsuz an-ča bir-ür

丝绸 无忧 那-EQUI 给-FUT

丝绸。

tabγač bodun sab-ï süčig aγï-sï yïmšaq är-miš

唐 人民 话-3sg.POSS 甜的，宝物-3sg.POSS 软 是- ADJVZ

唐人的话语甜蜜，宝物柔软，

süčig sab-ïn yïmsaq aγ-ïn ar-ïp ïrak bodun-uγ an-ča

甜的 话-INST 软 宝物-INST 欺骗-ADVL，远 人民-ACC 那-EQUI

yaγu-t-ïr är-miš,

走近-CAUS-PRES 是- PAST

他们使用甜蜜的话语，柔软的宝物欺骗（人民），使远处的人民靠近（他们）。

yaɣru qon-tuq-da kisrä ańïɣ bilig an-ta ö-yïr är-miš

近处 住下-ADJVZ-LOC 之后，坏 知识 那-LOC 想-PRES 是-PAST

当住近了以后，他们就变心变坏。

ädgü bilgä kiši-g ädgü alp kiši-g yorï-t-maz ärmiš:

好 智慧的 人-ACC 好 勇敢的 人-ACC 出征-CAUS-NE 是-PAST

他们不让真正有智慧的人、真正勇敢的人有所作为，

bir kiši yaŋïl-sar oɣuš-ï bodun-ï

一 人 犯错-COND， 氏族-3sg.POSS 人民-3sg.POSS

bišük-i-n-ge tägi qïd-maz

亲族-3sg.POSS-EPE-DAT 直到 怜悯-NEG

一人犯错，连他的族人、亲人、后辈都不饶恕。

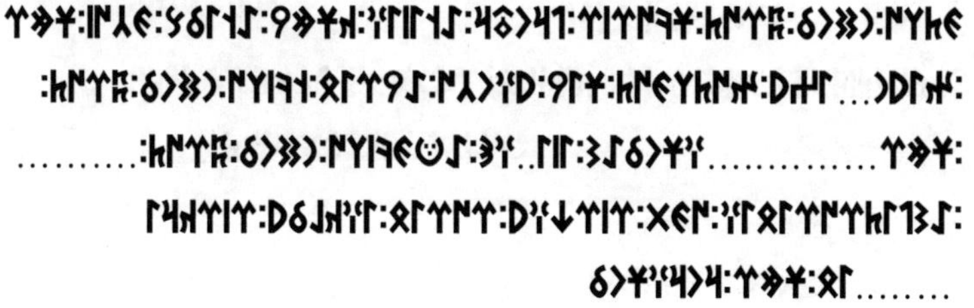

B5

är-miš süčig sab-ï-n-ga yïmšaq aɣï-sï-n-ga

是-PAST 甜的 话-3sg.POSS-EPE-DAT 软 宝物-3sg.POSS-EPE-DAT

由于受到他们甜蜜的话语、华丽的宝物的诱惑，

ar-tur-up üküš türk bodun öl-tüg

欺骗-CAUS-ADVL，许多 突厥 人民 死-2sg.PAST。

许多突厥人死了。

türk bodun ülsik-iŋ biri-yä čuɣay yïš tügültün:,

突厥 人民 一部分-2sg.POSS 向南-DAT 总材山 山林 阴面

当突厥人民一部分要向南住在阴山，

yazï qon-ayïn ti-sär türk bodun üläsig an-ta

平原 住下-1sg.IMP 说-COND，突厥 人民 部分 那-LOC

一部分突厥人民要住在平原时，

ańïɣ kiši an-ča boš-ɣur-ur är-miš

坏 人 那-EQUI 学-CAUS-FUT 是-PAST

恶人就这样教唆部分突厥人民道：

ïrak är-sär yablaq aɣï bir-ür yaɣuq ärsär ädgü aɣï bir-ür

远 是-COND 坏 宝物 给-FUT 近 是-COND 好 宝物 给-FUT

凡住远处的给坏的礼物，凡住近处的给好的宝物。

ti-p an-ča boš-ɣur-ur är-miš bilig

说-ADVL 那-EQUI 学-CAUS-FUT 是-PAST 知识

他们就这样说了，

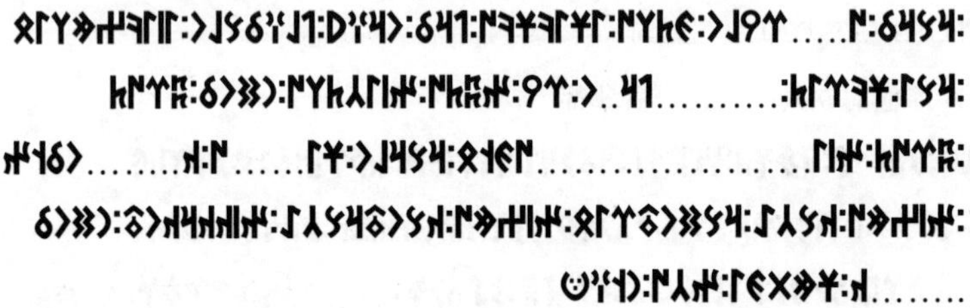

B6

bil-mäz kiši ol sab-ïɣ al-ïp

知-NEG 人 那 话-ACC 拿-ADVL

就这样教唆了。无知的人听信了那些话，

yagru bar-ıp, üküş kişi öl-tüŋ.

近 去-ADVL， 多 人 死-2sg.PAST.

走近了他们，于是你们死了很多人。

ol yär-gärü bar-sar türk bodun öl-täči sän

那 地方-DAT 去-COND 突厥 人民 死-FUT 你，

如去那地方，突厥人民你就将死亡；

ötükän yir olor-up arqïš tirkiš ïd-sar,

于都斤 地方 坐-ADVL 商队 商队 派-COND

näŋ buŋ-uɣ yoq

什么 忧愁-ACC 没有

如果你们住在于都斤山地方，（从这里）派出商队，那就没有忧虑。

ötükän yïš olur-sar bäŋgü il tut-a olur-tačï sän
于都斤 山林 坐-COND 永久的 国家 抓住-ADVL 坐下- FUT 你
如果住在于都斤山，你们将永保国家。

türk bodun toqurqaq sän āčsïq tosïq ö-mäz sän
突厥 人民 饱的 你 饿的 饱 想-NEG 你
突厥人民，你们自满了，你们不考虑会有饥有饿；

bir tod-sar ačsïq ö-mäz sän antaɣ-ïŋ-ïn
一 饱-COND 饿的 想-COND 你 那样-2sg.POSS-ACC
你们一旦饱食，就不考虑饥饿。由于你们那样，

üčün igid-miš qaɣan-ïŋ-ïn
由于 养育-ADJL 可汗-2sg.POSS-ACC
你们不听曾养育（你们的）可汗的

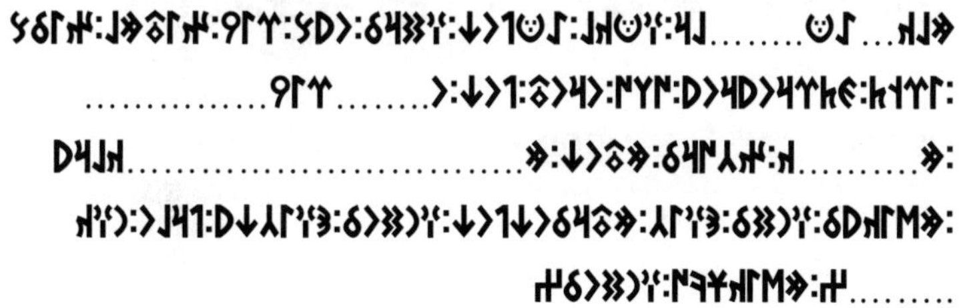 B7

sab-ïn al-matïn yir sayu bar-dïɣ
话-ACC 听-NEG-ABL ， 土地 每一个 去-2sg.PAST

qop an-ta alqïn-tïɣ arï-l-tïɣ
全部 那-LOC 完了-2sg.PAST 完-PASS-2sg.PAST
的话，到处走散，（结果）你们全都毁灭在那里，

an-ta qal-mïš-ï yir sayu qop tor-u
那-LOC 留下- ADJL-3sg.POSS 土地 每个 全部 变瘦-ADVL

öl-ü yorï-yïr är-tig
死-ADVL 走-PRES 是-2sg.PAST
你们中剩下的到处（流徙），处境困难（直译：瘦死）。

täŋri yarlïqa-duq-in üčün öz-üm qu-tïm bar üčün
上天 保佑-NMLZ-ACC 由于 自己-1sg.POSS 福-1sg.POSS 有 由于
由于上天的保佑，由于我本人有福，

qaɣan olur-tïm qaɣan olur-up

可汗 坐-1sg.PAST 可汗 坐-ADVL

我做了可汗。我做了可汗后，

yoq čïɣań bodun-ïɣ qop qubra-t-dïm čïɣań bodun-ïɣ

没有 穷的 人民-ACC 全部 集起-CAUS-1sg.PAST 穷的 人民-ACC

bay qïl-tïm az bodun-ïɣ üküš qïl-tïm azu bu

富 做-1sg.PAST 少 人民-ACC 多 做-1sg.PAST 或者 这

把贫困的人们集合起来，使穷人变富，使较少的人民变多。

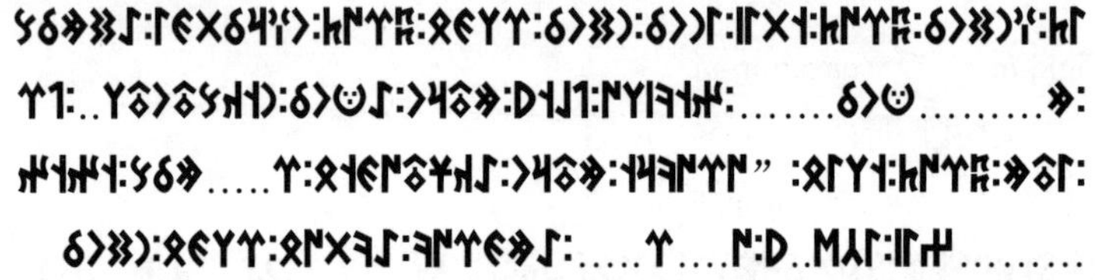

B8

sab-ïm-da igid barɣu

话-1sg.POSS-LOC 虚假 有- MOOD

难道在我的话中有什么虚假吗？

türk bäg-lär bodun bu-nï äšid-iŋ

突厥 官-PL 人民 这-ACC 听-2sg.IMP

突厥诸官和人民，你们敬听这个吧！

türk bodun-ïɣ tir-ip il tut-sïq-ïŋ-ïn

突厥 人民-ACC 集起- ADVL 国家 抓-NMLZ-2sg.POSS-ACC

bu-n-ta ur-tum, yaŋïl-ïp öl-sik-iŋ-in yämä

这-EPE-LOC 打-1sg.PAST 犯错- ADVL 死- NMLZ-2sg.POSS-ACC 也

我在这里刻写下了（怎样）集合起突厥人民、建立国家（的事迹），

bunta ur-tum. näŋ näŋ sab-ïm

这-EPE-LOC 打-1sg.PAST 什么 什么 话-1sg.POSS

är-sär bäŋgü taš-qa ur-tum

是-COND 永久的 石-DAT 打-1sg.PAST

我把所有的话都刻写在（这）永久的石碑上，

an-gar　kör-ü　bil-iŋ　türk　amtï　bodun　bäg-lär

它-DAT　看-ADVL　知道-2sg.IMP　突厥　现在　人民　官-PL

突厥现在的人民和诸官，愿你们看后都知道，

böd-kä　kör-ügmä　bäg-lär　gü　yaŋïl-tačï　siz　qaŋ-ïm

汗位-DAT　看-PRES.ADJVZ　官-PL MOOD　犯错误-FUT　你　父-1sg.POSS

这时诸官看了以后，你们还要犯错吗？我父

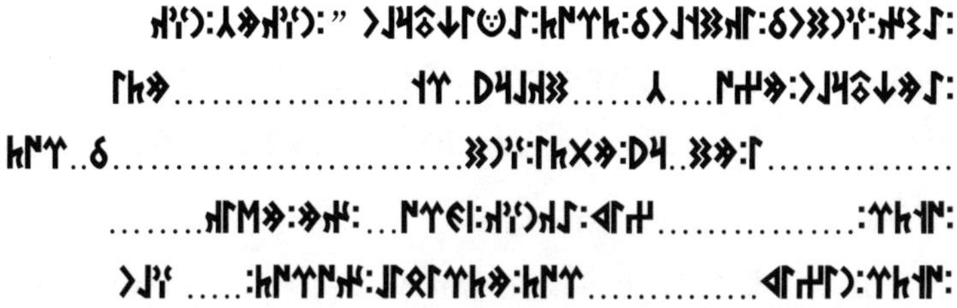

B9

qaɣan　äči-m　qaɣan　olur-tuq-ïn-ta　tört buluŋ-daqï

可汗　叔-1sg.POSS　可汗　坐-NMLZ-EPE-LOC　四　角落-LQ

可汗和我叔可汗登位时，他们这样多地组织了四方

bodun-uɣ:　nenče:　it-m[iš　nenče[1]　yarat-mïš　täŋr[i]

人民-ACC　这样　做-PAST　这样　组织-PAST　天

的人民……由于上天的

yarlïqa-d[uq　ü]č[ün　ö]züm:　olur-tuq-um-a:

保佑-NMLZ　为了　自己-1sg.POSS　坐-NMLZ-1sg.POSS-DAT

保佑，当我即位时，我组织、整顿了

tör[t:　b]uluŋ-daqï　bo[dun-uɣ:　it-dim

四　角落-LQ　人民-ACC　组织-1sg.PAST

四方的人民……并做了……

yarat[dïm: i[………………] qïl-tïm:　män:　[t]ürgiš:　qaɣan-qa:

组织-1sg.PAST　做-1sg.PAST　我　突骑施　可汗-DAT

我以十分隆重的婚礼把我

---

① nenče，耿作 bunča，同为“这样”意。

qïz-ïm-[in ……….] ärtiŋü: uluɣ: törü-n: al-ï[1] bir-tim: tür[giš
女儿-1sg.POSS-ACC 十分 大 礼-INST 拿-ADVL 给-1sg.PAST 突骑施
qaɣan]
可汗
女儿嫁给突骑施可汗，

[illegible] B10
[illegible]
[illegible]

qïz-ï-n: ärtiŋü uluɣ: törü-n oɣlu-ma: al-ï birtim:
女儿-ACC 十分 大 礼-INST 儿子-1sg.POSS-DAT 拿-ADVL 给-1sg.PAST
我（又）以十分隆重的婚礼把突骑施之女娶给了我的儿子。
är-tür-tüm: uluɣ törü-n: alï bir-tim: y[… … …]t:
使成为-1sg.PAST 大 生-ACC 高 给-1sg.PAST
举行了……
ärtü[r]-tüm: tört [buluŋ-daqï bodun-uɣ] baz [qïl-tïm
是-CAUS-1sg.PAST 四 角落-ADJVZ 人民-ACC 从属的 做-1sg.PAST
我征服了四方。
b]aš-[l]ïɣ-ïɣ: yükün-tür-tüm: tiz-lig-ig: sök-ür-tüm:
头-ACC 敬拜-CAUS-1sg.PAST 膝-ADJVZ-ACC 跪-CAUS-1sg.PAST
使有头的顿首，有膝的屈膝。
üzä: täŋri: as[ra] yir: yarlïqa-duq: üč[ün]
上面 天 下面 地 保佑-NMLZ 为了
由于上天及下面大地的保佑，

[illegible] B11
[illegible]
[illegible]

---

① alï，耿作 ïdï，同为“高”意。

[illegible]........

köz-ün:　　kör-mä-dük:　　qulqaq-ïn:　äšid-mä-dük:

眼睛-INST　看-NEG- NMLZ　耳-INST　听-NEG- NMLZ

bodun-um-ïn[①]:

人民-1sg.POSS-ACC

我使眼睛未曾见过的、耳朵未曾听过的（这样多的）人民

il-gärü:　kün:　to[ɣ-sïq-ï-n-ga]　　　　biri-gärü　[kün

向前-ALL　日　生 NMLZ-3sg.POSS-EPE-DAT　右面-ALL　日

ortus-ï-n-g]a:

中间-3sg.POSS-EPE-DAT

住在南面到日出，东面到日中，

qurï-ɣaru:　[kün　batsïq-ï-ŋa　　　　yïr-ɣaru　tün

西-DAT　日　落-NMLZ-3sg.POSS-EPE-DAT　左- DAT　夜

ortu-sï-n-ga　　tägi

中间-ACC-ALL　到

西面到日落，北面到夜中（这样广大的地域内）。

qon-tur-tum　　　　sarïɣ　altu]n-ïn:　ürüŋ:

住下-CAUS--1sg.PAST　黄色的　金-ACC　白

（给我的突厥人民）获得了黄金和白

kümüšin: qïrɣaɣlïɣ:　qutay-in:　kinlig[②]:　išg[itis]-in[③]:

银　　镶边的　　丝绸-ACC　丝　　丝绸-in

银，带有饰边的丝绸，

özlük　at-ïn:　adɣïr-in:　qara　k[iš-in]

专用的　马-ACC　种马-ACC　黑　貂-ACC

粮食做的饮料，专用的乘马和种马，黑貂和

---

① bodunumïn，耿作 bodunum。

② kinlig，耿作 äkinlig。

③ išg[itis]in，耿作 isigtisin。

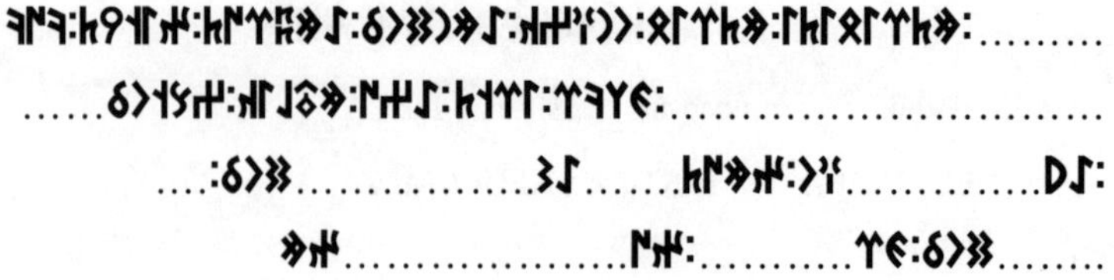

B12

kök: täyäŋ-in: türk-üm-a: bodun-um-a: qazɣan-u

蓝 灰鼠- ACC 突厥-1sg.POSS-DAT 百姓-1sg.POSS-ADVL 努力-CONV

蓝鼠……我使他们安居乐业。（由于）

bir-tim: it-i bir-tim: [……………..] in: buŋsuz: qïl-tïm:

ALTR（给）-1sg.PAST 做-ADVL ALTR（给）-1sg.PAST 无忧的 做-1sg.PAST

üzä: täŋri: ärklig

之上 天 有力的

上天强有力的……

[…………………………….. t]ümän: ug[……………..]in

万

[…………bäg-l]är-ig: bodun-[uɣ]

官-PL-ACC 人民-ACC

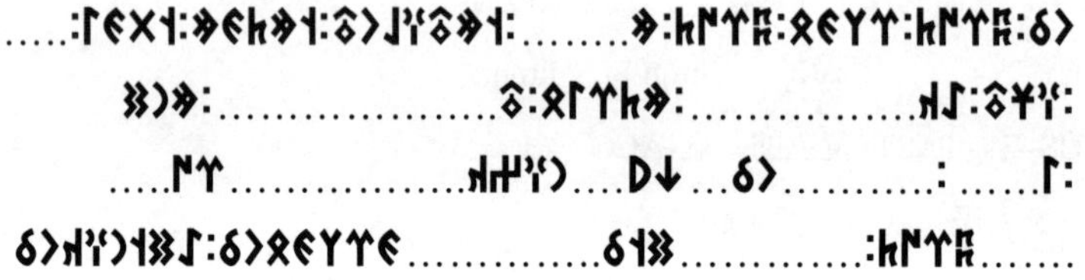

B13

[y]ämä: igid-iŋ: ämgä-t-mä-ŋ

又 养育-2sg.IMP 使痛苦-CAUS-NEG-2sg.POSS

tolɣa-t-ma-ŋ [……..]m türk:

折磨-CAUS -NEG-2sg.POSS 突厥

您养育他们，不要使他们受到痛苦！……突厥

bäg-lär: türk: bodun-um [……….] -atï: bir-tim: [………….]qa:

官员-PL 突厥 人民-1sg.POSS 称号-3sg.PAST ALTR（给）-1sg.PAST

taš-iɣ:

石-ACC

官员，我的突厥人民……我给予了称号。

[…………….] ür […………….] qazɣan-ïp: yaŋ […………….]i: bu

努力- ADVL 这

这样努力

[….. …………….]a: bu qaɣan-ïŋ-da: bu bäg-lär-iŋ[dä

这 可汗-2sg.POSS-LOC 这 官员-PL-2sg.POSS

bu yir-iŋ-dä su]v-uŋ-d[a adrïl-ma-sar]: türk [bodun]

这 土地-2sg.POSS-LOC 水-2sg.POSS-LOC 分离-NEG-COND 突厥 人民

如不脱离你们的可汗、官员和水（土），突厥人民，

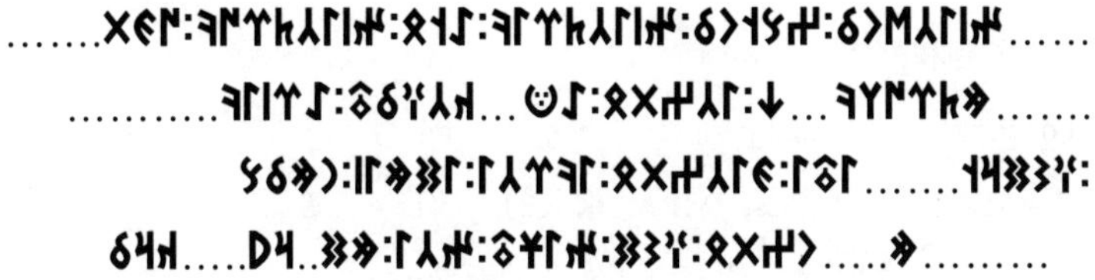

B14

[… …]: ädgü: kör-täči sän: äv-iŋ-ä: kir-täči

好 看-FUT 你 房子-2sg.POSS-CONV 进入-FUT.ADJVZ

你们将是幸福的，安居乐业，

sän: buŋsuz: bol-tačï sän […………………. anta] kisrä:

你 无忧的 成为-FUT 你 那-LOC 之后

将不受困苦……（这）以后，

tabɣač q[aɣ]an-ta: bädizči : qop: k[äl-ür-tüm mäniŋ]

唐 可汗-LOC 画匠 全部 来-CAUS-1sg.PAST 我-POSS

我从唐朝皇帝那里请来了全部工匠。

sav-ïm-ïn: sï-ma-dï: ičräki: bädizči-g:

话-1sg.POSS-ACC 毁坏-NEG-3sg.PAST 里面的 画匠-ACC

他们没有拒绝我的要求，派来了内宫的工匠。

ït-tï: an-gar: adïnčïɣ: barq: yarat-ït-dïm:

派-3sg.PAST 他-DAT 奇异的 建筑物 建造-CAUS-1sg.PAST

我让他们建造了精致的建筑物，

ič-i-n taš-ï-n: adïnčïɣ: bädiz u[r-tur-t]um

内-3sg.POSS-ACC 外-3sg.POSS-ACC 奇异的 画 打- CAUS-1sg.PAST

并让他们在（建筑物）内外绘制了精美的图画，我让人

[ta š　toq-ït-dïm　köŋültäki　s]ab-ïm-ïn　[ur-tur-tm ……………]

石　打造-1sg.PAST　心情　话-1sg.POSS-ACC　打- CAUS-1sg.PAST

打制了石碑，我让人刻写了我心中的话……

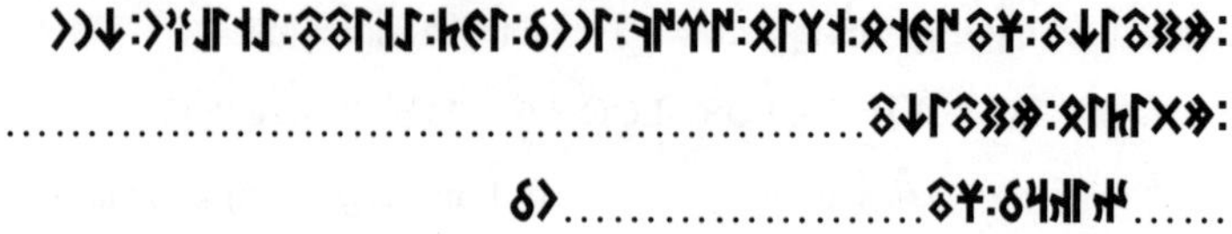
B15

on　oq:　oɣl-ïŋ-a:　tat-ïŋ-a:　tägi:

十　箭　儿-2sg.POSS-DAT　外族-2sg.POSS-EPE-DAT　直到

愿直到十箭的子孙和外族

bu-nï:　kör-ü:　bil-iŋ:　bäŋgü:　taš:

这-ACC　看- ADVL　知道-2sg.IMP　永久的　石

人民看到这个，（并）知道我让人打制了永久的石碑……

toq-ït-dïm:　[… …: irig　yir-tä:　är-sär　an-ča:

打造-CAUS-1sg.PAST　有人的　地方-LOC　是-COND　那-EQUI

我让人打制

irig　yir-tä:　bäŋgü　taš:]　toq-ït-dïm:　biti-t-dim:

有人的　地方-LOC　永久的　石　打造-1sg.PAST　写-CAUS-1sg.PAST

和刻写了……

bu[nï　kör-üp　an-ča　bil-iŋ　ol]　taš:　barq-in [……………………]

把　看-CONV　那样　知道-2sg.IMP　那　石　建筑物-ACC

看到这些你们应知道那石头建筑……

第二节　东　面

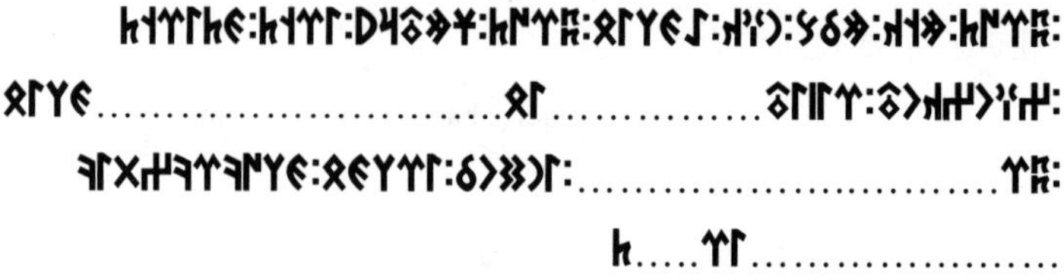
D1

täŋri-täg:　täŋri:　yarat-mïš:　türk:　bilgä:　kagan:　sav-ïm:

天-SML　天　创造-ADJL　突厥　毗伽　可汗　话-1sg.POSS-ACC

像天一样的、天作的突厥毗伽可汗，我的话。

[q]aŋ-ïm:　türük　bilg[ä qaɣan ……………….al] tï sir:

父-1sg.POSS-ACC　突厥　毗伽　可汗　六　薛

我父突厥毗伽可汗……六（？）薛、

toquz oɣuz: äki　ädiz　käräkülüg: bäg-lär-i:　bodun […………tü]rük: t[äŋ]rii…

九　乌古斯　二　重要的　重要的　官员-PL-3sg.POSS　人民　突厥　天

九姓乌古斯、二姓阿跌诸重要官员和人民……（由于）突厥上天……

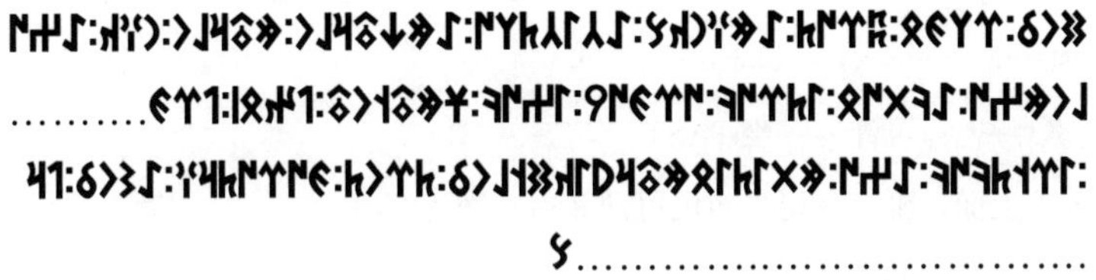
D2

üzä:　qaɣan:　olur-tum:　olur-tuq-um-a:　öl-täči-čä:

之上　可汗　坐-1sg.PAST　坐-NMLZ-1sg.POSS-DAT　死-FUT-EQUI

在……之上我登位为可汗。

saqïn-ïɣma: türük: bäg-lär:　bodun: [ö]gir-ip:　sävinip:　toŋït-mïš[①]:

想-ADJL　突厥　官员-PL　百姓　高兴- ADVL　喜爱- ADVL　使低头- ADJL

悲痛欲绝的突厥诸官和人民欢庆喜悦，

köz-i:　yügärü　kör-ti:　bödkä:　öz-üm　olur-up:

眼睛-3sg.POSS　上边　看-3sg.PAST　汗位-DAT　自己-1sg.POSS　坐-ADVL

他们呆滞的眼睛变得有神了。我本人即位后，

bu-n-ča:　aɣïr　törüg:　tört:　buluŋ-daqï : [bodun　üčün ..it]dim:

这-EPE-EQUI　重的　法制-ACC　四　角落-LQ　人民　为了　建立-1sg.PAST

我为四方的（人民建立了）

üzä:　kök　täŋri　as[ra　yaɣïz　yir　qïl-ïn-tuq-da

在…之上　蓝　天　下面　褐色　土地　做-PASS-NMLZ-LOC

当上面蓝天、下面褐色大地造成时，

① toŋïtmïš 耿作“toqtamïš”。

äkin ara kiši öɣl-ï qïl-ïn-mïš]

两个 中间 人 儿子-3sg.POSS 做-PASS-PAST

在二者之间（也）创造了人类之子。

[illegible] D3

[illegible]

[illegible]

[illegible]

kiši: oɣl-ï-n-ta: üza: äčü-m apa-m: bumïn

人 儿子-3sg.POSS-EPE-LOC 上面 姐-1sg.POSS 妈-1sg.POSS 布民

qaɣan ištämi qaɣan olur-mïš

可汗 室点密 可汗 坐-PAST

在人类之子上面，坐有我祖先布民可汗和室点密可汗。

olur-ïpan türk bodun-ïŋ il-i-n törüs-in

坐-ADVL 突厥 人民-GEN 国家-3sg.POSS-ACC 法制-3sg.POSS-ACC

tut-a bir-miš it-i bir-miš.

抓-ADVL 给予-PAST 做-ADVL 给予-PAST

他们即位后，创建了突厥人民的国家和法制。

tört buluŋ qop yaɣï är-miš, sü sülä-pän

四 角落 全部 敌人 是-PAST 军队 率军-ADVL

（这时）四方皆是敌人。他们率军作战，

tört buluŋ-daqï bodun-ïɣ qop al-miš, qop baz qïl-mïs

四 角落-LQ 人民-ACC 全部 拿-PAST 全部 征服 做-PAST

取得了所有四方的人民，全都征服了（他们）。

bašlïɣ-ïɣ yükün-tür-miš, tizlig-ig sök-ür-miš

有头的-ACC 敬拜-CAUS-PAST 有膝的-ACC 跪-CAUS-PAST

使有头的顿首，使有膝的屈膝投降。

il-gärü qadïrqan yïš-qa tägi， kirü

前-DAT 大兴安岭 山林-DAT 直到 后面

并使他们住在东方直到大兴安岭，西方直到

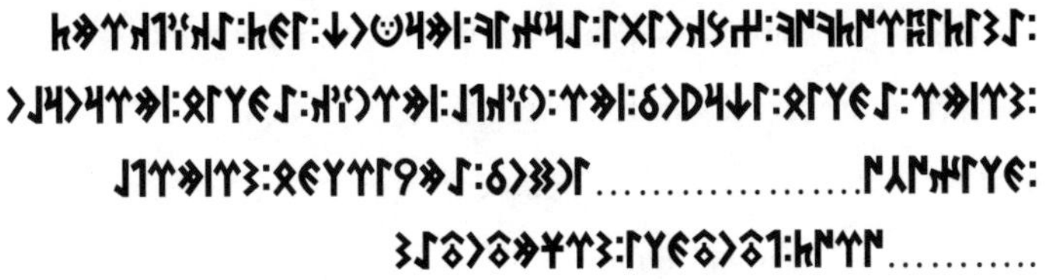

D4

tämir qapïɣ-qa tägi qon-tur-miš. äkin ara

铁 门-DAT 直到 住下-CAUS-PAST 两个 之间

西方直到铁门（关）的地方。

idi oq-sïz kök türk an-ča olor-ur är-miš

主人 无箭 兰 突厥 那-EQUI 坐-CAUS 是-PAST

他们统治着二者之间的没有君长的兰突厥。

bilgä qaɣan är-miš alp qaɣan är-miš

有智慧的 可汗 是-PSAT 勇敢的 可汗 是-PAST

他们是英明的可汗、勇敢的可汗。

buyruq-ï yämä bilgä är-miš ärinč, alp är-miš ärinč

梅录-3sg.POSS 也 智慧的 是-PAST MOOD 勇敢的 是-PAST MOOD

据说他们的梅录也是英明的、勇敢的。

bäg-lär-i yämä bodun-ï yämä tüz är-miš

官-PL-3sg.POSS 又 人-3pl.POSS 又 平直的 是-PAST

他们的诸官和人民也是驯服的。

an-ï üčün il-ig an-ča tut-miš ärinč il-ig tut-up

那-ACC 由于 国-ACC 那-EQUI 抓-PAST MOOD 国-ACC 抓-ADVL

因此，他们这样

törü-g it-miš. özi an-ča kärgäk bol-miš.

法制-ACC 创造-PAST 自己-3sg.POSS 那-EQUI 需要的（喻死亡）成为-PAST

统治了国家。他们统治了国家并创建了法制。他们（之后）去世了。

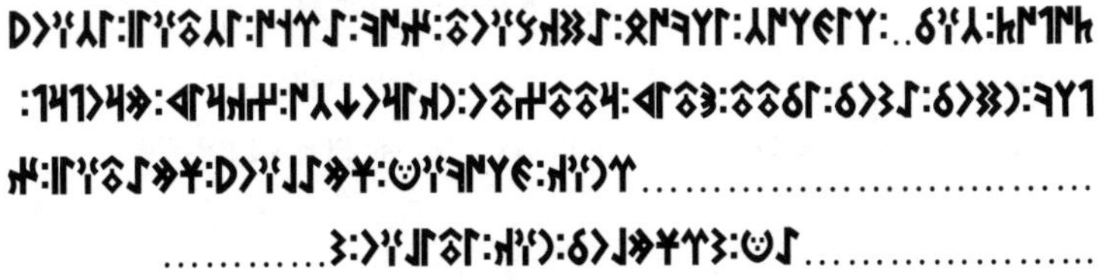

D5

yoɣčï sïɣïtčï öŋrä, kün tuɣ-sïq-da bükli čöl-lig il

吊唁者 吊唁者 前面 日 出-NMLZ-LOC 莫离 沙漠的 国家

吊唁者从前面，从日出之方，有莫离荒原人、

tabɣač tüpüt apar purum qïrqïz üč qurïqan

唐 吐蕃 阿瓦尔 拂林 黠戛斯 三 骨利干

唐人、吐蕃人、阿瓦尔人、拂林人、黠戛斯人、三姓骨利干人、

otuz tatar qïtań tatabï bu-n-ča bodun

三十 鞑靼 契丹 奚 这-EPE-EQUI 人民

三十姓鞑靼人、契丹人、奚人，这样多的人

käl-ipän sïɣta-mïš yoqla-mïš

来-ADVL 哭丧-PAST 吊唁-PAST

前来吊唁。

an-taɣ kül-ig qaɣan är-miš anta kisrä ini-si qaɣan:

那样 有名的 可汗 是-PAST 那-LOC 后 弟弟-3sg.POSS 可汗

他们是那样声名显赫的可汗。之后，

bol-mïš ärinč oɣl-ï ta qaɣan bol-mïš ärinč:

成为-PAST MOOD 儿子-3sg.POSS 也 可汗 成为-PAST MOOD

其弟做了可汗，其子也做了可汗。

an-ta kisrä ini-si äči-si-n-täg

那-LOC 之后 弟-3sg.POSS 兄-3sg.POSS-EPE-SML

之后，弟不像兄，

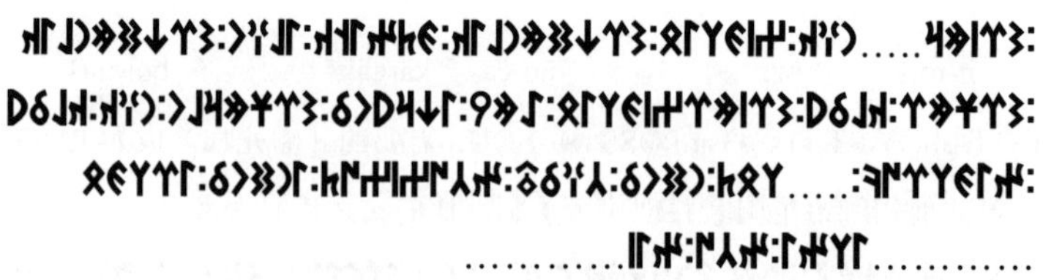
D6

qïl-ïn-ma-duq ärinč oɣl-ï qaŋ-i-n-täg

做-PASS-NEG-ADJL MOOD 儿子-3sg.POSS 父-3sg.POSS-EPE-SML

子不像父。

qïl-ïn-ma-duq　ärinč　bilig-siz　qaɣan　olur-mïš　ärinč

做-PASS-NEG-ADJL　MOOD　无知的　可汗　坐-PAST　MOOD

昏庸的可汗登了位，

yablaq　qaɣan　olur-mïš　ärinč:

坏　可汗　坐-PAST　MOOD

坏的可汗也登了位。

buyruq-ï　yämä　bilig-siz　är-miš　ärinč　yablaq är-miš　ärinč

梅录-3sg.POSS　又　无知的-NEC　是-PAST MOOD　坏　是-PAST　MOOD

其梅录也是昏庸的、坏的。

bäg-lär-i　bodun-ï　tüzsüz　üčün

官-PL-3sg.POSS　人民-3sg.POSS　平直的　由于

由于其诸官和人民的不忠，

tabɣač　bodun　täblig-in　kürlüg-in　üčün:

唐　人民　狡猾-ACC　狡猾-ACC　由于

由于唐人的奸诈和欺骗，

armaqčï-si-n　üčün　ini-li　äči-li

骗人者-3pl.POSS-ACC　由于　弟-CONJ　兄-CONJ

kik-š-ür-tük-in

仇视-RECP-CAUS-NMLZ-ACC

由于他们的引诱，由于他们使兄弟相仇，

üčün　bäg-li　bodun-lïɣ

由于　官-CONJ　人民-CONJ-ACC

由于他们使官民

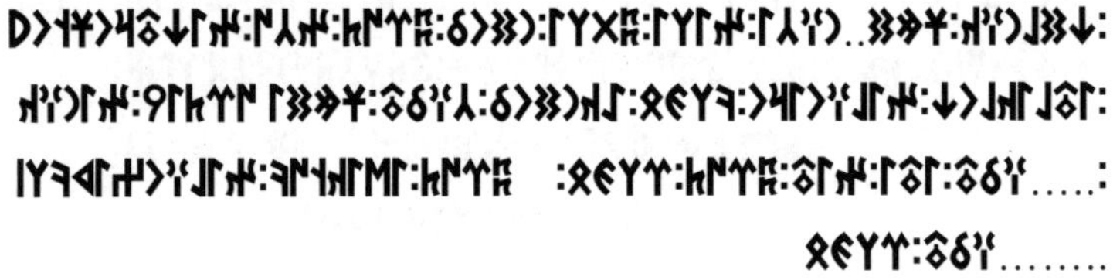 D7

yoŋa-š-ur-tuq-ïn　üčün:

不和-RECP-CAUS-NMLZ-ACC　由于

不和

türk bodun illä-dük il-i-n ïčɣïn-u ïd-mïš

突厥 人民 具有国家-ADJVZ 国家-3sg.POSS-ACC 失去-CONV PERF（送）-PAST

拥有国家的突厥人民丧失了国家，

qaɣanla-duq qaɣan-ï-n yitür-ü ïd-mïš

成为可汗-ADJL 可汗-3sg.POSS -ACC 丢失- ADVL PERF（送）-PAST

失去了成为可汗的可汗；

tabɣač bodun-qa bäglig urï oɣl-ïn qul qïl-tï

唐 人民-DAT 官的 男儿 子-ACC 奴隶 成为-3sg.PAST

高贵的男儿成为唐人的奴隶，

šilik qïz oɣl-ïn küŋ qïl-tï

丝 女儿 子-ACC 奴婢 成为-3sg.PAST

柔弱的姑娘成了奴婢。

türk bäg-lär türk at-ï-n ït-tï tabɣačgï bäg-lär

突厥 官-PL 突厥 名称-3sg.POSS-ACC 送-3sg.PAST 唐朝的 官-PL

突厥的诸官舍弃了突厥称号，亲唐朝的诸官

tabɣač at-ï-n tut-ïpan tabɣač qaɣan-qa kör-miš

唐 名称-3sg.POSS-ACC 抓-ADVL 唐 可汗-DAT 看-PAST

älig yïl

五十 年

采用唐朝称号，臣属于唐朝皇帝，（并为他们出力）五十年

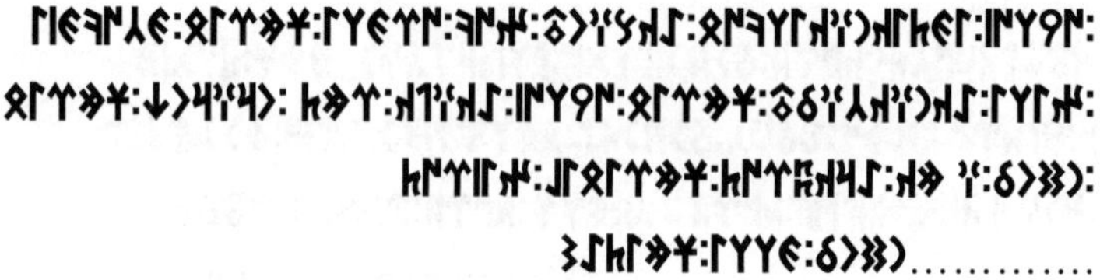 D8

…………

iš-ig küč-üg bir-miš

事-ACC 力量-ACC 给-PAST

出力。

il-gärü　kün　toɣ-sïq-da　bükli　qaɣan-qa　tägi

前-DAT　太阳　出生-NMLZ-LOC　莫离　可汗-DAT　直到

sülä-yü　bir-miš,

率军-ADVL　给-PAST

前面，在日出之方，一直打到莫离可汗那里，

qurïɣaru　tämir　qapïɣ-qa　tägi　sülä-yü　bir-miš

西-DAT　铁　门-DAT　直到　率军-ADVL　给-PAST

在西方，一直打到铁门关，

tabɣač　qaɣan-qa　il-i-n　törü-si-n

唐　可汗-DAT　国家-3sg.POSS-ACC　法制-3sg.POSS-ACC

把其国家和法制

al-ï　bir-miš.　türk　qara　qamaɣ:

拿-ADVL　给-PAST　突厥　普通（直译：黑）　所有的

交给了唐朝皇帝。突厥所有普通的

bodun　an-ča　ti-miš,　illig　bodun　är-tim

人民　那-EQUI　说-PAST　国家的　人民　是-1sg.PAST

人民这样说道：“我曾是有国家的人民，

il-im　amtï　qanï?　kim-kä　il-ig　qazɣan-ur　män?

国家-1sg.POSS　现在　哪里　谁-DAT　国家-ACC　得到-FUT　我

现在我的国家在哪里？我在为谁获取国家？”

ti-r　är-miš

说-FUT　是-PAST

——他们说。

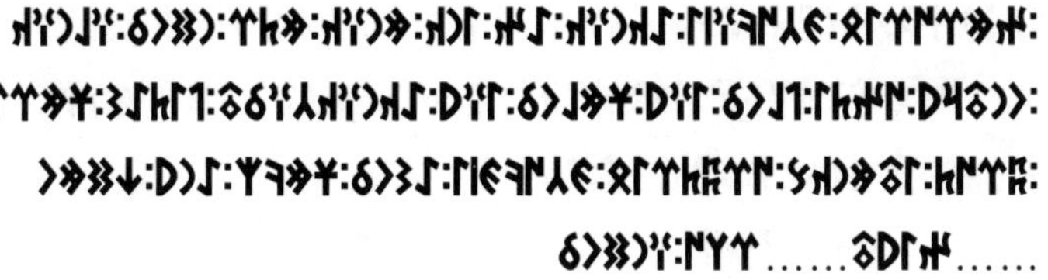
D9

qaɣanlïɣ　bodun　är-tim,　qaɣan-ïm　qanï

可汗的　人民　是-1sg.PAST　可汗-1sg.POSS　哪里

“我曾是有可汗的人民，现在我的可汗在哪里？

nä qaɣan-qa iš-ig küč-üg bir-ür män ti-r är-miš:

什么 可汗-DAT 事-ACC 力量-ACC 给-FUT 我 说-FUT 是-PAST

我为哪家可汗效力？”——他们说

an-ča ti-p tabɣač qaɣan-qa yaɣï bol-miš

那 EQUI 说-ADVL 唐 可汗-DAT 敌人 成为-PAST

这样说着，他们就成为唐朝皇帝的敌人。

yaɣï bol-up it-in-ü yarat-un-ü

敌人 成为-ADVL 组成-PASS-ADVL 组织-PASS-ADVL

成为敌人后，但他们未能自立，

u-ma-duq yana ičik-miš

能-NEG-NMLZ 又 内属-PAST

重又内属了。

bu-n-ča iš-ig küč-üg bir-tük-gärü: saqïn-ma-tï,

这-EPE-EQUI 事-ACC 力量-ACC 给-NMLZ-DAT 想-NEG-3sg.PAST

(唐朝皇帝)并不考虑（突厥人民）曾出了这么多的力，

türk bodun öl-ür-äyin, uruɣsïra-t-ayïn

突厥 人民 死-CAUS-IMP 断绝后代- CAUS-1sg.IMP

他们说：“我要灭掉突厥人民，并使其断绝后代。”

ti-r är-miš üzä

说-FUT 是-PAST 上面

他们（突厥）在灭亡。(但) 上面

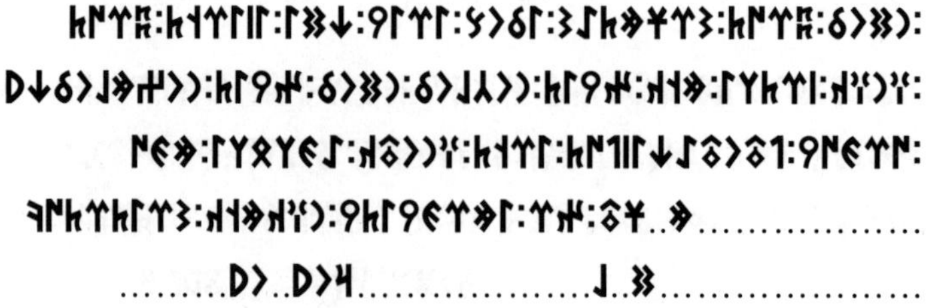

D10

türk täŋri-si türk ïduq yir-i:

突厥 天-3sg.POSS 突厥 神圣的 地-3sg.POSS

突厥的上天，(下面) 突厥的神圣水土（神）

sub-ï　　anča　ti-miš,　türk　bodun　yoq　bol-ma-zun

水-3sg.POSS　那样　说-PAST　突厥　人民　没有　成为-NEG-3sg.IMP

这样说：“不要让突厥人民灭亡！

ti-yin　　bodun　bol-čun　　ti-yin

说-1sg.IMP　人民　成为-3sg.IMP　说-1sg.IMP

让他们成为人民！”

qaŋ-ïm　　ilteriš　qaɣan-ïɣ　ög-üm　　ilbilgä　qatun-ïɣ

父-1sg.POSS　颉跌利施　可汗-ACC　母-1sg.POSS　颉利毗伽　可敦-ACC

（于是）把我父颉跌利施可汗、我母颉利毗伽可敦

täŋri　töpü-si-n-tä　　tut-up　yögärü　kötür-miš　ärinč

天　头顶-3sg.POSS-EPE-LOC　抓-ADVL　向上　举起-PAST　MOOD

护持在上天之顶，高高举起了。

qaŋ-ïm　　qaɣan　yiti　yigirmi　är-in　tašïq-mïs,　　tašra:

父-1sg.POSS　可汗　七　二十　人-INST　外出-PAST　外-DAT

我父可汗同十七人出走。

yorï-yur　　ti-yin　kü　äšid-ip,　balïq-daqï　taɣïq-mïš　taɣ-daqï

出征-FUT　说-1sg.IMP　名声　听- ADVL　城市-LQ　上山-PAST　山-LQ

在听到（他们）外走的消息后，城中的人上了山，山上的

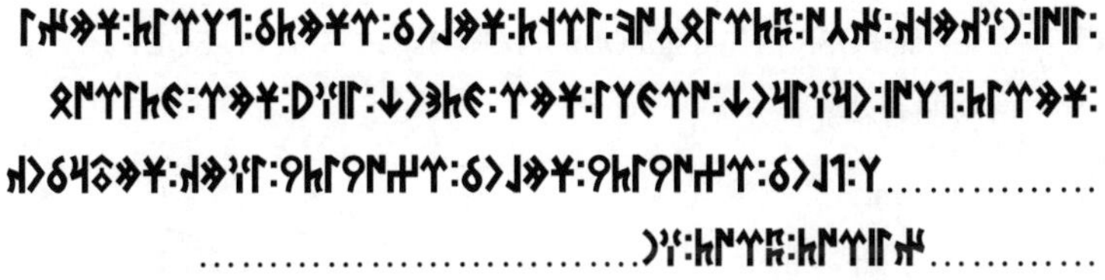
D11

in-miš　　tir-il-ip　　yätmiš　är　bol-mïš

下去-PAST　集起-PASS-ADVL　七十　人　成为-PAST

则走下来，聚集起来是七十人。

täŋri　küč　birtük　üčün　qaŋ-ïm　　qaɣan　sü-si

天　力量　给-NMLZ　由于　父-1sg.POSS　可汗　军队-3sg.POSS

böri-täg　är-miš,　yaɣï-si　qoń-täg　är-miš

狼-SML　是-PAST　敌人-3sg.POSS　羊-SML　是-PAST

由于上天赋予力量，我父可汗的军队像狼一样，（而）其敌人像羊一样。

il-gärü qurï-ɣaru sülä-p tir-miš qubra-t-mïš qamuɣ-ï:
东-DAT 西-DAT 率军-ADVL 集起-PAST 集起-CAUS-PAST 全部-3sg.POSS
东西征战，（结果）集结起来的

yäti yüz är bol-mïš. yäti yüz är bol-up
七 百 人 成为-PAST 七 百 人 成为-ADVL
共是七百人。当有了七百人之后，

älsirä-miš qaɣansïra-mïš bodun-ïɣ, küŋ-äd-miš
失去国家-ADJL 失去可汗-ADJL 人民-ACC 女婢-CAUS-ADJL
（我父可汗）组织和教导了曾丧失国家、丧失可汗的人民，曾沦为婢女

qul-ad-mïš: bodun-ïɣ, türk törü-si-n ïčɣïn-mïš
奴隶-CAUS-ADJL 人民-ACC 突厥 法制-3sg.POSS-ACC 失去- ADJL
成为奴隶的人民，曾失掉突厥法制的人民，

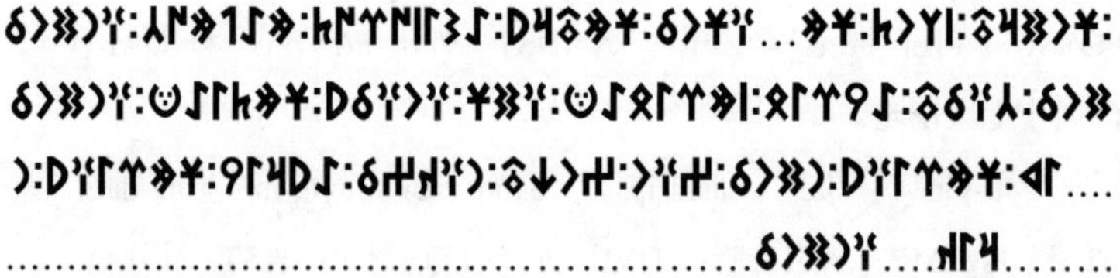 D12

bodun-ïɣ äčü-m apam törü-si-n-čä
人民-ACC 祖先-1sg.POSS 祖先-1sg.POSS 法制-3sg.POSS-EPE-EQUI
（我父可汗）就按照我祖先的法制，

yarat-mïš bošɣur-mïš
创立-PAST 教导-PAST
组织和教导了（他们）。

tölis tarduš bodun-ïɣ an-ta ät-miš,
突利斯 达头 人民-ACC 那-LOC 组织-PAST
在那里组织了突利斯及达头（两部）人民，

yabɣu-ɣ šad-ïɣ anta bärmiš.
叶护-ACC 设-ACC 在那里 给-PAST
并在那里赐给了叶护及设（的称号）。

biri-yä　tabɣač　bodun　yaɣï　är-miš,　yïra-ya　baz　qaɣan,

南-DAT　唐　人民　敌人　是-PAST　北-DAT　巴兹　可汗

南方唐人是敌人，北方巴兹可汗

toquz　oɣuz　bodun　yaɣï　är-miš

九　乌古斯　人民　敌人　是-PAST

及九姓乌古斯是敌人。

qïrqïz　qurïqan　otuz　tatar　qïtań tatabï　qop　yaɣï　är-miš:

黠戛斯　骨利干　三十　鞑靼　契丹　奚　全部　敌人　是-PAST

黠戛斯、骨利干、三十姓鞑靼、契丹、奚，全部都是敌人。

qaŋ-ïm　qaɣan　bu-n-ča　bodun-uɣ …….]　kïrk　[artok-ï]

父-1sg.POSS　可汗　这-EPE-EQUI　人民-ACC　四十　多余-3sg.POSS

我父可汗征战这样多次……

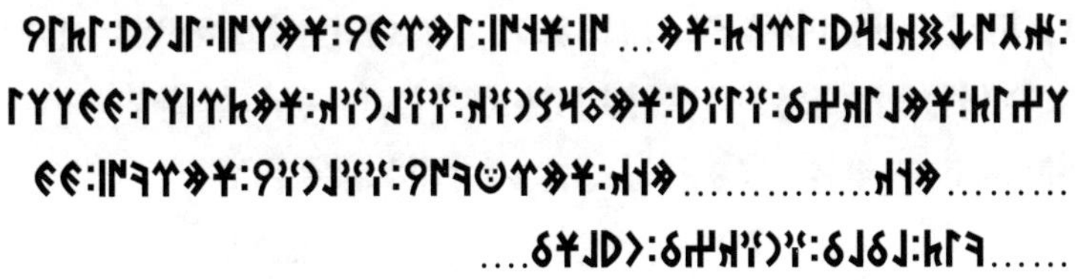
D13

yiti　yolï　sülä-miš　yägirmi　süŋüš　süŋ-üš-miš

七　次　率军-PAST　二十　交战　战斗-RECP-PAST

他出征了四十七次，参加了二十次战斗。

täŋri　yarlïqa-duq　üčün　illig-ig　il-sirä-t-miš

天　命令-NMLZ　由于　有国家的-ACC　失去国家-CAUS-PAST

由于上天保佑，使有国家的失去国家，

qaɣanlïɣ-ïɣ　qaɣansïra-t-mïš,　yaɣ-ïɣ:　baz　qïl-mïš

有可汗的-ACC　失去可汗-CAUS-PAST　敌人-ACC　征服　做-PAST

使有可汗的失去可汗，征服了敌人，

tizlig-ig　sök-ür-miš,　bašlïɣ-ïɣ　yükün-tür-miš:

有膝的-ACC　跪-CAUS-PAST　有头的-ACC　敬拜-CAUS-PAST

使有膝的屈膝，使有头的顿首（投降）。

qaŋ-ïm qaɣan in-ča il-ig

父-1sg.POSS 可汗 这-EQUI 国家-ACC

我父可汗这样建立了国家、

törü-ɣ qazɣan-ïp, uč-a bar-mïš.

法制-ACC 得到-ADVL 飞-ADVL 去-PAST

法制以后就去世了。

qaŋ-ïm qaɣan-qa bašlayu baz qaɣan-ïɣ

父-1sg.POSS 可汗-DAT 首先 巴兹 可汗-ACC

为纪念我父可汗，首先把巴兹可汗

balbal tik-miš qaŋ-ïm

杀人石 立-PAST 父-1sg.POSS

立作杀人石。

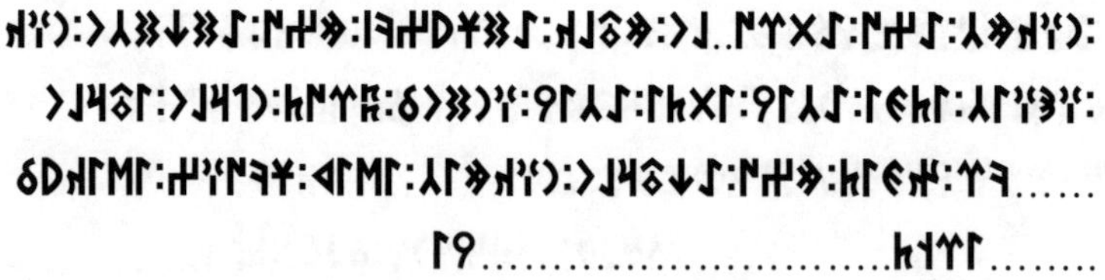

D14

qaɣan: uč-duq-da: öz-üm: säkiz yaš-da: qal-tïm:

可汗 飞-NMLZ-LOC 自己-1sg.POSS 八 年岁-LOC 留下-1sg.PAST

我父可汗去世时我是八岁。

ol törü-dä üzä äči-m qaɣan olur-tï

那 法制-LOC 在…之上 叔父-1sg.POSS 可汗 坐下-3sg.PAST

依法制，我叔在上即位为可汗。

olur-upan türk: bodun-uɣ yičä it-di,

坐-ADVL 突厥 人民-ACC 重新 组织-3sg.PAST

重新组织

yičä igit-ti, čïɣań-ïg bay qïl-tï az-ïɣ üküš

重新 养育-3sg.PAST 穷的-ACC 富 做-3sg.PAST 少-ACC 多

和养育了突厥人民，使穷的变富，使少的变多。

qïl-tï 　　　äči-m 　　　qaγan 　olur-tuq-da, 　　　özüm tigin: ärk[………]

做-3sg.PAST 叔父-1sg.POSS 可汗 坐-NMLZ-LOC 　自己-1sg.POSS 特勤

我自己作为特勤……

iy[…………….] täŋri: 　yarlïqa-duq 　üčün

　　　　　　　　天 　　命令-NMLZ 　因此

由于上天赐福，

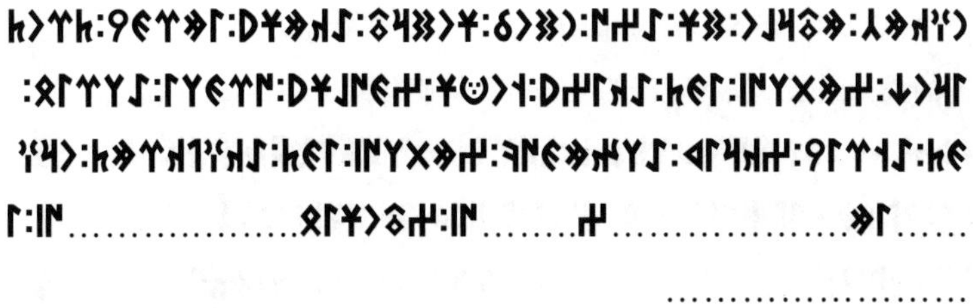

D15

tört 　yigirmi: 　yaš-ïm-qa: 　　　tarduš: 　bodun: 　üzä: 　šad: 　　　　　1

四 　二十 　　岁-1sg.POSS-DAT 　达头 　　人民 　　上面 　设

我十四岁时任达头人民上面的设。

olur-tïm: 　　äči-m 　　　　　qaγan: 　birlä:

坐-1sg.PAST 　叔父-1sg.POSS 　可汗 　　一起

我同我叔可汗一起，

ilgärü: 　yašïl 　ögüz: 　šanduŋ: 　yazï-qa: 　　tägi: 　sülä-dimiz

前-DAT 　黄 　　河 　　山东 　　平原-DAT 　直到 　率军-1pl.PAST

前面（东面）一直征战到黄河和山东平原，

qurï-γaru 　tämir 　qapïγ-qa 　tägi 　sülä-dimiz

西-DAT 　　铁 　　门-DAT 　直到 　　作战-1pl.PAST

后面（西面）一直征战到铁门（关），

kökmän 　aš-a 　　　　qïrqïž 　　　yir-i-n-gä 　　　　　　tägi

曲漫 　　越过-ADVL 　黠戛斯 　地方-3sg.POSS-EPE-DAT 　　直到

并越过曲漫山，一直征战到黠戛斯人的地方。

sülä-dimiz 　　　qamaγ-ï 　　　　biš 　otuz 　sülä-dimiz,

率军-1pl.PAST 　所有的-3sg.POSS 　五 　　三十 　率军-1pl.PAST

一共出征了二十五次，

üč yägirmi süŋ-üš-dimiz,

三 二十 战斗-RECP-1pl.PAST

参加了十三次战斗。

illig-ig ilsirä-t-dimiz, qaɣanlïɣ-ïɣ

有国家的-ACC 国家-失去-CAUS-1pl.PAST 有可汗的-ACC

qaɣansïra-t-dïmïz, tizlig-ig

可汗-失去-CAUS-1pl.PAST 有膝的-ACC

使有国家的失去国家，使有可汗的失去可汗，使有膝的

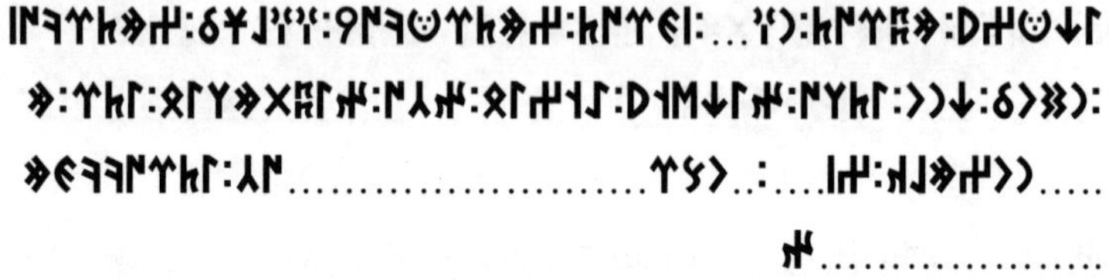
D16

sök-ür-tümiz, bašlïɣ--ïɣ yünkün-tür-timiz

跪-CAUS-PAST 有头的-ACC 敬拜-CAUS-PAST

屈膝，使有头的顿首投降。

türgiš qaɣan türk-imiz bodun-ïmïz är-ti.

突骑施 可汗 突厥-1pl.POSS 人民-1pl.POSS 是-3sg.PAST

突骑施可汗是我们突厥族，我们的人民。

bil-mä-dük-in üčün, biz-in-gä yaŋïl-duq-ïn üčün

知道-NEG-NMLZ -ACC 由于 我们-EPE-DAT 犯错-NMLZ-ACC 由于

由于他们无知，由于他们对我们做错了事，

qaɣan-ï öl-ti, buyruq-ï bägläri

可汗-3sg.POSS 死-3sg.PAST 梅录-3sg.POSS 官-3pl.POSS

其可汗死了。其梅录、其官员

yämä öl-ti. on oq bodun ämgäk kör-ti.

也 死-3sg.PAST 十 箭 人民 痛苦 看-3sg.PAST

äčü-miz apa-mïz tut-mïš yir sub idisiz

祖先-1pl.POSS 祖先-1pl.POSS 抓住-ADJVZ 地方 水 无主

为了不要让我们祖先统治的地方（直译：土地、水）没有主人，

bol-ma-zun　　　　ti-yin,　　az　　bodun-uɣ　　it-ip

成为-NEG-3sg.IMP　说-1sg.IMP　阿热　人民-ACC　组织-ADVL

于是，（我们）组织了阿热人民。

yarat-ïp　　　　bars　bäg

造-ADVL　　　　虎　　官

他原为虎官，

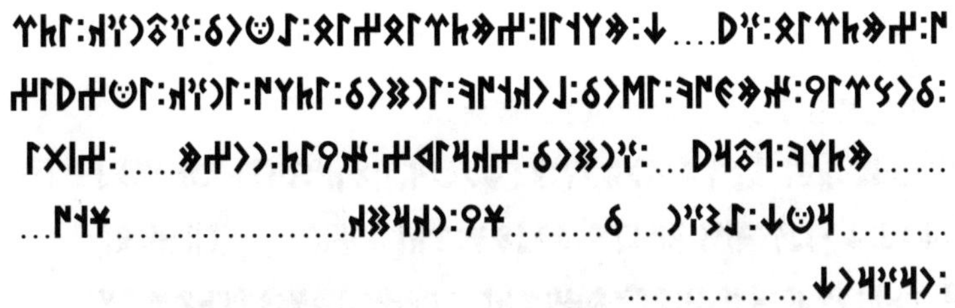

D17

är-ti,　　　qaɣan　　at　　bunta　　biz　　bir-timiz.

是-3sg.PAST　可汗　称号　在这里　我们　　给-1pl.PAST

我们在这里给予了可汗称号，

siŋil-im　　　qunčuy-uɣ　　bir-timiz.

妹-1sg.POSS　公主-ACC　给-1pl.PAST

并把我的妹公主嫁给了他。

öz-i　　　　　yaŋïl-tï,　　　qaɣan-ï　　　　öl-ti,　　bodun-ï

自己-3sg.POSS　犯错-3sg.PAST　可汗-3sg.POSS　死-3sg.PAST　人民-3sg.POSS

他们自己做错了事，其可汗死了，其人民

küŋ　　qul　　　bol-tï.

奴婢　奴隶　　成为-3sg.PAST

成了奴婢。

kökmän　　yir　sub　　idi-siz　　qal-ma-zun　　　　　ti-yin,

曲漫山　　地方　水　　主-NEC　留下-NEG-3sg.IMP　　说-1sg.IMP

为了不要让曲漫山地方没有主人，

az　　qïrkïz　　bodun-ïɣ　　yarat-ïp　　käl-timiz　　süŋ-üš-dimiz,

阿热　黠戛斯　　人民-ACC　造-ADVL　来-1pl.PAST　交战-RECP-1pl.PAST

我们来整顿阿热和黠戛斯人民。（我们打了仗，）

yana bir-timiz. il-gärü qadïrqan yïš-ïɣ aš-a

又 给-1pl.PAST 东-DAT 大兴安岭 山林-ACC 越过-CONV

又（把国家）交给了（他们）。东面，越过兴安岭，

bodun-ïɣ an-ča qon-tur-tïmïz, an-ča it-dimiz.

人民-ACC 那-EQUI 住下-CAUS-1pl.PAST 那-EQUI 做-1pl.PAST

qurï-garu

西-DAT

我们让人民这样住下了，这样组织了。西面，

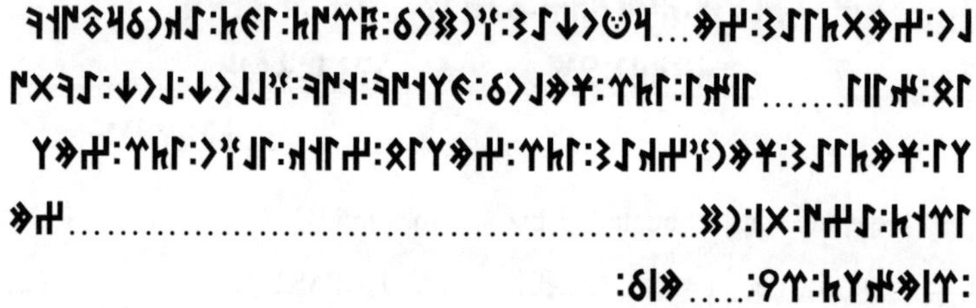
D18

käŋü tarman-qa tägi türk bodun-ïɣ an-ča

康居 贪漫-DAT 直到 突厥 人民-ACC 那样

一直到康居贪漫，让突厥人民

qon-tur-tïmïz, anča it-dimiz.

住下-CAUS-1pl.PAST 那样 做-1pl.PAST

这样住下了，这样组织了。

ol öd-kä qul qullïɣ bol-mïš är-ti, küŋ küŋlüg

那 时间-DAT 奴隶 有奴隶的 成为-PAST 是-3sg.PAST 女婢 有女婢的

那时奴隶成了拥有奴隶的人，女婢成了拥有女婢的人，

bol-mïš är-ti, ini-si äči-si-n bil-mäz

成为-PAST 是-3sg.PAST 弟-3sg.POSS 兄-3sg.POSS-ACC 知道-NEG

弟弟不认识其哥哥，

är-ti, oɣl-ï qaŋ-in bil-mäz är-ti

是-3sg.PAST 子-3sg.POSS 父-ACC 知道-NEG 是-3sg.PAST

儿子不认识其父亲（按：此处喻国家之大）。

an-ča　qazɣan-mïš,　an-ča　it-miš　il-imiz　törü-miz

那-EQUI　努力-PAST　那-EQUI 建立-PAST　国家-1pl.PAST　法制-1pl.PAST

这样努力了，我们建立的国家和法制就是这样。

är-ti.　türk　oɣuz　bäg-lär-i,　bodun,　äšid

是-3sg.PAST　突厥　乌古斯　官-PL-3sg.POSS　人民　听

突厥诸官和突厥人民，你们听着

üzä　täŋri　bas-ma-sar,　asra　yir　tälin-mä-sär,

上面　天　压-NEG-COND　下面　土地　裂-NEG-COND

当上面上天不塌，下面大地不裂，

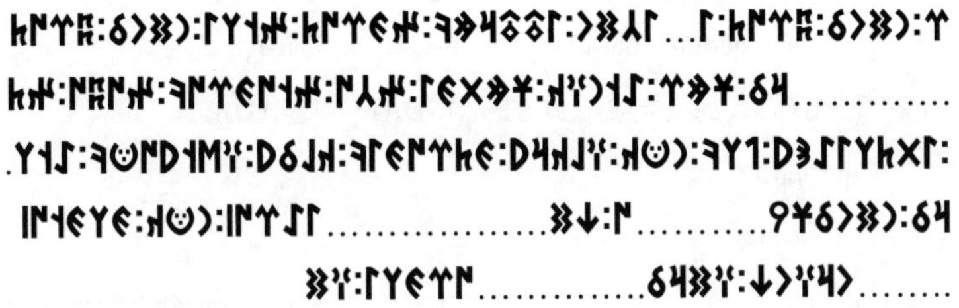
D19

türk　bodun,　il-iŋ-in　törü-ŋ-in:　kim　arta-tï

突厥　人民　国家-2sg.POSS-ACC　法制-2sg.POSS-ACC　谁　破坏-3sg.PAST

突厥人民，谁能毁灭你的国家和法制？

u-dačï　ärti　türk　bodun,

能-FUT　是-3sg.PAST　突厥　人民

突厥人民

ökün　küräg-üŋ-in　üčün,　igid-miš　bilgä

后悔-2sg.IMP　违法-2sg.POSS-ACC　由于　养育-ADJL　英明

qaɣan-ïng-a,

可汗-2sg.POSS-DAT

你们悔过吧！由于你们的无法，你们自己对养育你们的英明可汗

är-miš　bar-mïš　ädgü　il-ing-ä　käntü

是-ADJL　有-ADJL　好　国家-2sg.POSS-DAT 自己

和自由、良好的国家犯了罪，

yaŋïl-tïɣ, yablaq kig-ür-tig:

犯错-2sg.PAST 坏 进入-CAUS-

招致了恶果。

yaraqlïɣ qan-tan käl-ip yań-a ält-di

有武器的 哪-ABL 来-CONV 回-ADVL ABIL（拿走）-3sg.PAST

（否则）带武器的人从哪里来赶走（你们）？

süŋüglüg qan-tan käl-ipän sür-ä ältdi

带矛的 哪-ABL 来-ADVL 驱赶-ADVL ABIL（拿走）-3sg.PAST

带矛的人从哪里来驱走你们？

ïduq ötükän yiš bodun bar-dïɣ il-gärü bar-ïɣma

神圣的 于都斤 山林 人民 走-2sg.PAST 东-DAT 走-ADJL

bar-dïŋ, qurïɣaru

去-2sg.PAST 西-DAT

神圣的于都斤山林的人民，你们走了，你们往东去的走了，你们往西去的走了

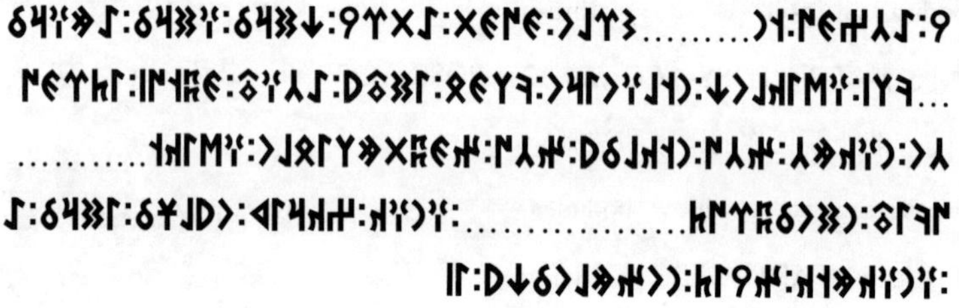
D20

bar-ïɣ-ma bar-dïŋ. barduq yir-dä ädgü-g ol ärinč: qan-ïŋ

去-ADJL 去-2sg.PAST 去-ADJL 地方-LOC 好-ACC 那 MOOD 血-2sg.POSS

在你们去的地方（所得到）的好处就是：你们血

sub-ča yügür-ti, söŋük-üŋ taɣ-ča yat-dï, bäglik urï

水-EQUI 跑-3sg.PAST 骨-2sg.POSS 山-EQUI 躺下-3sg.PAST 高贵的 男儿

流如水，你们的骨堆如山，你们高贵的男儿

oɣl-ïŋ qul bol-tï,

子-2sg.POSS 奴隶 成为-3sg.PAST

男子成了奴隶，

silik qïz oɣl-ïŋ: küŋ bol-tï.

丝 女儿 子-2sg.POSS 女婢 成为-3sg.PAST

bil-mä-dük üčün,

知道-NEG-NMLZ 由于

你们清白的女儿成了女婢。由于你们无知，

yablaq-ïŋ-ïn üčün äči-m qaɣan uč-a bar-dï

坏-2sg.POSS-ACC 由于 叔-1sg.POSS 可汗 飞-ADVL 去-3sg.PAST

由于你们无义，我叔可汗死去了。

bašlayu qïrqïz qaɣan-ïɣ balbal tik-dim,

首先 黠戛斯 可汗-ACC 杀人石 树立-1sg.PAST

我先把黠戛斯可汗立作（墓前）杀人石。

türk bodun-ïɣ at-ï kü-si yoq bol-ma-zun

突厥 人民-ACC 名声-3sg.POSS 名声-3sg.POSS 没有 成为-NEG-3sg.IMP

为了不要让突厥人民无名无声，

ti-yin qaŋ-ïm qaɣan-ïɣ,

说-1sg.IMP 父-1sg.POSS 可汗-ACC

使我父成为可汗、

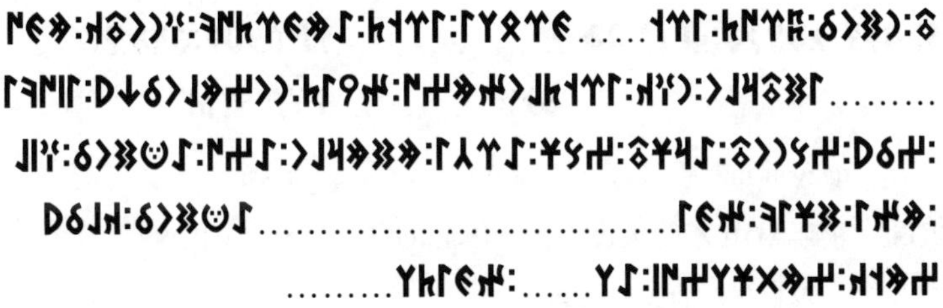

D21

ög-üm qatun-ïɣ kötür-miš täŋri,

母-1sg.POSS 可汗-ACC 举起-ADJVZ 天

使我母成为可敦的上天，

il bir-igmä täŋri, türk bodun at-ï kü-si yoq

国家 给-ADJL 天 突厥 人民 名声-3sg.POSS 名声-3sg.POSS 没有

赐给我们国家的上天，为了不让突厥人民无名无声，

bol-ma-zun ti-yin, öz-üm-in ol täŋri

成为-NEG-3sg.IMP 说-IMP 自己-1sg.POSS-ACC 那 天

那上天让我自己

qaγan olur-t-dï ärinč. näŋ yïlsïγ bodun-qa

可汗 坐下-CAUS-3sg.PAST MOOD 什么也不 温暖 人民-DAT

做了可汗。我统治的完全不是昌盛繁荣的人民，

olur-ma-dïm. ič-rä aššïz, tašra ton-sïz, yabïz yablaq bodun-ta

坐-NEG-1sg.PAST 里-DAT 无食 外-DAT 无衣 坏 坏 人民-LOC

我统治的是内无食、外无衣、贫困可怜的人民。

üzä olur-tïm. tigin: äki šad

上面 坐-1sg.PAST 特勤 二 设

我同二设及

ini-m kül tigin birlä sözlä-š-dimiz. qaŋ-ïmïz

弟-1sg.POSS 阙特勤 一起 说-RECP-1pl.PAST 父-1pl.POSS

我弟阙特勤商谈了，

[illegible] D22

[illegible]

[illegible]

[illegible]

[illegible]

äči-miz qazγan-mïš bodun at-ï kü-sï:

叔-1pl.POSS 得到-ADJLZ 人民 名声-3sg.POSS 名声-3sg.POSS

为了不让我父、我叔获得的人民无名无声，

yoq bol-ma-zun ti-yin, türk bodun üčün tün

全部 成为-NEG-3sg.IMP 说-IMP 突厥 人民 为了 夜

为了突厥人民，我夜

udï-ma-dïm, küntüz olur-ma-dïm. inim kül tigin

睡眠-NEG-1sg.PAST 昼 坐-NEG-1sg.PAST 弟-1sg.POSS 阙 特勤

不成眠，昼不安坐。我同我弟阙特勤和

birlä,　äki　šad　birlä　öl-ü　yit-ü　qazɣan-tïm.

一起　两个　设　一起　死-CONV　失去-CONV　努力-1sg.PAST

和两个设在一起，努力工作，筋疲力尽；

an-ča　qazɣan-ïp　biriki　bodun-ïɣ　ot　sub　qïl-ma-dïm

那-EQUI　努力-CONV　联合的　人民-ACC　火　水　做-NEG-1sg.PAST

我努力不使联合起来的人民成为水火。

män　öz-üm　qaɣan　olur-tuq-ïm-a,　yir　sayu

我　自己-1sg.POSS　可汗　坐-NMLZ-1sg.POSS-DAT　土地　每一个

当我继位为可汗时，

bar-mïs　bodun　öl-ü　yit-ü　yadaɣ-ïn　yalaŋ-ïn　yana

去-ADJL　人民　死-ADVL　失去-ADVL　步行-INST　赤裸-INST　又

流散各处的人民，筋疲力尽地、无马无衣地归来了。

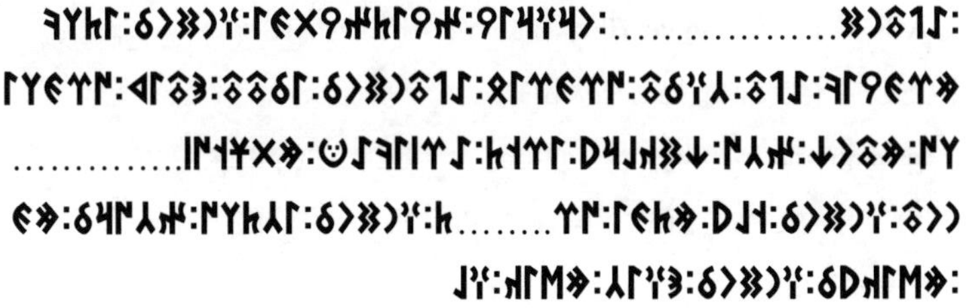

D23

käl-ti.　bodun-ïɣ　igid-äyin　ti-yin,　yïrɣaru　oɣuz　bodun

来-3sg.PAST　人民-ACC　养育-1sg.IMP　说-1sg.IMP　北-DAT　乌古斯　人民

为了养育人民，北面反对乌古斯人民，

tapa,　il-gärü　qïtań　tatabï　bodun　tapa,

反对　东-DAT　契丹　奚　人民　反对

东面反对契丹、奚人民，

bir-gärü　tabɣač　tap-a　uluɣ　sü　äki　yägimi　sülä-dim…..

南-DAT　唐　反对　大　军队　二　二十　作战-1sg.PAST

南面反对唐朝，我率领大军出征了十二次，

süŋüš-dim.　an-ta　kisrä,　täŋri yarlïqa-duq:　üčün　qut-um

打仗-RECP-1sg.PAST　那-LOC　之后　天　命令-NMLZ　由于　福-1sg.POSS

……我作了战。之后，感谢上天，

ülüg-üm bar üčün: öl-täči bodun-ïγ tir-gür-ü

命运-1sg.POSS 有 由于 死-ADJL 人民-ACC 活-CAUS-ADVL

由于我的福分，由于我的幸运，我振兴了濒死的人民，

igit-tim. yalaŋ bodun-ïγ tonlïγ čïγań bodun-ïγ bay qïl-tim.

养育-1sg.PAST 赤裸的 人民-ACC 有衣的穷的 人民-ACC 富 做-1sg.PAST

赤裸的人民有衣穿，使贫穷的人民富裕起来，

[illegible] D24

az bodun-ïγ üküš qïl-tïm, ïγar illig-dä:

少 人民-ACC 多 做-1sg.PAST 重的 有国家的-LOC

使人民由少变多，我使他们比有强大国家

ïγar qaγanlïγ-da yig qïl-tïm, tört buluŋ-daqï

有力量的 有可汗的-LOC 好 做-1sg.PAST 四 角落-LQ

和可汗的人民过得更好。

bodun-ïγ qop baz qïl-tïm, yaγï-sïz qïl-tïm.

人民-ACC 全部 征服 做-1sg.PAST 无敌-NEC 做-1sg.PAST

我把四方的人民全部征服了，使其不再为敌。

qop man-ga kör-ti yiti yigirmi yasï-ma taŋut tap-a

全部 我-DAT 看-3sg.PAST 七 二十 岁-1sg.POSS-DAT 党项 反对

他们都臣服于我。当我十七岁时，我出征党项，

sülä-dim taŋut bodunuγ buz-dïm oγl-ï-n

率军-1sg.PAST 党项 人民-ACC -1pl.PAST 破坏-1sg.PAST 儿-3sg.POSS-ACC

yutuzïn yïlqï-sïn barïm-ï-n anta altïm

妻子-ACC 马群-ACC 财物-3sg.POSS-ACC 那 获取

säkiz yigirmi yaš-ïm-a altï čub suγdaq

八 二十 岁-1sg.POSS-DAT 六 州 粟特

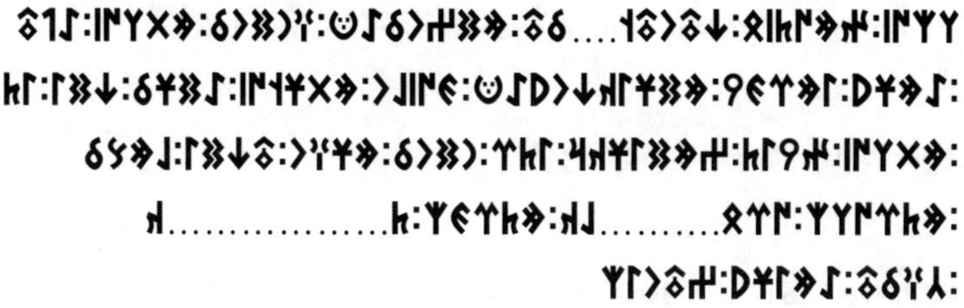 D25

tapa:　sülä-dim:　bodunuɣ: an-ta　buzdum:　tav[ɣač o]ŋ tutuk:

朝向　率军-1sg.PAST 人民-ACC　那-LOC 破坏-1sg.PAST　大唐　王　都督

我在那里打败了（粟特）人。唐朝的王都督（领）

biš tümän: sü　käl-ti:　ïduq　baš-da:　süŋ-üš-düm:　ol

五　万　军队　来-3sg.PAST　神圣的　泉-LOC 作战-RECP-1sg.PAST　那

五万军队到来，我们战于圣泉，

sü-g　an-ta　yoq　qïš-dïm:　yigirmi: yaš-ïm-a: bašmïl:

军队-ACC　那-LOC　没有　做-1pl.PAST　二十　岁　拔悉密

我在那里消灭了那些军队。当我二十岁时，拔悉密

ïduq　qut:　oɣuš-um:　bodun:　är-ti:　arqïš　ïd-maz:

神圣的　福　氏族-1sg.POSS　百姓　是-3sg.PAST　商队　派-NEG

亦都护是我的族人，我因他们不派贡使来，

ti-yin:　sülä-dim: q[1][............]t[2]: ičgär-tim:　qal-ïŋ ....

说-1sg.IMP 率军-1sg.PAST　内属-1sg.PAST　留下-2sg.POSS

出征（他们）……我臣服了（他们）。我把许多（战利品）......

äv-irü:　käl-ür-tüm:　iki otuz:　yaš-ïm-a:　tabɣač:

家-DAT　来-CAUS-3sg.PAST　二　三十　岁-1sg.POSS-DAT　唐

运回家中。当我二十二岁时，

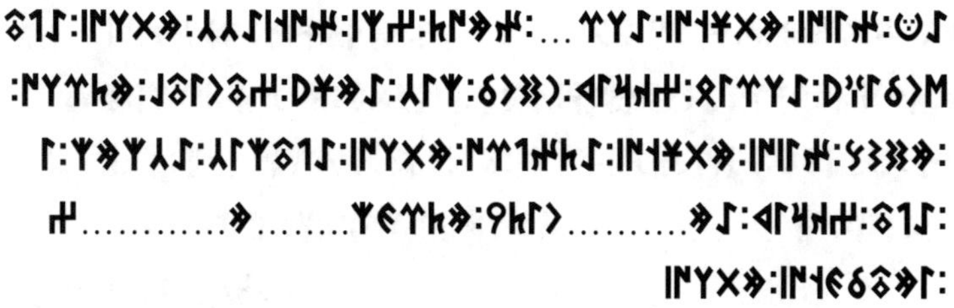 D26

tapa: sülädim: čača säŋün: säkiz: tüm[sü] bi[r]lä:

朝向 率军-1sg.PAST 沙吒 将军 八 万 一起

我出兵唐朝。我同沙吒将军八万人交战，

süŋ-üš-düm: sü-si-n: an-ta öl-ürtüm: altï otuz:

率军-RECP-1sg.PAST 军队-3sg.POSS-ACC 那-LOC 死-1sg.PAST 六 三十

将其军队消灭在那里。当我二十六岁时，

yaš-ïm-a: čik: bodun: qïrqïz: birlä: yaɣï bol-tï:

岁 čik 人民 黠戛斯人 一起 敌人 成为-3sg.PAST

čik 人民同黠戛斯人一起与我们为敌。

käm käč-ä: čik tapa: sülä-dim: örpän-tä:

谁 渡过-ADVL čik 朝向 率军-1sg.PAST örpän-LOC

我渡过剑河出征 čik。

süŋ-üš-düm: sü-si-n: sanč-dïm:

作战-RECP-1sg.PAST 军队-3sg.POSS-ACC 刺-1sg.PAST

我战于 Örpän，败其军队。

az [b]o[dun-ug al-t]ïm [………….. ič]-gär-tim:

阿热 人民-ACC 取-1sg.PAST 内属-CAUS-1sg.PAST

我获取了阿热人民……并使其臣属。

yiti o[tuz yaš]-ïm-a: qïrqïz: tapa:

七 三十 岁-1sg.POSS-DAT 黠戛斯 朝向

sülä-dim: süŋüg batïm-ï:

率军-1sg.PAST 矛 深-3sg.POSS

当我二十七岁时，我出兵征黠戛斯人。在和矛一样深的雪中

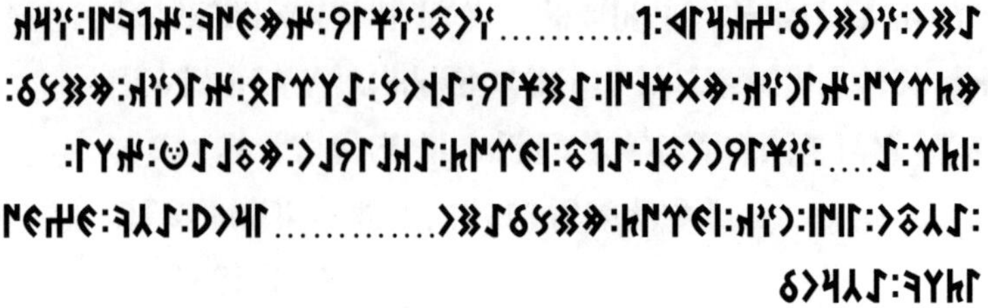

D27

qar-ïɣ: sök-üpän: kögmän: yïš-ïɣ: toɣa: yo[r-ïp]:

雪-ACC 跪-ADVL 曲漫山 山林-ACC 翻越-ADVL 出征- ADVL

开道，攀越曲漫山，

qïrqïz: bodun-uɣ: u-da: bas-dïm:

黠戛斯 人民-ACC 睡眠-LOC 袭击-1pl.PAST

袭击黠戛斯人于睡梦中。

qaɣan-in: birlä: soŋa: yïš-da: süŋ-üš-düm:

可汗- INST 一起 地名 山-LOC 战斗-RECP-1sg.PAST

我与其可汗战于 Soŋa 山。

qaɣan-ï-n: öl-tür-tüm: il-i-n:

可汗-3sg.POSS-ACC 死-CAUS-1pl.PAST 国家-3sg.POSS-ACC

an-ta al-tïm:

那-LOC 取-1pl.PAST

我杀其可汗，在那里获取其国家。

ol yïl-qa: türgiš: tapa: altun yïš-ïɣ: [aš]-a:

那 年-DAT 突骑施 朝着 阿尔泰 山林-ACC 越过-ADVL

那年，为攻打突骑施，我翻越阿尔泰山，

ärtiš: ögüz-üg: käč-ä: yorï[-dïm: türgiš: bodun-uɣ]

额尔齐斯 河-ACC 渡过-ADVL 出征-1pl.PAST 突骑施 人民-ACC

渡过额尔齐斯河。我袭击突骑施人

u-da bas-dïm: türgiš: qaɣan: sü-si:

睡眠-CONV 压-1sg.PAST 突骑施 可汗 军队-3sg.POSS

于睡梦之中。突骑施可汗的军队

ot-ča: borča: käl-ti:

火-EQUI 风暴-EQUI 来-3sg.PAST

如火似飙而来。

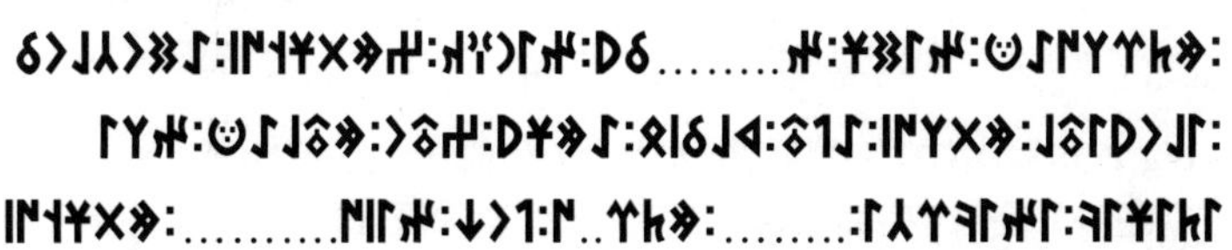 D28

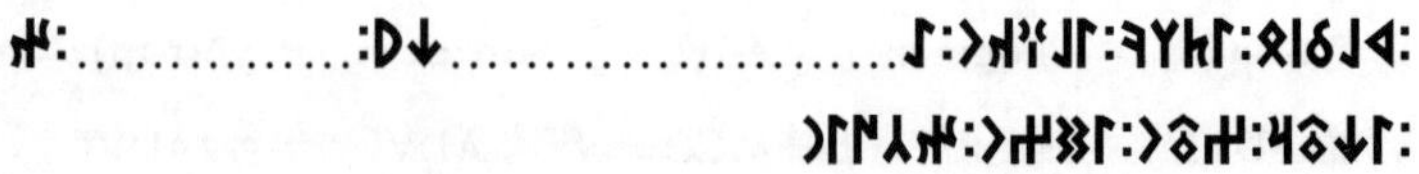

bolču-da: süŋ-üš-dümiz: qaɣan-in: yavɣu-[si]-n: šad-i-n:

勃勒齐-LOC 战斗-RECP-1pl.PAST 可汗-ACC 叶护-ACC 设-ACC

我们战于勃勒齐。我在那里杀死其可汗、叶护、设。

an ta ölör-tüm: il-i-n: an-ta al-tïm: otuz: yaš-ïm-a:

那 坐-1sg.PASS 国家-ACC 那-LOC 取-1sg.PAST 三十 岁-1sg.POSS-DAT

我在那里获取其国家。当我三十岁时，

biš balïk: tap-a: sülä-dim: altï

别失八里 反对-CONV 作战-1pl.PAST 六

我出征别失八里，打了六

yolï: süŋüšdüm: [………. s]ü-si-n: qop: ö[l]-tür-tüm:

次 战斗-RECP-1sg.PAST 军队-3sg.POSS-ACC 全部 死-CAUS-1pl.PAST

次仗……全歼其军。

an-ta: ičräki nä: kiši tin[………….]i yoq [bol-t]ačï: är[ti …………] a

那-LOC 里面的 什么 人 没有 成为-FUT 是

住在里面的人会被消灭……

oqï-ɣalï: käl-ti: biš balïq: an-ï üčün: oz-dï:

叫-ADVL 来-3sg.PAST 别失 八里 他-ACC 因此 解脱-3sg.PAST

otuz: artuq-ï:

三十 多余

他们来邀请（我们）。别失八里为此得免于难。当我三十

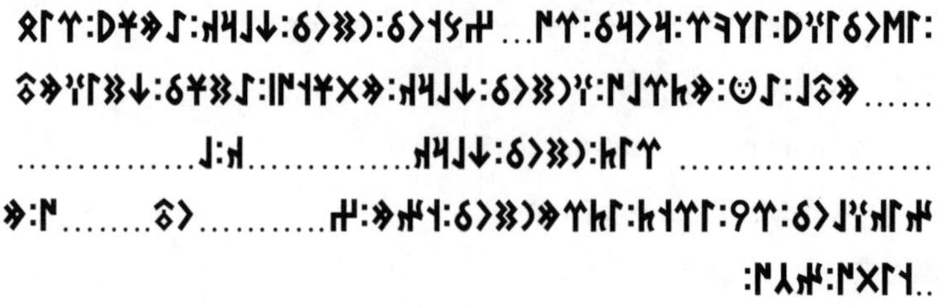 D29

bir: yaš-ïm-a: qarluq: bodun: buŋ-suz [är]-ür:

一 岁-1sg.POSS-DAT 葛逻禄 人民 无忧的 是-ADJL

一岁时，葛逻禄人民当其无忧无虑

bar-ur: ärkli: yaɣï: bol-tï: tamaɣ ïduq: baš-da:

去-ADJL 时候 敌人 成为-3sg.PAST 地名 神圣的 泉-LOC

自主时，与我们为敌。我战于圣泉，

süŋ-üš-dümiz: qarluq: bodun-uɣ: öl-tür-tüm:

战斗-RECP-1pl.PAST 葛逻禄 人民-ACC 死-CAUS-1pl.PAST

杀葛逻禄人，

an-ta al-tïm [......................]dïm: [ba]smïl: qara [.................]

那-LOC 取-1pl.PAST 拨悉密 黑

并在那里获取其国家。当我（三十二）岁时，

qarluq: bodun: tir-[il-ip käl-ti ....]m:

葛逻禄 人民 聚集-PASS-ADVL 来-3sg.PASS

葛逻禄人民集合起来（反对我们），

ö[l-tür-tüm] to[quz oɣ]uz: män-iŋ: bodun-um är-ti:

死-CAUS-1pl.PAST 九 乌古斯 我-GEN 人民-1sg.POSS 是-3sg.PAST

我消灭了他们。九姓乌古斯（本）是我的人民。

täŋri: yir: bulɣaq-ïn: üčün: öd-i-n-g[ä]

天 地 乱的-ACC 因此 时间-3sg.POSS-DAT

由于天地混乱，

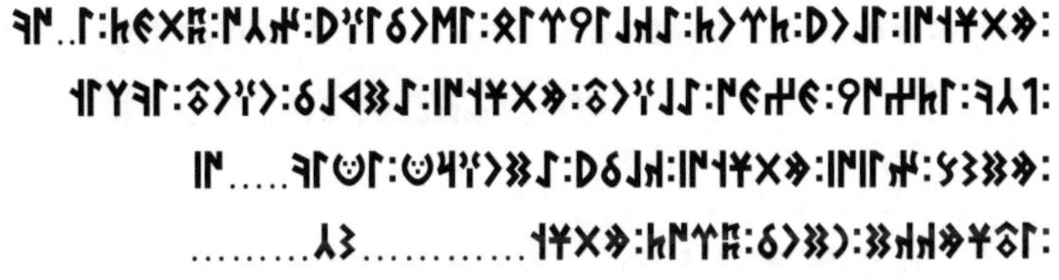
D30

küni: täg-dük: üčün: yaɣï bol-tï: bir yïl-qa: tört: yolï:

嫉妒 碰到-NMLZ 因此 敌人 成为-3sg.PAST 一 年-DAT 四 次

由于心怀嫉妒，成了（我们的）敌人。一年中我打了四次仗。

süŋ-üš-düm: äŋ ilk-i: toɣu: balïq-da:

战斗-RECP-1sg.PAST 最 先的-3sg.POSS 都护 城市-LOC

süŋ-üš-düm: toɣla:

交战-1pl.PAST 土拉

初战于都护城，

ügüz-üg:　yüzä-ti:　　käč-ip:　　sü-si [……………….]

河-ACC　游-3sg.PAST　渡过- ADVL　军队-3sg.POSS

我军泅过土拉河，消灭其军。

äki-nti:　an-ta　arɣu-da:　　süŋ-üš-düm:　　sü-si-n:

二-ORD　那　arɣu-LOC　战斗-RECP-1sg.PAST　军队-3sg.POSS-ACC

第二次我战于我败其军

sanč-dïm:　[il-in　　　al-tïm:　　ü]čünč　　[čuš

刺-3pl.PAST　国家-3sg.POSS-ACC　取-1pl.PAST　三-ORD　čuč

baš-ï-n-ta　sü]ŋ-üš-düm:

泉　　交战-1pl.PAST

第三次，我战于 čuč 泉，

türük: bodun: adaq　qamša-t- tï:　　　yablaq:

突厥　人民　脚　　动摇-CAUS-3sg.PAST　坏

突厥人民动摇了，

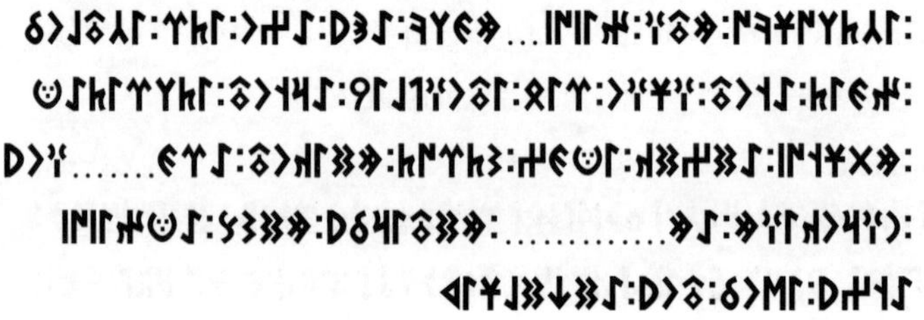

D31

bol-tačï:　är-ti　　　oz-a:　yańa:　käl-igmä:　sü-si-n:

成为-FUT　是-3sg.PAST　解散-ADVL　又　来-ADJL　军队-3sg.POSS-ACC

情况不妙，我冲散了越过的（敌）军，

aɣ-ït-tïm:　　　üküš　öl-täči:　an-ta:　tir-il-ti:　　　an-ta:

散-CAUS-1sg.PAST　多　死-FUT 那-LOC 聚集-PASS-3sg.PAST　那-LOC

许多将要丧命的人那时得救了。

toŋra:　yïlpaɣu-tï:　　bir　oɣuš-uɣ: toŋa: tigin:　yoɣ-[ï-n-ta]:

同罗　勇士-PL-3sg.POSS　一　氏族-ACC　通阿特勤　墓葬-3sg.POSS-EPE-LOC

那时，我在通阿特勤墓地包围击杀了同罗勇士（组成的）一组人。

ägir-ä: toqï-dïm: törtün-č: äzgänti: qadaz-da: süŋü-š-düm:

围绕-ADVL 打-1sg.PAST 四-ORD 地名-LOC 战斗-RECP-1sg.PAST

第四次，我战于 äzgänti: qadaz，

sü-si-n an-ta: sanč-dïm: yabrï-t-dïm [……………]ma:

军队-3sg.POSS-ACC 那-LOC 刺杀-1sg.PAST 溃败-RECP-1sg.PAST

将其军队在那里击败、歼灭了……（当我四十）岁时，

amɣï qurïɣan qïšla-duq-da: yut: bol-tï:

地名 城堡 过冬-NMLZ-LOC 雪灾 成为-3sg.PAST

yaz-ï-n-ga:

春天-3sg.POSS-EPE-DAT

当我在 amɣï 过冬时，发生了大雪灾害。春天，

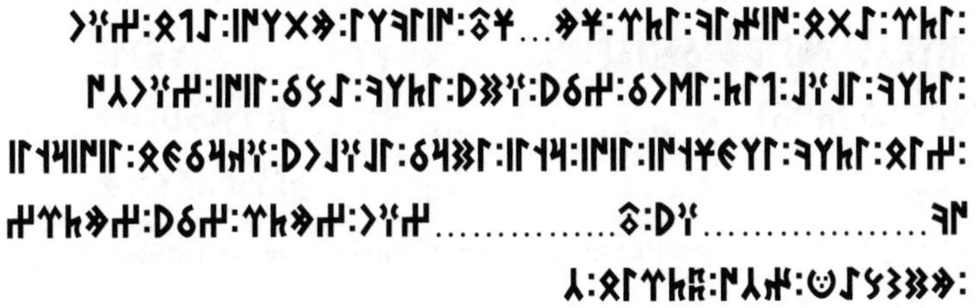

D32

oɣuz: tapa: sülä-dim: ilk-i sü: taš[ïq]-mïš:

乌古斯 朝着 率军-1sg.PAST 先的-3sg.POSS 军队 外出-PAST

我出征乌古斯。第一军出动，

är-ti: ikin sü: äv-dä: är-ti: üč oɣuz: sü-si:

是-3sg.PAST 第二 军队 房子-LOC 是-3sg.PAST 三 乌古斯 军队-3sg.POSS

第二军留驻汗庭。三姓乌古斯军队袭击而来。

bas-a: käl-ti: yadaɣ: yavïz: bol-tï: ti-p:

压-ADVL 来-3sg.PAST 步行 坏 成为-3sg.PAST 说-ADVL

alɣalï: käl-ti:

拿-ADVL 来-3sg.PAST

他们因（我们）无马，处境困难，来攻取（我们）。

sïŋar: sü-si äv-ig barq-ïɣ: yulï-ɣalï: bar-dï:

一半 军队-3sg.POSS 家-ACC 财物-ACC 掠夺-ADVL 去-3sg.PAST

他们的一半军队去掠取汗庭和财物，

sïŋar: sü-si: süŋ-üš-gäli: käl-ti: biz:
一半 军队-3sg.POSS 战斗-RECP-ADVL 来-3sg.PAST 我们
一半军队来战。我们

az är-timiz: yavïz: är-timiz: oɣuz: [................] t1:
少 是-1pl.PAST 坏 是-1pl.PAST 乌古斯
人少，且处境困难。乌古斯......

yaɣ[ï.................. täŋri] küč: bir-tük: üčün: an-ta sanč-dïm:
敌人 天 力量 给-ADJL 因此 那-LOC 刺-3pl.PAST
敌人……由于上天的帮助，我们在那里（把他们）击溃了。

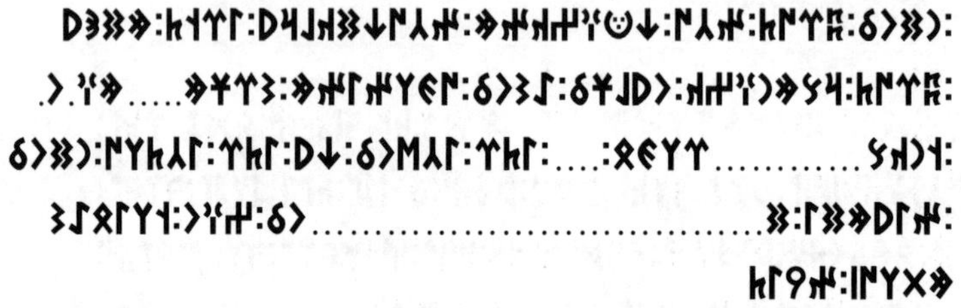

D33

yań-dïm: täŋri: yarlïka-duq üčün: män qazɣan-duq:
驱散-1sg.PAST 天 保佑-NMLZ 因此 我 努力-NMLZ
由于上天保佑和由于我的努力，

üčün: türük: bodun: [an-ča] qazɣan-[mïš] ärinč:
因此 突厥 人民 那-EQUI 努力-PAST MOOD
突厥人民胜利了。

män iniligü: bu-n-ča: bašlayu: qazɣan-m[a-sar]:
我 弟-CONJ 这-EPE -EQUI 以……为首 努力-NEG-COND
如果以我和我弟一起为首的人不如此努力的话，

türük: bodun: öl-täči: är-ti: yoq: bol-tačï:
突厥 人民 死-FUT 是-3sg.PAST 没有 成为-FUT
突厥人民将灭亡。

är-ti: [türük] bäg-lär [bodun anč]a: saqïn-ïŋ:
是-3sg.PAST 突厥 官员-PL 人民 这-EQUI 想-2sg.POSS
突厥官员和人民，你们要这样考虑，

an-ča bil-iŋ: oɣuz: bo[dun ………………….] d[1]: ïd-mayin:

这-EQUI 知道-2sg.IMP 乌古斯 人民 派遣-NEG

这样知道！由于乌古斯人民不派（贡使？），

ti-yin: sül[ä-dim]

说-1sg.IMP 作战-1pl.PAST

我出征他们。

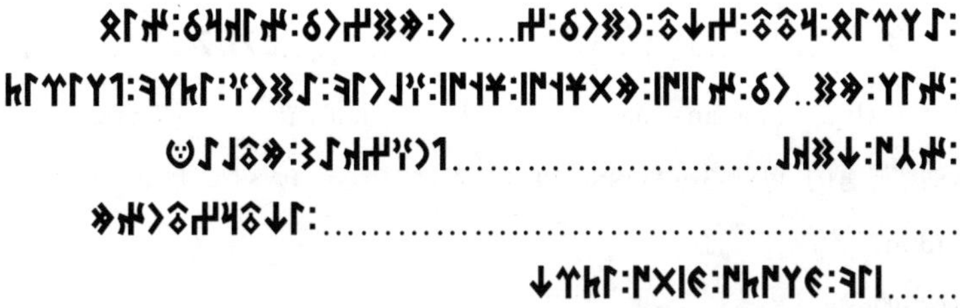

D34

äb-i-n: barq-i-n: buz-dum:

家-3sg.POSS-ACC 建筑-3sg.POSS-ACC 破坏-1pl.PAST

o[ɣ]uz: bodun: toquz: tatar:

乌古斯 人民 九 鞑靼

我破其汗庭，乌古斯人民同九姓鞑靼

birlä: tir-il-ip: käl-ti: aɣu-da: iki uluɣ:

一起 集起-PASS-ADVL 来-3sg.PAST 地名-LOC 二 伟大的

联合攻来。在 aɣu 我打了两次大仗。

süŋüš: süŋ-üš-düm: sü-si-n: bu[z]-dum:

交战 交战-RECP-1sg.PAST 军队-3sg.POSS-ACC 破坏-1pl.PAST

我破其军，

il-i-n: an-ta al-tïm: an-ča

国家-3sg.POSS-ACC 那-LOC 取-1pl.PAST 这-EQUI

qazɣan-ïp [……………..täŋri]

努力-ADVL 天

并在那里获取其国家。我如此努力……

yarlïqa-duq: üčün män otuz artuq-ï: üč

保佑-NMLZ 因此 我 三十 多余-3sg.POSS 三

由于上天保佑，当我本人三十三

[yaš-ïm-a …………………y]ok är-ti: ödsig: ötülüg: kiš[i]

岁-1sg.POSS-DAT 没有 是-3sg.PAST 民族名 人

岁时……没有了。ödsig: ötülüg（人）

D35

igit-miš: al[p qaɣan-ï-ŋa y]aŋïltï: üzä

养育-PAST 英勇的 可汗-3sg.POSS-EPE-DAT 犯错-3sg.PAST 上面

täŋri: ïduq:

天 神圣的

对养育（他们的）……英勇的可汗做错了事。

yir sub: [äč-im q]aɣan: qut-ï: tapla-ma-dï ärinč:

地 水 叔父-1sg.POSS 可汗 福-3sg.POSS 喜欢-NEG-3sg.PAST MOOD

由于上面上天和神圣水土（神）和我祖可汗在天之灵不说，

toquz: oɣuz: bodun: yir-i-n: sub-i-n: ïd-ïp:

九 乌古斯 人民 地方-3sg.POSS-EPE 水-3sg.POSS-EPE 弃-ADVL

九姓乌古斯人民弃其水土

tabɣač-ɣaru: bar-dï: tabɣač [……………………] bu

唐朝-DAT 去-3sg.PAST 唐朝 这

而去唐朝。他们（从）唐朝来到了这里。

yir-dä: käl-ti: igid-äyin: ti-yin:

地-LOC 来-3sg.PAST 养育-1sg.IMP 说-IMP

我要养育（他们）

saq[ïn-tïm ……………………] bodun [………. ……]

想-1sg.PAST 人民

……人民……

[illegible] D36

yazuqla[.......................... bi]r-yä: tabɣač-da:

犯罪 南-DAT 唐朝-LOC

有罪……在南方，在唐朝，

atï küsi: yoq bol-tï: bu yir-dä: maŋ-a: qul bol-tï:

名声 没有 成为-3sg.PAST 这 地-LOC 我-DAT 奴隶 成为-3sg.PAST

其名声消失了。在这里成为我的奴隶。

män öz-üm: qaɣan: olur-toq-um: üčün: türük:

我 我自己-1sg.POSS 可汗 坐-NMLZ-1sg.POSS 因此 突厥

因我本人继位为可汗，我没有使突厥

bodun-uɣ: [................]i: qïl-ma-dïm [il-ig t]örü-g:

百姓-ACC 做-NEG-1sg.PAST 国家-ACC 法制-ACC

人民……我很好地治理了国家、法制

yigdi: qazɣan-tïm: ïd[uk ....] tir-il-ip:

好好地 努力-1sg.PAST 神圣的 集起-PASS-ADVL

……努力地集合起来……

y^2[...................]

[illegible] D37

[an-ta süŋ]-üš-düm: sü-si-n: sanč-dïm:

那-LOC 打仗-RECP-1sg.PAST 军队-3sg.POSS-ACC 刺-3pl.PAST

我在那里打了仗，打败其军队。

ičik-igmä: ičik-di: bodun: bol-tï: öl-ügmä

内属-ADJL 内属-3sg.PAST 人民 成为-3sg.PAST 死-ADJL

要臣属的臣属了，成了（我的）人民，死的死了。

öl-ti: säläŋä: qodï: yorï-pan: qaraɣïn:

死-3sg.PAST 色楞格河 向下 出征-ADVL 地名

qïïsïl-ta: äb-i-n:

峡谷-LOC 家-3sg.POSS-ACC

我沿色楞格河而下，在 qaraɣïn 峡谷，

barq-ï-n: an-ta buz-dum [……………..] yïš-qa:

建筑物-3sg.POSS-ACC 那-LOC 破坏-1pl.PAST 山林-DAT

aɣ-dï uygur

登山-3sg.PAST 回纥

在那里破其汗庭……他们上了山。

iltävär: yüz-čä är-in: il-g[är]ü: t[äz-ip bar-dï ……………….]

颉利法 百-EQUI 人-INST 东-DAT 逃走-ADVL 去-3sg.PAST

回纥颉利法同大约一百人向东逃去……

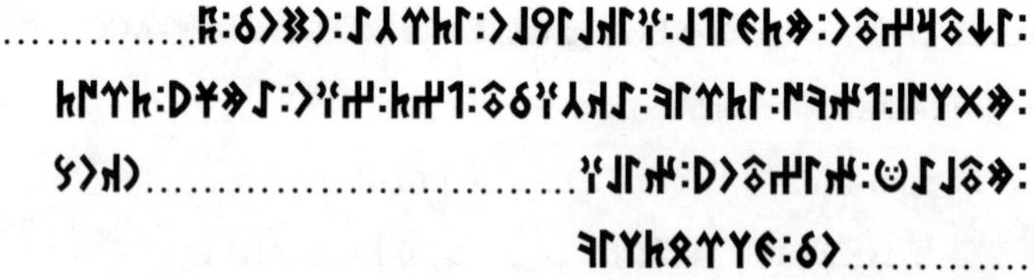

D38

[…………………]ti: tü[r]ük: bodun: āč är-ti: ol yïlqï-ɣ:

突厥 人民 饿 是-3sg.PAST 那 马群-ACC

……突厥人民无食物，我取其马匹养活（他们）。

al-ïp igit-tim: otuz artuq-ï: tört: yaš-ïm-a:

拿-ADVL 养育-1sg.PAST 三十 多余-3sg.POSS 四 岁-1sg.POSS-DAT

oɣuz:

乌古斯

当我三十四岁时，乌古斯

täz-ip: tabɣač-qa: kir-ti: ökün-üp: sülä-dim:

逃走-ADVL 唐朝-DAT 进入-3sg.PAST 后悔-ADVL 率军-1sg.PAST

逃窜入唐朝。我悔恨地出征……

suq-un […………… o]ɣïl-i-n:　　yutuz-i-n:　　an-ta　al-tïm:

怒-INST　儿-3sg.POSS-ACC　妻子-3sg.POSS-ACC　那-LOC　取-1pl.PAST

我怒取其男儿、妻女、

iki　eltäbärlig:　bod[un ……………]

二　颉利法的　人民

两颉利法的人民……

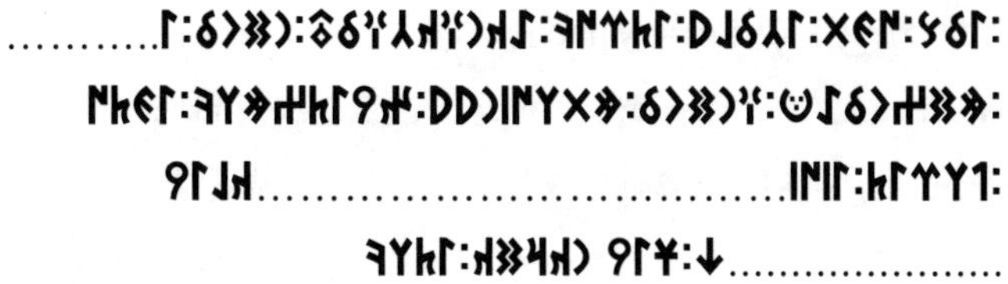
D39

[………………] t[atav]ï: bodun: tabɣač　qaɣan-qa:　kör-ti:

奚　人民　唐朝　可汗-DAT　看-3sg.PAST

……奚人民归顺唐朝皇帝。

yalabačï: ädgü:　sav-ï:　ötüg-i:　käl-mäz　ti-yin:

使者　好　话-3sg.POSS　请求-3sg.POSS　来-NEG　说-1sg.IMP

我因其不派使节、不致问候，

yay-ïn　sülä-dim:　bodun-uɣ:　an-ta　buz-dum:

夏天-INST　作战-1pl.PAST　人民-ACC　那-LOC　破坏-1pl.PAST

乃于夏天出征（他们）。我在那里破其人民。

yïlq[ï-si-n　barïm-i-n　an-ta

马匹-3sg.POSS-ACC　财物-3sg.POSS-ACC　那-LOC

al-tïm ……..]　sü-si:

取-1pl.PAST　军队-3sg.POSS

取其马匹（财物……）。其军队

tir-il-ip:　käl-ti:　qadïrkan yïš: qon[……………………]

集起-PASS-ADVL　来-3sg.PAST　大兴安岭　山林

集合起来。在兴安岭……

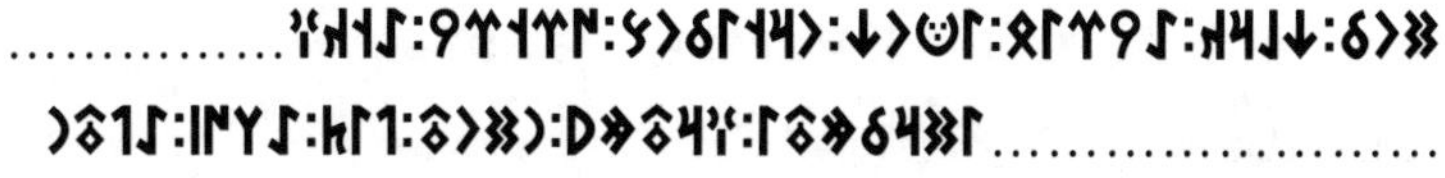
D40

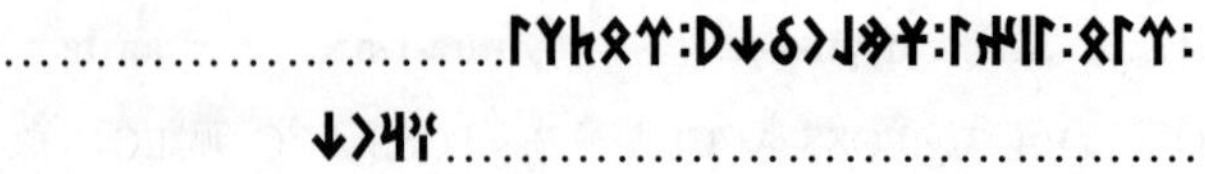

[…………]ɣaqïŋa: yiriŋärü: subïŋaru:

地方 水

qon-tï: biri-yä: qarluq: bodun tapa: sü-lä: ti-p tudun:

住-3pl.PAST 南-DAT 葛逻禄 人民 朝着 征战-2sg.IMP 说-ADVL 吐屯

……他们住在原地。我派吐屯 yamtar

yamtarïɣ: ïd-tïm bar-dï [………………….. qarluk]

人名 派遣-1sg.PAST 去-3sg.PAST 葛逻禄

去南方攻打葛逻禄。

iltävär: yoq bol-mïš: inisi: bir: qurïɣ-[qa

颉利发 没有成为-PAST 弟弟-3sg.POSS 一 城堡-DAT

他去了……（葛逻禄）颉利发被消灭，其弟（逃到）一城堡……

täz-ip bar-mïš ……………………..]

逃走-ADVL 去-PAST

逃跑

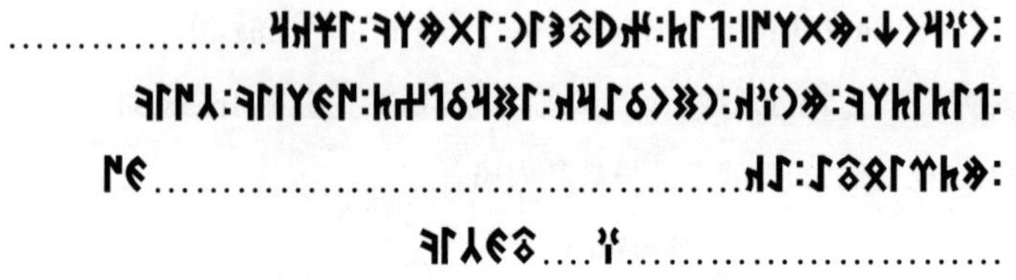 D41

[………… ar]kïšï: käl-mä-di: anï áńïtayin: ti-p:

是 人 来-NEG-3sg.PAST 为此 把他 说-PAST.CONV

……不来贡使。为了惩罚他们，

sülä-dim: qorïɣu: iki üč: kišili-gü: täz-ip bar-dï:

作战-1pl.PAST 保卫官 二 三 人-CONJ 逃走-ADVL 去-3sg.PAST

我出兵攻打，其保卫官率同两三个人逃去。

qara bodun: qaɣan-ïm: käl-ti ti-p:

黑 人民 可汗-1sg.POSS 来-3sg.PAST 说-ADVL

普通人民则高兴地说：“我们的可汗来了。”

ög[ir-ip　　sä b-in-ti ....]qa:　āt　birtim:

高兴-ADVL　爱-PASS-3sg.PAST　　称号　给

……我赐以称号，

kičig　atlïγ-[ïγ　ul-γar-dïm ....]

小的　称号的-ACC　大-CAUS-1sg.PAST

我把（官职）低的提升了……

第三节 南　面

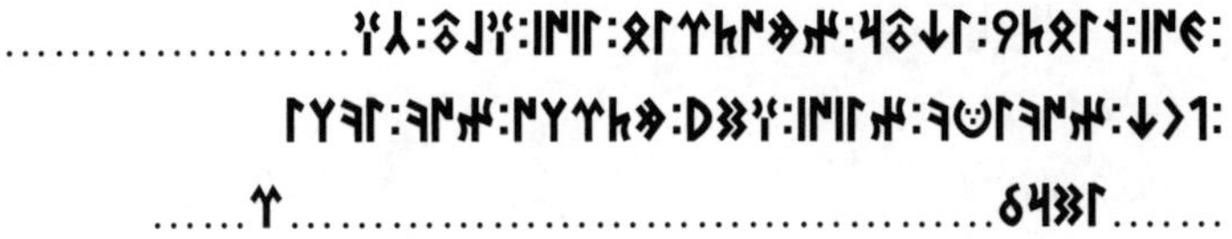 N1

[............ tab]gač: atlïγ:　sü-si:　　bir　tümän:　artuq-ï:

唐　　马的　军队-3sg.POSS　一　万　　多余-3sg.POSS

消灭唐朝骑兵一万

yiti biŋ: sü-g:　ilk-i:　kün:　öl-ür-tüm:　yadaγ:

七　千　军队-ACC　前-3sg.POSS　日　死-CAUS-1pl.PAST　步行

七千人，第一天，

sü-si-n:　　ikin-ti　kün:　qop:　[öl-ü]r-[tüm:

军队-3sg.POSS-ACC　二-ORD　天　全部　死-CAUS-1sg.PAST

第二天全部消灭其步兵。

bi[...............]šïp: bar-d[ï ....]

去-3sg.PAST

他们越过……而去。

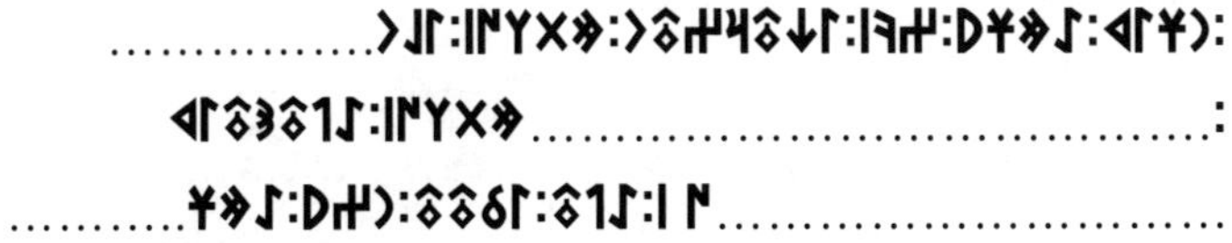 N2

[………………… y]olï: sülä-dim: otuz artuq-ï: säkiz:

次 作战-1sg.PAST 三十 多余-3sg.POSS 八

我出征……次。当我三十八

yaš-ïm-a: q^{ï}ïs-ïn: q^{ï}ïtań tapa:

岁-1sg.POSS-DAT 冬天-INST 契丹 朝着

sülä-dim [……………. otuz

作战-1pl.PAST 三十

岁时，冬天我出征契丹。当我三十

artoq]-ï: [toquz y]ašïma: yaz-ïn: tatabï:

多余-3sg.POSS 九 岁-1sg.POSS-DAT 春天-INST 奚

tapa: sü[lä-dim] […………..]

朝着 作战-1sg.PAST

九岁时，春天我出征奚……

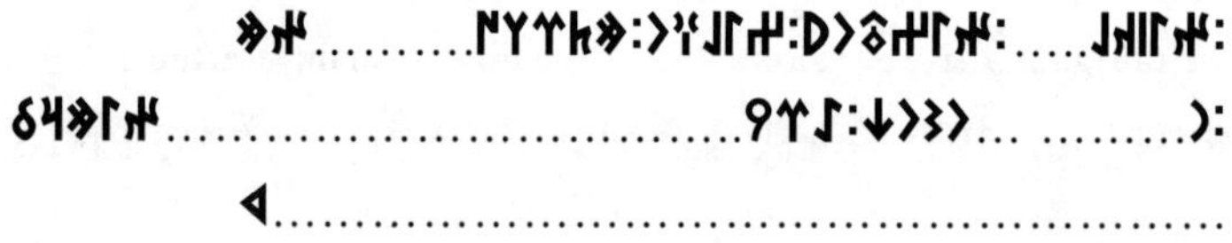 N3

män [………………..]öl-ür-tüm: oɣl-i-n: yutuz-i-n:

我 死-CAUS-1pl.PAST 儿子-3sg.POSS- ACC 妻子-3sg.POSS- ACC

[yï]lqï-si-n: barïm-i-n [al-tïm …………]rä: q^{o}u[………]

马群-3pl.POSS-ACC 财物-3sg.POSS-ACC 取-1pl.PAST

我消灭了……（取）其男儿、妻女、马匹、财物……

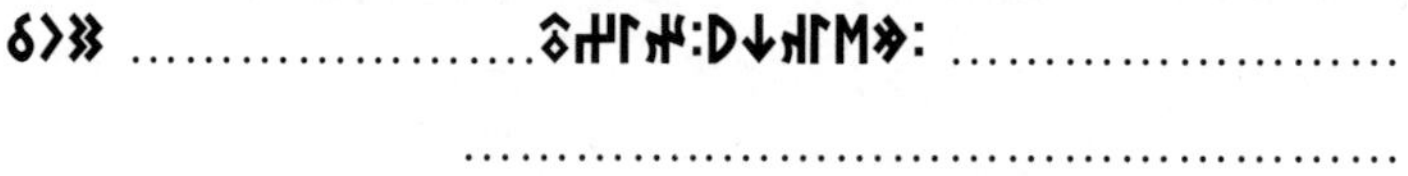 N4

bod[un ………. yu]tuz-i-n: yoq qïl-tïm: […………………..]

人民 妻子-3sg.POSS- ACC 没有 做-1sg.PAST

我消灭了这些（人）……妻女

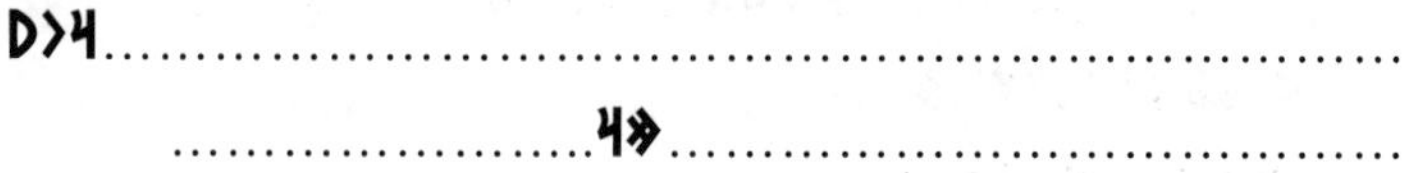 N5

yor[ï-p ………………………………………………………]

出征- ADVL

出征……

[illegible]……………………………………………………………… N6

………………………………………………………

süŋ[-üš-düm ……………………………………………….]

战斗-RECP-1sg.PAST

我打了仗……为了……

…………[illegible] N7

[illegible]……………………………………

………………………[illegible]………………………

[bir]tim: alp är-in: öl-tür-üp: balbal:

给-1sg.PAST 勇敢 人-INST 死-CAUS-ADVL 杀人石

qïl-u: birtim:

做-CONV 给

……给了（？）。我斩其勇士当作杀人石。

älig yaš-ïm-a: tatabï: bodun: qïïtań-da:

五十 岁-1sg.POSS-DAT 奚 人民 契丹-LOC

当我五十岁时，奚人民脱离契丹

adr[ïl-tï ………………… tö]ŋkär: taɣ-qa: [……….]

脱离-3sg.PAST 地名 山-DAT

去……töŋkär 山……

[illegible]… [illegible] N8

[illegible] …[illegible] ………………[illegible]………

……..[illegible]…………………………

quɣ säŋün: baš-ad-u: tört: tümän: sü käl-ti: töŋkär:

郭 将军 带头-CAUS-ADVL 四 万 军队 来-3sg.PAST 山名

郭将军领四万军而来。我在 töŋkär

taɣ-da: täg-ip: toqï-dïm: üč tümän sü-g: [öl-ür-t]üm:

山-LOC 进攻-ADVL 打-1sg.PAST 三 万 军队-ACC 死-CAUS-1sg.PAST

山袭击之。我消灭三万军，击溃

bi[r …………] är-sär […………………………s]ök-tüm: tatabï […………]

一 是-COND 跪-1sg.PAST 奚

一万军……奚人……

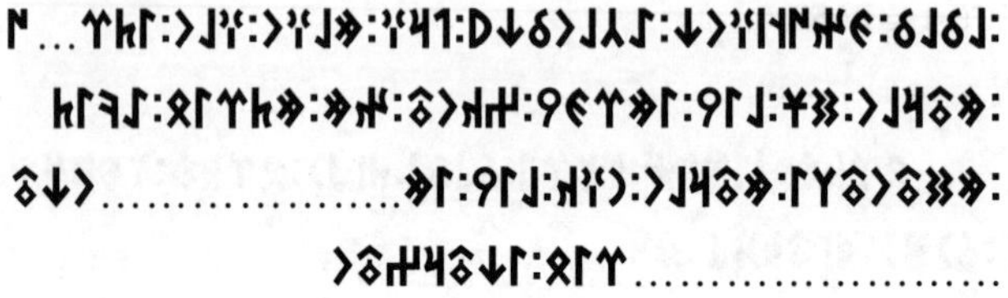

N9

ö[l]ürti: uluɣ: oɣlu-m: aɣrï-p: yoq bol-ča: q^uuɣ:

死-CAUS-ADVL 大 儿子-1sg.POSS 生病-ADVL 没有 成为-LMT 郭

消灭之。当我的长子病死时，

säŋün-üg: balbal: tik-ä: bir-tim: män toquz: yigirmi:

将军-ACC 杀人石 立-ADVL 给-1pl.PAST 我 九 二十

我把郭将军立做杀人石。我做了十九年的

yïl: šad: olur-tum: toquz [yigir]mi: yïl: qaɣan: olur-tum:

年 设 坐-1sg.PAST 九 二十 年 可汗 坐-1sg.PAST

设，我做了十九年的可汗。我统治了

il tut-dïm : otuz artoq-ï: bir [yaš-ï-ma………………]

国家 抓-1sg.PAST 三十 多余-3sg.POSS 一 岁-1sg.POSS-DAT

国家。我三十一岁时……

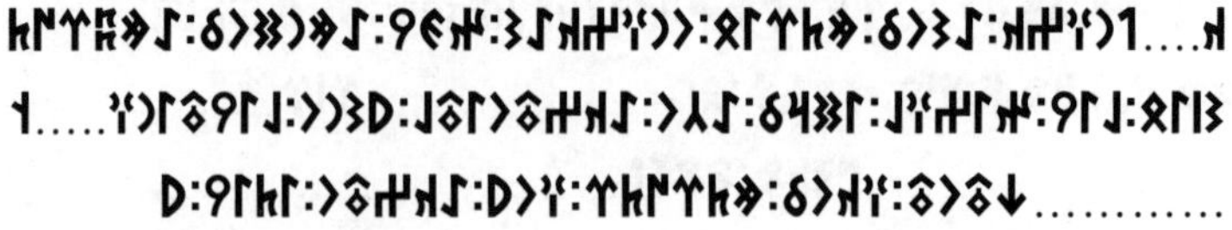

N10

tür^{u}k-ümä: bodun-uma: yigin: an-ča qazɣan-u: bir-tim:

突厥-1sg.POSS 人民-1sg.POSS 好的这样-EQUI 努力-ADVL 给-1sg.PAST

我为我的突厥，我为我的人民做了许多好事。

bu-n-ča: qazɣan-ïp: qaŋ-[ïm q]agan [ï]t yïl: on-unč ay:

这-EPE-EQUI 努力-ADVL 父-1sg.POSS 可汗 狗 年 十-ORD 月

在如此尽力之后，我父可汗于狗年十月

altï otuz-qa: uč-a: bar-dï: layzin: yïl: biš-inč ay:

六 三十-DAT 飞-ADVL 去-3sg.PAST 猪 年 五-ORD 月

二十六日去世，于猪年五月

yiti otuz-qa: yoq: är-tür-tüm: buquɣ: totuq: ....

七 三十-DAT 没有 是-CAUS-1sg.PAST 布谷 都督

二十七日举行葬礼。布谷都督……

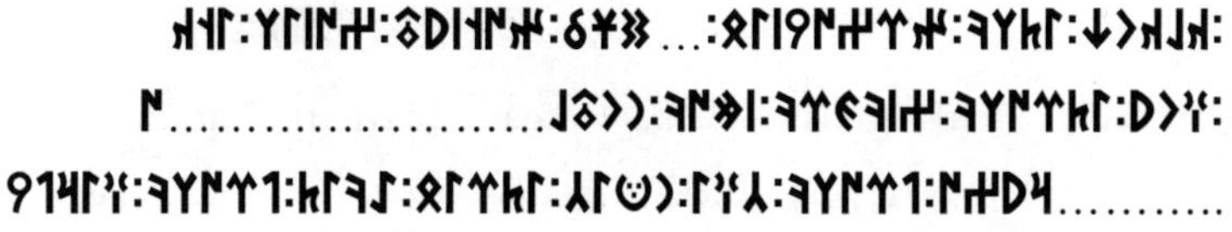

N11

man-ga: lisün: tay säŋün: baš-ad-[u]: biš yüz: är-än: käl-ti:

我-DAT 李佺 大 将军 率领-CAUS-ADVL 五 百 人-PL 来-3sg.PAST

李佺大将军率五百人来到我（这里），

qoqïlïq:ö[.....................]: altun: kümüš: kärkäksiz:

气味 金 银 无数的

带来了香……金、银无数，

käl-ür-ti: yoq: yïpar-ïɣ: käl-ürüp: tik-ä:

来-CAUS-3sg.PAST 葬礼 香-ACC 来-CAUS-ADVL 立起- ADVL

带来了葬礼（用的）香烛，并插起了。

bir-ti: čïntan: ïɣač: käl-ürüp: öz yar[..................]

给-3sg.PAST 檀香 木 来-CAUS-ADVL 自己 还

（还）带来了檀香木……

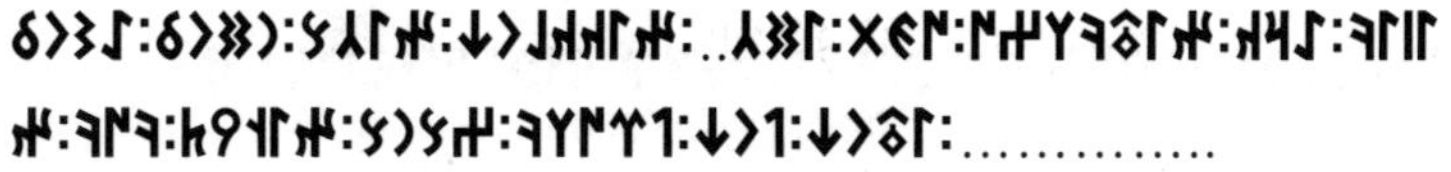

N12

bu-n-ča: bodun: sač-ïn: qulqaq-ïn: [b]ïč-dï: ädgü

这-EPE-EQUI 百姓 头发-ACC 耳朵-ACC 刀割-3sg.PAST 好的

这么多的百姓剪去了头发，划破了耳朵。

özlük at-ïn: qara: kiš-in: kök: täyäŋ-in: sansïz: käl-ür-üp:

自己的 马-ACC 黑 貂-AC 兰 鼠-ACC 无数 来-CAUS-ADVL

他们带来的专乘良马、黑貂、兰鼠无数，

q°op: q°od-tï:

全部 放下-3sg.PAST

并且全部祭献了。

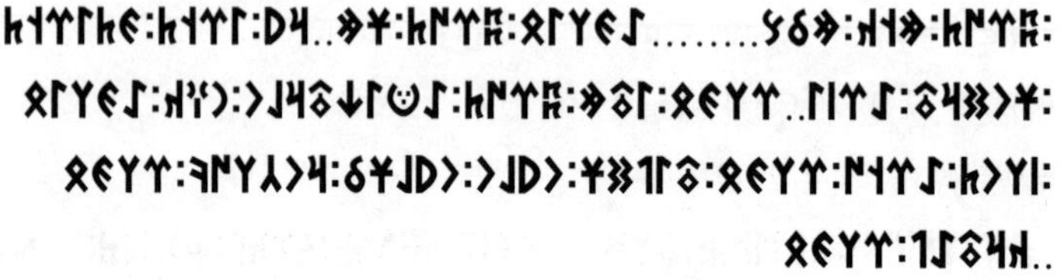

N13

täŋri-täg: täŋri: yar[at]-mïš: türük: bilgä: [qaɣan]: sab-ïm

天-SML 天 创立-ADJL 突厥 毗伽 可汗 话-1sg.POSS

我像天一样的、天作的突厥毗伽（可汗）的话：

qaŋ-ïm: türük: bilgä: qaɣan: olur-tuq-ï-n-ta: türük: amtï:

父-1sg.POSS 突厥 毗伽 可汗 坐-NMLZ-3sg.POSS-EPE-LOC 突厥 现在

当我父突厥毗伽可汗登位时，突厥忠实的官员、

bäg-lär: kisrä: tarduš: bäg-lär: kül čor: bašla-yu:

官员-PL 之后 达头 官员-PL 人名 带头-ADVL

后面（西部）达头诸官以 kül čor 为首的

ulayu: šadap-ït: bäg-lär: öŋrä: töliš: bäg-lär: apa tarqa[n]

以及 失毕-PL 官员-PL 前面 突利斯 官员-PL 阿波 达干

诸失毕诸官，前面（东部）以阿波达干为首的突利斯诸官，

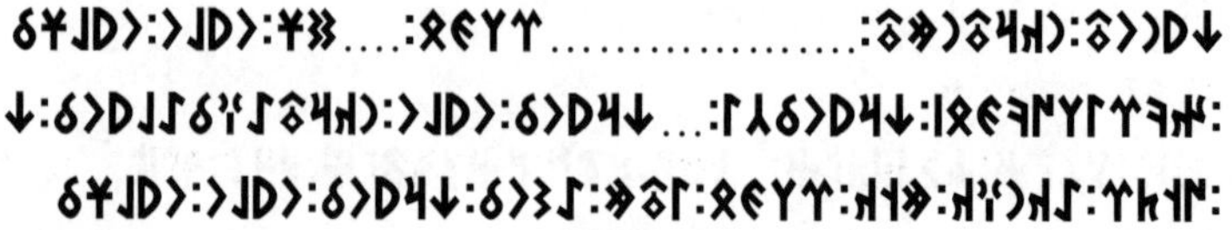

N14

bašla-yu: ulayu: šad[ap-ït:] bäg-lär: bu [………….]

带头-ADVL 以及 诸失毕-PL 官员-PL 这

失毕诸官，……

ataman tarqan: tonyuquq: buyla baqa tarqan:

人名 达干 暾欲谷 官号 人名 达干

Ataman 达干、暾欲谷裴罗莫贺达干

ulayu: buyruq [............] ič buyruq: säbäg kül irkin:

以及 梅录 内 梅录 人名

及梅录……以内梅录 säbäg kül irkin

bašlayu: ulayu: buyruq: bu-n-ča: amtï: bäg-lär:

带头-ADVL 以及 梅录 这-EPE-EQUI 现在 官员-PL

为首的诸梅录，这么多忠实的官员对

qaŋ-ïm: qaɣan-qa: ärtiŋü

父-1sg.POSS 可汗-DAT 十分

我父可汗都十分……

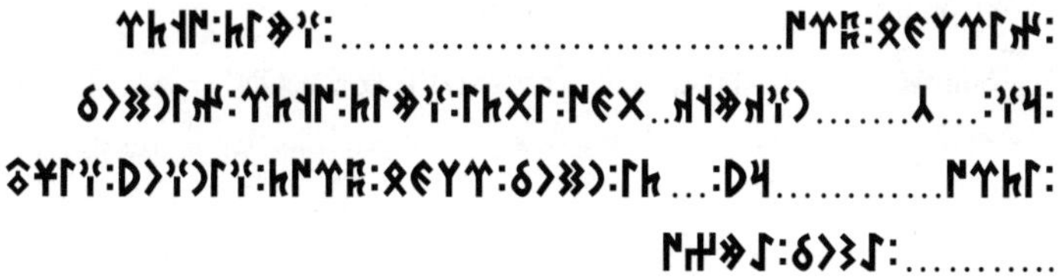

N15

ärtiŋü: timaɣ: kïl-tï [.......... t]ürük: bäg-lär-in: bodun-ïn:

十分 赞扬 做-3sg.PAST 突厥 官员-PL-INST 百姓-INST

十分颂扬……对突厥官员、人民（一起）

ärtiŋü: timaɣ: it-di: ög-d[i ...... q]aŋ-ïm

十分 赞扬 做-3sg.PAST 母-3sg.PAST 父-1sg.POSS

十分颂扬了……我父可汗

qaɣan [üčün] aɣïr taš-ïɣ: yoɣan ï-ɣ: türük bäg-lär:

可汗 因此 沉重 石-ACC 粗大 树-ACC 突厥 官员-PL

（去世时），突厥官员和人民运来了重石和粗大木头……

bodun: [it-ip: yarat-ïp käl-]ür-ti:

百姓 做-PAST.CONV 造-PAST.CONV 来-CAUS-3sg.PAST

对我自己如此……

özüm-ä: bunča [………. ……..]

我自己-CONV 这样

这样

第四节 东南面 西南面 西面

东南面（DN）

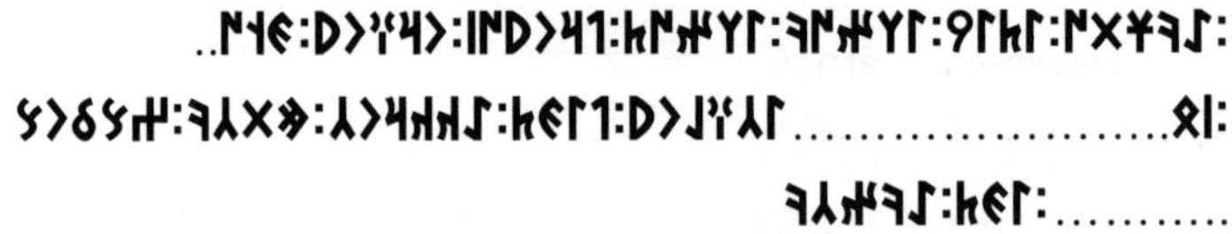

[……….. kök]: öŋ-üg: yuɣur-u: sü yor-ïp: tün-li:

兰 öng-ACC 涉过-ADVL 军队 行走-ADVL 夜晚-CONJ

kün-li:

白天-CONJ

越过兰 öŋüg 进军，白天黑夜，

yiti: ödüš-kä: subsuz: käč-dim: čoraq-qa: täg-ip: yuluɣčï:

七 昼夜-DAT 无水的 渡过-1sg. PAST 地名-DAT 到达-ADVL 抢掠者

七昼夜间我穿过无水的（荒漠），到达 čoraq，把抢掠者……

[………………….]bs: käč-i-n-kä: tägi [………………]

渡口-3sg.POSS-EPE-DAT 直到

追到姑藏……

西南面（XN_）

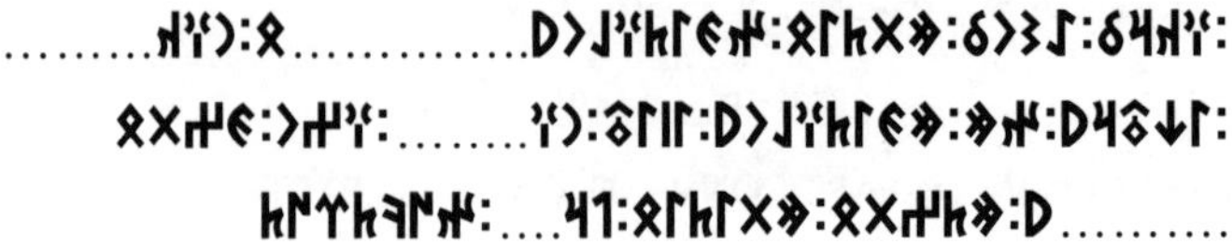

[… bilgä] qaɣan: b[itig-in]: yolluɣ tigin: biti-dim:

毗伽　可汗　碑文-ACC　药利　　特勤　写-1sg.PAST

……我药利特勤书写了毗伽可汗的碑文。

bu-n-ča:　barq-ïɣ:　bädiz-iq:　uz-uɣ: [........................ q]aɣan:

这-EPE-EQUI　建筑物-ACC　画-ACC　工匠-ACC　　可汗

atï-si:　yolluɣ　tigin: män: ay　artuq-ï:　tört　kün:

侄子-3sg.POSS　药利　特勤　我　月　多余-3sg.POSS　四　天

（突厥毗伽）可汗的侄子，我药利特勤坐一个月零四天，

[ol]ur-up:　biti-dim:　bädiz-ät-tim:　y[ara-t-dïm]

坐下-ADVL　写-1sg.PAST　绘画-CAUS-1sg.PAST　造-CAUS-1sg.PAST

书写和让人装饰了这样多的建筑、绘画和艺术品。

西面（X）

[..........] üzä [..........]

　　　上面

……在……之上

bilgä: qaɣan: u[č-dï]

毗伽　可汗　飞-3sg.PAST

毗伽可汗去世了……

yay　bol-sar:　üzä:　t[äŋri]

夏天　成为-COND　上面　天

我悲痛如夏天天上

köbürgä-si:　ätär-čä　an-č[a]

鼓-3sg.POSS　轰鸣-EQUI　这-EQUI

之鼓作响，

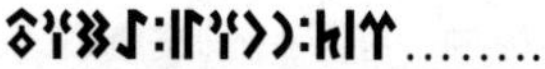

taɣ-da: sïɣun: ät-sär [an-ča]

山-LOC 鹿 叫-COND 这-EQUI

如山上的鹿鸣叫。

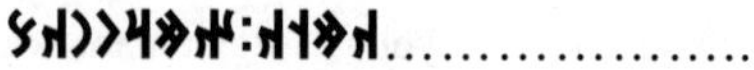

saqïn-ur män: qaŋ-ïm q[aɣan]

想-FUT 我 父-1sg.POSS 可汗

我自己为我父可汗竖立了

taš-in: öz-üm: qaɣan[…...]

石碑-ACC 自己-1sg.POSS 可汗

石碑。

第三章

暾欲谷碑

第一节　第一石

第一石　西面

[illegible] 1X1

[illegible]

bilgä tońuquq : bän　öz-üm :　tabγač　il-i-ŋä :　qïl-ïn-tïm :

毗伽　暾欲谷　我　自己-1sg.POSS　唐朝　国家-DAT　做-PASS-1pl.PAST

我是谋臣暾欲谷，本人成长于唐朝。

türk　bodun :　tavγαč-qa :　kööör-ür　är-ti

突厥　人民　唐朝-DAT　看-PRES　是-3sg.PAST

（那时）突厥人民臣属于唐朝。

[illegible] 1X2

[illegible]

türk　bodun : qan-ïn　bol-ma-yïn :　tabγač-da :　adrïl-tï :　qanlan-tï :

突厥　人民　汗-ACC　成为-NEG-ADVL　唐-LOC　分离-3sg.PAST　拥有汗-3sg.PAST

（那时）突厥人民没有自己的可汗，脱离了唐朝，拥有了汗。

qan-ïn q°od-up : tabɣač-qa : yana ičik-di : täŋri :

汗-ACC 放下-ADVL 唐朝-DAT 又 内属-3sg.PAST 天

他们又放弃其汗而臣属于唐朝，上天

anča ti-miš ärinč : qan bär-tim :

这样 说-PAST 语气词 可汗 给-1sg.PAST

这样说：我给了（你们）汗，

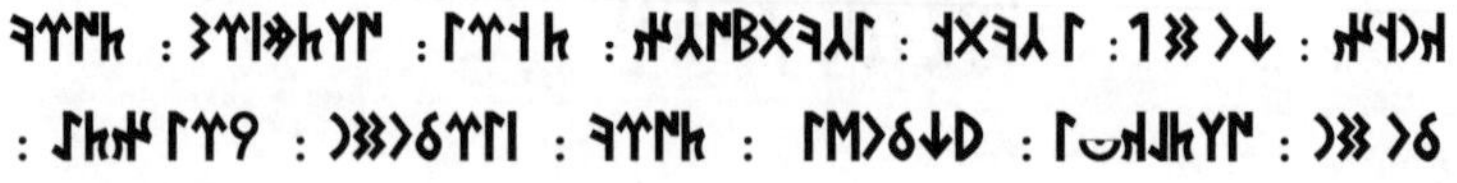
1X3

qan-ïŋ-ïn : q°od-up : ičik-diŋ : ičik-dük üčün : täŋri :

汗-2sg.POSS-ACC 放下-ADVL 内属-2sg.PAST 内属- NMLZ 因此 天

öl ti-miš

死 说-PAST

（但）你们舍弃了你们的汗，臣属（于唐朝）了。因为臣属（于唐朝），上天惩罚了（直译：让你们死亡了）。

ärinč : türk bodun : öl-ti alqïn-tï : yoq bol-tï

语气词 突厥 人民 死-3sg.PAST 完-3sg.PAST 没有 完成-3sg.PAST

突厥人民死亡、衰微和消灭了。

türk : sir bodun : yär-i-n-tä

突厥 薛 人民 地方-3sg.POSS-EPE-LOC

在突厥—薛（sir）人民的土地上

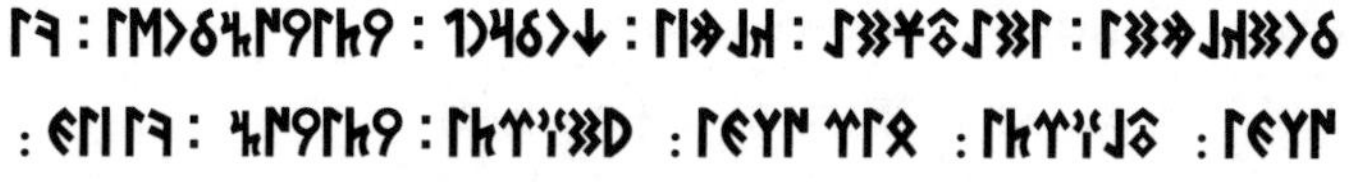
1X4

bod qal-ma-dï : ïd-a taš-da : qal-mïš-ï : q^uubrn-ïp :

身体 留下-NEG-3sg.PAST 派-ADVL 石-LOC 留下-ADJVZ-3sg.POSS 集起来- ADVL

没有留下（国家的）机体。留在荒原（直译：木、石）中的，集合起来

yäti yüz bol-tï : äki ülüg-i : atlïg är-ti :

七 百 成为-3sg.PAST 二 部分-3sg.POSS 马的 是-3sg.PAST

为七百人。其中两部分骑马，

bir　ülüg-i :　yadaɣ　är-ti :　yäti　yüz :　kiši-g :

一　部分-3sg.POSS　步行　是-3sg.PAST　七　百　人-ACC

一部分步行。率领这七百人的

𐰆𐰑𐰆𐰔𐰍𐰢𐰀 : 𐰆𐰞𐰍𐰃 : 𐱁𐰑 : 𐰼𐱅𐰃 : 𐰀𐰖𐰍𐰞 : 𐱅𐰃𐰓𐰃 : 𐰀𐰖𐰍𐰢𐰾𐰃 : 𐰋𐰤 : 𐰼𐱅𐰢 : 𐰋𐰃𐰠𐰏𐰀 : 𐱃𐰆𐰪𐰸𐰆𐰸 : 𐰴𐰍𐰣 : 𐰢𐰆 : 𐰶𐰃𐱁𐰖𐰣 : 𐱅𐰃𐰓𐰢 :　1X5

uduz-uɣma :　uluɣ-i :　šad　är-ti :　ay-ɣïl　ti-di:

领导- ADJVZ　大-3sg.POSS　设　是-3sg.PAST　说-2sg.IMP　说了-3sg.PAST

首领是设。他说："请集合（我们的队伍）吧！"

ayïɣ-mïš-ï　bän　är-tim :　bilgä　tońuquq :　qaɣan　mu

集合-PAST-3sg.POSS　我　是-1sg.PAST　智慧的　暾欲谷　可汗　吗

qˈïš-ayïn　ti-dim :

做-1sg.IMP　说了-1sg.PAST

集合的是我—谋臣暾欲谷。我说：我是否要敦促他成为可汗？

saqïn-tïm :　turuq　buᵘqa-lï :　sämiz　buᵘqa-lï :　ïraq-da

想-1sg.PAST　瘦　公牛-CONJ　肥　公牛-CONJ　远-LOC

我想：如果在远处区分瘦公牛和肥公牛。

𐰽𐰴𐰣𐱃𐰢 : 𐱃𐰆𐰺𐰸 : 𐰉𐰸𐰞𐰃 : 𐰾𐰢𐰔 : 𐰉𐰸𐰞𐰃 : 𐰃𐰺𐰴𐰓𐰀 : 𐰋𐰃𐰠𐰾𐰼 : 𐰾𐰢𐰔 𐰉𐰸𐰀 : 𐱃𐰆𐰺𐰸 𐰉𐰸𐰀 𐱅𐰃𐰘𐰤 : 𐰋𐰃𐰠𐰢𐰔 𐰼𐰢𐰃𐱁 𐱅𐰃𐰘𐰤 : 𐰀𐰣𐰲𐰀 : 𐰽𐰴𐰣𐱃𐰢 : 𐰀𐰣𐱃𐰀 : 𐰚𐰃𐰾𐰼𐰀 : 𐱅𐰭𐰼𐰃 : 𐰋𐰃𐰠𐰃𐰏 : 𐰋𐰼𐱅𐰜 : 𐰇𐰲𐰇𐰤 : 𐰇𐰔𐰇𐰢 : 𐰇𐰚 : 𐰴𐰍𐰣 : 𐰶𐰃𐰽𐰓𐰢 : 𐰋𐰃𐰠𐰏𐰀 : 𐱃𐰆𐰪𐰸𐰆𐰸 : 𐰉𐰆𐰖𐰞𐰀 𐰉𐰍𐰀 𐱃𐰺𐰴𐰣　1X6

böl-sär :　sämiz buᵘqa : turuk　buqa　ti-yin :　bil-mäz　är-miš　ti-yin

分-COND　肥　公牛　瘦　公牛　说-1sg.IMP　知道-NEG　是-PAST　说-1sg.IMP

人们就不知道哪个是肥公牛，哪个是瘦公牛，

anča　saqïn-tïm :　an-ta　kisrä:　täŋri :　bilig　bär-tük　üčün :

这样　想-1sg.PAST　那-LOC　之后　天　智慧的　给- NMLZ　因此

我这么想了。之后，由于上天赐给（我）智慧，

öz-üm　ök :　qaɣan　qïs-dïm :　bilgä　tońuquq : boyla　baɣa　tarqan

自己-1sg.POSS　小品词　可汗　做-1sg.PAST　谋臣　暾欲谷　裴罗　莫贺　达干

我自己敦促（他）为可汗。谋臣暾欲谷—裴罗莫贺达干

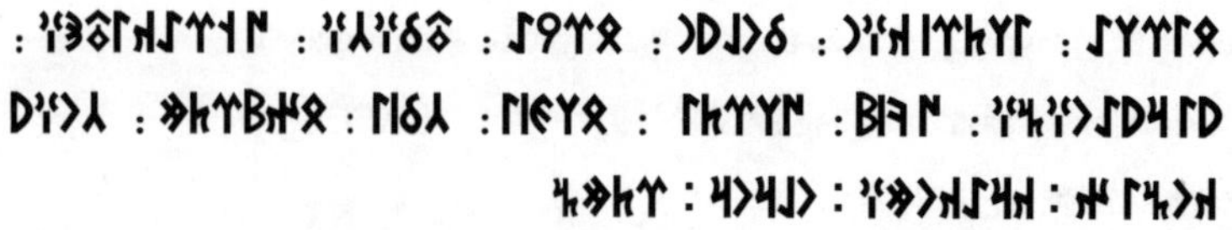 1X7

birlä : ėltäriš qaɣan : bol-uyïn : bäryä : tabɣač-ïɣ : öŋrä

一起 颉跌利施 可汗 成为- ADVL 南边 唐人-ACC 前面

同颉跌利施可汗一起，南边把唐人，

qïtań-ïɣ : yïrya oɣuzuɣ : üküš ök : ölür-ti :

契丹人-ACC 在北面 乌古斯人 许多 小品词 杀-3sg.PAST

bilgä-si : čabï-šï :

智慧的-3sg.POSS 侍从官-3sg.POSS

东边把契丹人，北边把乌古斯人杀死了许多。是我成了他的谋臣和侍从官。

bän ök är-tim : čuɣay quz-ïn : qara qum-uɣ : olur-ur : är-timiz

我 小品词 是-1sg.PAST 总材山 北坡-ACC 黑 沙漠-ACC 坐-CAUS 是-1pl.PAST

我们住在总材山及黑沙（地方）

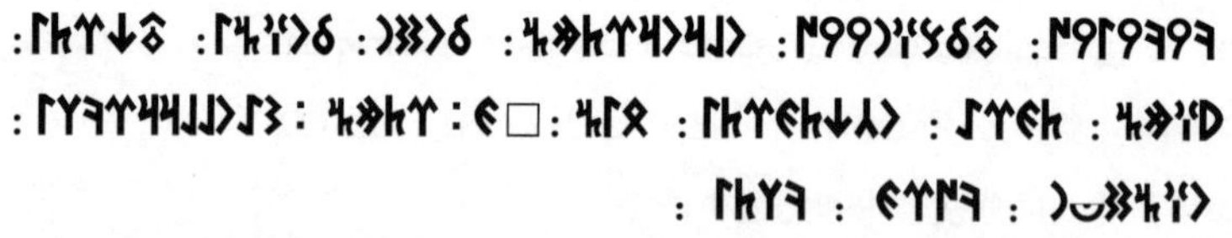 1X8

käyik yiy-ü : tabïšɣan yiy-ü : olur-ur är-timiz : bodun : boɣz-i :

野兽 吃-ADVL 羊 吃-ADVL 坐-PRES 是-1pl.PAST 人民 喉咙-3sg.POSS

我们吃野山羊和兔子度日，人民的肚子（直译：喉咙）是饱的。

toq är-ti : yaɣï-mïz : tägrä : učuq täg är-ti : biz : aş ⟨t⟩äg :

饱 是-3sg.PAST 敌人-1pl.POSS 周围 飞 像 是-3sg.PAST 我们 食物 到

我们周围的敌人像飞禽一样（多），我们（则）像猎物（？）一样。

är-timiz : anča olur-ur ärikli : oɣuzduntun : küräg käl-ti

是-1pl.PAST 那样 坐-CAUS 当……时候 乌古斯人-ABL 探子 来-3sg.PAST

当我们这样住着时，从乌古斯人那里来了探子。

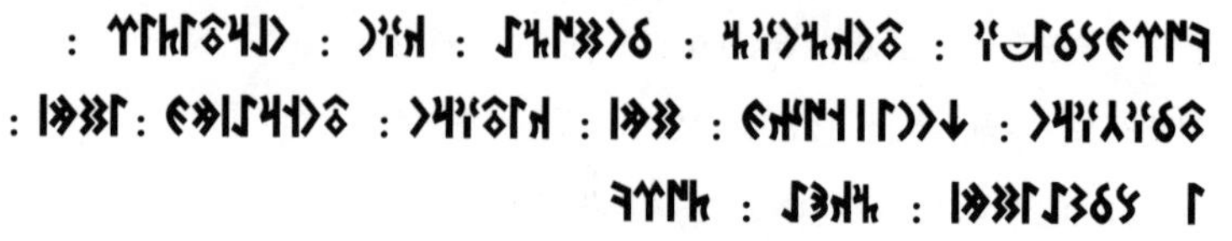 1X9

küräg sab-i antaγ : toquz oγuz : bodun üzä : qaγan : olur-tï ti-r :

探子 话-3sg.POSS 这样 九 乌古斯 人民 在……上 可汗 坐-3sg.PAST 说-PRES

探子的话是这样：“在九姓乌古斯人民之上有了可汗。”

tabgač-γaru : q^{u}uni säŋün-üg : ïd-mïš : qïtań-γaru : toŋra simäg :

唐朝-DAT 人名 将军-ACC 派-PAST 契丹-DAT 同罗 司马

据说，他们往唐朝派去了 q^{u}uni 将军，往契丹派去了同罗司马（toŋra simäg），

ïd-miš : sab anča ïd-mïš : azqïńa : türk [bodun ?]

派-PAST 话 这样 派-PAST 很少一点 突厥 人民

带去了这样的话：有少数突厥人

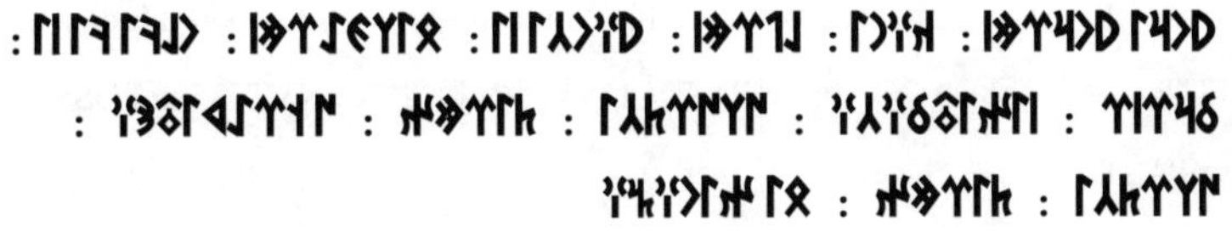
1X10

yorï-yur är-miš : qaγan-ï : alp är-miš : ayγučï-sï :

走-FUT 是- ADJVZ 可汗-3sg.POSS 勇敢的 是-ADJVZ 谋臣-3sg.POSS

正在游动，其可汗是勇敢的，

bilgä är-miš : ol äki kiši : bar är-sär : sän-i tabγačïγ :

智慧的 是- ADJVZ 那 两 人 有 是-COND 你-ACC 唐人-ACC

其顾问是英明的。如那两人存在，（南边）他们将把你唐人杀死，

ölür-täči : tir-män : öŋrä qïtań-ïγ : ölür-täči : tir-män :

坐-FUT.ADJVZ 说-1sg.FUT 前面 契丹人-ACC 坐-FUT.ADJVZ 说-1sg.FUT

bizni oγuz-uγ :

把我 乌古斯-ACC

东边将把契丹人杀死，（北边）将把我

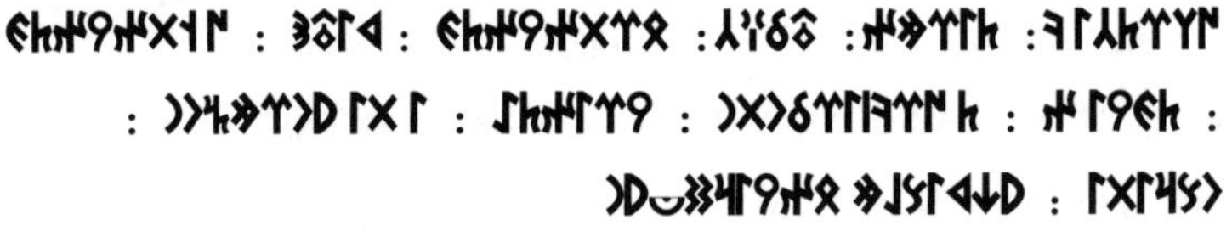
1X11

ölür-täč ök tir-män : tabγač : bar-ding yän täg : q^{ï}tań :

坐-FUT.ADJVZ 小品词 说-1sg.FUT 唐人 去-ACC 边 到 契丹

乌古斯人杀死。唐人，你们从南袭击！契丹人，

öŋ-dün yän täg idi : bän yïrdïnta yan : täg-äyin : türk sir bodun :
东面-ABL 边 到 MOOD 我 北面 边 袭击-IMP 突厥 sir 人民
你们从东袭击！我则从北袭击！不要让突厥 Sir 人民
yär-i-n-tä : idi yorï-ma-zun : u-sar idi yoq qïs-alïm :
地方-3sg.POSS-EPE-LOC 主人 走-NEG-3sg.IMP 能-COND MOOD 没有 做-1pl.IMP
的地方存有君主。如有可能，让我们消灭他们！”

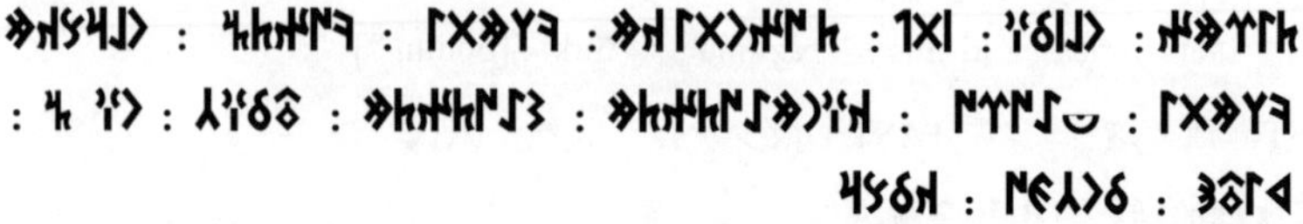
1X12

ti-rmän : ol sab-ïɣ : äšid-ip : tün udï-sï-qïm : käl-mä-di :
说 -1sg.FUT 那 话 -ACC 听 - PAST.CONV 夜 晚 睡 - NMLZ-1sg.POSS 来 -NEG-1sg.PAST
听到那些话后，我夜里睡不着觉，
küntüz : olur-sï-qïm käl-mä-di : an-ta ötrü : qaɣan-ïm-a
白天 坐- NMLZ-1sg.POSS 来-NEG-3sg.PAST 那-LOC 之后 可汗-1sg.POSS-DAT
ötün-tüm :
请求-1sg.PAST
白天坐不下来。以后，我对我的可汗说。
anča ötün-tüm : tabɣač : oɣuz : qïtań : bu üčägü : qabïs-ar
那 请求-1sg.PAST 唐人 乌古斯 契丹 这 三个 会和-COND
我这样说道：“要是唐人、乌古斯、契丹三者联合起来，

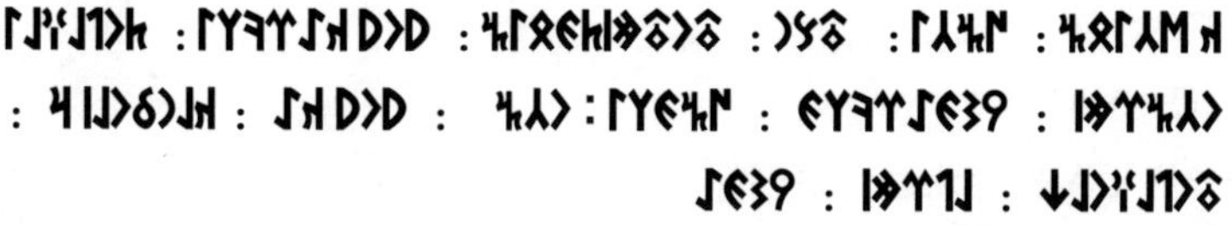
1X13

qal-tačï biz : öz ič-i taš-ï-n : tut-miš
留下-FUT 我们 自己 内-3sg.POSS 外-3sg.POSS-ACC 抓-PAST
我们将无救，我们将腹背（直译：内外）受敌。
täg biz :yuyqa ärikli : topul-ɣalï učuz är-miš : yinčgä ärikliɡ :
像 我们 薄的 当……时候 穿透-ADVL 容易 是- ADJVZ 细的 有力的
俗话说，把薄的东西穿透是容易的，把细的东西折断是容易的。

üz-gäli : učuz : yuyqa : qalïn bol-sar : topul-γuluq : alp är-miš : yinčgä

折断-DIR 容易 薄的 厚 成为-COND 穿透- ADJVZ 勇敢 是- PAST 细的

要是薄的东西变成厚的，透就难了；要是细的

[illegible] 1X14

[illegible]

[illegible]

yoγun bol-sar : üz-gülük alp är-miš : öŋrä : q'ïtań-da : bäri-yä :

粗 成为-COND 折断-IMP 勇敢 是-ADJVZ 前面 契丹-LOC 右-DAT

变成粗的，要折断就难了。我估计会有两三千军队东面来自契丹，

tabγač-da : qurïya : qordan-ta : yïrya : oγuz-da : äki üč biŋ :

唐-LOC 往后 和田-LOC 向北 乌古斯-LOC 二 三 千

南面来自唐朝，西面来自和田（？），北面来自乌古斯。

sü-müz : käl-täči-miz : bar mu nä : anča ötün-tüm :

军队-1pl.PAST 来-FUT-1pl.PAST 有 吗 疑问 那 请求-1sg.PAST

不是这样吗？”我这样对他说了。

[illegible] 1X15

[illegible]

[illegible]

qaγan-ïm : bän öz-üm : bilgä tuńuquq : ötün-tök ötünč-üm-ün :

可汗-1sg.POSS 我 自己-1sg.POSS 谋臣 暾欲谷 请求- ADJVZ 请求-1sg.POSS-ACC

我的可汗听从了我本人暾欲谷的话。

äšid-ü bär-di : köŋl-üŋ-čä : ud-ïz ti-di :

听-ADVL 给-3sg.PAST 心-2sg.POSS-EQUI 率领-2sg.IMP 说了-3sg.PAST

kök öŋ-üg : yuγur-u :

蓝 翁金-ACC 涉过-CONV

他说：“按你想的指挥（军队）吧！”过 kök öŋ，

ötükän yïš-γaru uduz-tum : ingäk kölük-in : tuγgla-da : oγüz käl-di :

于都斤 山-ALL 领导-1sg.PAST 乳牛 驮畜-ACC 土拉河-LOC 河 来-3sg.PAST

我率领众人带着乳牛和驮畜到达于都斤山。乌古斯人从土拉（河）而来。

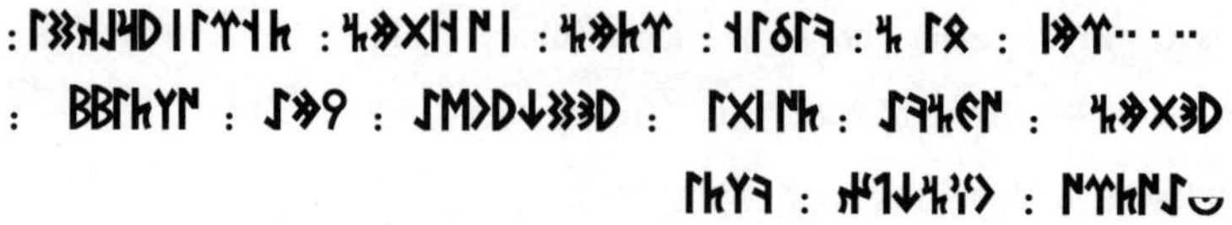
1X16

sü-si : altï biŋ är-miš : biz : äki biŋ : är-timiz : süŋ-üš-dümüz :

军队-3sg.POSS 六 千 是-PAST 我们 两 千 是-1pl.PAST 交战-RECP -1pl.PAST

其军是三千，我军是两千。我们交了战。

täŋri yarlïqa-dï : yań-dïmïz : ögüz-kä : tüš-di : yań-duq

天 保佑-ADV 驱散-1pl.PAST 河-DAT 落下-3sg.PAST 驱散- ADJVZ

上天保佑，我们击溃了他们，他们落入了河中。

yol-ta : yämä : öl-ti k^ö^ök : an-ta ötrü : oɣuz qop-ïn : käl-ti

路-LOC 又 死-3sg.PAST 语气词 在-LOC 之后 乌古斯 全部-INST 来了-PAST

在溃逃的路上，据说又死了（许多）。之后，乌古斯人全都来了（即臣服了）。

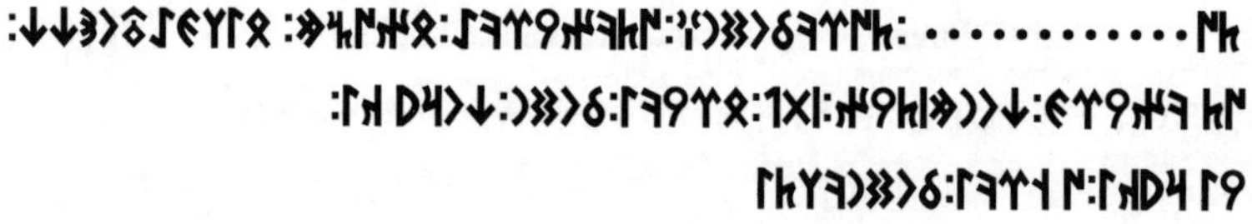
1X17

tü[rk qaɣan-ïɣ] : türk bodun-uɣ : ötükän yär-kä : bän öz-üm :

突厥 可汗-ACC 突厥 人民-ACC 于都斤山 地方-DAT 我 自己-1sg.POSS

当听到（我让）（突厥可汗）、突厥人民来到于都斤地方，我自己

bilgä : tuńuquq : ⟨käl-ür-tüm : ⟩ ötükän yär-ig : qon-muš tä-yin :

谋臣 暾欲谷 来-CAUS-1sg.PAST 于都斤 地方-ACC 住下-PAST 说-1sg.IMP

谋臣暾欲谷住在于都斤地方后，

äšid-ip : bäryäki : bodun :quuryaqï : yïryaqï : öŋräki : bodun käl-ti :

听-ADVL 南边的 人民 西边的 北边的 东边的 人民 来-3sg.PAST

南边的人民及西边、北边、东边的人民都来（臣服）了。

第一石 东面

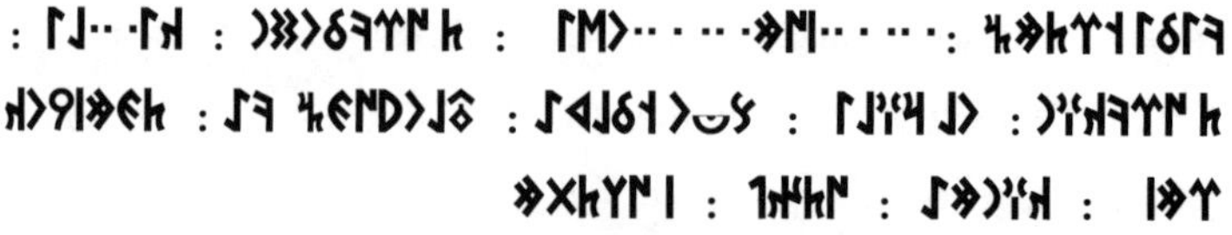
1D18

ėki biŋ　är-timiz :　[ėki]　sü-m[üz　b]ol-tï :　türk　bodun :

二　千　是-1pl.PAST　二　军-1pl.POSS　完成-3sg.PAST 突厥　人民

我们是两千人，我们有两军。突厥人民

qï[l-ïn-ɣ]alï :　türk　qaɣan : olur-ɣalï　šantuŋ　balïq-qa : taluy　ögüz-kä :

做-PASS-ADVL 突厥　可汗　坐-ADVL　山东　城-DAT　海　河流-DAT

从有史以来，突厥可汗从即位以来，未曾到过山东诸城和海洋。

täg-miš　yoq　är-miš :　qaɣan-ï-ma :　ötün-üp :　sülä-t-dim

到-ADJVZ 否定　是-PAST　可汗-3sg.POSS-DAT　请求-ADVL　交战-CAUS-1sg.PAST

我向可汗请求带军出征。

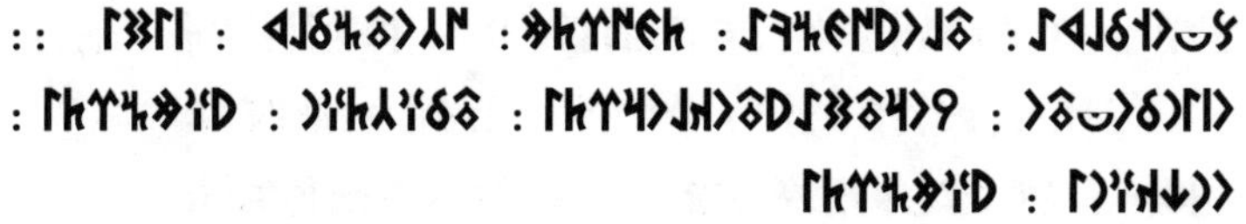
1D19

šantuŋ b[alïq-qa] taluy　[ögüz-k]ä :　täg-ür-tüm :　üč　otuz　balïq :

山东　城-DAT　海　河流-DAT　送交-CAUS-1sg.PAST 三　三十　城

我使（军队）到达山东诸城和海边，（我军）摧毁了二十三座城池，

sï-dï :　usïn bunta-tu : yurt-da :　yat-u　qal-ur

破坏-3sg.PAST　地名　住地-LOC　躺下-ADVL　（FACT）留下-FUT

诸城成为一片废墟。

är-ti :　tabɣač qaɣan : yaɣï-mïz　är-ti：　on　oq

是-3sg.PAST　唐　可汗　敌人-1pl.POSS　是-3sg.PAST　十　箭

唐朝可汗是我们的敌人。十箭

qaɣan-ï :　yaɣï-mïz　är-ti :

可汗-3sg.POSS　敌人-1pl.POSS　是-3sg.PAST

可汗是我们的敌人。

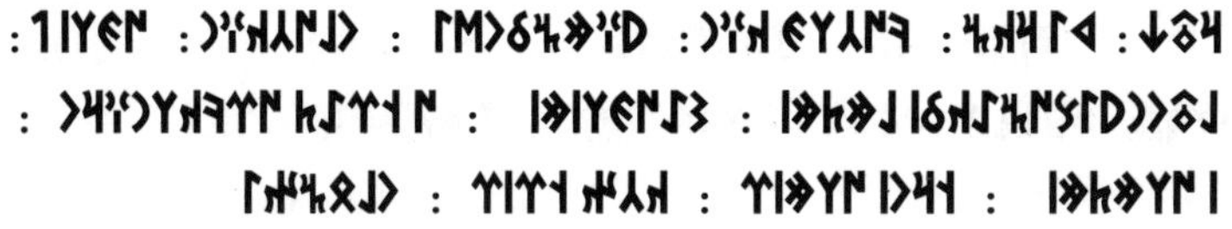
1D20

art[uq] : [qïrqïz] :　küč-[lüg　qaɣan : yaɣï-mïz]　bol-tï :

多余　黠戛斯　力量-ADJVZ　可汗　敌人-1pl.POSS　成为-3sg.PAST

再有黠戛斯强大的可汗是我们的敌人。

ol üčqaɣan : öglä-š-ip : altun yïš üzä : qabïš-alïm ti-miš : anča
那 三可汗 商量-RECP-ADVL 阿尔泰 山林 之上 会和-1pl.IMP 说-PAST 这样
那三可汗要会师阿尔泰山林。他们这样商量道：

öglä-š-miš : öŋrä türk qaɣanɣaru : sülä-lim ti-miš : an-garu sülä-mä-sär :
商量-RECP-PAST 前面 突厥可汗-DAT 交战-1pl.IMP 说-PAST 他-DAT 交战-NEG-COND
“让我们首先出兵（攻打）突厥可汗。如果不向他出兵，

qačan ⟨na⟩ŋ är-sär : ol bizn-i :
何时 什么也不 是-COND 那 我们-ACC
早晚他们要把我们消灭。

1D21

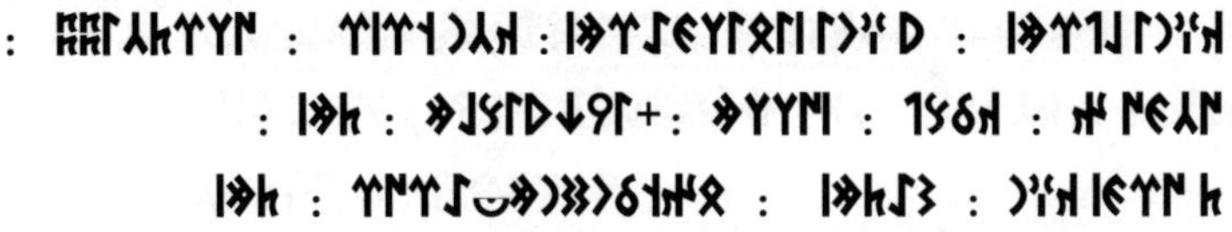

qaɣan-ï alp är-miš : ayɣučï-sï bilgä är-miš :
可汗-3sg.POSS 勇敢 是-PAST 顾问-3sg.POSS 智慧 是-PAST
因其可汗是勇敢的，其顾问是英明的。

qačan ⟨na⟩ŋ är-sär : ölür-täči kᴼük : üčägün : qabïs-ïp :
何时 什么也不 是-COND 坐-FUT.ADJVZ 力量 三个 会和-ADVL
让我们三家联合出兵吧！

sülä-im : idi yoq qⁱïš-alïm : ti-miš : türgėš : qaɣan :
出兵-1pl.IMP MOOD 没有 消灭-1pl.POSS 说-PAST 突骑施 可汗
让我们把他们彻底消灭吧！”突骑施可汗这样说道：“

anča ti-miš : bän-iŋ bodun-um : an-ta är-ür : ti-miš
这样 说-PAST 我-GEN 人民-1sg.POSS 那-LOC 是-PRES 说-PAST
我的人民到那里时，

1D22

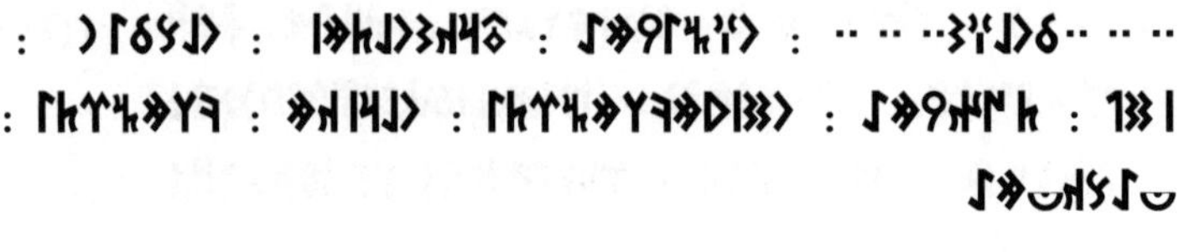

[türk bodun-i yämä :] bulɣanč [ol t]i-miš : oɣuz-i yämä :
突厥 人民-3sg.POSS 也 混乱 那 说-PAST 乌古斯-3sg.POSS 也
突厥人民将乱，他的乌古斯（人民）也

tarqïnč ol ti-miš : ol sab-ïn : äšid-ip : tün yämä :

涣散 那 说-PAST 那 话-ACC 听-ADVL 夜 也

将涣散。” 听到那些话后，我夜间睡不着觉，

ud-ï-sïq-ïm käl-mäz är-ti : 〈kün yämä :〉

跟随- NMLZ-1sg.POSS 来-NEG 是-3sg.PAST 白天 也

白天坐不下来。

olur-sïq-ïm : käl-mäz är-ti : anta saqïn-tïm a

坐- NMLZ-1sg.POSS 来-NEG 是-3sg.PAST 那-LOC 想-1sg.PAST 语气词

那时我想：

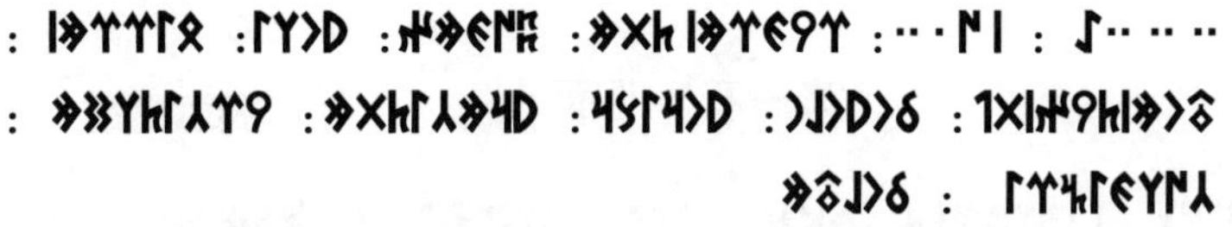
1D23

[ilk qïrqïz-q]a : sü[lä-s]är [yig är-]miš : ti-dim :

最先 黠戛斯-DAT 征战-COND 好的 是-PAST 说-1sg.PAST

先出兵攻打黠戛斯较好。

k°ögmän : yol-ï : bir är-miš : tu-muš ti-yin :

曲漫（山） 路-3sg.POSS 一 是-PAST 堵塞-ADJVZ 说-1sg.IMP

我听说（通往）曲漫（山）的道路只有一条，

äšid-ip ; bu yol-ïn : yorï-sar : yara-mačï ti-dim : yärči

听- PAST.ADVL 这 路-ACC 走-COND 组织-NEG 说-1sg.PAST 向导

并已（为雪）封住。如走这条路，将不合适。

tilä-dim : čölgi az är-i : bult-um

寻找-1sg. PAST 漠地 阿热 人-3sg.POSS 找-1sg.POSS

我寻找向导。我找到了一个漠地阿热（Az）人。

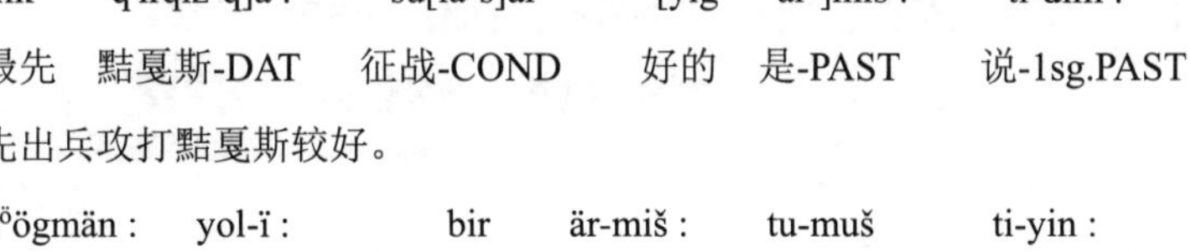
1D24

äš(id)-tim : az yir y[ol-i?] an-ï b[irlä? … är]-miš :

听-1sg.PAST 阿热 地方 路-3sg.POSS 他-ACC 一起 是-PAST

我听说在阿热地方近处有条路，

bir at oruᵘq-ï : är-miš : anïn bar-mïš : an-gar ayt-ïp :

一 马 小路-3sg.POSS 是-PAST 它-INST 有-ADJVZ 他-DAT 问-ADVL

是条只能走一匹马的小路。我问他： 人们可走那条路吗？

bir atlïɣ bar-miš ti-yin : ol yol-ïn : yorï-sar :

一 骑马的 有-ADJVZ 说-1sg.IMP 那 路-ACC 出征-COND

他说：骑马可以走过。

unč ti-dim : saqïn-tïm : qaɣan-ïm-a

可能的 说-1sg.PAST 想-1sg.PAST 可汗-1sg.POSS-DAT

我考虑后说道：“可以走这条路。”于是我对我的可汗说了。

第一石 北面

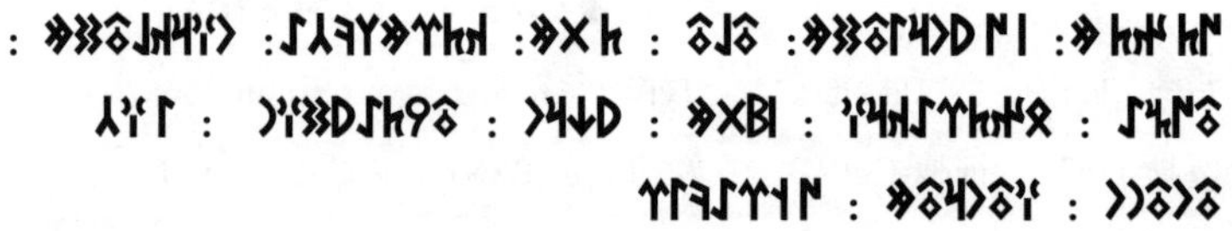

1B25

ötün-tüm : sü yorït-dïm : atlat : [ti-d]im :

请求-1sg.PAST 军队 出征-CAUS-1sg.PAST 骑马-CAUS 说-1sg.PAST

我让军队上马出发，

aq tärmäl käč-ä oɣraqla-t-dïm: at üzä : bin-tür-ä qar-ïɣ :

白 河名 渡过-ADVL 超越-CAUS-1sg.PAST 马 之上 骑-CAUS-ADVL 雪-ACC

我命令骑马过河。渡过 aq tärmäl，我并令骑在马上从雪中开路，

sök-dïm : yoqaru : at yät-ä yadaɣ-ïn : ïɣač tut-un-u :

折断-1sg.PAST 向上 马 达到-ADVL 步行-INST 树木 抓-PASSADVL

我令牵着马，抓住树木（或木棍）步行

aɣt-ur-tum : öŋräki är :

登上-CAUS-1sg.PAST 前面-ACC 人

登（山）。前面的人（前锋）

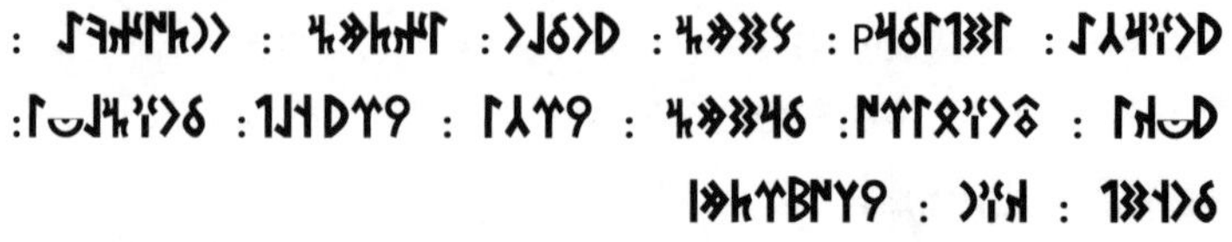

1B26

yoɣuruča : ïd-ïp　i　bar　baš :　aš-dïmïz :　yuvul-u :

上面　派-ADVL　树　去　头　越过-1pl.PAST　困难-ADVL

踏开（冰雪），我们翻过长有树木的山顶。我们很困难地下了山。

in-timiz :　on　tün-kä :　yan-taqï :　tu-ɣ　äb-irü :　bar-dïmïz :

下去-1pl.PAST　十　夜-DAT　边的-LQ　堵塞-ACC　房子-3sg.POSS　去-1pl.PAST

在十夜中，我们绕行（山）边的路障。

yir-či :　yir　yaŋïl-ïp :　boɣuz-lan-ti :　buŋad-ïp :　qaɣan :　yäl-ü

向导　地方　犯错-ADVL　扼杀-PASS-3sg.PAST　忧愁-ADVL　可汗　疾驰-ADVL

kör　ti-miš

TENT（看）-2sg.IMP　说-PAST

向导由于带错了路而被杀。当困苦之际，可汗说："骑快些！"

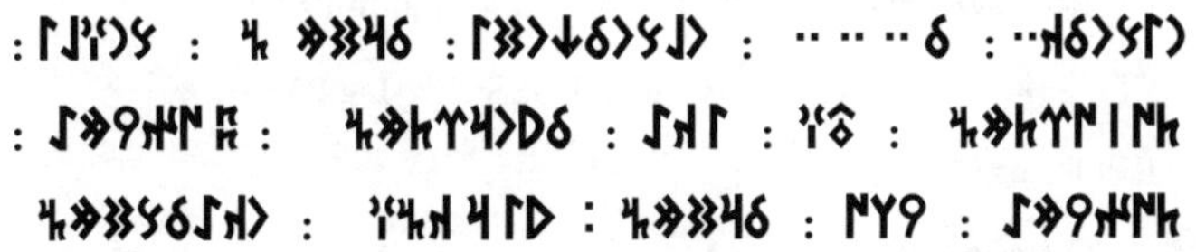

1B27

anï　sub-q[a]　bar-d[ïmïz] :　ol　sub　qᵘudï :　bar-dïmïz :　aša-n-ɣalï

河名　水-DAT　去-1pl.PAST　那　水　往下　去-1pl.PAST　吃饭

-PASS-ADVL

我们到达 anï 河，我们沿那河往下走。

:tüš-ür-tïmüz :　at-ïɣ :　ï-qa :　bay-ur　är-timiz :　kᵘün

yämä :

落下-CAUS-1pl.PAST　马-ACC　树木-DAT　捆-PRES　是-1sg.PAST　日　也

我令下马用饭。我们把马拴在树上。我们不分昼

tün yämä :　bar-dïmïz :　qïrqïz-ïɣ :　u-qa　bas-dïmïz :

夜　也　去-1sg.PAST　黠戛斯-ACC　睡眠-DAT　袭击-1sg.PAST

夜地疾走。我们袭击黠戛斯于睡梦之中。

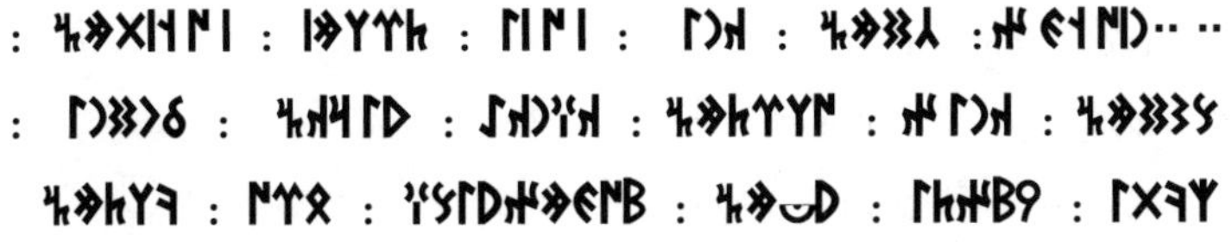

1B28

[u-sï]-n　　　　　süŋüg-ün :　ač-dïmïz :　　qan-i :　　sü-si :

睡眠-3sg.POSS-ACC　矛-INST　打开-1sg.PAST　可汗-ADVL　军队-3sg.POSS

我们用矛打开了他们的睡梦。那时他们的可汗和军队

tir-il-miš :　　　süŋ-üš-dïmïz :　　　sanč-dïmïz :　qan-ï-n :

集起-PASS-PAST　战斗-RECP-1sg.PAST　刺-1sg.PAST　可汗-3sg.POSS-ACC

öl-ür-tïmïz :

死-CAUS-1sg.PAST

集合起来，我们交了战。我们打败了他们并杀死其可汗。

qaɣan-qa :　q^{ı}ïrqïz :　bodun-i :　　ičik-di :　　yükün-ti :

可汗-DAT　黠戛斯　人民-3sg.POSS　内属-3sg.PAST　敬拜-3sg.PAST

黠戛斯人民内属并归顺于我们。

yan-tïmïz :　　k^{ö}ögmän　yïš-ïg :　äb-irü :　　　käl-timiz :

返回-1sg.PAST　曲漫　　山-ACC　房子-3sg.POSS　来-1sg.PAST

（于是）我们回师。我们绕过曲漫（山），

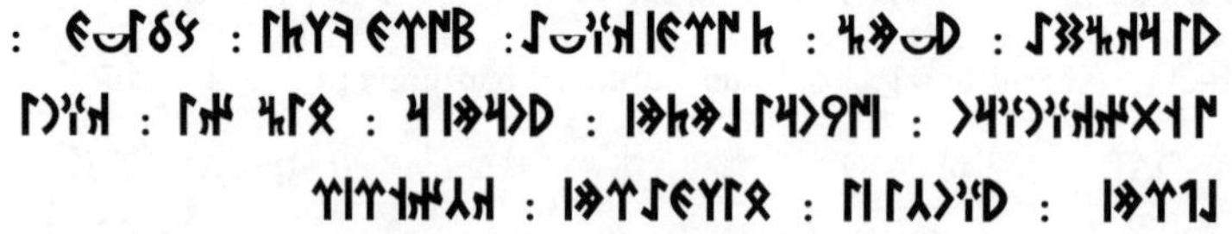 1B29

q^{ı}ïrqïz-da :　　yan-tïmïz :　　türgäš　qaɣan-ta : k^{ü}üräg　käl-ti :

黠戛斯-LOC　返回-1sg.PAST　突骑师　可汗-LOC　探子　　来-ADV

从黠戛斯回师了。从突骑施可汗那里来了探子。

sab-i　　antag : öŋdün　qaɣan-ɣaru : sü　yorï-lïm　　ti-miš :　yorï-ma-sar :

话-3sg.POSS　这样　东面　可汗-DAT　军队　出征-1pl.IMP　说-PAST　出征-NEG-COND

他们的话是这样的：“让我们出兵攻打东（突厥）可汗。

biz-n-i:　　　　　qaɣan-i　　alp　är-miš :　　ayɣučï-sï :　　bilgä

我们-ACC-3sg.POSS　可汗-3sg.POSS　勇敢　是-3sg.PAST 顾问-3sg.POSS　智慧的

因其可汗是勇敢的，其顾问是英明的。

är-miš :　　qač　⟨na⟩ŋ　är-sär

是-3sg.PAS　　何时　什么　是-COND

如果我们不去攻打他，他早晚将把我们消灭。

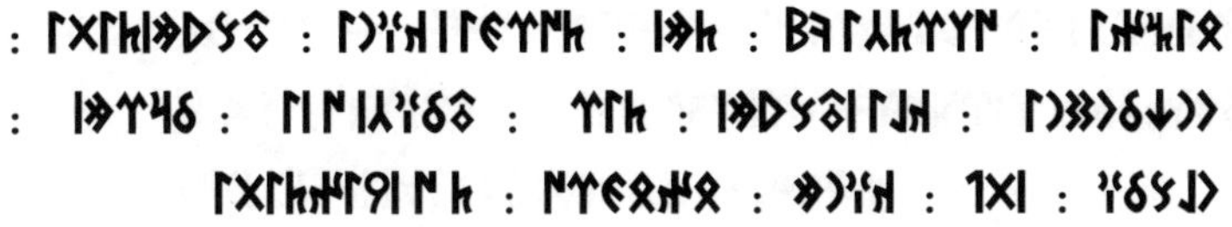

1B30

bisni : öl-ür-täči kük : ti-miš : türgäš qaɣan-i :

我们 死-CAUS- FUT MOOD 说-PAST 突骑施 可汗-3sg.POSS

突骑施可汗已出发，

tašïq-mïš ti-di : on oq bodun-ï : qalïsïz

外出-PAST 说-3sg.PAST 十 箭 人民-3sg.POSS 无保留地

十箭人民已全部出动，

tašïq-mïš : ti-r : tabɣač sü-si : bar är-miš : ol sab-ïɣ : äšid-ip :

外出-PAST 说-PRES 唐 军队-3sg.POSS 有 是-PAST 那 话-ACC 听-ADVL

（其中并）有唐军。”听到那些话后，

qaɣan-ïm : bän äb-gärü : tüš-ayin ti-di :

可汗-1sg.POSS 我 家-DAT 落下-1sg.IMP 说-3sg.PAST

我的可汗说道：“我要回家（一趟）。

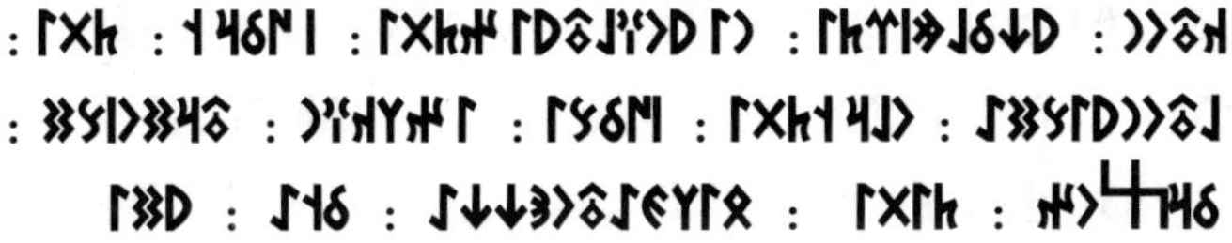

1B31

qatun : yoq bọl-mïš är-ti : anï yoq-la-tayïn ti-di :

可敦 没有 是-PAST 是-3sg.PAST 把他 没有-NP-VBL 说-3sg.PAST

（因为）可敦死了。我要（回去）办理她的丧事。

sü bar-ïŋ : ti-di : altun yïš-da : olur-uŋ

军队 去-2sg.POSS 说-3sg.PAST 阿尔泰 山-LOC 坐-2sg.IMP

你们率军前进吧！你们驻扎在阿尔泰山林！

ti-di : sü baš-ï : inäl qaɣan : tarduš šad : bar-zun :

说-3sg.PAST 军队 头-3sg.POSS 官号（王子） 可汗 达头 设 去-3sg.IMP

让移涅可汗（小可汗 inäl qaɣan）及达头设作军队首领，

ti-di : bilgä tońuquq-qa : baŋa : ay-dï :

说-3sg.PAST 谋臣 可敦-DAT 对我 说-3sg.PAST

（率军）前进！”他对我暾欲谷说：

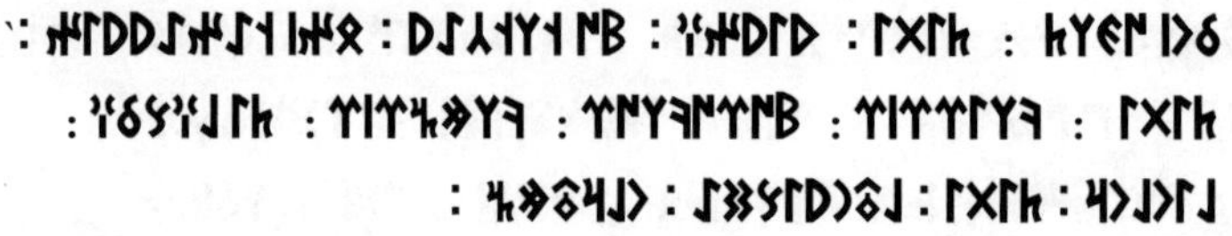 1B32

bu sü-g ält : ti-di : q'iyïn-ïɣ : k^{o}öŋlüŋčä ay : bän saŋa

这 军队-ACC 率领 说-3sg.PAST 惩罚-ACC 想法 说 我 对你

你领此军。你按自己的意见做出决定吧！

nä ayay-in : ti-di : käl-ir är-sär : k^{o}ör-ü

什么 问-ACC 说-3sg.PAST 来-FUT 是-COND 看-CONV

我能向你说些什么呢？如果他们来的话。

käl-ür : käl-mäz är-sär : tïl-ïɣ sab-ïɣ

来-CAUS 来-NEG 是-COND 舌- ACC 话-ACC

就加多报信的人。如不来的话，就（注意）不断收集情报（直译：舌头、话）！”

al-ï ol-ur : ti-di : altun yïš-da : olur-tïmïz :

拿-ADVL ITR 坐下-2sg.IMP 说-3sg.PAST 阿尔泰 山林-LOC 坐-1pl.PAST

我们住在阿尔泰山林。

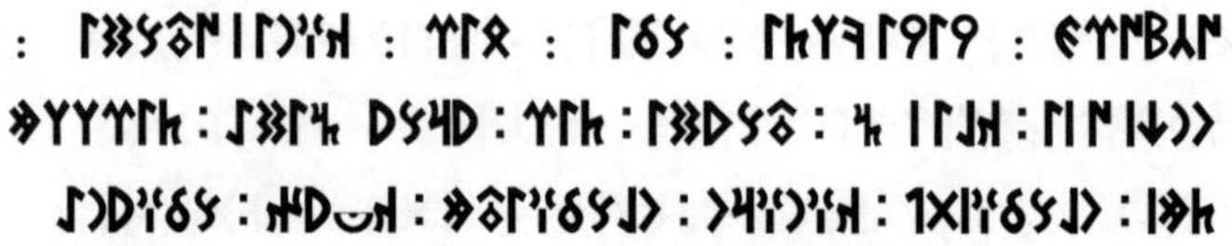 1B33

üč k^{ü}örüg ki[š]i käl-ti sab-i : bir : qaɣan-i sü tašïq-dï :

三 探子 人 来-3sg.PAST 话-3sg.POSS 一 可汗-3sg.POSS 军队 外出-3sg.PAST

来了三个探子，他们的话是一样的：“他们的可汗已出兵。

on oq sü-si : qal-ï-sïz : tašïq-dï : ti-r : yarïš

十 箭 军队-3sg.POSS 留下-1sg.POSS-NEG 外出-3sg.PAST 说-PRES 地名

十箭的军队已全部出动了。让我们在 yarïš 平原会师吧！”

yaz-ï-da : tir-il-älim ti-miš : ol sab-ïɣ äšid-ip :

平原-1sg.POSS-LOC 集起-PASS-1pl.IMP 说-PAST 那 话-ACC 听-ADVL

听到那些话后，我把它报告给可汗。

qaɣan-ɣaru : ol sab-ïɣ ïttïn : qant-ayïn : sab-ïɣ : yana

可汗-DAT 那 话-ACC 说-1sg.PAST 怎么-1sg.IMP 话-ACC 又

我怎么办才好呢？回话

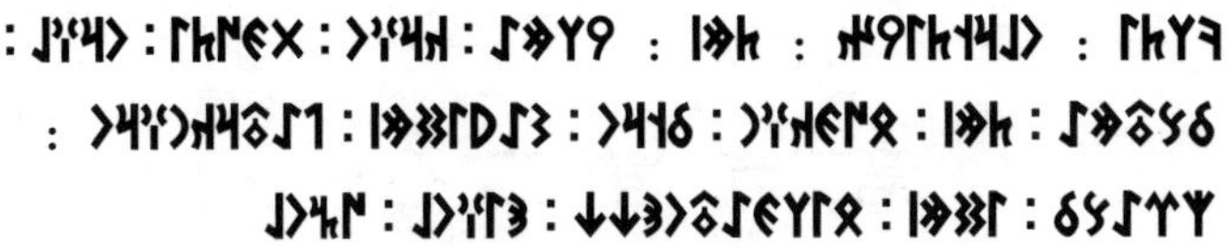 1B34

käl-ti :　olur-uŋ　ti-yin :　ti-miš :　yälmä:　qaraɣu :　ädgü-ti :

来-3sg.PAST　住-2sg.IMP　说-1sg.IMP　说-PAST　前锋　瞭望　好好地-ADVL

来了："你们且住下。好好地布置探马防哨，免受袭击！"

ur-ɣïl :　bas-ït-ma :　ti-miš :　bög⟨ü⟩　qaɣan : ban-garu :　anča　ïd-mïš :

打-2sg.IMP　袭击-CAUS-NEG　说-PAST　默啜　可汗　向我-DAT　这样　送-PAST

默啜可汗这样让人告诉我了。但他（同时）

apa tarqan-ɣaru :　ičrä　sab :　ïd-mïš :　bilgä　tuńuquq　ańïɣ　ol :　üz　ol

阿波达干-DAT　里面　话　告诉-PAST　谋臣　暾欲谷　坏　那　坏心的　那

给阿波达干秘密送去消息说："谋臣暾欲谷是个坏家伙，他心怀叵测。

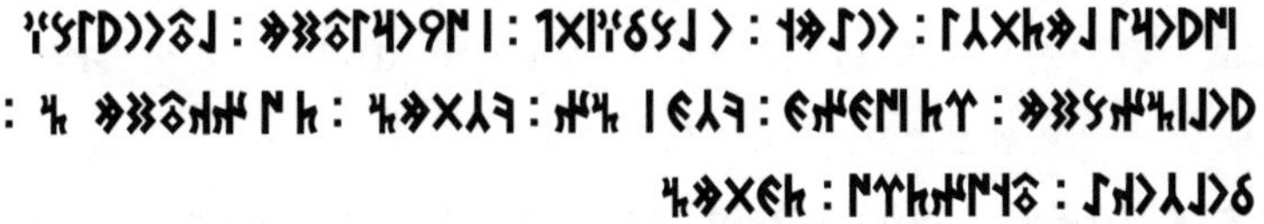 1B35

sü　yorï-lïm　ti-däči :　una-ma-ŋ :　ol　sab-ïɣ　äšid-ip :

军队　出征-1sg.IMP　说-FUT　中意-NEG-2sg.POSS　那　话-ACC　听-CONV

如果他说'你们出兵吧！'你们不要同意！"

sü　yorï-t-dïm :　altun　yïšïɣ :　yol-suz-un　aš-dïm⟨ïz⟩ :

军队　出征-CAUS-1sg.PAST　阿尔泰　山-ACC　无路-ACC　越过-1sg.PAST

听到那些话后，我令出兵了。我们翻过无路可走的阿尔泰山林，

ärtiš　ögüzüg :　käčig-siz-in :　käč-dimiz :　tün　qat-dimïz :

额尔齐斯　河　无渡口-ACC　渡过-1sg.PAST　夜　加入-1sg.PAST

渡过无渡口的额尔齐斯河。

bolču-qa :　taŋ　ün-tür-ü :　täg-dimiz :

地名-DAT　早上　出来　到达-1sg.PAST

我们连夜前进，于黎明时抵达 bolču。

第二节 第 二 石

第二石 西面

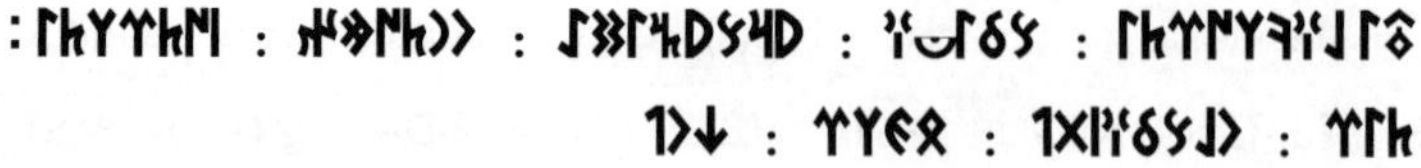 2X36

tïl-ïg kläl-ür-ti : sab-ï antaɣ : yarïš yazï-da :

舌头-ACC 来-CAUS-3sg.PAST 话-3sg.POSS 这样 地名 平原-LOC

人们捉住了“舌头”，他的话是这样的：“在 平原上已

on tümän : sü tir-il-ti : ti-r : ol sab-ïɣ äšid-ip : bäg-lär : qᵒop-[in]

十 万 军队 集起-PASS-3sg.PAST 说-PRES 那 话-ACC 听-ADVL 官-PL 全部-INST

集合起十万大军。”听到那消息后，所有官员都说：

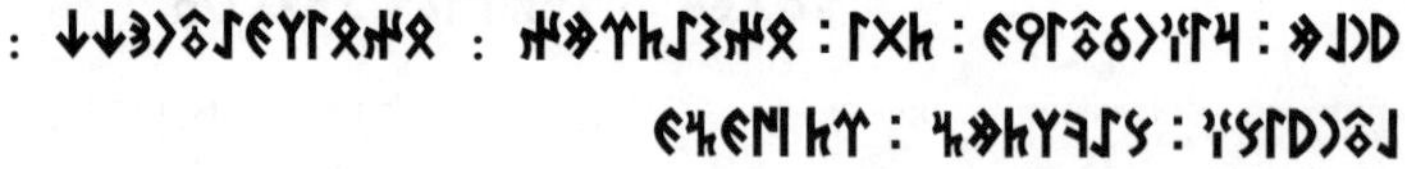 2X37

yan-alïm : arïɣ obutï yig : tidi : bän anča ti-rmän :

返回-1sg.IMP 干净 耻辱 好的 说-3sg.PAST 我 这样 说-1sg.PRES

“让我们回师吧！洁净的耻辱（即“光荣的失败”之意）为上。”

bän bilgä tońuquq : altun yïšïɣ : aš-a käl-timiz : ärtiš ögüzüg

我 谋臣 暾欲谷 阿尔泰 山-ACC 越过-ADVL 来-1pl.PAST 额尔齐斯 河

我谋臣暾欲谷这样说道：“我们翻越阿尔泰山林来（到这里），我们渡过额尔齐斯河来（到这里）。

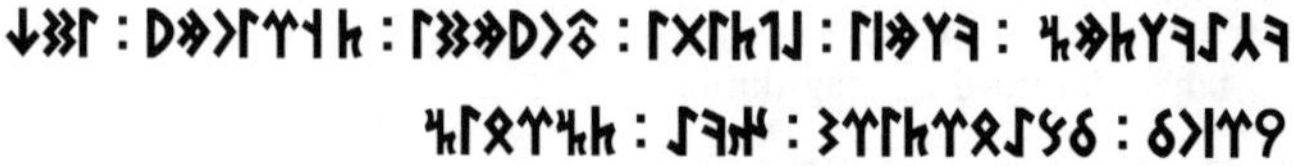 2X38

käč-ä käl-timiz : käl-miš-i : alp ti-di : tuy-ma-dï :

渡过-ADVL 来-1pl.PAST 来-NMLZ-3sg.POSS 困难 说-3sg.PAST 感觉-NEG-3sg.PAST

他们以为（我们）来到（这里）是困难的。他们没有觉察我们（的到来）。

täŋri　umay : ïduq　yär　sub : basa　bär-ti　ärinč :　nä-kä :　täz-ärbiz :

天　母神　神圣　地　水　再次　给-3sg.PAST MOOD　什么-DAT　逃走-1pl.PRES

上天、乌迈（Umay 母神）及神圣的水土会帮助（我们）的。为什么我们要逃走？

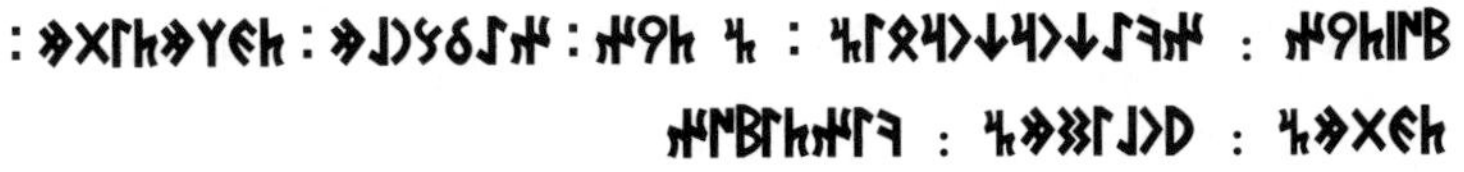
2X39

ükuš　ti-yin :　näkä　q^{o}orq-^{u}ur　biz : az　ti-yin :　nä　bas-ïn-alïm :

许多　说-1sg.IMP　什么-DAT　怕-FUT　我们　少　说-1sg.IMP　什么　压-PASS-1sg.IMP

我们为什么因为他们人多就惧怕？我们为什么因为人少就要被打败？

täg-älim　ti-dim :　täg-d　:　yulï-dïmïz :　äkinti　k^{ü}ün :

袭击　说-1sg.PAST　到达-1pl.PAST　掠夺-1pl.PAST　二-ORD　天

让我们进攻吧！”—我说。我们抢掠了（他们）。第二天

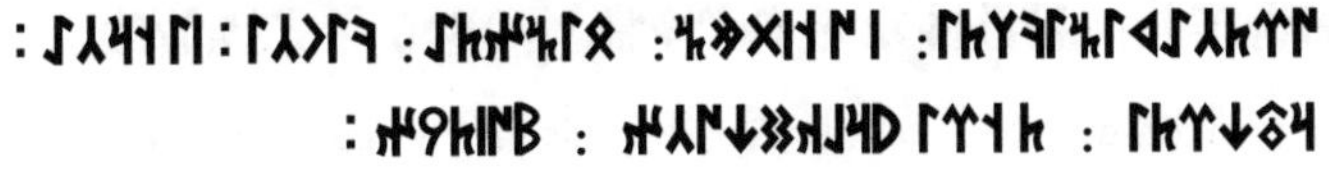
2X40

örtčä　qïz-ïp　käl-ti :　süŋ-üš-dümiz :　biz-in-tä :

火-EQUI　发红-ADVL　来-3sg.PAST　战-RECP-1pl.PAST　我们-3sg.POSS-EPE-LOC

ėki　uč-ï :

二　端-3sg.POSS

他们如火一般猛烈扑来。我们交了战。他们的两翼比

sïŋar-ča :　artuq　är-ti :　täŋri　yarïlqa-duq　üčün :　ukuš　ti-yin :

一半-EQUI　余　是-3sg.PAST　天　保佑- NMLZ　由于　许多　说-1sg.IMP

我们多一半。由于上天保佑，我们没有因其人多

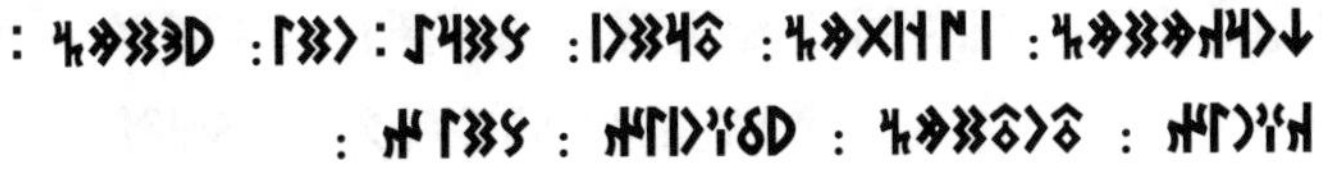
2X41

q^{o}orq-ma-dïmïz :　süŋüš-dümiz :　tarduš : šad ara :　ud-ï　yań-dïmïz :

害怕-NEG-1pl.PAST　战斗-RECP-1pl.PAST　达头　设　之间　跟随-ADVL　击溃-1pl.PAST

而害怕。我们交了战。达头设参战了，我们击溃了（他们）。

qaɣan-ï-n :　tut-dïmïz :　yabɣu-sï-n :　šad-ï-n :

可汗-3sg.POSS-ACC　抓-1pl.PAST　叶护-3sg.POSS-EPE　设-3sg.POSS-ACC

俘虏其可汗。将其叶护和设

[illegible] 2X42

[illegible]

an-ta öl-ür-ti⟨miz⟩ : äligčä är : tut-dïmïz: ol oq tün :

那里-LOC 死-CAUS-1pl.PAST 五十-EQUI 人 抓-1pl.PAST 那 MOOD 夜

bodun-ïn sayu :

人民-ACC 每一个

在那里杀死。我们俘虏了约五十人。就在那夜，

ït-tïmïz : ol sab-ïɣ : äšid-ip : on oq bäg-lär-i : bogun-ï : q°op

派-1pl.PAST 那 话-ACC 听-ADVL 十 箭 官员-PL-3sg.POSS 百姓-3sg.POSS 全部

我们往各部人民派出了（信使）。听到那消息后，十箭诸官员和人民全都

[illegible] 2X43

[illegible]

käl-ti : yükün-ti : käl-ig-mä : bäg-lär-in : bodun-ïn : it-ip :

来-3sg.PAST 敬拜-3sg.PAST 来-ADJL 官员-PL-ACC 百姓-ACC 组织 1-ADVL

来了，臣服了。当我组织、收集来归的官员和人民时，

yïɣ-ïp az-ča : bodun : täz-miš är-ti :

集起-ADVL 少-EQUI 人民 逃走-PAST 是-3sg.PAST

少数人民逃走了。

on oq sü-si-n : sülä-t-dim

十 箭 军队-3sg.POSS-ACC 作战- CAUS-1sg.PAST

我让十箭的军队出兵。

[illegible] 2X44

[illegible]

biz yämä : sülä-dimiz : an-ï ir-t⟨i⟩miz : yinčü ögüz-üg :

我们 也 作战-1pl.PAST 他-ACC 追赶-PAST 珍珠 河-ACC

我们也出了兵。我们跟在他们后面，渡过珍珠河，

käč-ä : tiansi oɣl-i : ayt-ïɣma : bäŋülüg äk tayïɣ : ärt-ü

渡过-ADVL 天子 儿子-3sg.POSS 名叫-ADJL 山名 白 山-ACC 经过-ADVL

翻过称作“天子”的 bäŋülüg äk taɣïɣ 山，

第二石　南面

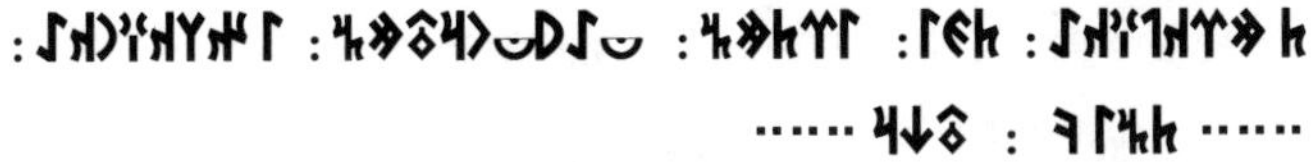
2N45

tämir　qapïɣ-qa :　tägi :　ir-timiz :　an-ta　yan-tur-tïmïz :

铁　门-DAT　到达　追赶-1pl.PAST　那-LOC　返回-CAUS-1pl.PAST

我们一直到达铁门（关）。从那里我们回师。

inäl　qaɣan-qa [… …]täzik :　toqar sïn[…]

官号　可汗-DAT　族名（大食）　吐火罗

塞人、大食人、吐火罗人

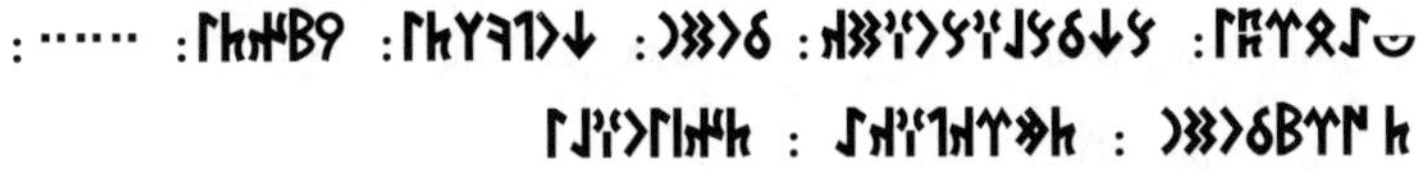
2N46

anta　bärüki :　šuq　bašlïɣ　soɣdaq :　bodun : q^{o}op　käl-ti :

那-LOC　这边的　人名　头的　粟特　人民　全部　来-3sg.PAST

以及（往往）这边的 šuq 以为首的粟特人民都来

yükün-ti : […] :　sög-di　:　tür^{ü}k　bodun : tämir qapïɣ-qa : tėnsi　oɣl-ï

敬拜-3sg.PAST　下跪-3sg.PAST　突厥　人民　铁　门-DAT　天子　儿子-3sg.POSS

臣服于移涅可汗小可汗。以前，突厥人民未曾到达过铁门（关）

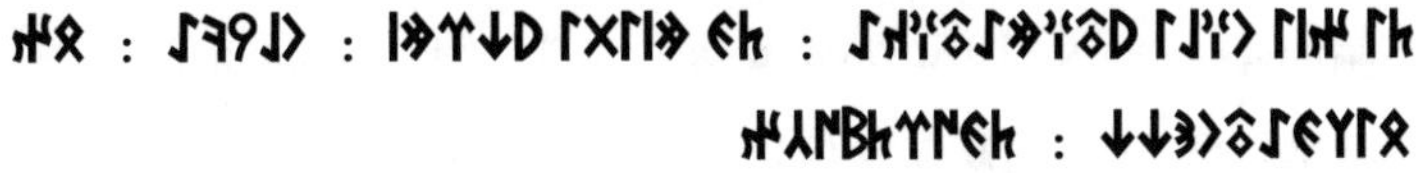
2N47

tinsi　oɣl-ï :　aytïɣma　taɣ-qa :　täg-miš　idi　yoq　är-miš :

天子　儿子-3sg.POSS　名叫……的　山-DAT　到达-PSAT　MOOD　没有　是-PAST

和称作“天子”的山。

ol　yär-kä :　bän　bilgä :　tońuquq :　täg-ür-tük　üčün

那　地方-DAT　我　谋臣　暾欲谷　到-CAUS-NMLZ　因此

由于我谋臣使其达到那些地方，

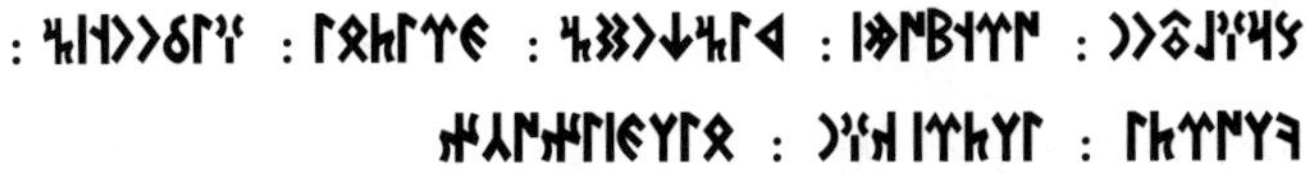
2N48

sarïɣ altun : örüŋ k^{ü}ümüš : q^{ï}ïz q^{o}uduz : ägri täbä :

黄色的 金 白 银 姑娘 妇女 弯曲的 骆驼

他们运回了无数的黄金、白银、姑娘妇女、单驼峰、

aɣï buŋsuz : käl-ür-ti : iltäriš qaɣan : bilgä-si-n üčün

宝物 无忧地 来-CAUS-3sg.PAST 颉跌利施 可汗 英明-3sg.POSS-ACC 因此

珠宝。颉跌利施可汗由于其英明

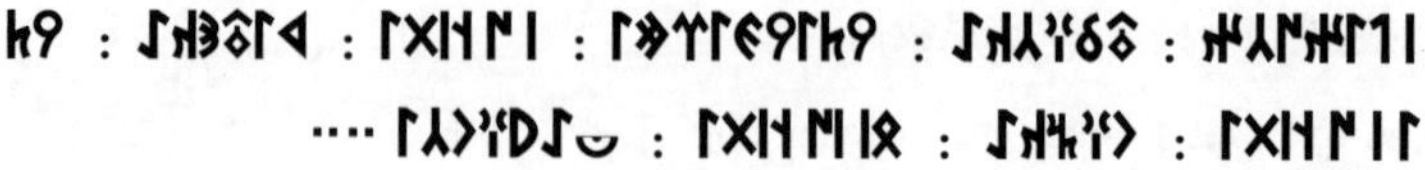 2N49

alp-i-n üčün : tabɣač-qa : yäti yigirmi : süŋüš-di :

勇敢-3sg.POSS-ACC 因此 唐-DAT 七 二十 交战-3sg.PAST

q^{ï}ïtań-qa : yäti süŋ-üš-di : an-ta ayɣučï-sï :

契丹-DAT 七 战斗 RECP-3sg.PAST 那 顾问-3sg.POSS

和勇敢，曾与唐朝交战十七次，与契丹交战七次，与乌古斯交战五次。那时其顾问

 2N50

yämä : bän : ök är-tim : yaɣïčï-[sï] yämä : bän ök är-[t]im :

也 我 MOOD 是-1sg.PAST 敌官-3sg.POSS 也 我 MOOD 是-1sg.PAST

也是我，其前敌官也是我。

iltäriš qaɣan-qa : tür^{ü}k bögü qaɣan-qa: tür^{ü}k bilgä q[aɣan-qa]

颉跌利施 可汗-DAT 突厥 默啜 可汗-DAT 突厥 毗伽 可汗

我颉跌利施可汗，为突厥默啜（bögü）可汗，为突厥毗伽可汗（我出了力）。

第二石 东面

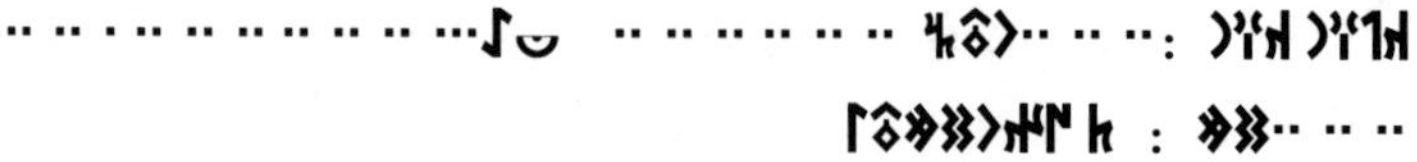 2D51

qapɣan qaɣan : [yäti] otuz ....nta ....är-ti :

默啜 可汗 七 三十 是-3sg.PAST

默啜（qapɣan）可汗二十七岁时，

qapɣan　qaɣan :　olur-t-dïm :　　　　tün　udï-ma-tï

默啜　可汗　坐下-CAUS-1pl.PAST　夜　睡眠-NEG-3sg.PAST

我辅佐他即位。我夜不能寐，

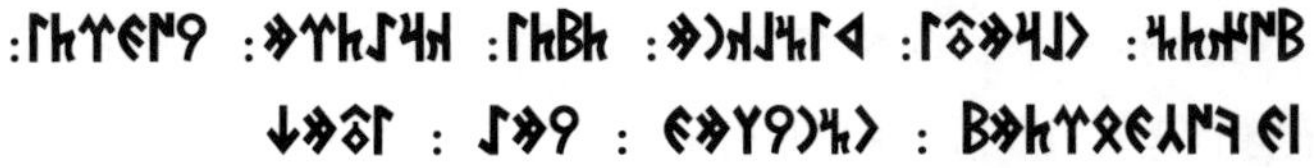 2D52

kᵘüntüz :　olur-ma-tï :　　qˢïzïl　qan-ïm :　　tökü̈t-i :　　qara　tär-im :

白天　坐-NEG-3sg.PAST　红的　血-1sg.POSS　倒-3sg.POSS　黑的　汗-1sg.POSS

昼不能坐，流鲜血，洒黑汗，

yügür-ti :　　　is-ig　　küči-g　　　bär-tim

跑-3sg.PAST　力量-ACC　力量-ACC　给-1sg.PAST

我（为国）贡献了力量。

ök :　　uzun　yälmä-g :　yämä :　ït-tïm　　　oq

MOOD　长的　前锋-ACC　也　派-1sg.PAST　箭

我也派出了远征（军）。

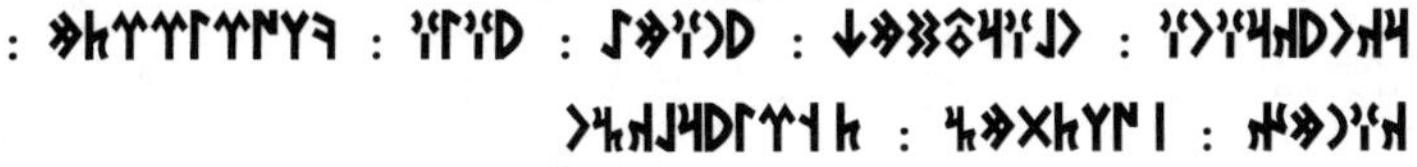 2D53

arquy　qaraɣuɣ :　olɣurt-dïm　　　　　oq :　　yan-ïɣma :　　yaɣ-ïɣ :

禁　卫-ACC　扩大-CAUS-1sg.PAST　MOOD　返回-ADJL　敌人-ACC

我扩大了禁卫队（？）。我使叛逃的敌人归来。

käl-ür[ü]r　är-tim　　　qaɣan-ïm-ïn :　　sü　äl-t-dimiz :　täŋri　yarïlqa-zu

来-FUT　是-1sg.PAST　可汗-1sg.POSS-ACC　军队　带领-CAUS-1sg.PAST　天　保佑

我同我的可汗（多次）出征过。上天保佑，

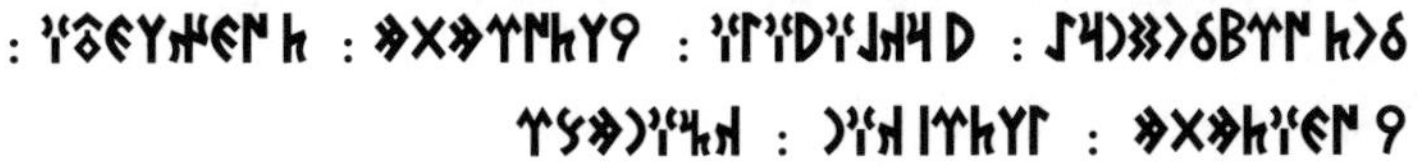 2D54

bu　türᵘk　bodun　ara :　yarïqlïɣ　yaɣïɣ :　yäl-tür-mä-dim :

这　突厥　人民　中间　甲胄的　敌人　疾驰-CAUS-NEG-1sg.PAST

我没有让全副武装的敌人在突厥人民中驰骋，

tögünlïg　at-ïɣ　yügürt-mä-dim :　　　iltäriš　qaɣan :　qazɣan-ma-sar :

马饰的　马-ACC　跑-CAUS-NEG-1sg.PAST　颉跌利 可汗　努力-NEG-COND

我没有让打有马饰的马匹到处奔驰。如果颉跌利可汗不努力，

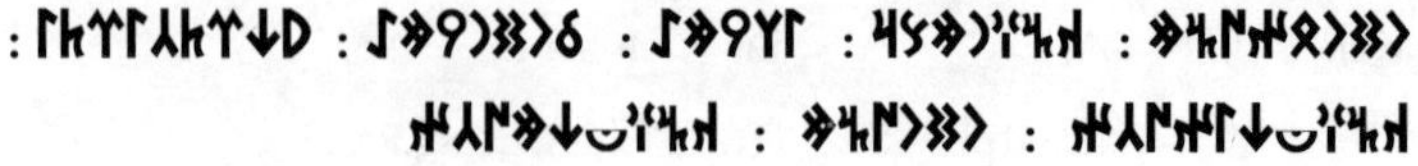 2D55

ud-u bän özüm : qazɣan-ma-sar : il yämä : bodun yämä :

追随-ADVL 我 自己-1sg.POSS 努力-NEG-COND 国家 也 人民 也

要是我不跟随他也努力的话，国家和人民都得灭亡。

yoq är-täči är-ti : qazɣan-tuq-ïn

没有 是-FUT. 是-3sg.PAST 努力-NMLZ-ACC

由于他（可汗）的努力，

üčün : ud-u öz-üm : qazɣan-tuq-ïm üčün

因此 追随 自己-1sg.POSS 努力-NMLZ-1sg.POSS 因此

由于跟随他，我自己的努力，

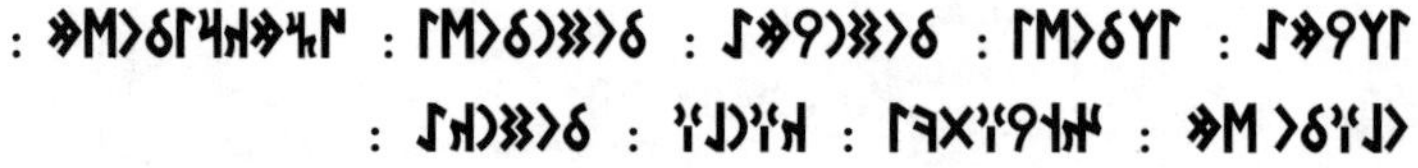 2D56

il yämä : il bol-tï : bodun yämä : bodun bol-tï : öz-üm qarï

国家 也 国家 成为-3sg.PAST 人民 也 人民 成为-3sg.PAST 自己-1sg.POSS 老

国家才成为国家，人民才成为人民。我自己已衰老年迈了。

bol-tïm : uluɣ bol-tïm : näŋ yär-däki : qaɣanlïɣ : bodun-qa :

成为-1sg.PAST 大 成为-1sg.PAST 什么也不 地方-LQ 可汗的 人民-DAT

不论什么地方，凡有可汗的人民中，

 2D57

bin-tägi : bar är-sär : nä buŋ-ï : bar är-täči är-miš :

我-SML 有 是-COND 什么 忧愁-3sg.POSS 有 是-FUT. 是-PAST

只要有（像我）这样的人，就不会有什么不幸！

 2D58

türük bilgä qaɣan : il-(i)ŋä biti-t-dim : bän bilgä tońuquq

突厥 谋臣 可汗 国家-DAT 写-CAUS-1sg.PAST 我 谋臣 暾欲谷

我谋臣暾欲谷让人为突厥毗伽可汗的国家写了（这个碑）。

第二石 北面

 2B59

iltäriš qaγan : qazγan-ma-sar : yoq är-ti är-sär :

颉跌利施 可汗 努力-NEG-COND 否定 是-3sg.PAST 是-COND

如颉跌利施可汗不努力的话，要是没有他，

bän öz-üm bilgä tońuquq : qazγan-ma-sar : bän yoq

我 自己-1sg.POSS 谋臣 暾欲谷 努力-NEG-COND 我 没有

är-tim är-sär

是-1sg.PAST 是-COND

要是我本人谋臣暾欲谷不努力的话，要是没有我的话，

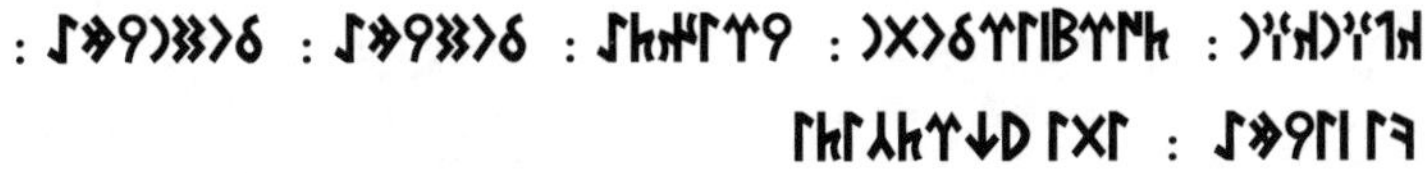 2B60

qapγan qaγan : türük sir bodun : yir-i-n-tä : bod yämä :

默啜 可汗 突厥 薛 人民 地-3sg.POSS-EPE-LOC 身体 也

在默啜（qapγan）可汗和突厥薛（Sir）人民的地方，

bodun yämä : kiši yämä : idi yoq är-täči är-ti :

人民 也 人 也 MOOD 没有 是-FUT 是-3sg.PAST

将完全不存在（国家）的机体、人民和人类。

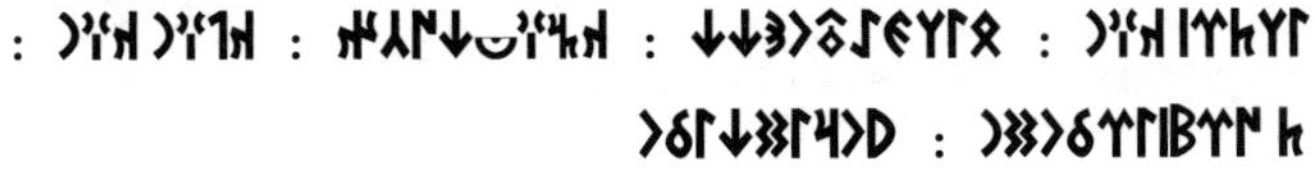 2B61

iltäriš qaγan : bilgä tońuquq : qazγan-tuq üčün :

颉跌利 可汗 谋臣 暾欲谷 努力- NMLZ 因此

由于颉跌利可汗和其谋臣暾欲谷的努力，

qapγan qaγan : türük sir bodun : yorï-duq-ï bu

默啜 可汗 突厥 薛 人民 出征- NMLZ-3s g.POSS 这

默啜（qapγan）可汗及突厥一薛（sir）人民才得以这样存在。

𐱅𐰇𐰼𐰜𐰋𐰠𐰏𐰀 : 𐰴𐰍𐰣 : 𐱅𐰇𐰼𐰜𐰾𐰃𐰺𐰉𐰆𐰑𐰣𐰍 : 𐰆𐰍𐰔𐰉𐰆𐰑𐰣𐰍 : 𐰃𐰏𐰃𐰓𐰇𐰆𐰞𐰺𐰺 2B62

türük bilgä : qaγan : türük sir bodun-uγ : oγuz bodun-uγ : igid-ü

突厥 谋臣 可汗 突厥 设 人民-ACC 乌古斯 人民-ACC 养育-ADVL

（ITR）olur-ur

坐-PRES

突厥毗伽可汗养育了突厥—薛（Sir）人民和乌古斯人民。

第四章

铁兹碑

第一节　西　　面

1X ....

... ...[①]

....𐰖𐰞...X2

... ... yïl-[qa] … … ….[②]

年-DAT

……于猪年……

3X ...𐰢𐰃𐱁..

... ...mïš　　　　aɣ[-ïn-tur-tï]… … ….

登上-REFL-CAUS-3sg.PATST

……被拥立登位为可汗……

4X ...𐰀𐰍𐰃𐰣𐱃𐰆𐰺𐱃𐰃 : 𐰆𐰖𐰍𐰆𐰺 : 𐰴𐰣𐰢 : 𐱃𐰆𐱃𐰸𐰑𐰀 : 𐰚...

... ... aɣ-ïn-tur-tï　　uyɣur　　qan-ïm　　tut-tuq-da :　k… … ….

登上-REFL-CAUS-3sg.PAST　回纥　汗-1sg.POSS　抓住- ADJL-LOC

---

① 此行完全破损。根据《磨延啜碑》和《铁尔痕碑》可复原为：登里罗・汩・没密施・颉・咄登密施・骨咄禄・俱录・毗伽・（牟羽）可汗（täŋridä qut bolmïš el tutmïš alp qutluɣ külüg bilgä [bögü] qaɣan）。

② yïl[qa]，Mehmet ölmez 的转写原作 yïl，今据耿世民《古代突厥文碑铭研究》修改。

[taq]ïɣu　yïl-[qa][①]

鸡　年-DAT

……即位为可汗。当我回鹘可汗统治时……于鸡年……

5X 

……[il itm] iš　:　qan-ïm　yas-ï　:　täg-ip　uč-dï　:

颉·翳德密施　汗-1sg.POSS　年岁-3sg.POSS　到达-ADVL　飞-3sg.PAST

……我的颉·翳德密施可汗年迈逝世了，

oɣl-ï　:　yabɣu-m　:　qaɣan　bol-tï:

儿子-3sg.POSS　叶护-1sg.POSS　可汗　成为-3sg.PAST

其子叶护成为可汗。

6X 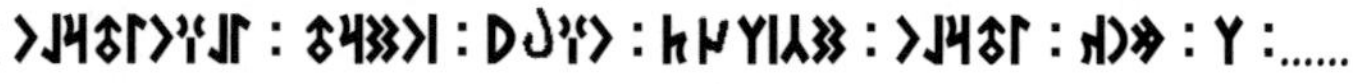

……olur-tï　oɣl-ï　:　tarduš　:　yabɣu　:　töliš

坐下-3sg.PAST　儿子-3sg.POSS　达头　叶护　突利施

……即位。其子成为达头部的叶护。

čad　:　olur-tï :　qan-ïm　:　il [tutmïš] …

设　坐下-3sg.PAST　汗-1sg.POSS　颉·咄登密施

另一子成为突利施部的设。我的可汗统治人民。

第二节　北　面

1B 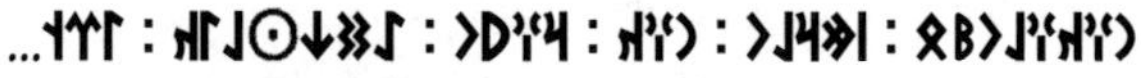

……[t]äŋri　qïl-ïn-tuq-da :　uyɣur :　qaɣan

上天　做-PASS-ADJL-LOC　回纥　可汗

……当……上天造成时，回纥诸可汗登位。

olur-mïš :　bökü　uluɣ　q[aɣan　ir-miš]

坐下-ADJL　睿智　大　可汗　是-ADJL

他们都是睿智、伟大的可汗。

---

① Mehmet ölmez 的转写无 ayïnturtï，今据耿世民《碑铭研究》补。tuttuqda，Mehmet ölmez 的转写原作 tutulmïš，今据耿世民《古代突厥文碑铭研究》改。

2B ... 

……….olur-miš　an-ïŋ　il-i :　üč　yüz :　yïl :

坐下-ADJL　他-GEN　国家-3sg.POSS　三　百　年

……他们登了位，他们统治其部共三百年。

il　tut-mïš :　ančïp　bodun-ï :　bar-d[ï]

国家　抓住-ADJL　那样　人民-3sg.POSS　去-3sg.PAST

之后，其人民衰亡了。

3B ... 

……….miš　:　buzuq　baš-**ïn** :　qïz-a :　učuz kül

布祖克　头-ACC　生气-ADVL　小阙

iki　atlïɣ-**ïn**　:　tükä　bar-miš

二　马的-ACC　完　去-ADJL

……了。由于布祖克首领的不满，小阙和两位贵人一起完了。

4B ... 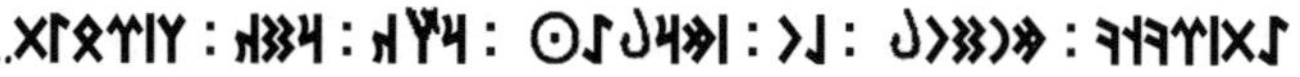

……….[bä]di bärsil :　qadïr qasar :　an-ta :　bar-miš :　ol

伯狄白霫　哈狄尔曷萨　那-LOC　去-ADJL　那

bodun-um　käŋ kär-iš-di

人民-1sg.POSS　争斗-RECP-3sg.PAST

……之后，伯狄白霫和哈狄尔曷萨走掉了。我的人民长期互相敌对了。

5B ... 

……….[öŋ]rä　tabɣač-qa :　bazlan-mïš :　uyɣur :

从前　唐朝-DAT　征服-ADJL　回纥

……从前，他们与唐朝和好。之后，回纥

qaɣan :　on　yïl :　olur-miš　yät(i)-miš :　yïl　är-mi[š][①]

可汗　十　年　坐下-ADJL　七十-NUMP　年　是-ADJL

可汗登位统治了十年，之后又统治了七十年。

---

① on yïl，Mehmet ölmez 转写原作...oq，今据耿世民《古代突厥文碑铭研究》改。

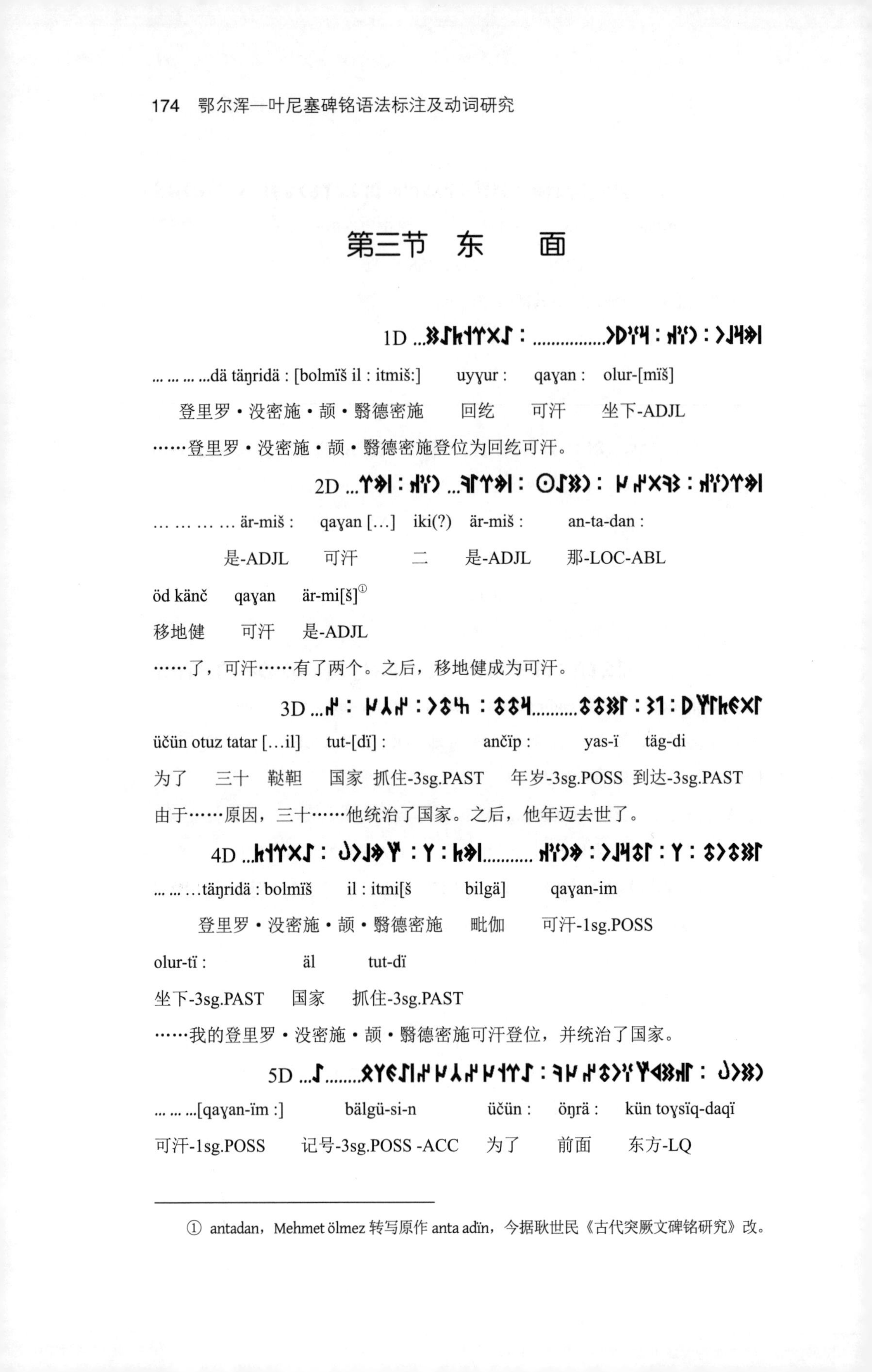

第三节　东　　面

1D

……dä täŋridä : [bolmïš il : itmiš:]　uyɣur :　qaɣan :　olur-[mïš]

登里罗・没密施・颉・翳德密施　回纥　可汗　坐下-ADJL

……登里罗・没密施・颉・翳德密施登位为回纥可汗。

2D

… … … … är-miš :　qaɣan […]　iki(?)　är-miš :　an-ta-dan :

是-ADJL　可汗　二　是-ADJL　那-LOC-ABL

öd känč　qaɣan　är-mi[š][①]

移地健　可汗　是-ADJL

……了，可汗……有了两个。之后，移地健成为可汗。

3D

üčün otuz tatar […il]　tut-[dï] :　ančïp :　yas-ï　täg-di

为了　三十　鞑靼　国家　抓住-3sg.PAST　年岁-3sg.POSS　到达-3sg.PAST

由于……原因，三十……他统治了国家。之后，他年迈去世了。

4D ...𐱅𐰭𐰼𐰃𐰓𐰀 : 𐰉𐰆𐰞𐰢𐱁 : 𐰃𐰠 : 𐰃𐱃𐰢𐱁 : 𐰉𐰃𐰠𐰏 : 𐰴𐰍𐰣𐰢

……täŋridä : bolmïš　il : itmi[š　bilgä]　qaɣan-im

登里罗・没密施・颉・翳德密施　毗伽　可汗-1sg.POSS

olur-tï :　äl　tut-dï

坐下-3sg.PAST　国家　抓住-3sg.PAST

……我的登里罗・没密施・颉・翳德密施可汗登位，并统治了国家。

5D

………[qaɣan-ïm :]　bälgü-si-n　üčün :　öŋrä :　kün toɣsïq-daqï

可汗-1sg.POSS　记号-3sg.POSS -ACC　为了　前面　东方-LQ

---

① antadan，Mehmet ölmez 转写原作 anta adïn，今据耿世民《古代突厥文碑铭研究》改。

bod-un-[qa]

身体-PL-DAT

……由于他的标志，一直到居住在日出之方的人民都归属了。

6D 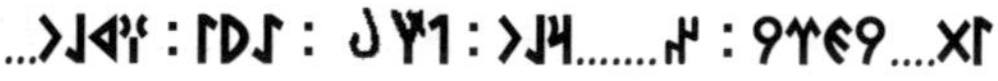

……… bulaq-ïɣ :　　ïya : bas-ïp　　olur-[tï]…… :　　yär-ig …[1]

谋落-ACC　　征服-ADVL　　坐下-3sg.PAST　　地方-ACC

……他征服了谋落部……

第四节　南　　面

1N 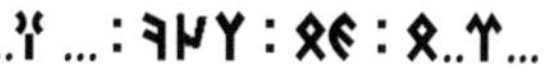

………… kül : bäg　:　[bilgä　　qaɣan] …

阙匐　　毗伽　　可汗

……阙匐毗伽可汗。

2N 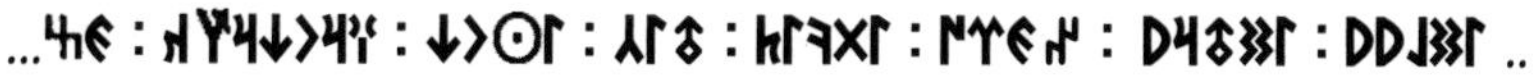

………… tizig　qasar　qoruɣ :　qon-tï :　　čït :　　tik-di

铁兹　葛萨　堡　住下-3sg.PAST　围墙　立起-3sg.PAST

……他驻跸于铁兹河源和曷萨堡，并在那里建筑了围墙，

örgin :　yarat-dï　　yay-la-d[ï][2]

王座　造-3sg.PAST　夏天-NP-3sg.PAST

建立了汉庭，度过了夏天。

3N 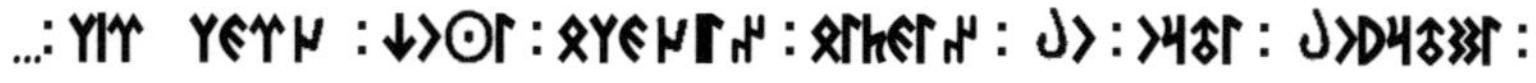

……………ilsär　　il(k)-gärü :　　qon-tï :　　bälgü-si-n

艾勒萨尔　　前-DAT　　住下-3sg.PAST　　记号-3sg.POSS-ACC

……他驻跸于东方，在艾勒萨尔，

---

① bulaqïɣ，Mehmet ölmez 转写为 yollug，今据耿世民《古代突厥文碑铭研究》改。

② Mehmet ölmez 的转写无 tizig，今据耿世民《古代突厥文碑铭研究》补。

bitig-in : bu : ur-tï : bu : yarat-dï :

书-ACC 这 打造-3sg.PAST 这 造-3sg.PAST

他令人刻写建造了印记和碑文。

4N 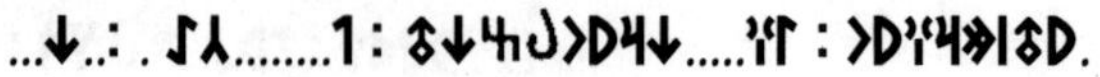

... ...toquz buyruq [...] γuq uyγur-ïm tay

九 梅禄 回纥-1sg.POSS 大

……九梅禄……我的回纥人民，大……

5N ....

... ...

第五章

铁尔痕碑

第一节　东　　面

1D ……………………………………………… 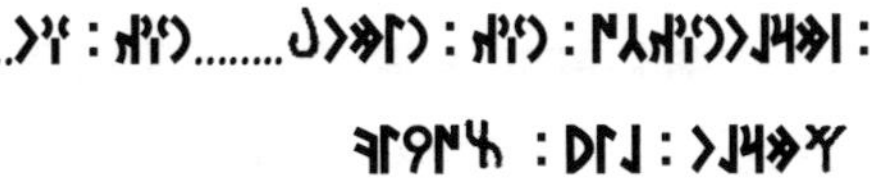

………yol[lu]ɣ :　qaɣan :　…　bumïn :　qaɣan :　üč　qaɣan

药利　可汗　布民　可汗　三　可汗

……药利可汗……布民可汗，

olur-mïš :　iki　yüz　yïl　olur-mïš

坐下-ADJL　二　百　年　坐下-ADJL

这三位可汗登了位，登位统治了二百年。

2D ……………………………………………………… 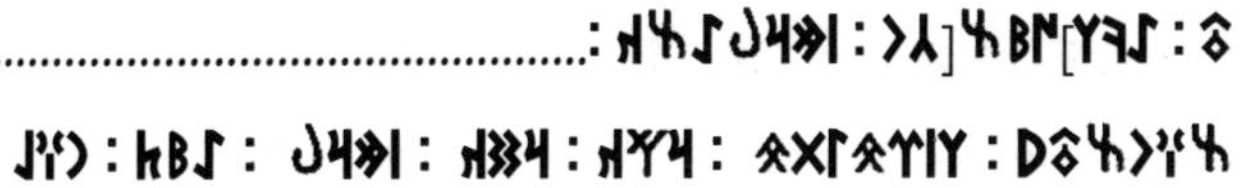

………qïz-a　bar-mïš :　uč-[mïš　bir]　iki :　atlïɣ-ïn

生气-ADVL　去-ADJL　飞-ADJL　一　二　名字的-ACC

……人民因反叛而灭亡。……因一二贵人之故

tükä : bar-mïš qadïr qasar bädi barsïl yatïz(?) oɣuz[1]

完 去-ADJL 哈狄尔曷萨 伯狄白霫 光荣的（？） 乌古斯

而衰亡。哈第尔·哈萨尔和别第·伯尔西，光荣的乌古斯

3D ....[illegible]

[illegible]

... ...l : äčü-m : apa-m säkiz on yïl olur-mïš : ötükän

祖先-3sg.POSS 八 十 年 坐下-ADJL 于都斤

……我的祖先登位统治了八十年。在于都斤

il-i : tägiräs il-i : iki-nti ara : orqun : ögüz-dä : …

国家-3sg.POSS 周围 国家-3sg.POSS 第二-ORD 中间 鄂尔浑 河流-LOC

国家及其周围地区，在鄂尔浑河流域，我们的可汗第二次登了位。

4D ....[illegible]

[illegible]

... ...yit(i)-miš yïl : olur-mï[š] : …m… … … yïl bar-mïš :

七十-ADJL 年 坐下-ADJL 年 去-ADJL

……统治了七十年。当他们登位统治了……年时……年过去了。

ata-m-ïn üzä kö^ök täŋri : asra : yaɣïz yir yana[2]

父亲-1sg.POSS -ACC 在……之上 蓝 天 下面 褐色 地方 又

当上面的蓝天，下面的褐色大地

5D ....[illegible]

[illegible]

... ... …ntar : at-an-tïm : säki[z otuz] yaš-ïm-a : yïlan yïl-qa

名字-PASS-1sg.PAST 八 三十 年岁-1sg.POSS-ADVL 蛇 年-DAT

……我被任命为……当我二十八岁蛇年时，

: tür^ük : il-i-n an-ta : bulɣa-dïm : an-ta : artat-dïm:

突厥 国家-3sg.POSS-ACC 那-LOC 乱-1sg.PAST 那-LOC 破坏-1sg.PAST

我使突厥国家变得混乱，之后，并把他们摧毁了。

---

① uč[mïš bir] iki，Mehmet ölmez 的转写原作 uč[uz kö]lkä，今据耿世民《古代突厥文碑铭研究》改。

② ...yetmiš，Mehmet ölmez 的转写无 yet-，今据耿世民《古代突厥文碑铭研究》补。

6D .... 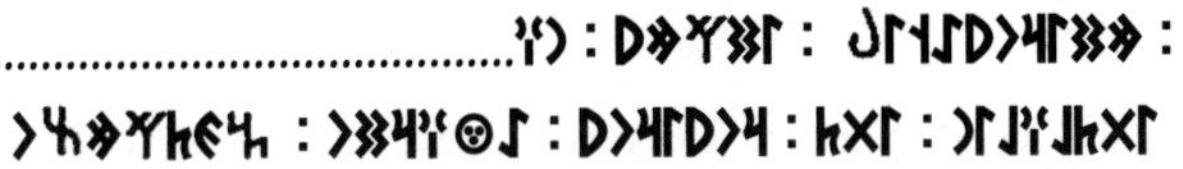

... ... [atlï]ɣ-ïn : yamaš-dï : bïn-ga yorï-dï :

马的-ACC 使用-3sg.PAST 骑-DAT 出征-3sg.PAST

……他使用了骑兵。队伍出发了。

ozmïš tigin : oduryan-ta yorï-yur : ti-di : a-nï

乌苏迷施 特勤 温都尔汗-LOC 出征-ADVL 说-3sg.PAST 他-ACC

al-ɣïl ti-di[①]

拿-2sg.IMP 说-3sg.PAST

“乌苏迷施特勤从奥都尔汗来了”他说。“去捉住他！”他说

7D .... 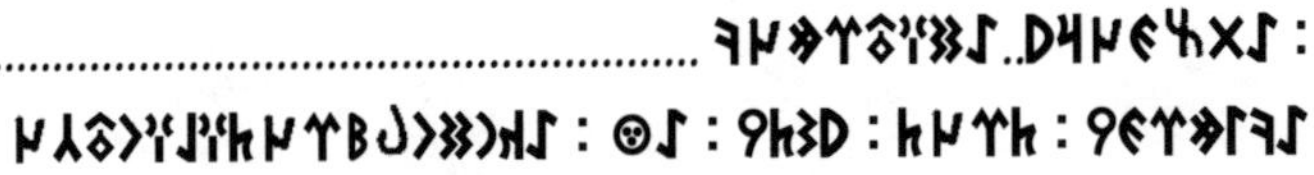

... ... [ir-tim qara kum aš-mïš kögür-dä] kömür

追赶-1sg.PAST 黑 沙漠 越过-ADJL 寇古尔-LOC 煤

……我跟在后面。我在寇古尔越过了黑沙，并在煤

taɣ-da yar ögüz-dä üč tuɣ-luɣ türk bodun-qa

山-LOC 牙尔 河-LOC 三 旗帜-NP 突厥 人民-DAT

山和牙尔河，我攻击了三旗突厥人民，

an-ta yiti-nč ay tört yigirmi-kä ...[②]

那-LOC 七-ORD 月 四 二十-DAT

于七月十四日

8D .... 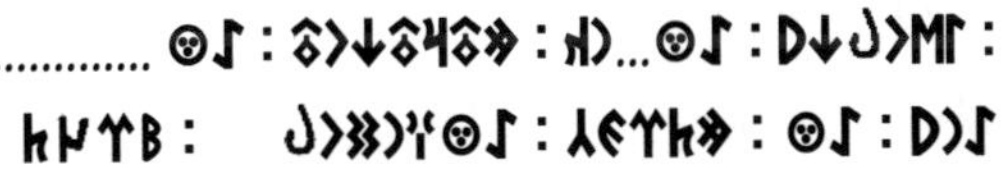

... ... an-ta toŋtar-tïm : qan-[ï-n al-tïm]

那-LOC 推翻-1sg.PAST 汗-3sg.POSS -ACC 拿-1sg.PAST

……我推翻了突厥的统治。其可汗

an-ta : yoq bol-tï : türük : bod-un-ïɣ an-ta :

那-LOC 没有 成为-3sg.PAST 突厥 身体-PL-ACC 那-LOC

---

① yorïdï，Mehmet ölmez 的转写原作 yorïdïm，今据耿世民《古代突厥文碑铭研究》改。

② Mehmet ölmez 的转写无 irtim 和 anta，今据耿世民《古代突厥文碑铭研究》补。

ič-gär-tim :　　an-ta :　　yana[①]

内-NP-1sg.PAST　那-LOC　　又

没有了……在那里我使突厥人民内属了。在那里又

9D ……………………………………………………………… [illegible] :
[illegible] : [illegible]

… … …[taqï]　ozmïš :　　tigin :　qan　bol-tï :　　kᵒoń　　yïl-qa :

　　　又　　乌苏迷施　特勤　汗　成为-3sg.PAST　羊　　年-DAT

yorï-dïm :

出征-1sg.PAST

……之后乌苏迷施特勤称可汗。羊年我出征了。

第二节 南　　面

1N …[illegible]…………………………………………………… [illegible]…..
…………[illegible] : [illegible] : [illegible] : [illegible]

iki-nti　　[süŋ-üš-dim　　　　　iki　　ay　altï　yaŋï-qa

二-ORD　　军队-RECP-1sg.PAST　二　　月　六　新的-DAT

我第二次与其交战了。二月初六日我与其交了锋……

toqï-š-dïm]……　　bičin　yïl-qa　　y[orï-dïm] … … … … … süŋ-üš-dim :

打-RECP-1sg.PAST　猴　　年-DAT　出征-1sg.PAST　军队-RECP-1sg.PAST

猴年我出征了……我与之交了战。

an-ta　　sanč-dïm :　　　　qan-ï-n　　　　　an-ta[②]

那-LOC　刺-1sg.PAST　　汗-3sg.POSS -ACC　那-LOC

在那里我刺杀了，我俘获其可汗，

---

① Mehmet ölmez 的转写无“…ïn altïm”，今据耿世民《古代突厥文碑铭研究》补。

② Mehmet ölmez 的转写无“süŋüšdim iki ay altï yaŋïqa toqïšdïm”，今据耿世民《古代突厥文碑铭研究》补。

2N 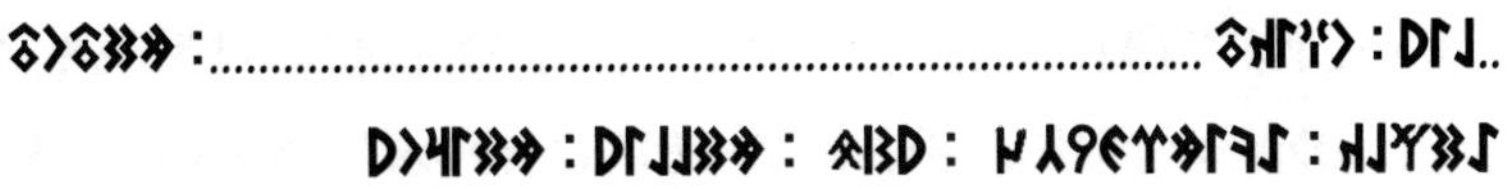

tut-dïm :　[qatun-ï-n　an-ta　al-tïm……　an-ta

抓住-1sg.PAST　可敦-3sg.POSS -ACC　那-LOC　拿-1sg.PAST　那-LOC

并俘获其可敦……

kisrä　baš-ï　käl-ti]……　taqïɣu :　yïl[-qa]　yorï-dïm :

之后　头-3sg.POSS　来-3sg.PAST　鸡　年-DAT　出征-1sg.PAST

之后其首领来了……鸡年我出征

yïlla-dïm :　biš-inč　ay :　üč　yigirmi-kä :　aqlaš-dï[①]

年-1sg.PAST　五-ORD　月　三　二十-DAT　集结-3sg.PAST

并住在那里。五月十三日他们集结了。

3N 

süŋ-üš-dim　an-ta　sanč-dïm : … bäg … .....tïm :

军队-RECP-1sg.PAST　那-LOC　刺-1sg.PAST　匐　-PST.1sg

我与其交了战，我在那里刺杀了……匐…………

ič-gär-ip　igdir　böl……　bän :　an-ta :　kisrä :　it

内-NP-ADVL　依格达尔　分开　我　那- LOC　之后　狗

我征服……依格达尔人分裂了……之后狗年

yïl-qa :　üč qarluq :　yablaq　saqïn-ïp :　täz-ä　bar-dï :

年-DAT　三葛逻禄　坏　想-ADVL　逃走-ADVL　去-3sg.PAST

qurï-ya　on　oq-qa[②]

西-DAT　十　箭-DAT

三姓葛逻禄心怀恶意地逃走了。他们逃进西方十箭之地。

---

① Mehmet ölmez 的转写无“qatunïn anta altïm... anta kisrä bašï kälti”，今据耿世民《古代突厥文碑铭研究》补。aqlašdï，Mehmet ölmez 的转写原作 qalïšda，今据耿世民《古代突厥文碑铭研究》改。

② böl-，Mehmet ölmez 的转写原作 bölük，今据耿世民《古代突厥文碑铭研究》改。

4N

4N 𐰚𐰃𐰼𐱅𐰃 : ⊙𐰽 𐰤𐱃𐰀 𐰋𐰠𐱅𐰃 : 𐰇𐰠𐱅𐰃 𐰇𐰲 : 𐰴𐰺𐰞𐰸 ... 𐰞𐰀𐰖𐰕𐰣 : 𐰖𐰃𐰞𐰴𐰀 : 𐱃𐰸𐰆𐰕 (𐱃𐰀𐱃𐰀𐰺) : 𐱃𐰸𐰆𐰕𐰉𐰆𐰖𐰺𐰸 : 𐰋𐰃𐱁 : 𐰽𐰭𐰇𐰤𐱅

kir-ti : an-ta [ič-ik]-di … … … … …[ö]l-t[i] … … … … üč [qarluq] :

进入-3sg.PAST 那-LOC 内-NP-3sg.PAST 死-3sg.PAST 三 葛逻禄

之后……三姓葛逻禄于

laɣzïn yïl-qa : toquz tatar : … … … toquz buyruq [b]i[š] säŋü(n)-t : qara

猪 年-DAT 九 鞑靼 九 梅录 五 将军-PL 黑

猪年，九姓鞑靼……九梅禄……五将军，

bod-un : turayïn qaŋ-ïm qan-qa : ötün-ti : äčü apa at-ï

身体-PL 土里燕 父-1sg.POSS 汗-DAT 请求-3sg.PAST 祖先 名字-3sg.POSS

全体普通人民请求我父可汗土里燕即位为可汗。“这是祖先的

5N

bar- ti-di [ötükän il-i siz-dä äbir ti-di]

去 说-3sg.PAST 于都斤山 国家-3sg.POSS 你-LOC 围绕 说-3sg.PAST

意愿！”——他们说。他对周围的国家给了……

… … … an-ta : yabɣu : at-a-dï : an-ta kisrä : küsgü

那-LOC 叶护 名字-NP-3sg.PAST 那-LOC 之后 鼠

之后他被任为叶护。之后，在鼠年，

yïl-qa : sin-lig-dä : küč : qara bodun ti-miš :

年-DAT 好人-NP-LOC 力量 黑 百姓 说-ADJL

他们说：“如果权力在好人手中，普通人民得享平安……

sin-siz-dä : küč qara : sub är-miš : qara bodun : turuyïn : qaɣan[①]

坏人-NP-LOC 力量 黑 水 是-ADJL 黑 百姓 土里燕 可汗

如果权力在恶人手中，对普通人民则是祸水。” 他被宣布为土里燕可汗，

---

① sinsizdä，Mehmet Ölmez 的转写原作 sin：sizdä，今据耿世民《古代突厥文碑铭研究》改。

6N 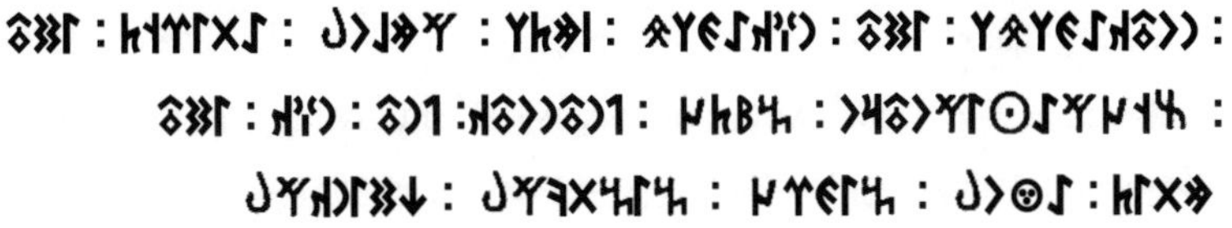

at-a-dï :　　　　　　　　täŋridä : bolmïš : il itmiš : bilgä qa[ɣa]n :

名字-ADVL-3sg.PAST　登里罗 · 没密施 · 颉 · 翳德密施 · 毗伽可汗

宣布为登里罗 · 没密施 · 颉 · 翳德密施 · 毗伽可汗，

at-a-dï :　　　　　　　　ilbilgä qatun :　　at-a-dï :　　　　　　qaɣan :

名字-ADVL-3sg.PAST　伊利 · 毗伽可敦　名字-ADVL-3sg.PAST　可汗

其妻为伊利 · 毗伽可敦。

at-a-n-ïp :　　　　　　　　qatun　at-a-n-ïp :　　　　　　ötükän :

名字-ADVL- REFL -PASS　可敦　名字-ADVL- REFL -PASS　于都斤山

当被宣布为可汗和可敦后，我让人在这里，在于都斤山林

ortu-s[ï-n-t]a　　　　　　a[s üŋ]üz : baš qan　ïduq :　baš　ki (d)din-in :

中间-3sg.POSS -EPE-LOC　孙古斯巴石汗　神圣的　头　西面-ACC

örgin :　bu-n-ta :　　　it-it-dim

王座　这-EPE-LOC　做-CAUS-1sg.PAST

中间，在孙古斯巴石汗圣山之西边建立了汗庭。

第三节　西　　面

1X 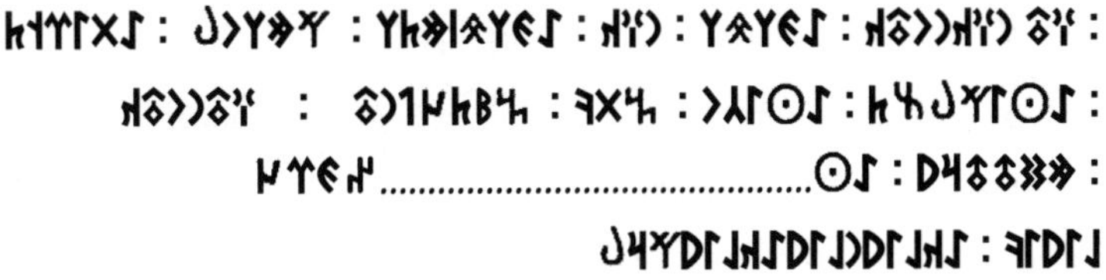

täŋridä : bolmïš : il itmiš　　bilgä :　qaɣan :　ilbilgä :　　qatun　qaɣan

登里罗 · 没密施 · 颉 · 翳德密施 · 毗伽　可汗　依利毗伽　可敦　可汗

我登里罗 · 没密施 · 颉 · 翳德密施 · 毗伽可汗及依利毗伽可敦

at-aɣ : qatun at-aɣ : at-a-n-ïp : ötükän : ki(d)d-in :
名字-ACC 可敦 名字-ACC 名字-ADVL- REFL -PASS 于都斤 西面-ACC
接受了可汗和可敦的称号，我并让人在于都斤山西边，

uč-ï-n-ta : täz baš-ï-n-ta örgin [an-ta :
端-3sg.POSS -EPE-LOC 铁兹 头-3sg.POSS- EPE-LOC 王座 那-LOC
在铁兹河上游建立了汗庭……

it-it-dim čït] an-ta : yarat-ït-dïm : bars yïl-qa
做-CAUS-1sg.PAST 围墙 那-LOC 造-CAUS-1sg.PAST 虎 年-DAT
yïlan yïl-qa : iki yïl
蛇 年-DAT 二 年
我在那里度过了虎年和蛇年两个年头的夏天。

2X 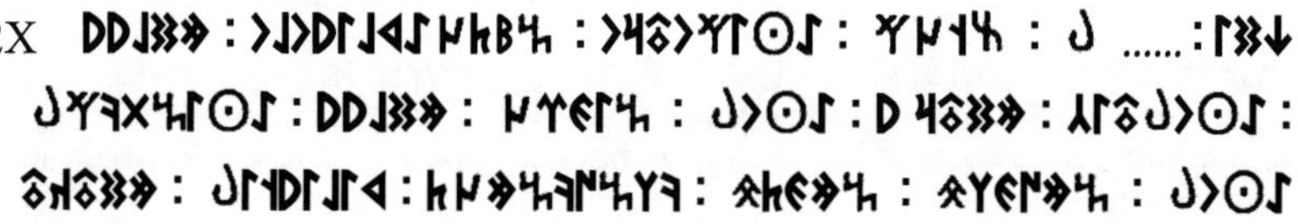

yay-la-dï-m : ulu yïl-qa ötükän : ortu-sï-n-ta :
夏天-NP-1sg.PAST 龙 年-DAT 于都斤 中间-3sg.POSS -EPE-LOC
龙年我在于都斤（山）中间，

as öŋüz : b[ašqan] : ïduq baš ki(d)-din-i-n-tä
孙古斯巴石汗 神圣的 头 西面-NP-3sg.POSS -EPE-LOC
在 süŋüz bašqan 圣峰的西方度过了夏天。

yay-la-dï-m : örgin : bu-n-ta : yarat-ït-dïm : čït
夏天-NP-1sg.PAST 王座 这-EPE-LOC 造-CAUS-1sg.PAST 围墙
我下令在那里建立了汗庭、建立了围墙（或围栏）。

bu-n-ta toqï-t-dï-m : biŋ yïl-lïq : tümän kün-lik :
这-n-LOC 打-CAUS-1sg.PAST 千 年-NP 万 日-NP
biti-g-im-in : bälgü-m-in bu-n-ta[①]
写-VP-1sg.POSS -ACC 记号-1sg.POSS -ACC 这-EPE-LOC
我并令把我的永久的（直译：“千年万日的”）诏谕和印记刻写在

① bašqan，Mehmet Ölmez 的转写原作 b...，今据耿世民《古代突厥文碑铭研究》补。

3X 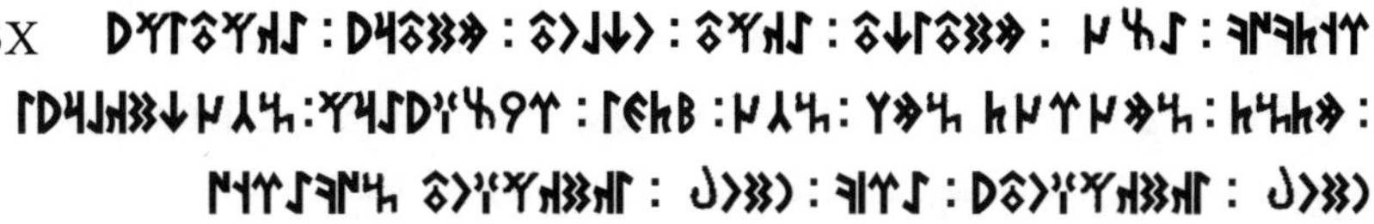

yasï	taš-qa :	yarat-ït-dï-m :	tolqu :	taš-qa
平滑的	石-DAT	造-CAUS-1sg.PAST	沉重的	石-DAT

平滑的石头上，让人把它们刻在重石上。

toqï-t-dï-m :	üzä	kök	täŋri	ya[rlïqa-duq	üčün
打-CAUS-1sg.PAST	在……之上	蓝	天	命令-ADJL	为了

由于上面有蓝天保佑我，

asra	y]aɣïz	yär :	[igit-tük]	üčün :	il-im-in
下面	褐色	地方	养育-ADJL	为了	国家-1sg.POSS- ACC

下面有褐色大地养育我，我的国家和

törü-m-in :	itin-t[im]	öŋrä	kün toɣsuq-daqï :	bodun :
法制-1sg.POSS -ACC	组成-1sg.PAST	前面	东方-LQ	百姓

法制建立了。居住在前面东方日出方向的人民

kisrä :	ay toɣsuq-daqï :	bodun
之后	西方-LQ	百姓

和居住在后面西方日落方向的人民

4X 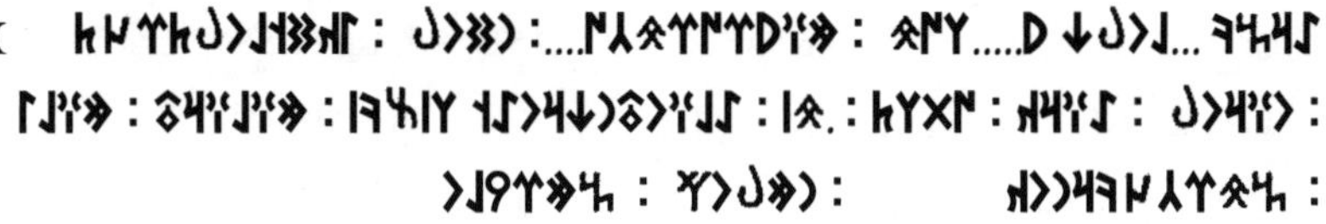

tört	buluŋ-daqï :	bod-un :	[iš k]üč	bir-ür	yaɣï-m :	bö[lük]
四	角落-LQ	身体-PL	工作	给-FUT	敌人-1sg.POSS	部分

以及所有四方的人民都（为我）出力，我的敌人则

yoq	bol[-tï	ötükän	il-i	tägiräs	il-i]	säkiz
没有	成为-3sg.PAST	于都斤	国家-3sg.POSS	周围	国家-3sg.POSS	八

失去自己的福分……在八条河流之间，

ara	ï-lïɣ-ïm : tarïɣ-laɣ-ïm :	säkiz säläŋä	orqun	toɣla : säbän-tür-dü:
中间	庄稼-NP-1sg.POSS	八 色楞格	鄂尔浑	土拉　喜爱-CAUS-3sg.PAST

那里有我的草场和耕地。色楞格、鄂尔浑、土拉等八条河流使我愉快。

qaraɣa : burɣu : ol yir ikin : sub-ïm-ïn : qon-ar köč-ür bän :[①]

（地名）（地名）那 地方二 水-1sg.POSS -ACC 住下-CAUS 迁移-CAUS 我

在那里，在 qarɣa 和 burɣu 两条河之间，我居住着和游牧着。

5X

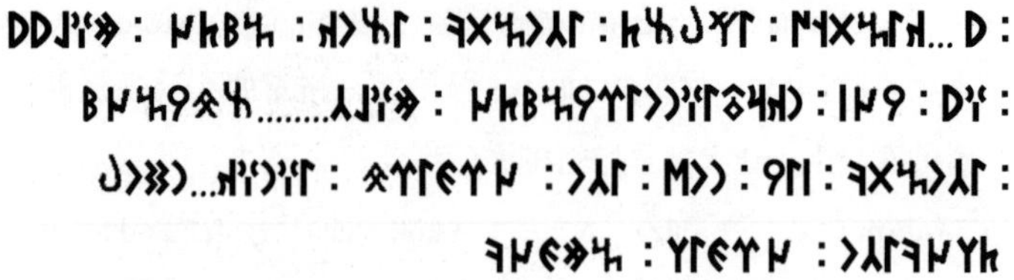

yay-laɣ-ïm : ötükän : quz-ï : ki(d)-din uč-ï : täz

夏天-NP-1sg.POSS 于都斤 北坡-3sg.POSS 西面-NP 端-3sg.POSS 铁兹

在我的夏牧地，在于都斤山北坡的西边，直到铁兹河

baš-ï : öŋ-dün-i qon-ar köč-ür bän…

头-3sg.POSS 东面-NP-3sg.POSS 住下-NPST 迁移-NPST 我

上游以东，我在那里居住并游牧……

čalɣ-ïm : ötükän yir-i onyï at-lan-dï sü

意愿-1sg.POSS 于都斤 地方-3sg.POSS 人名 马-NP-3sg.PAST 军队

依据我的意愿，onyï 从于都斤山地区去出征。

iy- yïɣ- bodun … ti-dim : biri-gärü : uč-ï : altun :

跟随 集合 百姓 说-1sg.PAST 南面-DAT 端-3sg.POSS 金

“跟随军队出征并集合起人民！” “保卫在……南边的疆界，在金山

yïš : ki(d)-din uč-ï : … kögmän ili-gärü uč-ï yölät[②]

山林 西面-NP 端-3sg.POSS 曲漫 东面-DAT 端-3sg.POSS 保卫

山林的西边疆界和在曲漫山的东边疆界！”我说。

---

① 本行的前一个 säkiz，Mehmet Ölmez 的转写原作 ikin；säbäntürdü，Mehmet Ölmez 的转写原作 säbi[n] tälädü；yir ikin，Mehmet Ölmez 的转写原作 yirimin。今据耿世民《古代突厥文碑铭研究》改。

② qonar köčür bän，Mehmet Ölmez 的转写原作 qo[ńu]y künüy $b^{2}z$；čalyïm，Mehmet Ölmez 的转写原作 ič ïlaɣïm；onyï atlandï sü iy yïɣ bodun ... tidim，Mehmet Ölmez 的转写原作 oŋï ... süy：yaɣ：... bodun[qï] qaɣanyï；yölät，Mehmet Ölmez 的转写原作 költ[i]。今据耿世民《古代突厥文碑铭研究》改。

6X 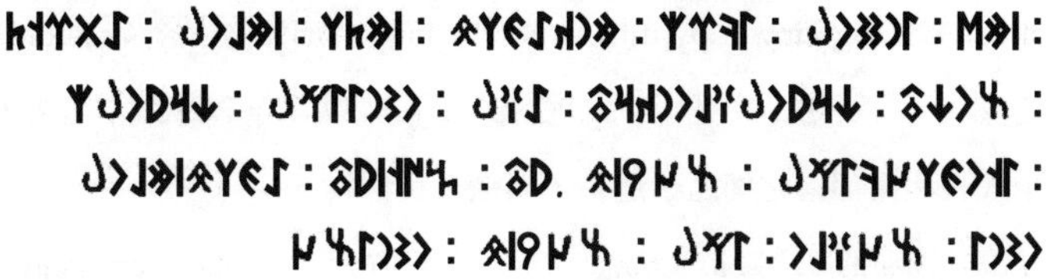

täŋridä : bolmïš : il itmiš : bilgä qan-ïm : ičräki : bodun-ï :

登里罗 • 没密施 • 颉 • 翳德密施 • 毗伽 可汗-1sg.POSS 里面的 人民-3sg.POSS

我的登里罗 • 没密施 • 颉 • 翳德密施可汗臣服了住在国内的人民，

al-t-mïš : ič buyruq : baš-ï ïnanču : baɣa ; tarqan

拿-CAUS-ADJL 内 梅录 头-3sg.POSS 伊难珠 • 莫贺 • 达干

内梅禄的首领是伊难珠 • 莫贺 • 达干。

uluɣ buyruq : toquz : bolmïš bilgä : tay säŋün : tutuq

大 梅录 九 没密施 毗伽 大 将军 都督

大梅禄共有九个，

biš yüz : baš-ï külüg oŋï : öz ïnanču :

五 百 头-3sg.POSS 俱录 • 翁伊 • 俄兹 • 伊难珠

他们是：五百人长毗伽大将军都督，

biš yüz : baš-ï : uluɣ öz ïnanču[1]

五 百 头-3sg.POSS 乌鲁赫 • 俄兹 • 伊难珠 •

五百人长俱录 • 翁伊 • 俄兹 • 伊难珠，

7X 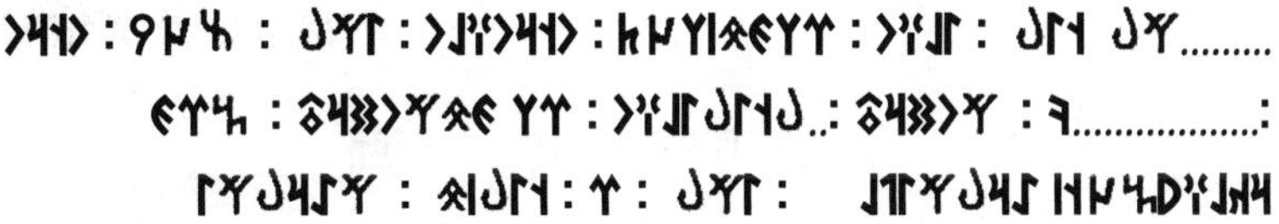

uruŋu : yüz : baš-ï : uluɣ uruŋu : tölis

乌隆古 百 头-3sg.POSS 乌鲁赫 • 乌隆古 突利施

百人长乌鲁赫 • 俄兹 • 伊难珠 • 乌隆古，

bäg-lär : oɣ(u)l-ï : biŋ : baš[-ï tölis kül]üg ärän

官员-PL 儿子-3sg.POSS 千 头-3sg.POSS 突利施 • 俱录 • 伊然

乌鲁 • 乌隆古，千人长突利施部诸匐之子突利施 • 俱录 • 伊然，

---

① tutuq，Mehmet Ölmez 的转写原作 oŋï。今据耿世民《古代突厥文碑铭研究》改。

tarduš bäg-lär : oɣ(u)l-ï biŋ ba[š-ï] tarduš : k[ülüg ärän

达头 官员-PL 儿子-3sg.POSS 千 头-3sg.POSS 达头・俱录・伊然

千人长达头部诸位匐之子达头・俱录・伊然，

tarduš] ïšbaras bäš biŋ : är : baš-ï : alp ïšbara säŋün yaɣlaqar

达头・沙钵略施 五 千 人 头-3sg.POSS 合・沙钵略・将军・夜落葛

五千人长达头・沙钵略施，合・沙钵略・将军・夜落葛……

8X 

... ... toquz yüz : är : baš-ï tuyqun : uluɣ : tarqan : buquɣ :

九 百 人 头-3sg.POSS 托依汗・乌鲁赫・达干・卜古赫

bïn-ga … … …

骑-DAT

……九百人长托依汗・乌鲁赫・达干・卜古赫的队伍，

9X 

... ... bodun-ï : bïn-ga qaɣas : atačuq bodun-ï bïn-ga

身体-3sg.POSS 骑-DAT 勇敢的 阿塔楚克 身体-3sg.POSS 骑-DAT

……部人的队伍，勇敢的阿塔楚克部人的队伍。

第四节 北 面

1B 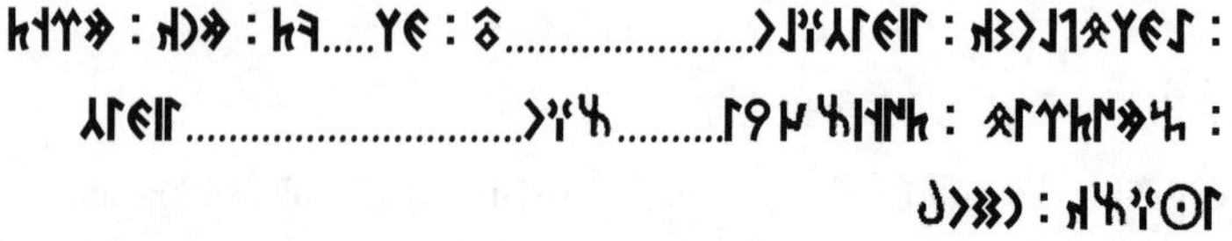

täŋri-m : qan-ïm tiki[m täg]lig : t[ut-dï biš …… q]utluɣ

天-1sg.POSS 汗-1sg.POSS 瞎子 像的 抓-3sg.PAST 五 骨咄禄

我的天可汗捉住了很多步入歧途的人，五百人长……骨咄禄

čigši aqïnču alp bilgä : čigši … qan aruq oɣuz [bodun

刺史 汗楚·合·毗伽 刺史 汗 瘦 乌古斯 百姓

刺史，汗楚·合·毗伽·刺史……可汗征服了筋疲力尽的乌古斯人民、

alt]ï yüz säŋü(n)-t : bir tümän : bodun : qazɣan-tï[1]

六 百 将军-PL 一 万 百姓 努力-3sg.PAST

六百将军和一万人民。

2B 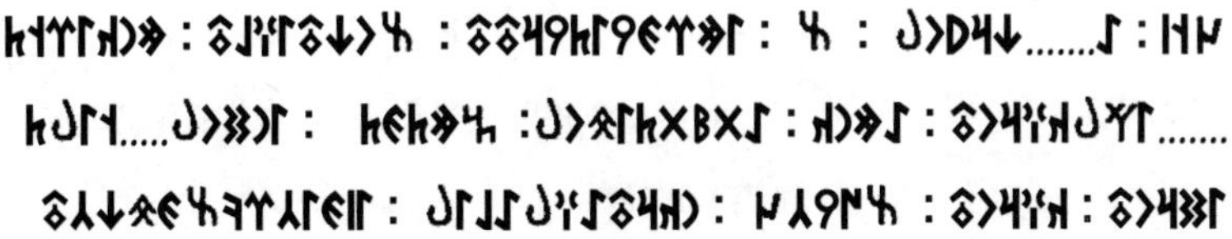

täŋri qan-ïm : atlïɣ-ï toquz : ta⟨ tar⟩ yiti yigirmi :

天 汗-1sg.POSS 马的-3sg.POSS 九 鞑靼 七 二十

啊，我的汗，有这些人出席：我天可汗的骑士，九姓鞑靼，十七

az : buyruq [toŋrad]a : saŋü(n)-t bïn-g[a uyɣur] bo⟨ d⟩ un-ï :

阿热 梅录 同罗 将军-PL 骑-DAT 回纥 百姓-3sg.POSS

阿热梅禄，同罗部的将军和队伍，回纥人民及

tigi(n)-tim-in : bu biti-dük-dä : qan-ïm-a : tur-ɣaq

特勤-1sg.PAST-ACC 这 写-ADJL-LOC 汗-1sg.POSS-ADVL 站立-VP

我的诸特勤，当书写这些文字的时候，

baš-ï [qaɣas] atačuq bägzik är čigši : bïla

头-3sg.POSS 勇敢的 阿塔楚克 别克泽克·艾尔 刺史 和

护卫军首领勇敢的阿塔楚克及别克泽克·艾尔·刺史

baɣa tarqan : üč yüz : tur-ɣaq : tur-dï :

莫贺达干 三 百 站立-VP 站立-3sg.PAST

连同莫贺达干和三千护卫军，以及

---

① t[utdï biš...q]utluɣ，Mehmet Ölmez 的转写原作 t[utdï ... ...] uluɣ；今据耿世民《古代突厥文碑铭研究》改。qan aruq，Mehmet Ölmez 未转写此二字，今据耿世民《古代突厥文碑铭研究》补。

3B 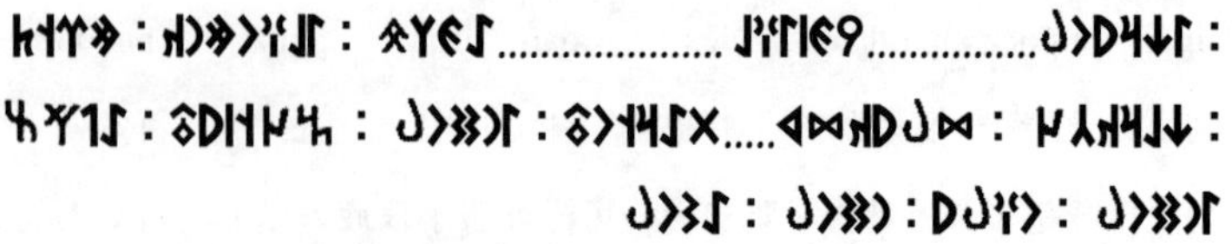

täŋri-m : qan-ïm oɣ(u)l-ï : bilgä tarqan qutluɣ bilgä yabɣu

天-1sg.POSS 汗-1sg.POSS 儿子-3sg.POSS 毗伽达干 骨咄禄・毗伽 叶护

我天可汗之子毗伽达干和骨咄禄・毗伽・叶护……草

…atlïɣ isig yir at-lïɣ-ï …. buyruqï : bodun-ï

名字的 热 地方 马-NP-3sg.POSS 拔野古 百姓-3sg.POSS

原贵人……拔野古人民，阿热・阿斯帕・大将军和其人民，

az sïpa : tay säŋün : bodun-ï : toŋrad[a …]ïq baš qaybaš ;

阿热・阿斯帕 大 将军 百姓-3sg.POSS 同罗 巴什・哈依巴什

同罗部的巴什・哈依巴什，

üč qarluq : bu-n-ča bodun : yabɣu : bodun-ï :[1]

三 葛逻禄 这-EPE-EQUI 百姓 叶护 百姓-3sg.POSS

三姓葛逻禄等这许多人民。属于叶护的人民，

4B 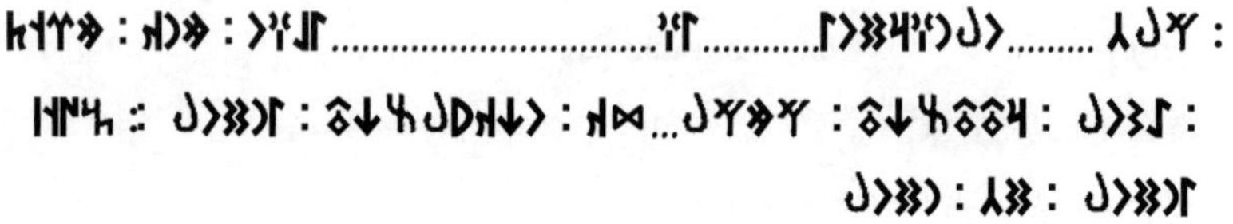

täŋri-m : qan-ïm : oɣ(u)l-ï [bilgä tölis uluɣ bilgä čad

天-1sg.POSS 汗-1sg.POSS 儿子-3sg.POSS 毗伽 突利施 乌鲁赫 毗伽 设

qutl]uɣï [… qutluɣ]ï udarɣan bu[yruqï] čabïš säŋün : bodun-ï :

骨咄禄 骨咄禄 奥尔都汗 拔野古 察必失 将军 百姓-3sg.POSS

toquz bayïrqu : qayra basmïl : toquz tatar : bu-n-ča

九 拔野古 又 拔悉密 九 鞑靼 这-EPE-EQUI

---

① tarqan qutluɣ bilgä yabɣu...atlïɣ isig yir atlïɣï，Mehmet Ölmez 的转写原作 tarduš: uluɣ bilgä yabɣu qutluɣï isig yir qutluɣï，今据耿世民《古代突厥文碑铭研究》改。Mehmet Ölmez 的转写字 buyruqï 后无 bodunï，bunča 后无 bodun，今据耿世民《古代突厥文碑铭研究》补。qaybaš，Mehmet Ölmez 的转写原作 qay aba baš，今据耿世民《碑铭研究》改。

bodun : čad : bodun-ï[①]

百姓 设 百姓-3sg.POSS

我天可汗之子……对人民……奥尔都汗……察必失将军的人民，又征服了九姓拔野古……拔悉密、九姓鞑靼这许多人民。属于设的人民

5B

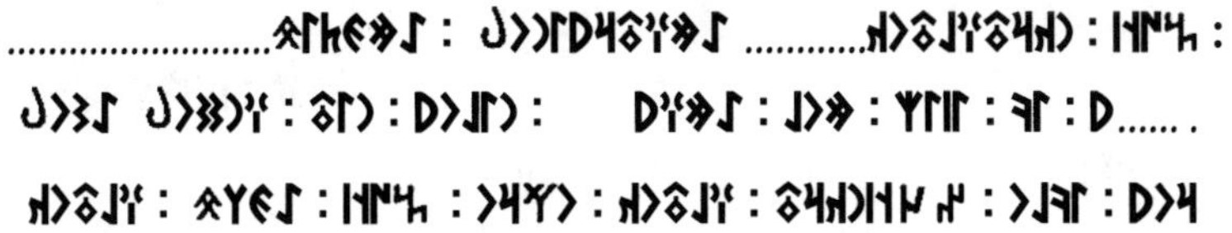

…an-ta täg-di : bu-nï yarat-ïγma [biligä] qutluγ tarqan :

那-LOC 袭击-3sg.PAST 这-ACC 造-ADJL 毗伽・骨咄禄・达干

……那时他进击了。建立此碑的毗伽・骨咄禄・达干

säŋün bu-n-ča bodun-uγ : at-ïn : yol-ïn : yaγma :

将军 这-EPE-EQUI 百姓-ACC 名字-ACC 路-ACC 样磨

将军光荣地战胜了这许多人民。他派两支军队去征讨样磨部

alum : čisi : iki y[orï-t-di :] qutluγ : bilgä : säŋün :

伦木・赤西 二 出征-CAUS-3sg.PAST 骨咄禄・毗伽 将军

和伦木・赤西。他对骨咄禄・毗伽・将军

urušu : qutluγ : tarqan säŋün : ol iki : yor[②]

乌鲁术・骨咄禄・达干 将军 那 二 走

和乌鲁术・骨咄禄・达干・将军那两人下令说道：“去吧！”

6B

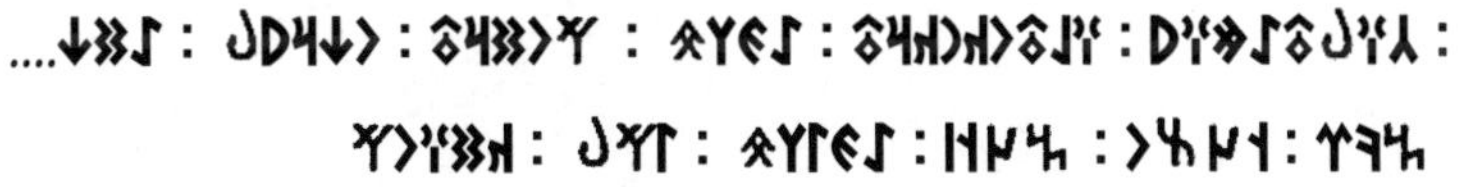

yarlïqa-dï : bayïrqu : tarduš : bilgä : ta[rqan : qutlu]γ :

命令-3sg.PAST 拔野古 达头・毗伽・达干 骨咄禄

来自拔野古部的达头・毗伽・达干和骨咄禄

---

① qayra，Mehmet Ölmez 的转写原作 aq baš [qay aba]，今据洪勇明《回纥汗国古突厥文碑铭考释》改。

② anta tägdi，Mehmet Ölmez 的转写原作 bitigmä，今据耿世民《古代突厥文碑铭研究》改。

yaɣma tabɣač : soɣdaq : baš-ï : biligä : säŋün : ozï[l] öŋ irkin[①]
样磨 唐朝 粟特 头-3sg.POSS 毗伽 将军 奥泽勒·翁·俟斤
以及样磨、唐朝和粟特胡人的首领，毗伽将军，奥泽勒·翁·俟斤。

刻在石龟上的一行文字

bu-nï : yarat-ïɣma bökä tutam
这-ACC 造-ADJL 伯凯·土塔木
建造此碑者为伯凯·土塔木。

① yarlïqadï，Mehmet Ölmez 的转写原作...uqda，今据耿世民《古代突厥文碑铭研究》改。

第六章

叶尼塞地区碑铭

第一节　乌裕克吐冉（Uyuk-Turan）

 1

quy-da　　qunčuy-um　　öz-dä　　oɣl-um　　yït-a

闺房-LOC　公主-1sg.POSS　自己-LOC　儿子-1sg.POSS　失去-ADVL

我闺房中的公主，我的爱子，

äsizim　ä　　yït-a　　bök-mä-dim　　adrïl-tïm　　kin-im

遗憾　MOOD　失去-ADVL　满足-NEG-1sg.PAST　分离-1sg.POSS　亲戚-1sg.POSS

我的亲戚们，我与你们别了，

qadašïm　　yït-a　　adrïl-tïm

亲属-1sg.POSS　失去-PRES.CON　分离-1sg.POSS

(这是)我所不能忍受的(直译为，我们不能满足的)

 2

altunlig　　käš-ig　　bäl-im-tä　　ban-tïm　　täŋri

金的　　饰物-ACC　腰-1sg.POSS-LOC　绑-1sg.PAST　天

我戴着金色的饰物，

äl-im-kä bök-mä-dim äsizim ä yït-a

天国-1sg.POSS-DAT 满足-NEG-1sg.PAST 遗憾 MOOD 失去-ADVL

我不能待在天国里。

𐰢𐰏𐱅𐰼𐰏𐱅𐰼𐰃:𐰢𐰾𐰜𐰤𐱅:𐰀𐰢𐰃:𐰢𐰀𐰖:𐱁𐱃𐱁

3

öčin külüg tirig bän täŋri äl-im-tä yämlig bän

于勤阙特热克 我 上天 国-1sg.POSS-LOC 富足 我

我便是于勤阙特热克(öčin külüg tirig)，我的天国很富足。

𐰢𐰖𐰼𐰃:𐱃𐰃𐰢𐱃𐰃𐰼𐰀:𐰢𐱁𐰀𐰖:𐱁𐰢𐱁𐰖:𐰇𐰲

4

üč yätmiš yašïm-qa adrïl-tïm ägök qatun yärim-dä

三 七十 岁-1sg.POSS-DAT 离开-1sg.PAST 艾格 可顿 地-1sg.POSS-LOC

adrïl-tïm

离开-1sg.PAST

我在63岁时，离开了我的艾格可顿(ägök qatun)之地。

𐰢𐰖:𐰞𐰍𐰆:𐰤𐰃𐰢𐰞𐰆𐰖:𐰢𐰃𐰍𐰖𐰕𐰚:𐰀𐰢𐰃𐰞𐰀:𐰼𐱅

5

täŋri äl-im-kä kazɣaq-ïm oɣl-um-ïn öz oɣl-um

天 国-1sg.POSS-LOC 卡兹哈克-1sg.POSS 儿子-1sg.POSS-ïn 自己 儿子-1sg.POSS

天国里有我的爱子卡兹哈克(kazɣaq)

altï biŋ yunt-um

六 千 马-1sg.POSS

和我的六千匹马。

𐰲𐰀:𐰢𐰃𐰼𐰀𐱅𐰀:𐱁𐰖𐱃:6𐰚𐰀:𐰢𐰖𐰚:𐰀𐱁:𐰀𐰞𐱁𐰀:𐰆𐰆𐰆: 6
𐰢𐰞𐰆𐰖:𐰽𐰘𐰆𐰞:𐰢𐰲𐰼𐰚𐰀:𐰢𐰃𐰖:𐰀𐰖𐰢𐱅𐰀:𐱁𐱃𐱁

6

qan-ïm tölbüri qara bodun külüg qadaš-ïm äsizim ä

可汗-1sg.POSS 托卜力 黑 人民 有名的 亲戚-1sg.POSS 遗憾 MOOD

我的可汗托卜力(tölbüri)，我的庶民，

äčič-im är ög-lär oɣ-lan är küdägü-lärim qïz kälin-lärim

姐姐-1sg.POSS 人 母亲-PL 儿子-PL 人 儿媳-PL-1sg.POSS 女儿 女婿-1pl.POSS

bök-mä-dim

忍-NEG-1sg.PAST

我的姐姐，我的亲戚们，我的女婿们我无法忍受(离别之苦)。

第二节　埃莱盖斯特（Elegest Ⅰ）

 1

quy-da　qunčuy-uma　äsizim　yït-a　öz-dä

闺房-LOC　公主-1sg.POSS　遗憾　失去-ADVL　自己-LOC

闺房中的妻子呼，

uɣl-um　äsiz-im　ä　adrïl-dïm　yït-a

儿子-1sg.POSS　遗憾　MOOD　离开-1sg.PAST　失去-ADVL

(还有)我的孩子们，我离开你们了

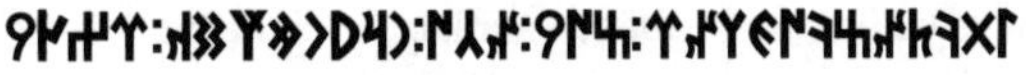 2

yüz　är　qadaš-ïm　uyur-ïn　üčün　yüz　ärän　älig　öküzün　tik-di

百　人　亲属-1sg.POSS　帮助-INST　因此　百　人　五十　公牛-ACC　喂养

-3sg.PAST

在 100 名男士，亲戚的努力下，百名男土喂养了 50 只公牛

 3

kök　täŋri-dä　kün ay　äsizim　är-miš　yït-a

蓝　天-LOC　日 月　遗憾　是-PAST　失去-ADVL

蓝的天空，

äsiz-im　ä　adrïl-tïm

遗憾　MOOD　离开-1sg.PAST

日月我离开(你们)了

 4

qan-ïm　äl-im　ä　äsizim　ä　yït-a

可汗-1sg.POSS　国家-1sg.POSS　MOOD　遗憾　MOOD　失去-ADVL

bök-mä-dim

忍-NEG-1sg.PAST

哎，我的可汗，我的国家，

qan-ïm　　　　　äl-imiz　　　　yït-a　　　adrïl-tïm

可汗-1sg.POSS　　国家-1pl.POSS　　失去-ADVL　　离开-1sg.PAST

我离开你们了

[illegible] 5

körtl<e>　qan　alp　uruŋu　altunlïɣ　käš　äginin　yü<d>tüm

阙特 野　汗　阿勒　乌隆　金的　饰物　肩-ACC　佩戴-1sg.PAST

我背着阙特·野·汗·阿勒·乌隆(körtl<e> qan alp)金箭囊。

bäldä　　ban-<t>ïm　toquz　säkiz　on　yas-ïm

腰-LOC　绑-1sg.PAST　九　八十　十　岁-1sg.POSS

79 岁时，

[illegible] 6

uruŋu　külüg　toq　bögü　tärkän　e　qaŋïm　　bäg　ärdäm　üčün　birlä bar-dï

乌隆　阙里格　托　牟羽　泰干耐　父亲-1sg.POSS　官员　美德　为了　一起　去 -3sg.PAST

我的父亲乌隆·阙里格·托·牟羽·泰干(uruŋu külüg toq bögü tärkän)为了(保全)名誉(直译:为了伯爵之美德)而牺牲(直译:去了)。

[illegible] 7

qara　bodun-um　　　qatïɣ-lanïŋ　äl　törös-in

黑　人民-1sg.POSS　努力-2sg.IMP　国家　法律-3sg.POSS-ACC

哎，我的人民，由于你们的努力，

ïd-ma-ŋ　　　yït-a　　　äsiz　äl-im　　　qanïm

派-NEG-2sg.IMP　失去-ADVL　遗憾　国家-1sg.POSS　可汗-1sg.POSS

国家之法律和可汗才未失去。

[illegible] 8

älim　　　uɣurïnta　　　　sü　bol-up　är

国家-1sg.POSS　时-3sg.POCC-EPE-LOC　军队　成为-ADVL　人

öl-ür-mä-dük-üm

死-CAUS-NEG-ADJVZ-1sg.POSS

国家(建立之初)时，军队不够强大(直译：军队没有成长)，

yoq　čäblig-dä　bir　tägmä-dä　säkiz　er　öl-ür-düm

没有　地名-LOC　一　战斗-LOC　八　人　死-CAUS-1sg.PAST

在帕里克(čäblig)作战时，我杀敌 8 人(直译：杀死了 8 个人)。

 9

äl-im　utus-i-n-ga　az-ïp　qal-ïn

国-1sg.POSS　失败-3sg.POSS-EPE-DAT　犯错-ADVL　留下 1sg.IMP

adrïl-ay　uŋa　b[ar]s　yïlta　är　qayïn

分离-1sg.IMP　错误　虎　年-LOC　人　怎样

因为我之错误，国家战败，虎年

 10

buŋ　buŋ-a　bu-n-t<a>　är-miš　öl-düm　yït-a　äsizim

忧愁　忧愁-ADVL 这-EPE-LOC　是-PAST　死-1sg.PAST　失去-ADVL　遗憾

ä　yïlq-ïn　yana

MOOD　牲畜-PL　又

哎，悲哉，我就这样死去，还有我的牲畜

 11

tört　adaq<lïɣ>　yïlq-ïm　säkiz　adaɣlïq　barïm-ïm　buŋ-um　yoq ärdäm

四　脚-ADJVZ　畜生-1sg.POSS 八　腿　财物-1sg.POSS 悲伤-1sg.POSS 无　是

我的四条腿牲畜(马)，八条腿的财物(帐篷或带腿支架物)，我不悲伤

 12

qadaš　a　kän-im　ä　adrïl-tïm　a　yït-a　qara

亲戚 MOOD 亲属-1sg.POSS　MOOD 分离-1sg.PAST　MOOD 失去-ADVL　黑

bodun-um　a

人民-1sg.POSS　MOOD

我离开了我的亲戚，我也离开了我的百姓。

第三节　库兹埃里克霍夫（Közäälig-Hovu）

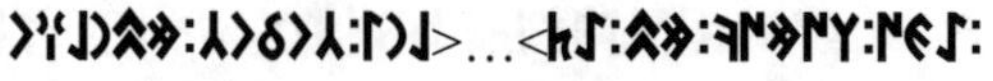 1

oγlan at-ïm čubuč inal [är]-tä at-ïm kümül ögä

儿子 名字-1sg.POSS 啜布奇 移涅 英雄-LOC 名字-1sg.POSS 库目勒 约格

我的孩子啜布奇移涅(čubuč inal)，英雄之名为库目勒约格(kümül ögä)

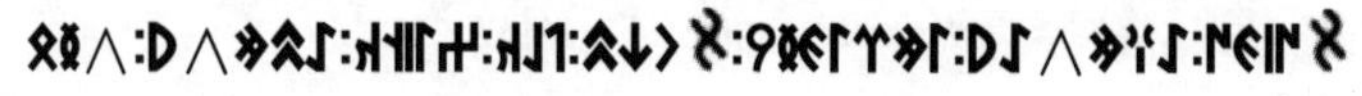 2

bäš yašïmta qaŋsïz qal-ïp toquz yägirmi yaš-ïm-γa ögsüz

头 岁-1sg.POSS-LOC 无父 留下-ADVL 九 二十 岁-1sg.POSS-DAT 无母

十九岁成为父亲。

 3

bolup qatïγlanïp otuz yaš-ïm-γ<a> ögä bol-tum qïrq yïl

成为 努力-ADVL 三十 岁-1sg.POSS-DAT 娶妻 成为-1sg.PAST 四十 年

由于努力，30 岁时我成为了母亲，40 岁时(直译:40 年)

 4

äl tut-<d>um bodun bašla-dïm taš yaγïγ yaγïla-dïm äl<l>ä-dim

国家 统治-1sg.PAST 人民 带领-1sg.PAST 石 敌人 战胜-1sg.PAST 统治国家-1sg.PAST

我建立了国家，带领着人民，战胜了顽强的敌人(直译:战胜了石头人)。

 5

bir yätmiš yaš-ïm-γa kök täŋri-dä kün-gä az-dïm äsizim ä

一 七十 岁-1sg.POSS-DAT 蓝 天-LOC 太阳-DAT 迷失-1sg.PAST 遗憾 MOOD

（我在）61 岁时，在蓝天和太阳下，哎，我迷失了方向。

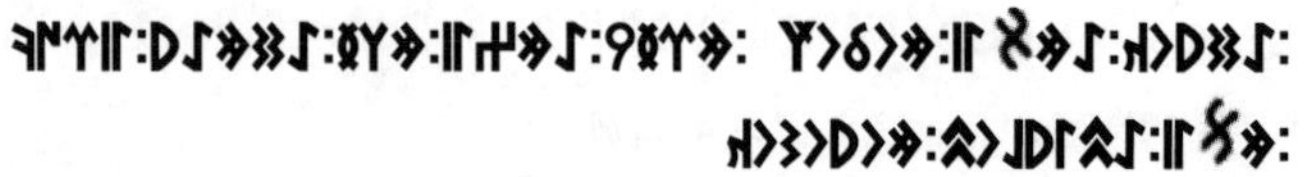 6

körsi? yamda? äl-im sizim ä yär-im sub-um

周尔 斯亚马达 国家-1sg.POSS 遗憾 MOOD 地-1sg.POSS 水-1sg.POSS

äsizim ä quy-da

遗憾　　MOOD　闺房-LOC

qunčuy-um　　tul　　yïta　　äsizim　a

公主-1sg.POSS　寡妇　失去-ADVL　遗憾　MOOD

周尔斯亚马达（körsi yamda）我的国家，哎，在我的故乡我闺房中的妻子

[illegible] 7

kin-im　　qadaš-ïm　　äsizim　ä　　oɣl-an-ïm　　äsizim　ä

亲人-1sg.POSS　亲戚-1sg.POSS　遗憾　MOOD　儿子-PL-1sg.POSS　遗憾　MOOD

ürüng-üm　　qara-m　　äsizim　yüz　älig　är-im　　äsizimä

白-1sg.POSS　黑-1sg.POSS　遗憾　百　五十　英雄-1sg.POSS　遗憾

呜呼，我的亲族呀！呜呼，我的孩子们啊！呜呼，我亲爱的人啊！呜呼，我一百五十名英雄啊！

[illegible] 8

biŋ　bodraq　yunt　äsizim　ä

千　褐色　马　消失　MOOD

一千匹褐色的马，啊。

[illegible] 9

Äl-im　　äsiz　ärinč　yüz　kümül　bodun-um　　äsiz　är<…>nč

国家-1sg.POSS　遗憾　MOOD　玉兹　库目　人民-1sg.POSS　消失　MOOD

我的国家，啊，玉兹库目之地（yüz kümül）的人民

kümülüg　är　üküš　bol-tï

库目　　英雄　多　完成-3sg.PAST

库目（kümülüg）之地有诸多英雄。

[illegible] 10

yabïzïɣ　kümül-üm-in　　bädük　qïl-tïm　　äsizim　bökm[ädim]

坏-ACC　库目-1sg.POSS-ACC　大　做-1sg.PAST　遗憾　满足-NEG-1sg.PAST

我不能忍受让我众多的部族受到伤害(直译:我不能忍受让我众多的部族变坏)。

第四节 阿勒延暖（Altïn Köl II）

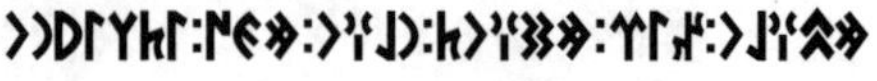 1

on ay ilät<d>i ög-üm käl-ür-ti tuɣ-dum är-in

十 月 母-1sg.POSS 来-CAUS-3sg.PAST 生-1sg.PAST 人-ACC

ulɣa-tïm

大-CAUS-1sg.PAST

我母亲十月怀胎生下我，并把我抚养长大(成人)(直译：我母亲十个月怀我，使我长大)。

 2

äl-im-dä tört täg-zin-dim ärdäm-im üčün inču alp

国家-1sg.POSS-LOC 四 到-1sg.PAST 德行-1sg.POSS 为了 勇敢

为了德行，我四处游荡。

 3

är ärdäm-l[ig] bulsar bodun äsirkäyü är-mädi ärinč-im

人 有德行的 成为-COND 人民 污点 是-NEG-3sg.PAST 据说是-1sg.POSS

ikiz-im ä

两个-1sg.POSS MOOD

找到了英雄，人民没有任何过错(人民没有污点)，我们两个双胞胎。

 4

b[ol]-sar bodun-uɣ ärk bodun-uɣ at-ïm ärin ulɣa

成为-COND 人民-ACC 力量 人民-ACC 名字-1sg.POSS 艾仁 乌勒哈

ärdäm<li>g batur män

有德行的 巴图 我

其人民是有德的，有力量的，我们人民的名字就是艾仁乌勒哈艾果木巴图（ärin ulɣa ärdäm<li>g batur）

 5

quy-da qadaš-ïm a qunčuy-um a adrïl-u bar-dïm

闺房-LOC 亲人-1sg.POSS MOOD 公主-1sg.POSS MOOD 分离-ADVL 去-1sg.PAST

闺房中的妻子，我的孩子、

män uɣl-um-qa bodun-um-qa bökmedim

我 儿子-1sg.POSS-DAT 人民-1sg.POSS-DAT 忍-NEG-1sg.PAST

人民，分离、我去了，我不能忍受

 6

säkiz qïrq yaš-ïm-a

八 四十 岁-1sg.POSS-DAT

在我三十八岁时。

 7

är ärdäm üčün töpüt qan-qa yalavač bar-dïm käl-mä-dim

英雄 美德 为了 吐蕃 汗-DAT 使者 去-1sg.PAST 来-NEG-1sg.PAST

为了英雄之德，我们去了吐蕃王使者(那里)，没有回来。

 8

är ärdäm bol-sar andaɣ ärmiš äsin<i> män altun qapïr

英雄 美德 成为-COND 那样 是-PAST 英雄 我 阿勒忒 哈皮尔

我便是(获得)那样英雄之名的阿勒忒哈皮尔(altun qapïr)

第五节　乌依巴特（Uybat III）

 1

är ärdäm ä üčün ä yït-a yoqla-dï qul-ï

人 美德 MOOD 为了 MOOD 失去-ADVL 吊唁-3sg.PAST 奴隶-3sg.POSS

alp tut-sar küč ičič-im ä

英雄 抓住-COND 力量 兄长-1sg.POSS MOOD

我的兄长以英雄之名抓住奴隶，名声大展，何等威武(直译为：以英雄之名升高，

抓住奴隶，有劲的我的兄长)

[illegible] 2

bäg är bäg-čä sab qabša-r äč-imiz

伯克 人 伯克-EQUI 话 动摇-3sg.PRES 兄长-1pl.POSS

我们的兄长按照伯克的意见改变了主意。

[illegible] >…<[illegible]>…<[illegible] 3

yaɣ<ï>-da <…> bitigüči <…> uz qop bodun tikä bilir är-ti

敌人-LOC 书写者 好的 全部 人民 起来 一起 是-3sg.PAST

在(与)敌人(交战)中与所有勇敢的人民一起竖立(此碑铭)。

>…<[illegible] 4

<…>gn toquz

九

九

[illegible]>…< 5

üzä täŋri yarlïqa-dï k<…>

上面 上天 命令-3sg.PAST

由于上苍之惠允(直译:由于上苍之命令)。

[illegible]>…<[illegible] 6

qara bodun <…>m öz oɣl-um bök-mä-dim

黑 人民 自己 儿子-1sg.POSS 忍-NEG-1sg.PAST

我的人民，国房中的妻子，我的孩子，我不忍(离开你们)

[illegible]>…<[illegible] 7

tarqan saŋun <…> bök-mä-di bodun-i-n-gä

达于 将军 忍-NEG-3sg.PAST 人民-3sg.POSS-EPE-DAT

达于将军(tarqan saŋun)不能忍受(与其人民分离)。

[illegible]>…<[illegible] 8

il čor il-i-n-ga qara<…> ärdäm-in üčün yoqla-di

伊力 吸 国家 黑(人民) 美德-ACC 为了 祭奠-3sg.PAST

伊力吸(il čor)为了国家和人民之德而离去(死去)

[illegible] >…< [illegible] 9

yoqla-maz　biz <…> bilgä　oɣl-i-ŋa

祭奠-NEG　我们　智慧　儿子-3sg.POSS-EPE-DAT

我们离去了智慧之子。

[illegible]
[illegible] 10

ärdäm-i-n　üčün　türk　qan　balbal-ï　äl　ara　toquz　ärig oduš?

美德-　为了　突厥 可汗　石头　国家　之间　九　人

为了英雄之名，立九人于国家间作为突厥可汗的杀人石，

är　oɣling　ögürüp?　ödür?　altï　ärdäm　bäg-im-ä

人 儿子-2sg.POSS　高兴-ADVL　六　德行　官员-1sg.POSS-DAT

赞扬其子，与其六德达官分别。

>…< [illegible] >…< [illegible] >…< [illegible] 11

[bä]g-in　toquz <…> täzgin-[tim]　at-ïn　är-ig

伯克-INST　九　得到-1sg.PAST　名字-ACC　英雄-ACC

伯克转向九个，其英雄之名。

[illegible] 12

otuz　ärig　bašla-yu　tutuɣ-qa　bar-dï[m]

三十　英雄　带领-ADVL　都督-DAT　去-1sg.PAST

我去了三十个英雄为首的都督那里。

>…< [illegible] 13

<…>äčič-im　ä　adrïn-dïm　ä

兄弟-1sg.POSS　MOOD　分离-1sg.PAST　MOOD

哎！我与我的兄弟们分离了。

[illegible] >…< 14

bir　yaš-ïm-ta　atač-ïm-qa　adrïn-dïm　a　tokuz

一 岁-1sg.POSS-LOC 父亲-1sg.POSS-DAT　离开-1sg.PAST　MOOD　九

bäg　ar <…>

官员　是

我在一岁时离开了我的父亲，成了无名之伯克了。

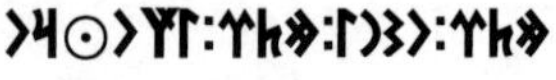 15

urungu-sï　är-tim　ïnanču　är-tim

战士-3sg.POSS　是-1sg.PAST　伊难奇　是-1sg.PAST

我成了战士和伊难奇（ïnanču）。

 16

altï　yaš-ïm-ta　qangšira-dïm　bilin-mä-dim

六　岁-1sg.POSS-LOC　失去可汗-1sg.PAST　知道-NEG-1sg.PAST

六岁时我失去了可汗，那时我还无知，

äčič-im　ä　yït-a　adr<ïn>-dïm

兄-1sg.POSS　MOOD　失去-PRES.CON　分离-1sg.PAST

我失去了我的兄长，

abčï　ačï-ɣa　ičiči-m　ä　qangsïz　ärdäm　är-ti

猎手　兄长-DAT　兄长-1sg.POSS　MOOD　无父　德行　是-3sg.PAST

呜呼，我的猎手及兄长成了无父之人。

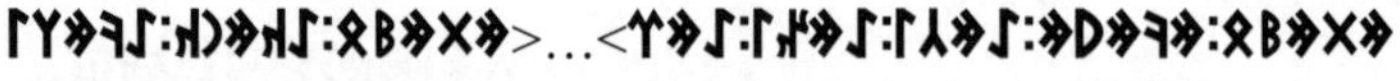 17

il-im-kä　qan-ïm-qa　bök-mä-dim <…>　är-im

国-1sg.POSS-DAT　汗-1sg.POSS-DAT　忍-NEG-1sg.PAST　人-1sg.POSS

呜呼，我不忍失去我的国家和可汗！呜呼，我不忍失去我的族人

ä　ini-m　äm　yäm　käm　bök-mä-dim

MOOD　弟弟-1sg.POSS　又　谁　忍-NEG-1sg.PAST

和我的兄弟。

下　编

鄂尔浑—叶尼塞碑铭动词研究

本书上编为碑铭文献语法标注，下编为碑铭动词形态范畴研究，这样安排使得碑铭动词的理论研究建立在事实、材料的基础之上，以求更加科学可靠。实质是立足碑铭文献语言的语境研究，任何语言的研究都必须建立在语境的研究范畴内，做进一步的动态研究和科学研究，离开了语言环境的研究就如无源之水、无根之木。上下编互为因果，前者的研究科学准确，后者的研究才能经得起推敲，所上升的理论高度，才能颠扑不破。

语言是人类最重要的交际工具和思维工具。任何语言，除了拥有数量庞大的词汇之外，还有词的形态结构与形态变化、词的组合与聚合以及使用词造句的规则等，这些规则就是语法。语法在语言中有着十分重要的作用，由于单个的词只是构成语言的材料，只有当它接受了语法支配时，才能成为具有交际功能的语言。

语言描写可以涉及音位、语素、词组、句子、语篇等不同层次。语素包括自由语素（词位，lexeme）和黏着语素，黏着语素又可分为构词（word-formation）和构形（inflection）两类。下编是对鄂尔浑—叶尼塞碑铭语言中的动词词法和形态范畴的描写，构形作为语素层次中密切相关的构形部分自然不可或缺。

研究词首先需要对词加以界定，词通常有三种理解：

一是词形式（word form），属物理单位，有两种定义：词是一段书写（以空格为边界），称为“正字法的词”（orthographic word）；或一段言语（可以借助停顿或音渡特征加以区别），称为“音系学的词”（phonological word）。而“词形式”（word form）则是一种中性的统称。如“yorïtdïm”（我出征）—阙 N4，包括“yorï”“t”和“dïm”，后两个语素分别表示使动态和第一人称单数过去时的后附词（enclitic），三者构成一个音韵单位，书写时也连写，这就是一个词形式。在对语料进行自动形态分析时对词采取这种理解，这种含义的词在计算语言学中又称为“词符”（word token）。

二是词位（lexeme），属词汇单位，指同一单位不同变体底层的公因子，如英语 talk、talks、talked、talking 就是同一词位“说”的不

同变体。词位是词典的条目词。本书在讨论词类时指的实为词位的分类。

三是指和语素、句子具有同类理论地位的语法单位。在层级分析模型中，句子由词组短语组成，词组/短语由词组成，词由语素（至少为一个自由语素）组成。[①]

词的语法化过程为："实词—虚词—附着形式—屈折词缀。"[②]这个过程被称为是语法化的斜坡（cline）。也就是说，实词可能虚化，虚化了的实词可进一步演变为黏附式的语法成分，黏附式的语法成分进一步可能称为词的屈折形式。语法化理论的另一个式子是：A>A/B>B。其意义为，A 虚化为 B 之后总有一个 A 和 B 共存的阶段。语言的共时系统中往往保留着语法成分历时演变留下的痕迹。语言发展的规律受到一定的时间、地域、条件的限制，使同一个要素在不同的方言或亲属语言里表现出不同的发展速度、不同的发展方向，因而在不同的地区表现出差异。鄂尔浑—叶尼塞碑铭语言发展中的差异是语言史研究的基础。

下编部分是对鄂尔浑—叶尼塞碑铭动词的整体研究，细致描写动词的分类、各个语法范畴以及静词性动词、副动词和系动词等方面。尽可能对各语法现象在古代突厥三大碑中出现的次数加以统计，以期构建碑铭时期语言面貌。

阿尔泰语系突厥语族的现代语言可以按照所分布的区域分为六个语支，分别是：西南语支（又称乌古斯语支）、西北语支（又称克普恰克语支）、东南语支（又称葛逻禄语支）、东北语支（又称西伯利亚语支）、布尔加尔语支（又称乌古尔语支）、阿尔古语支。[③]中国境内阿尔泰语系突厥语族语言主要分属西南语支、西北语支及东南语支

---

① [英]戴维·克里斯特尔：《现代语言学词典》，沈家煊译，商务印书馆 2007 年版，第 387 页。

② Paul J. Hppper and Elizabeth Closs Traugott: *Grammaticalization*, Cabridge: University Press, 2003: F29.

③ 李增详编著：《突厥语言学基础》（修订本），中央民族大学出版社 2011 年版，第 90 页。

三个语支。下编主要选取这三个语支中具有代表性的语言，以此为基础，在对碑铭语言动词详尽分析的同时，尝试以历史语言学的视角将后期的回鹘文献语言动词，以及现代突厥语族诸语言的动词与碑铭语言时期的动词进行对比，探求突厥语言动词的发展脉络。

第七章

鄂尔浑—叶尼塞碑铭的动词词类

划分词类的目的在于说明鄂尔浑—叶尼塞碑铭语言语句的结构规律和各类词的用法，对词分门别类并加以简单说明是对于词组以至更高层次的句子研究必要的基础。正如吕叔湘先生说过的，“区分词类，是为了讲语法的方便”。[①]

朱德熙（1982:40）把汉语的实词分为体词和谓词两大类，认为体词的主要功能是作主语和宾语，一般不作谓语；谓词的主要功能是作谓语，同时也作主语和宾语。把名词、处所词、方位词、时间词、区别词、数词、量词、代词等统一称为体词，依据是它们在句法功能上具有一些共性，即作主语和宾语。张斌（2002:288）把汉语实词分为体词、谓词和加词三大类，把名词、数词和量词统一称为体词，依据是它们在句法功能上主要充当主语和宾语。

根据基于使用（usage-based）的语法理论（Bybee 2006、2010），语法来源于语用法。根据构式语法理论（Goldberg 1995、2006），构式是语法形式和语法意义或语法功能的配对。按照戈尔德博格的最新观点，词本身也是一种构式，即词也是形意配对的结构式。从形式上来说，尽管世界上各种语言表现很不一样，其词法范畴和句法范畴差异也许很大，但是任何语言都应该有表达指称的构式和表达陈述的构

---

① 陆俭明、沈阳主编：《普通高中课程标准实验教科书·语文（选修）·语言文字应用》，人民教育出版社 2005 年版，第 32 页。

式，这应该是词类范畴的基本共性特征。而世界各种语言之所以有表达指称的构式和表达陈述的构式，都离不开这些构式的基本语义特征（Baker 2004）。从元语层面看，无论是动词还是名词，都是语言符号，它们都有指称性，但是典型名词很难用于陈述（如“桌子、苹果”等），典型动词也很难用于指称（如“打、骂”等），这与词语的意义是密切相关的。因此，意义是词类划分的基础，话语功能标准是人类使用语言进行交际过程中，为了满足表达的需要（如动词用于指称是为了满足交际中的指事性需要）而临时参考的标准。

词类是指词的语法分类，即根据词的语法功能不同而分出来的类别。词的分类可以依据词的语法意义、语法功能和形态特征。这三者并非互相排斥而是相互关联——形态是功能的外在表现，而功能又是意义的外在表现。[①]

本章主要讨论鄂尔浑—叶尼塞碑铭动词的分类和构词特征。

第一节 动词的分类

表示动作行为、心理活动以及状态变化的词称为动词（语类标签为 V，来自英语 verb“动词”的第一个字母）。鄂尔浑—叶尼塞碑铭语言的动词是词法的核心部分，具有十分丰富的形态变化，有肯定—否定、态、体、时、式等不同的语法形式。动词词义深刻、广泛而又复杂，作为一个系统它又是高度概括的。另外，鄂尔浑—叶尼塞碑铭动词有着丰富的后缀，用以表示各种附加意义。

碑铭语言的动词可以依照不同的标准进行分类，按其功能即所表达意义的不同分为实义动词和虚义动词两种；按其形态特征即构成结构可分为词根动词、派生动词和复合动词三种。

---

① 陆俭明、沈阳主编：《普通高中课程标准实验教科书・语文（选修）・语言文字应用》，人民教育出版社 2005 年版，第 35 页。

一　实义动词

鄂尔浑—叶尼塞碑铭动词按其所表达意义的差异分为实义动词和虚义动词两种。

实义动词指具有实在词汇意义的动词，可以直接充当句子成分。鄂尔浑—叶尼塞碑铭语言的实义动词是一个大归类。其内部的词项数量庞大，特征各异，应该进一步做细致的分类研究。然而，在以往的动词分类中效法那些缺乏形态的语言的及物/不及物二分法，没能揭示属于鄂尔浑—叶尼塞碑铭语言动词类本身的特点。因为及物/不及物二分法只关注动词是否要求宾语，而鄂尔浑—叶尼塞碑铭语言的动词类不但包括了要求以宾格为标志的宾语补足语的成员，而且包括了要求向格、从格、时位格以及某些后置词为标志的状语补足语的成员。

实义动词内部根据对名词格支配作用的不同可区分为单向动词和多向动词两种。

1. 单向动词

单向动词是指只能支配一种名词格的实动词。其中有的只能支配宾格名词，有的只能支配方向格名词，而有的只能支配地点从格名词。

1.1　支配宾格的动词

这类动词在多数语法著作中被称作及物动词。在鄂尔浑—叶尼塞碑铭语言中，主要有以下几个：

sanč-（刺杀）—阙 D36

al-（攻破，拿）—阙 D6

äsid-（听）—阙 D11

bin-（骑）—阙 D33

kac-（趟过）—阙 D39

tut-（抓获）—暾 1X13

1.2　支配方向格的动词

kör-（归属于）—暾 1B26

ičik-（屈服于，投降）—毗 D37

ay-（说）—暾 1D7

sili-（进军）—暾 1D3

bar-（去）—阙 D1

1.3　支配地点—从格的动词

adrïa-（离开）—暾 1X2

kal-（来）—暾 1B29

yan-（回来）—暾 2B45

qal-（留下）—暾 1B30

2. 双向动词

这类动词多数既能支配宾格又能支配方向格。主要有以下几个：

id-（派）—暾 1B26　　bir-（给）—阙 D1

bay-（捆，拴）—暾 1B27　　qazaɣan-（努力）—阙 D9

还有一些动词，有时与地点—从格连用，有时与方向格名词连用。süŋüš-（交战）一词在《毗伽可汗碑》中多次支配地点—从格名词，如：

qaɣan-in　birlä　suŋa　yïš-da　süŋüš-dimiz.

可汗-ACC　一起　suŋa　山-LOC　交战-RECP-1pl.PAST

我们与其可汗战于 suŋa 山。—阙 D35

但在《暾欲谷碑》中又与方向格名词连用。

örtčä　qüz-ïp　käl-ti :　süŋ-üš-dümiz:

火-EQUI　发红-ADVL　来-3sg.PAST　战-RECP-1pl.PAST

biz-in-tä :

我们-3sg.POSS-EPE-LOC

他们如火一般猛烈扑来。我们交了战。—暾 2X40

这类动词不是双向动词，是多格动词，它们与何种格位连用取决于碑铭的语言环境。

二　虚义动词

虚动词根据语法意义和功能，可分为系动词、体助动词和构词轻动词三个小类。

1.　系动词

系动词简称系词，它是把主语和表语联系起来，做出判断和结论的虚义动词。碑铭动词中的系动词只有 är-（是）（在第十五章系动词章节有详细论述），可以称为直接判断系动词，用于说话者在直接得知的某一信息基础上做出的判断，其句法特点是对于自己的补足语，

即表语的要求非常宽松，如除了动词以外的任何一个语类都可以作其补足语。它有各种时的变化，一般与名词性词连用构成句子的谓语部分。如：

är-缀加形容词化词缀-miš。

il tut-sïq yir ötükän yïš är-miš:

国家 统治 地方 于都斤山 山 是- ADJVZ

统治国家的地方是于都斤山。一阙 N4

är-缀加条件式词缀-sär。

är-sär bäŋgü taš-qa ur-tum

是-COND 永久的 石-DAT 打-1sg.PAST

我把所有的话都刻写在（这）永久的石碑上 一毗 B8

är-缀加第二人称单数过去时词缀-ti。

är-ti: tabɣač qaɣan : yaɣï-mïz är-ti:

是-3sg.PAST 唐 可汗 敌人-1pl.POSS 是-3sg.PAST

唐朝可汗是我们的敌人 一暾 1D19

är-经过 är->er>ir->i-的历时音变，在现代维吾尔语中以 i-的形式固定下来，其意义保持不变。i-与过去时成分-di 和相应的人称成分合并，表示对过去的判断，如 män aldiraš i-di-m.（我当时很忙。）系动词在第十五章另有详细论述。

2. 体助动词

在碑铭动词的组合形式中，有一部分常用动词经常依附在副动词的后面，跟副动词一起组成复合动词，表示不同的语法意义，这就是体助动词。这种复合动词常常由一个-p 或-a/-ä 结尾的副动词（实词）和一个助动词（虚词）组合而成。助动词前面的副动词是语义的负荷者，表示动作的基本意义。而助动词是形态变化的负荷者，它虽在不同程度上失掉了其原有的词汇意义，却给其前面的动词增添了某些附加意义或“体”的意义，即增加动作的完成、结束、持续、多次、开始、瞬时、突然，意外、定向、随意等情态。这些情态意义都是由一些常用动词在充当助动词使用时发展引申而来的，或者说这些动词的

语法意义是由于其词汇意义的抽象化而获得的。[①]从语法意义上看，助动词类似附加成分，但又不同于附加成分。尽管助动词不保留原有的词意义，但它们同其他独立动词一样却保留着若干完整的语法变化。

体助动词在鄂尔浑—叶尼塞碑铭中，正处于发展阶段，其词汇意义在某种程度上还存在，而且是其语法意义所形成的基础。但是作为一种语法成分，它已开始在出现条件、功能等方面与相应的实义动词相互区别。因此，既要承认它在概括程度上并未完全虚化的一面，又要承认它作为语法成分逐步虚化并起语法作用的一面。体助动词一般与连续副动词连用，表示动作行为进行的各种状态，构成动词体的范畴。常见的体助动词有-bar（去）、-u（能）、-bär（给）、-ïd（送、派）、-käl（来）、-olur（坐）、-qal（留下）、-al（拿）等，在第九章动词的体范畴中有详细论述。

现代突厥语族诸语言中以维吾尔语为例，其动词的体已经非常发达，除了在一般的静词化或限定形式上体现的体以外，也有不少专门用来表示各种体的助动词。其实这些助动词是从相应的实义动词中借用的，只有在特定的上下文中才表示体。一般都出现在一个由-p 副词化的实义动词，即主动词后面，描绘该动词所表达的动作的进行过程，如 Hawa issip kätti（天气热起来了）中的 kät-原来的意思是“走开，离开”但在这一句里它出现在主动词 issi-（变热）带-p 的副词化形式后面，表示 issi-（变热）这个动作的强化或升级。又如 U kitani körüp boldi（他把那本书看完了）中，bol-用作体助动词，表示前面的主动词 kör-所表达的动作已完成。有的体助动词随着体意义的越来越专门化，语音上也发生变化，已经从助动词过渡到附加成分。有的还处在发展初期，体意义还不太稳定，语音上还保留着独立性。[②]

3. 构词轻动词

构词轻动词是指用来构成复合动词的助动词。构词轻动词的特点是：（1）在某种程度上保持“弄，搞”等轻动词意义，但在特定的复

① 余夕遥：《维吾尔语助动词及其用法》，《北方文学（中旬刊）》2018 年。

② 力提甫・托乎提：《论维吾尔语体助动词的功能》，《民族语文》，2009 年第 1 期。

合动词结构里不能脱离前面的静词类。(2）与静词词干合并，构成表示把词干表达的内容付诸实施的动词，其功能相当于动词派生成分-la-/-lä-、-lan-/-län-等。因此，虽然类似结构里的静词与助动词的句法关系可以分析成一般结构里常见的主谓关系、状动关系、宾动关系、表系关系等，但由于整个结构的功能相当于一个动词，没有必要内部再分析。(3)大部分构词轻动词可能在不同的上下文中有不同的功能，如 bol-不但有主动词（即实义动词）功能，而且有助动词功能，并且作为助动词它在一定的上下文中既可以是系动词，也可以是体助动词，还可以是构词轻动词，应根据具体语境加以区别。

3.1　bol-

bol-的原意为“成为，变为”，有不及物性，一般与静词合并，构成动词。如：

qaɣan 可汗（名词）+ bol-<qaɣan bol-成为可汗

oɣl-ï　　ta　　qaɣan　bol-mïš　　ärinč:

儿子-3sg.POSS　　也　　可汗　成为-PAST　　据说是

其子也做了可汗。—阙 D5

qarï 老（形容词）+ bol-<qarï bol-变老

bol-tï :　　öz-üm　　qarï　bol-tïm :

成为-3sg.PAST 自己-1sg.POSS　老　成为-1sg.PAST

我自己已衰老年迈了—暾 2D56

yoq 没有（副词）+ bol-<yoq bol- 死去，消灭

uluɣ: oɣlu-m:　　aɣrï-p:　　yoq　bol-ča:

大　儿子-1sg.POSS　生病-ADVL　　没有　成为-LMT

当我的长子病死时—毗 N9

3.2　qïl-

qïl-的原意为“做、弄、搞”，有及物性，一般与名词、形容词等静词合并，构成动词，如：

bay 富人（名词）+qïl-<bay qïl-使变成富人

čïɣań-ïg　　bay　qïl-tï　　az-ïɣ　　üküš　qïl-tï

穷的-ACC　　富　做-3sg.PAST　　少-ACC　　多　做-3sg.PAST

使穷的变富，使少的变多。—阙 D16

baz 从属的（形容词）+ qïl-<baz qïl-杀死

bodun-ïɣ qop baz qïl-tïm, yaɣï-sïz qïl-tïm.

人民-ACC 全部 征服 做-1sg.PAST 无敌-NEC 做-1sg.PAST

我把四方的人民全部征服了，使其不再为敌。—毗 D24

üküš 多（形容词）+ qïl-<üküš qïl-使多起来

az bodun-ïɣ üküš qïl-tïm

少 人民-ACC 多 做-1sg.PAST

使人民由少变多。—毗 D24

qul 奴隶（名词）+ qïl-<qul qïl-使变成奴隶

tabɣač bodun-qa bäglig urï oɣl-ï-n qul bol-tï

唐 人民-DAT 官 男儿 子-3sg.POSS-ACC 奴隶 成为-3pl.PAST

高贵的男儿成为唐人的奴隶。—阙 D7

3.3 qïs-

qïs-与 qïl-属于同一外部形态，是 qïl 的变体。如：

qaɣan 可汗（名词）+qïs-<qaɣan qïs-立可汗

öz-üm ök : qaɣan qïs-dïm :

自己-1sg.POSS 小品词 可汗 做-1sg.PAST

我自己敦促他为可汗。—暾 1X6

第二节 鄂尔浑—叶尼塞碑铭动词的构词

构词与构形成分的一个主要区别在于，前者只与所接词基（base）相关，改变其词汇意义；后者虽与词基构成一个音韵单位，但其管辖范畴通常是以词基为中心语的整个词组短语。

构词词缀除去语音实现形式、语法意义外还应关注其能产性（productivity）和透明性（transparency）。能产性体现为类符（type）而非形符（token）的频数。构词后缀在能产性和透明性方面表现不一。

能产且透明者在语法研究中加以说明是必要的，非此则应属词源学和词典学的对象。当然，能产性和透明性并不能提供一条清晰的取舍标准，因此，本节只对上述两个特征相对突出的一些后缀加以简要说明。

鄂尔浑—叶尼塞碑铭语言中的新词由以下三种方式构成：

1. 缀接附加成分

是指在词根之后缀接各种附加成分构成新词。这种方式在碑铭语言中非常普遍，是构成新词的主要方法，如：

bädiz（装饰）+či< bädizči（画匠）—阙 N12

baü（头）+la< bašla-（以……为首，带领）—阙 D16

yär（地）+ či < yärči（向导）—暾 1D23

bil-（写）+ig<bilig（智慧、知识）—毗 B4

sü（军队）+lä<sülä-（出兵）—毗 D3

qatïγ（硬）+dï< qatïγdï（认真地）—阙 N2

2. 加外部形态

是指在词根之后缀加各类外部形态构成新词，这种方式在碑铭语言构词中也比较常见。这些外部形态是由具有实在意义的动词虚化而来，用这些外部形态构成的新词表现为动词，如：

baz（奴隶）+qïl-< baz qïl-（弄死）—阙 D2

bay（富人）+ qïl-< bay qïl-（变富）—阙 N10

yaγï（敌人）+bol-< yaγï bol-（成敌）—阙 D9

üküš（多）+ qïl-< üküš qïl-（多起来）—阙 N10

3. 复合法

是指把两个词根按一定顺序放在一起构成新词的方法，这种构成方式的词多表示专有名词，如：

sü（军队）+bašï（头）< sü bašï（军长）—暾 1B31

toquz（九）+oγuz（奥古斯）<toquz oγuz（九姓奥古斯）—暾 1X9

on（十）+oq（箭）< on oq（十箭，部落名）—阙 N12

üč（三）+otuz（三十）<üč otuz（二十三）—暾 1D19

qara（黑）+qum（沙子）< qara qum（黑沙，地名）—暾 1X7

在鄂尔浑—叶尼塞碑铭语言中，动词构词法主要是派生法，即通

过词根或词上缀接各种构词附加成分而构成新词，它是突厥语族语言词汇丰富发展的一条主要途径。鄂尔浑—叶尼塞碑铭语言的动词的附加成分有以下 11 种情况：

1. -la-/lä

-la/-lä 附加成分可以缀接在名词、形容词和人称代词之后构成动词。三大碑出现次数统计如下：

名称	出现次数
《阙特勤碑》	30
《毗伽可汗碑》	28
《暾欲谷碑》	11
合计	69

1.1 缀接在名词之后，表示行为者在名词所指的事物上进行某一活动或表示属于该名词所指的事物。如：

baš（头）+la<bašla-（以……为首，带领）

qaŋ-ïm　qaɣan-qa　bašlayu　baz　qaɣan-ïɣ　balbal　tik-miš.

父-1sg.POSS　可汗-DAT　以……为首　巴兹　可汗-ACC　杀人石　立起-PAST

为纪念我父可汗，首先把巴兹可汗立作杀人石。—阙 D16

qïš（冬天）+la<qïšla-（过冬）

amɣï　qurɣan　qïšla-p

地名　堡　过冬- ADVL

我们在 amɣï 堡过冬。—阙 B3

sü（军队）+lä<sülä-（出兵）

tört　buluŋ　qop　yaɣï　är-miš,　sü　sülä-pän

四　角落　全部　敌人　是-PAST　军队　作战-ADVL

（这时）四方皆是敌人。他们率军作战，—阙 D2

qaɣan（可汗）+la<qaɣanla-（立可汗）

qaɣanla-duq　qaɣan-ï-n　yitür-ü　ïd-mïš

成为可汗-ADJL　可汗-3sg.POSS ACC　丢失-ADVL　送-PAST

失去了成为可汗的可汗—阙 D7

1.2　缀接在表示人体部位的名词后，表示“打”该人体部位。

boɣuz（喉部）+la<boɣula-（杀死）

yir-či :　yir　yaŋïl-ïp :　boɣuzlan-ti:

向导　地方　犯错-ADVL　扼杀-PASS-3sg.PAST

向导由于带错了路而被杀。—暾 1B26

-la-/lä 这种附加成分在现代维吾尔语中仍在使用，如 täqdir（运气）+lä<täqdirlä-（表扬）；jiŋ（称）+la<jiŋla-（称重量）；salqin（凉快）+la<salqinla-（乘凉）。

2. -d/-ad/-äd

该附加成分缀接在名词、形容词后表示原有意义的加深。三大碑出现次数统计如下：

名称	出现次数
《阙特勤碑》	3
《毗伽可汗碑》	2
《暾欲谷碑》	1
合计	6

如：

küŋ（女奴）+-äd<küŋäd（成为女奴）；qul（奴仆）+-ad<qulad-（成为奴仆）

küŋ-äd-miš　qul-ad-miš:　bodun-ïɣ,　türk

女婢-CAUS-ADJL　奴隶-CAUS-ADJL　人民-ACC　突厥

törü-si-n　ïčɣïn-miš

法制-3sg.POSS-ACC　失去-ADJL

曾沦为婢女、成为奴隶的人民，曾失掉突厥法制的人民。—毗 D13

buŋ（痛苦）+-ad<buŋad（感到痛苦）

buŋad-ïp :　qaɣan :　yäl-ü　kör　ti-miš

忧愁-ADVL　可汗　疾驰-ADVL　TENT（看）-2sg.IMP　说-PAST

当困苦之际，可汗说：“骑快些！”一暾 1B26

yoq（没有）+ -ad<yoqad-（消灭）

yoq-ad-u bar-ïr är-miš.

消灭-CAUS-ADVL CONT（去）-FUT 是-PAST

他们在灭亡。一阙 D10

3. -q/-k/-uq/-ik/-ïq

该附加成分缀接在名词后面，构成表示相关动作的动词。三大碑出现次数统计如下：

名称	出现次数
《阙特勤碑》	23
《毗伽可汗碑》	25
《暾欲谷碑》	14
合计	62

如：

taš（外面）+-ïq<tašïq-（外出）

qaŋ-ïm qaɣan yiti yigirmi är-in tašïq-mïs, tašra:

父-1sg.POSS 可汗 七 二十 人-INST 外出-PAST 往外

我父可汗同十七人出走一阙 D11

taɣ（山）+-ïq< taɣïq-（上山）

balïq-daqï taɣïq-mïš

城市-LQ 上山-PAST

城中的人上了山。一毗 D10

ic（内部）+-ik<icik-（习惯、内属）

qaɣan-qa : q$^{\iota}$ ïrqïz : bodun-i : ičik-di: yükün-ti :

可汗-DAT 黠戛斯 人民-3sg.POSS 内属-3sg.PAST 敬拜-3sg.PAST

黠戛斯人民内属并归顺于我们。一暾 1B28

bir（一）+-ik<birik-（联合）

anča qazɣan-ïp biriki bodun-ïɣ ot sub qïl-ma-dïm

那样 努力-ADVL 联合的 人民-ACC 火 水 做-NEG-1sg.PAST

我努力不使联合起来的人民成为水火。一阙 D27

-q/-k/-uq/-ik/-ïq 这种附加成分在现代维吾尔语中仍在使用，如：yol（路）+uq< yoluq（碰到）；käč（晚）+ik<käčik-（迟到）。

4. -sïra/- sirä

该附加成分缀接在名词后，构成表示该名词所表达事物的减弱意义的动词，或者构成表示要求该事物意义的动词。三大碑出现次数统计如下：

名称	出现次数
《阙特勤碑》	7
《毗伽可汗碑》	7
《暾欲谷碑》	0
合计	14

如：

äl（国家）+ -sirä<älsirä（亡国）；qaɣan（可汗）+-sïra<qaɣansïra-（失去可汗）

älsirä-miš　qaɣan-sïra-miš　bodun-ïɣ,　küŋ-äd-miš

国家-失去-ADJL　可汗-失去-ADJL　人民-ACC　女婢-CAUS-ADJL

qul-ad-miš:

奴隶-CAUS-ADJL

（我父可汗）组织和教导了曾丧失国家、丧失可汗的人民，曾沦为婢女—毗 D11

uruɣ（种子，下一代）+-sïra< uruɣsïra-（绝种）

türk　bodun　öl-ür-äyin,　uruɣsïra-t-ayïn　ti-r　är-miš

突厥　人民　死-CAUS-1sg.IMP　断绝后代- CAUS-1sg.IMP　说-FUT　是-PAST

他们说："我要灭掉突厥人民，并使其断绝后代。"一阙 D10

-sïra/- sirä 这种附加成分在现代维吾尔语中仍在使用，如：qan（血）+sira<qansira-（失血）。

5. -i/-ï

该附加成分缀接名词后，构成表示该名词所表达的特征的所具有的意义的动词。三大碑出现次数统计如下：

名称	出现次数
《阙特勤碑》	6
《毗伽可汗碑》	3
《暾欲谷碑》	4
合计	13

如：

bit（笔）+i<biti-（写下）

biti-dim:　　bädiz-ät-tim:　　y[arat-dïm]

写-1sg.PAST　绘画-CAUS-1sg.PAST　造-CAUS-1sg.PAST

书写和让人装饰了这样多的建筑、绘画和艺术品。—毗 XN

ud（睡意）+ï<udï-（睡觉）

ti-yin,　türk　bodun　üčün　tün　udï-ma-dïm,

说-IMP　突厥　人民　为了　夜　睡眠-NEG-1sg.PAST

为了突厥人民，我夜不能眠 —阙 D27

-i/-ï 这种附加成分在现代维吾尔语中仍在使用，缀接在个别形容词后面，构成表示形容词所表达的特征趋于现实的动词，如：käm（缺）+i<kämi-（缺少）；bay（富的）+i<bayi-（发财致富）。

6. -ɣa/-qa，-gä/-kä

该附加成分缀加在名词及形容词后表示该名词的意义得到执行。三大碑出现次数统计如下：

名称	出现次数
《阙特勤碑》	6
《毗伽可汗碑》	15
《暾欲谷碑》	5
合计	26

如：

yarlïɣ（汗命）+qa<yarliɣqa-（下可汗命）

täŋri　yarlïqa-duq-in　üčün　öz-üm　qu-tïm　bar　üčün

上天　保佑-NMLZ-ACC　由于　自己-1sg.POSS　福-1sg.POSS　有　由于

由于上天的保佑，由于我本人有福，—阙 B7

tol（满）+ɣa<tolɣa（痛苦）

igid-iŋ:　ämgät-mä-ŋ

养育-2sg.IMP　使痛苦-CAUS-NEG-2sg.POSS

tolɣa-t-ma-ŋ [……..]m

折磨-CAUS -NEG-2sg.POSS

不要使他们受到痛苦！—毗 B13

köbür（鼓）+-gä<köbürgä（鼓响）

köbürgä-si:　ätärčä　an-č[a]

鼓-3sg.POSS　轰鸣-EQUI　这-EQUI

鼓声作响—毗 X

7. -a/-ä

该附加成分缀接个别名词或者形容词上，构成表示某一事物或者特征得以实现的动词。三大碑出现次数统计如下：

名称	出现次数
《阙特勤碑》	4
《毗伽可汗碑》	2
《暾欲谷碑》	2
合计	8

如：

sïɣït（丧事）+a< sïɣïta-（悼念，哭）

bu-n-ča　bodun　käl-ipän　sïɣta-mïš　yoqla-mïš

这-EPE-EQUI　人民　来-ADVL　哭丧-PAST　吊唁-PAST

这样多的人前来吊唁。—阙 D4

ül（部分）+ä<ülä-（分配）

yazï qon-ayïn ti-sär türk bodun üläsig an-ta

平原 住下-1sg.IMP 说-COND，突厥 人民 部分 那-LOC

一部分突厥人民要住在平原时，—毗 B5

-a/-ä 这种附加成分在现代维吾尔语中仍在使用，如：san（数字）+a<sana-（数（动））；oyun（游戏）+a<oyna-（玩）。

8. -ül

该附加成分缀接在形容词后表示意义的延续和加深。三大碑出现次数统计如下：

名称	出现次数
《阙特勤碑》	3
《毗伽可汗碑》	1
《暾欲谷碑》	1
合计	4

如：

tüz（直）+ül<tüzül-（建立）

tü-zül-tim altun kümüš isgti qutay buŋ-suz an-ča bir-ür

建立-PASS- 1sg.PAST 金 银 粮食 丝绸 忧愁-NEG 那-EQUI 给-FUT

建立了关系。他们慷慨地给了（我们）这么多金、银、粮食、丝绸。—毗 N5

9. -u/-ü

该附加成分缀接在个别名词和形容词后表示特征得以实现的动词。三大碑出现次数统计如下：

名称	出现次数
《阙特勤碑》	10
《毗伽可汗碑》	9
《暾欲谷碑》	1
合计	20

如：

yaɣ（近）+u<yaɣu-（接近）

ïrak　bodun-uɣ　an-ča　yaɣ-ut-ïr　är-miš,

远　人民-ACC　那-EQUI　近-CAUS-FUT　是- PAST，

使得远处的人民靠近。—阙 N5

tör（根）+ü<törü-（产生）

är-tür-tüm:　uluɣ　törü-n:　alï　bir-tim: y[… … …]t2:

使成为-1sg.PAST　大　生-ACC　高　给-1sg.PAST

举行了……—毗 B10

10. -ta/-tä；-da/-dä

该附加成分缀接在个别名词上，构成各种意义的动词。三大碑出现次数统计如下：

名称	出现次数
《阙特勤碑》	3
《毗伽可汗碑》	2
《暾欲谷碑》	1
合计	6

如：

toq（原地）+ta< toqta-（停住）

öl-täči-čä:　saqïn-ïɣma: türük: bäg-lär: bodun: [ö]gir-ip:　sävinip:

死-FUT-EQUI 想-ADJL　突厥　官员-PL 百姓　高兴- ADVL　喜爱- ADVL

toqta-mïš:

使低头- ADJL

悲痛欲绝的突厥诸官和人民欢庆喜悦。—毗 D2

11. -ɣar/-gär

该附加成分缀接在个别非动词之后，构成相关的动词。三大碑出现次数统计如下：

名称	出现次数
《阙特勤碑》	2
《毗伽可汗碑》	8
《暾欲谷碑》	2
合计	12

如：

ič（内）+gär<ičgär-（入内）

ti-yin: sülä-dim: q[…………]t: ičgär-tim: qal-ïŋ …………

说-1sg.IMP 率军-1sg.PAST 内属-1sg.PAST 留下-2sg.POSS

出征（他们）……我臣服了（他们）。我把许多（战利品）……—毗 D25

-ɣar/-gär 这种附加成分在维吾尔语中仍在使用，如：su（水）+ɣar<suɣar-（浇水，给水喝）。

通过以上分析动词的附加成分以及在三大碑中的出现次数可统计如下：

序号	附加成分	出现次数
1	-la-/lä	69
2	-d/-ad/-äd	6
3	-q/-k/-uq/-ik/-ïq	62
4	-sïra/- sirä	14
5	-i/-ï	13
6	-ɣa/-qa，-gä/-kä	26
7	-a/-ä	8
8	-ül	4
9	-u/-ü	20
10	-ta/-tä；-da/-dä	6
11	-ɣar/-gär	12

通过数据可以看出在碑铭语言时期，动词构成附加成分出现最多的两个分别是-la-/lä（69 次）、-q/-k/-uq/-ik/-ïq（62 次），而出现次数

最少的则是-ül，仅有 4 次。

张铁山先生曾对《突厥语词典》动词构词附加成分进行过细致的统计，文中涉及 16 组动词构词附加成分，由这 16 组附加成分构成的动词共计 2661 个。除去语态范畴的附加成分，-la-/lä 构词 312 次，构词能力为 11.72%，构词能力强的特点，仍是最主要的构词附加成分之一。

第八章

鄂尔浑—叶尼塞碑铭动词的语态范畴

语法范畴是各种语法形式所表示的语法意义的概括。从语法形式来看，包含全部显性和隐性的语法形式，从语法意义上看，是指全部结构意义、功能意义和表述意义。狭义的语法范畴是词的形态变化所表示的语法意义的概括，又叫作形态语法范畴。语法意义是从各种具体词语的意义和用法中进一步抽象高度概括出来的意义。广义的语法范畴是比语法意义更全面的概念。语法范畴就是语法意义的类，是词的变化形式所表示的意义各方面的聚合，由词的形态变化所表现出来的语法范畴，是形态变化语言所特有的。

结构主义和功能主义属于语言学两个不同的学派。结构语言学派强调把语言作为一个系统来研究，研究约定俗成的语言结构，即语音、单词、句子等语言单位在语言系统中的关系与地位。功能语言学派则侧重于研究结构变体。这些变体所反映的各种语境、语用功能因素，能够给予这些结构以功能上的解释并认为语言是社会交际的一种工具。而鄂尔浑—叶尼塞碑铭语言的结构特点及其社会属性表现出结构、功能语言学说二者互补的价值取向。

动词词干形式只见于词典，入句则必须与各种自由或黏着语素组合，形成动词短语。动词有不同的题元结构，要求一至多个题元（即

主语和补语，题元与动词的关系以格表示）。本章不讨论动词对题元成分的格要求，而重点讨论语态标记。

1994 年 Givón 主编了《语态和倒置》一书，并写了“非及物化语态的语用学：倒置的功能和类型问题”作为序言。同年，他又与 Yallg 合作发表了“英语 get 被动语态的兴起”一文。

Givón 确认语态有四个功能：1. 主动—直接；2. 倒置；3. 被动；4. 反被动。之所以有这四个功能，这需要联系语态和及物性非及物化的语用学解释，具体来说，本来语义上及物事件的施事和受事何者处于相对主题性的位置。如下所示：

语态	相对主题性
主动—直接	施事>受事（表示“施事”作为主题的可能性大于“受事”）
倒置	施事<受事
被动	施事<受事
反被动	施事>受事

显然，主动—直接语态是未标记的规范，与非及物化语态有关的三类的定义为：

1. 倒置：受事比施事更具有主题性，但施事保持若干主题性。

2. 被动：受事比施事更具有主题性，而施事是非常主题性的（“抑制”，“降格”）。

3. 反被动：施事比受事更具有主题性，而受事是非常主题性的（“抑制”，“降格”）。

决定主题性的因素为回指易及性（anaphor accessibility）和下指持久性（cataphoric persistence）。回指易及性的含义为现时的所指在语篇前文中是否有先行词，隔多远，认知上是否易及；下指持久性的含义则为现时的所指在文中是否出现，是否经常，从而引起人们的注意重视。①

---

① 胡壮麟：《美国功能语言学家 Givón 的研究现状》，《国外语言学》1996 年第 4 期。

动词语态的附加成分具有明显的构词作用，即动词后缀接语态词尾后，动词在词汇意义和功能上发生一定变化，属于构词法的范围。以否定标记-mä/-ma 作为构词成分与构形成分的边界——自-mä/-ma起为构形成分，Erdal（2004）即按此方法讨论；据此标准，动词语态应归于构词范畴，但鉴于语态后缀直接影响了句法结构且大多高度能产而透明，故需详察。

语态变化是碑铭动词中常见的语法现象。鄂尔浑—叶尼塞碑铭动词词干根据上下文的需要可以有基本态（主动态）、反身态、被动态、使动态、交互—共同态五种形式。当然，并不是所有的动词都有这五种语态变化。有的因受语义限制，缺少其中某一语态形式是常见的现象。每个语态变化都有自己特定的语法意义，而且缀加在词干时遵守一定的规律。碑铭语言动词的语态语缀作为构词功能，附加在动词词根，有的不会改变动词词根原有的词汇意义，只表示句子中主语和谓语之间的语法关系，只起到构形词缀作用。而有的则附加在动词词干后，使动词词根原有的词汇意义发生改变，给动词词干增加新的词汇意义，使其成为新的动词，起到由动词派生新的动词的构词词缀作用。

动词语态的实质是改变语法主语和动作的关系，其意义在句子中得以充分体现，可以说鄂尔浑—叶尼塞碑铭的动词语态既属于构词法又属于词汇—语法范畴，本书将语态作为动词的语法范畴来讨论。

本章各节将逐一介绍鄂尔浑—叶尼塞碑铭语言动词的基本态（主动态）、反身态、被动态、使动态、交互—共同态这五种语态。

第一节 基本态

基本态亦称主动态，表示行为动作由主体发出，出现在动词的语法主语进行某种动作或过程的句子中。基本态在结构上没有任何构形附加成分作为标志。基本态表示句子的语法主语是动作行为的施事

者。例如：

ölti<öl-（死）+ti（第三人称单数过去时）

ol　at　an-ta　öl-ti.

那　马　那-LOC　死-3sg.PAST

该马在那里死了。—阙 D33

此句中的动词 öl-（死）是主语 at（马）主动发出的动作行为。

tidi<ti-（说）+ di（第三人称单数过去时）

qaɣan-ïm :　bän　äb-gärü :　tüš-ayin　ti-di :

可汗-1sg.POSS　我　家-DAT　落下-1sg.IMP　说-3sg.PAST—暾 1B30

此句中的动词 ti-（说）是主语 qaɣanïm（我的可汗）主动发出的动作行为。

tägdi<täg-（进击）+di（第三人称单数过去时）

kül tigin　bašgu　boz　at　bin-ip　täg-di.

阙特勤　名称　灰　马　骑-ADVL　进击-3sg.PAST

阙特勤骑 bašgu 灰马进击。—阙 D37

此句中的动词 täg-（进击）是主语 kültigin（阙特勤）主动发出的动作行为。

第二节　反身态

表示句子中主体的行为动作施及本身，或行为动作是为主体本身进行的，即句子的主语既是施事者又是受事者。鄂尔浑—叶尼塞碑铭时期的动词反身态主要表示句子中人称代词排除式的语法意义，即反身态最初并不具备使及物动词变为不及物动词的语法功能。

反身态表示动作或行为及于主体本身。这种情况下，句中的主体和客体合二为一。反身态在动词词干后附加成分-n/-in/-ïn，-un/-ün 构成。反身态三大碑出现次数统计如下：

名称	出现次数
《阙特勤碑》	3
《毗伽可汗碑》	5
《暾欲谷碑》	2
合计	10

如：

tut（抓）+un<tutun-（自己抓住）

yadaɣ-ïn :　ïɣač　tut-un-u:

步行-INST　树木　抓-PASSADVL

我令牵着马，抓住树木（或木棍）步行—暾 1B25

täl（裂）+in<tälin（裂开）

üzä täŋri　bas-ma-sar,　asra　yir　tälin-mä-sär,

上 天　压-NEG-COND　下面　土地　裂-NEG-COND

当上面上天不塌，下面大地不裂，—阙 D22

yük（跪）+ün<yükün（敬拜 ）

qaɣan-qa :　qˡ ïrqïz :　bodun-i :　ičik-di :　yükün-ti :

可汗-DAT　黠戛斯　人民-3sg.POSS　内属-3sg.PAST　敬拜-3sg.PAST

黠戛斯人民内属并归顺于我们。—暾 1B28

aša（喂）+n<ašan（自己喂自己）

aša-n-ɣalï :　tüš-ür-tïmüz :

吃饭-PASS-ADVL　落下-CAUS-1pl.PAST

我令下马用饭。—暾 1B3

saq（想）+ïn<saqïn（自己为自己想）

anča　saqïn-tïm.　köz-dä　yaš　käl-sär　tïd-a,

那样　想-1sg.PAST　眼睛-LOC　泪　来-COND　阻碍- ADVL

我十分悲痛。眼睛流泪，我强忍住；—阙 B11

在回鹘文献时期，动词词干+-n/-in/-ïn，-un/-ün 继续沿用，又发展出一套动词词干+ -l/-ïl/-il/-ul/-ül 等附加成分构成的反身态。如：

soɣu-（变冷）+l<soɣul-（变冷）　kir-（进入）+il<kiril-（进入）

回鹘文献语言时期动词的反身态已具有使原来的及物动词变成不及物动词的特点。《突厥语词典》中的动词反身态有-n/-in/-ïn，-un/-ün和-l/-ïl/-il/-ul/-ül 两种形态标记，在使用中以第一种居多。在现代突厥诸语言中，动词反身态的形态标记基本延续这两套，个别元音和谐比较严整的语言中还有相应的语音变体形式。在具体使用中，大多数语言都以第一套形态标记为主，这一点与《突厥语词典》完全相同。但是，《突厥语词典》动词反身态所表示的主要意义，即要求句子里的客体以带宾格的形式（有时以省略宾格的形式）出现的中动态意义，除个别语言外，在现代突厥诸语言中已成为一种残余现象，这是包括《突厥语词典》语言在内的所有古代突厥书面文献语言动词反身态演化发展的一个极为重要的特征；而《突厥语词典》中表示专门反身意义，即不要求句子里出现直接客体的、为数不多的几个动词，如 ju（洗）+n<jun（洗澡）、säv（爱、亲吻）+in<sävin（感到高兴）等却得以保留下来，但具有这种反身意义的动词的数量在反身态的发展演变中并没有增加。这表明，反身态在动词中的分布功能和在句子中的语义功能已大大弱化，并且变得越来越不重要。究其原因，可能与反身动词 öz（自己）句法功能的增强有直接的关系。

现代突厥语族诸语言动词的反身态都有专门的语法形式。现将现代突厥语族诸语言动词反身态的构成形式列表比较如下：

语种	语法形式
维吾尔语	-n/-In,-un/-ʏn,-l/-Il,-ul/-ʏl
哈萨克语	-n/-ɣn/-in
柯尔克孜语	-n/-ɣn/-In,-un/-ʏn
乌孜别克语	-n/-In,-l/-Il
塔塔尔语	-n/-ɣn/-in,-l/-ɣl/-il
裕固语	-n/-ɣn/-in
撒拉语	-n/-ɣn/-in
图瓦语	-n/-ɣn/-in,-un/-ʏn

从语法形式的语音结构来看，哈萨克、柯尔克孜、撒拉、图瓦等语言的动词反身态都有以 n 为核心的词尾，这一语言特点延续了碑铭文献语言时期。它们的差异只是由于元音的不同而出现的语素变体。而维吾尔、乌孜别克、塔塔尔、西部裕固等语言动词的反身态，除以 n 为核心的词尾外，还有以 l 为核心的词尾形式，这种形式是《突厥语词典》中-l/-ïl/-il/-ul/-ül 形态标记的体现。此外，在维吾尔、柯尔克孜、图瓦等语言中，反身态词尾根据元音唇状和谐的要求，还存在着带圆唇元音的变体。而在其他 5 种语言的反身态词尾中只有带展唇元音的变体。

从语法形式的组合特征来看，8 种语言的 n 和维吾尔、乌孜别克、塔塔尔、西部裕固等语言中的 l 都可缀接于以元音结尾的动词词干之后。但是，词干最后音节中有[l]音时，其后只能缀接 n。维吾尔、柯尔克孜、撒拉、图瓦等语言中的 In/in 和维吾尔语的缀接于最后一个音节带前元音的闭音节动词词干之后，哈萨克语、塔塔尔语中的ɨn/ɣn，柯尔克孜语、图瓦语、西部裕固语中的 ɣn 和塔塔尔语中的 ɨn 等缀接于最后一个音节带后元音的闭音节动词词干之后；维吾尔语、柯尔克孜语、图瓦语中的 un/ʏn 和维吾尔语中的 ul/ʏl 缀接于最后一个音节带圆唇元音的闭音节动词词干之后。唯独乌孜别克语的 Il 既可缀接于最后一个音节带前元音的闭音节词干之后，又可缀接于带后元音的动词词干之后。

第三节 被 动 态

一般用在不强调主语为谁，而只注重说明动作本身的句子中。在被动态的句子中，逻辑主语和语法主语不是一致的，逻辑上的客体成为语法上的主体。被动态是在动词词干后加-l/-il/-ïl/-ül 和-n/-ïn。其中-n/-ïn 缀接于最后音节带 l 的动词词干，而-l/-il/-ïl/-ül 则缀接以其他音位结尾的动词词干。表示非语法主语进行的动作行为。被动态三大碑出现次数统计如下：

名称	出现次数
《阙特勤碑》	5
《毗伽可汗碑》	10
《暾欲谷碑》	6
合计	21

如：

tüz（直）+ül<tüzül（被弄直，和好）

tabɣač　bodun　birlä:　tü-zül-tim

唐　人民　共同　建立-PASS- 1sg.PAST

我同唐人建立了关系。—阙 N4

qïl（做）+ïn<qïlïn（被创造）

äkin　ara　kiši　öɣl-ï　qïl-ïn-mïš

两个　中间　人　儿子-3sg.POSS　做-PASS-PAST

在二者之间（也）创造了人类之子。—阙 D1

tasu（驱赶）+l<tasul（被驱赶）

bodun anta qut? ärmäzkä tasulmazun？（人民不会因为没有福气而被驱赶吧？）—翁 Q8

boɣuzla（杀死）+n<boɣuzlan（被杀死）

yir-či :　yir　yaŋïl-ïp :　boɣuzla-n-ti:

向导　地方　犯错-ADVL　扼杀-PASS-3sg.PAST

向导由于带错了路而被杀。—暾 1B26

arï（完）+l<arïl（被毁灭）

alqïn-tïɣ　arï-l-tïɣ　an-ta　qal-mïš-ï

完-2sg.PAST　完-PASS-2sg.PAST　那-LOC　留下- ADJL-3sg.POSS

（结果）你们都毁灭在那里—毗 B7

adïr（离开）+ïl<adïrïl（被离开）

bars-ïm　adïr-ïl　bar-dï.

虎-1sg.POSS　离开-PASS　去-3sg.PAST

我的老虎被分开了—埃

赵明鸣先生在有关《突厥语词典》语言动词形态范畴的专题研究中，曾根据国内外已有研究成果将被动态的形态标记归纳为下列 5 种类型：-l/-il/-ïl/-ül/-äl；-n/-ïn/-in/-un/-ün；-q/-ïq/-uq/üq/ük；-sïq/-sik；-duq。鄂尔浑—叶尼塞碑铭语言动词中缀接的-l/-il/-ïl/-ül 和-n/-ïn 附加成分仍然作为典型的被动态形态标记广泛地分布于现代突厥诸语言中。

被动态在现代突厥语族诸语言中均有专门的形态词尾，从语法形式的语音结构来看又大同小异，列表比较如下：

语种	语法形式
维吾尔语	-n/-In, -l/-Il,-ul/-ʏl
哈萨克语	-n/-in/-ɣn,-l/-il/-ɣl
柯尔克孜语	-n/-In /-ɣn,-un /-ʏn,-l/-il/-ɣl,-ul/-ʏl
乌孜别克语	-n/-In,-l/-Il
塔塔尔语	-n/-in/-ɣn;-l/-il/-ɣl
裕固语	-n/-ɣn;-l/-ɣl/ ,-ul/-lɣ
撒拉语	-n/-ɣn;-l/-il/-ɣl
图瓦语	-n/-in/-ɣn,-l/-il/-ɣl/ ,-ul/-ʏl

从表中可以看出，在突厥语族诸语言中，被动态语法形式都是以 n 和 l 为核心，与碑铭语言时期被动态的表现一致。其差异主要表现在由于其前元音的不同而出现不同的语素变体。在这些语素变体中，由于元音和谐律的要求，维吾尔、柯尔克孜、西部裕固、图瓦等语言中存在着带圆唇元音的语素变体；而在其他 4 种语言中，只有因动词词干前后元音的不同而出现的 n、l 不同的语素变体。比较特殊的是在西部裕固语中，被动态词尾还有以 l 为核心的 lɣ 形式。

语言的区域性特征一般有一定程度的地理延伸，通常的研究中它们是语言共时特征的表现，或者是在古代的某一语言或方言的底层上不同发生学关系的语言接触的结果。从语法形式的组合特征来看，突厥语族诸语言的 n、l 和西部裕固语的 lɣ 是缀接于以元音结尾的动词词尾之后；哈萨克语、塔塔尔语、图瓦语中的 ɨn/ɣn，ɨil/ɣl，柯尔克孜

语、西部裕固语、撒拉语中的 ɣn、ɣl 等缀接于带有后元音的闭音节动词词干之后；柯尔克孜语中的 In 和乌孜别克语的 Il 缀接于带前元音的闭音节动词词干之后；维吾尔、柯尔克孜、图瓦等语言中的 ul/ʏl 和西部裕固语中的 ul 缀接于带圆唇元音的闭音节动词词干之后；维吾尔语的 In、Il，乌孜别克语的 In 既可缀接于带前元音的闭音节动词词干后，又可缀接于带后元音的闭音节词干之后。

第四节　使 动 态

使动态的基本意义就是一方使另一方做出某一件事，而该事可能是强迫性的，也可能是允许性的，这要看具体上下文而定。当一个使动态动词作谓语时，句子的主语不是动作的发出者，而是动作的致使者或允许者。鄂尔浑—叶尼塞碑铭语言中的使动态由动词词干缀接以下四类附加成分构成：

1. -t/-it/-ït

arta（坏）+t<artat-（破坏）

il-iŋ-in	törü-ŋ-in:	käm	arta-tï
国家-2sg.POSS-ACC	法制-2sg.POSS-ACC	谁	破坏-3sg.PAST

u-dačï	är-ti
POSSI（能）-FUT	是-3sg.PAST

谁能毁灭你的国家和法制？—阙 D22

ät（做）+it<ätit-（使做）

idi	oqsïz	kök	türk	<äti>:	an-ča	olor-ur	är-miš
主人	箭-NEG	兰	突厥	使做	那样	坐-CAUS	是-PAST

他们统治着二者之间的没有君长的兰突厥。—阙 D3

bas（占领）+ït<basït（使占领）

käl-ti :	olur-uŋ	ti-yin :	ti-miš :	yälmä:	qaraɣu :	ädgü-ti :	ur-ɣïl
来-3sg.PAST	住-2sg.IMP	说-1sg.IMP	说-PAST	前锋	瞭望	好好地	打-2sg.IMP

bas-ït-ma

袭击-CAUS-NEG

来了："你们且住下。好好地布置探马防哨，免受袭击！"—暾 1B34

yorï（出征）+t<yorït（使出征）

ädgü bilgä kiš-ig ädgü alp kiši-g yorï-t-maz är-miš:

好 智慧的 人民-ACC 好 勇敢的 人民-ACC 出征-CAUS-NEG 是- ADJVZ

他们不让真正英明的人、真正勇敢的人有所作为—阙 N6

2. -tur/-tür

yan（返回）+tur<yantur（使返回）

tämir qapïɣ-qa : tägi : ir-timiz : an-ta yan-tur-tïmïz:

铁 门-DAT 到达 追赶-1pl.PAST 那-LOC 返回-CAUS-1pl.PAST

我们一直到达铁门（关）。从那里我们回师。—暾 2N45

bin（骑）+tür<bintür（使骑）

at üzä : bintür-ä qar-ïɣ

马 之上 骑-CAUS-ADVL 雪-ACC

我并令骑在马上从雪中开路 —暾 1B25

3. -r/-ir/-ïr/-ïz；ur/-ür

köti（起来）+r<kötir（使起来，举起）

täŋri töpü-si-n-tä tut-up yögärü kötir-miš ärinč

天 头顶-3sg.POSS-EPE-LOC 抓-PAST.ADVL 向上 举起-PAST 据说是

护持在上天之顶，高高举起了。—阙 D11

käl（来）+ir<kälir（使来）

käl-ir är-sär : k^{ö}ör-ü

来-CAUS 是-COND 看-CONV

如果他们来的话。—暾 1B32

ud（派）+ïz<udïz（使派）

äšid-ü bär-di : köŋl-üŋ-čä : ud-ïz ti-di :

听-ADVL 给-3sg.PAST 听-2sg.POSS-像 率领-2sg.IMP 说了-3sg.PAST

他说："按你想的指挥军队吧！"—暾 1X15

yarat（建造）+ur<yaratur-（使建造）

an-gar　adïnčïɣ　barq　yara-tur-tïm.

他-DAT　奇异的　建筑物　建立-CAUS-1sg.PAST

我令他们建造了宏伟的建筑物。—阙 N12

4. -gür/-ɣur

ki（进入）+gür<kigür（使进入）

ärmiš　bar-mïš　ädgü　il-in-gä　käntü　yaŋïl-tïɣ,　yablaq

是-ADJL　有-ADJVZ　好　国家-2sg.POSS-DAT　自己　犯错-2sg.PAST　坏

ki-gür-tig:

进入-CAUS-2sg.PAST

和自由、良好的国家犯了罪，招致了恶果。—阙 D22

使动态在三大碑出现次数统计如下：

名称	出现次数
《阙特勤碑》	50
《毗伽可汗碑》	51
《暾欲谷碑》	17
合计	118

使动态在现代突厥语族诸语言中都有专门的词尾。但从语法形式的语音结构来看，存在不同程度的共性和差异。试列表比较如下：

语种	语法形式
维吾尔语	-t -dur/-tur/-dʏr/-tʏr,-ʁuz/-quz/-gʏz/-kʏz -ar/-är/-ur/-ʏr,sät
哈萨克语	-t -dɣr/-tɣr/-dir/-tir,-ʁɣz/qɣz/-giz/-kiz -ar/-er/-ɣr/-ir,-ɣz/-iz
柯尔克孜语	-t -dɣr/dIr/-dur/-dʏr/-tɣr/-tIr/-tur/-tʏr -ʁuz/-quz/-gʏz/-kʏz/-ʁɣz/-qɣz -ɣr/-Ir/-ur/-ʏz

续表

语种	语法形式
乌孜别克语	-t -dir/-tIr,-ʁiz/-qIz/-qIz/-kIz/-ʁæz/-qæz/-gæz/-kæz -ʌr/-or/-Ir
塔塔尔语	-t -dɣr/-tɣr/-dir/-tir,-ʁɣz -ar/-ɣr/-ir,-sæt
裕固语	-t/-ɣt -dɣr/-dur -ar/-er/-ir/-ur/-ʏr,-ʁar/-ʁɣr/-gɣr
撒拉语	-t/-et/-it -dɣr -ɣr/-ir,-ʁɣs
图瓦语	-dir/-dʏr/-dɣr/-dur/-tir/-tʏr/-tɣr/tur

在维吾尔、柯尔克孜、图瓦等语言中，使动态具有-dur/-tur，-dʏr/-tʏr的形态词尾，可以说是碑铭时期语言使动态-tur/-tür的延续；在维吾尔、哈萨克、柯尔克孜、西部裕固、撒拉等六种语言中，使动态还有“元音+r”的一套词尾，由碑铭时期的“-r/-ir/-ïr/-ïz；ur/-ür”发展而来。

第五节　交互—共同态

交互—共同态表示两个或两个以上的主体共同完成的动作或表示动作是由若干个主体协作完成的。碑铭动词中的交互—共同态形式是在动词词根后加词缀-š/-is/-ïš构成。而汉语中往往是借助于“同一、一同、一起、一块儿、一齐、共同、相互”等副词来表示。交互—共同态的主语是复数，即两个或两个以上主体。关于-š/-is/-ïš附加成分所表示的意义，麻赫穆德·喀什噶里在《突厥语大词典》中有过详细的论述：“š这一字母缀接在动词后，表示行为动作是由两个人完成

的。当动词之后缀接 š 字母时，也表示称赞、竞赛的意义。”[①]综合碑铭语言的实际情况，总结出碑铭动词的交互—共同态主要具有以下特点：

1. 表示行为动作的主体是由两个或两个以上共同或相互进行，句子的主语多为复数或联合短语。如：

öglä-（谈）+š<ögläš（商量）

ol üčqaɣan : öglä-š-ip : altun yïš üzä : qabïš-alïm

那 三可汗 商量-RECP-ADVL 阿尔泰 山林 之上 会和-1pl.IMP

那三可汗要会师阿尔泰山林。—暾 1D20

2. 表示由一方发出的交互进行的动作，另一方作为配合。如：

sözlä-（说）+š<sözläš（交谈）

ini-m kül tigin birlä sözläš-dimiz.

弟-1sg.POSS 阙特勤 一起 交谈-1pl.POSS

我同我弟阙特勤商谈了 —毗 D21

3. 表示主体协助别人进行的动作。如：

qab（见面）+ïš<qabïš（会和）

anča ötün-tüm : tabɣač : oɣuz : q'ïtań : bu üčägü : qabïs-ar

那 请求-1sg.PAST 唐人 乌古斯 契丹 这 三个 会和-COND

我这样说道：“要是唐人、乌古斯、契丹三者联合起来……—暾 1X12

交互—共同态在三大碑出现次数统计如下：

名称	出现次数
《阙特勤碑》	2
《毗伽可汗碑》	3
《暾欲谷碑》	2
合计	7

在现代突厥语族诸语言中，动词交互—共同态的语法形式基本相

① 赵永红：《回鹘文献语言动词的语态范畴及其特点》，《民族语文》2005 年第 2 期。

同。其差异只表现在哈萨克、西部裕固等语言的交互共同态词尾是以s为主要构成成分，而在其他6种语言中则以š为主要构成。现代突厥语族诸语言有相似的历史演变，因为它们开始时有着相似的碑铭语言结构，在共同的语言演变规律的作用下可能有相近似的演变阶段和相近的演变结果。

现代突厥语的交互—共同态基本保留了碑铭语言时代的-š/-is/-ïš形式，又因元音的不同，组成交互—共同态的语法形式在语音结构上也有差异。现将8种语言动词交互—共同态语法形式列表比较如下：

语种	语　法　形　式
维吾尔语	-š/-iš/-uš/-ʏš
哈萨克语	-s/-ɣs/-is
柯尔克孜语	-š/-ɣš/-Iš/-uš/-ʏš
乌孜别克语	-š/-Iš
塔塔尔语	-š/-ɣš/-iš
裕固语	-s/-ɣs/-is
撒拉语	-š/-ɣš/-iš
图瓦语	-š/-ɣš/-iš/-uš/-ʏš

从语态的形态变化、语音形式以及所表示的语法意义来看，现代突厥语族诸语言动词的5种语态基本继承了碑铭动词语言动词时期，碑铭语言作为现代突厥语族诸语言的渊源，也是研究突厥语族诸语言亲属关系的重要佐证。

反身态、被动态、使动态、交互—共同态在鄂尔浑—叶尼塞三大碑中出现次数分别是10次、21次、118次、7次，可以看出在鄂尔浑—叶尼塞碑铭语言时期使动态的出现频率非常高。碑铭语言内容具有史传性特点，以叙述为中心，但不同于中国编年史中对历史事件平铺直叙的记述，而是对每一个历史事件发表议论、展开争论的方式。[①]

① 阿布都沙拉木·旭库尔：《古代突厥文碑铭文学研究——以〈暾欲谷碑〉、〈阙特勤碑〉和〈毗伽可汗碑〉为例》，博士学位论文，中央民族大学，2009年。

动词使动态的频繁使用，使文本具有了更深层的意义，呈现出碑文作者凸显“阶级地位”和“政治宣传”的意旨。

第六节　语态的重叠

鄂尔浑—叶尼塞碑铭语言动词的语态还可以由两个的语态组合而成，出现语态语缀的重叠。在这些语态中，每个语态的地位是不同的，有主次之分，即有些语态所表示的语法意义要强于其他的语态。语态的重叠有以下两种情况：

1. 共同—使动态

在动词词干之后缀接共同态和使动态语缀构成共同—使动态。在这种复合语态中，使动态的语法意义更强，如：

yoŋa-（不和）+š（共同态）+ur（使动态）<yoŋašur-（使不和）

bäg-li	bodun-lïɣ	yoŋašur-tuq-in	üčün:
官-CONJ	人民-CONJ-ACC	不合-CAUS- NMLZ-ACC	由于

由于他们使官民不和 —阙 D6

2. 使动—使动态

在动词词干后连续缀接使动态附加成分构成使动—使动态。在这种由相同语态构成的复合语态中，更增强了使动态的语法意义，如：

ol（他）+ɣur（使动态）+t（使动态）< olɣurt-（使他）

olɣurt-dïm	oq :	yan-ïɣma	:	yaɣ-ïɣ
扩大-CAUS-1sg.PAST	MOOD	返回-ADJL		敌人-ACC

我使叛逃的敌人归来。—暾 2D53

回鹘文献语言常出现复合语态，主要有使动—共同态、使动—被动态、使动—使动态、使动—反身态、被动—共同态、被动—反身态、被动—使动态、共同—使动态、反身—使动态、共同—反身态十种形式。

在回鹘文献语言中还有少量的三个语态连接组合而成的语态，如：

yapšïntur-（使连接）<yap-（靠紧）+š（共同态）+ïn（反身态）+tur（使动态）

现代突厥语族诸语言中也出现语态语缀的重叠现象。在实际语言中动词末尾出现两个或更多语态语缀是常见现象。语态的重叠是有规律的，以维吾尔语为例，常见的重叠有以下几种：

（1）基本态+使动态+被动态：kor-（看见）+st+i<korsitil-；

（2）基本态+反身态+使动态：yasa-（修理，制造）+n-+dur<yasandur-；

（3）基本态+反身态+使动态+被动态：yuy-（洗）+un-+dur-+ul<yuyundurul-；

（4）基本态+反身态+交互态：kiy-（穿）+in-+is< kiyinis-；

（5）基本态+反身态+使动态+交互态：yuy-（洗）+un+dur+us<yuyundurus-，等。

不管语态重叠的次序如何，一个总的原则是：句子的主语要与词干最末尾的一个语态语缀相适应。

突厥语动词语态范畴的重叠少见于碑铭时期，经过回鹘文献语言呈现多样化趋势，发展到现代突厥语族诸语言已经变得常见。

第九章

鄂尔浑—叶尼塞碑铭动词的体范畴

体（语类标签为 ASP，来自英语 aspect “体” 的前三个字母）和时（tense）是构成语言系统中非常重要的子系统，二者均与时间相关，但存在较为明确的区分。一般语法描写（不限于突厥语）或将二者混同于时——只提时而不谈体，或者时体不分。更为科学的看法是：“时与体无论在意义上还是形式上，都是不相同的独立体。”①

体表现的是事件内部的时间特征及观察方式，是事件自身的属性②；时则是事件在时间轴上的定位，是一个参照概念。体的意义体现在两个层面，一是词汇语义层面可简称为“词汇体”，二是形态句法层面，可简称为“语法体”。词汇体与语法体相互作用，共同决定事件的意义。例如，具有非持续特征的“达成”和“瞬时”事件缀接进行体时，前者表示事件实现前的状态，具有未然体意义（如英语的 be ariving “即将到达”）；后者则表示事件重复，有别于一般“活动”的进行体意义。

“体”在《语言学大百科词典》中，动词的体被 Маслов 定义为

---

① 张定京：《现代哈萨克语实用语法》，中央民族大学出版社 2004 年版，第 289 页。

② Comrie：*An Introduction to Verbal Aspect and Related Problems*. Cambridge：Cambridg，1976：120.

“动词的语法范畴，一般指的是‘动词行为所表示的在时间上的特征’。为了与时间范畴区分，体不与行为的指示性时间定位相关，而是与行为内在的‘时间结构’相关，同时和说话人描述的行为方式有关。体这一术语在不同的语言中有着不同的表达方式，这种差异不仅体现在外部的（综合的或者分析的）表达方式上，也表现在内容层面上。体的对立与以下因素相关：达到内在界限和未达到内在界限，是否强调过程、状态和频率”。

“体是通过一定的语法形式表示动作行为进行状态的语法范畴。”[①]体是伴随动词出现的一种范畴，表示所叙述的动作的类型、持续状态以及动作是否完成等。R.R.K 哈特曼和 F.C 斯托克说得更具体：“除了完成体和未完成体这些基本概念外，还有以下关于体的术语，用来表示类似时态的差别：起始体表示动作的起始；反复体、多次体或惯常体表示动作的反复；瞬时体或中断体表示动作的完成、忽然中断；固定体表示动作完成而出现的固定状态等。”[②]可见，“状态是对体所表示的种种语法意义的高度概括，它包括动作的完成、起始、中断、反复、固定等极为丰富的语法意义，体着重于动作或历程在绵延的段落中是如何的状态……动作或历程的绵延是已完成抑或正在进行，方为开始抑或已有结果等等”。[③] 吕叔湘将体的概念称为动相，认为，“体”是指一个动作过程的各个阶段。动相虽然也与时间有关，但“时间的观念已融化在动作观念里。”Comrie 定义“体”为观察情状的内部时间构成的不同方式。戴耀晶认为，“体是观察时间进程中的事件构成的方式”。[④] 一般认为，体是对情状内在时间构成所持的不同的观察方式。研究体的意义要考虑动作的过程，同时也要注重着眼于整个句子，着眼于整个句子所表述的事件，才能对体有全面的认识，才

① 舒新城主编：《辞海·语言文字分册》，上海辞书出版社 1980 年版，第 18 页。

② R.R.K.哈特曼、F.C.斯托克著，黄长著、林书武等译：《语言与语言学辞典》，上海译文出版社 1981 年版，第 51 页。

③ 高名凯：《汉语语法论》，科学出版社 1957 年版，第 188 页。

④ 戴耀晶：《现代汉语时体系统研究》，浙江教育出版社 1997 年版，第 30 页。

能驾驭体意义的各种形式表现。印欧语言中常见的体有完成体、未完成体、进行体等，一般都靠特定的词缀或助动词来表达。

鄂尔浑—叶尼塞碑铭语言动词的体是以体的形态所表示的语法意义在强调重点上的对立为基础的。因此，在给鄂尔浑—叶尼塞碑铭语言动词的体进行分类时应根据其语言的特点，把体的形态所表示的强调意义上的对立作为分类的依据。

根据强调重点上的对立关系，鄂尔浑—叶尼塞语言动词的体可分为可能体、完成体、能动体、呈现体、持续体、重复体、尝试体、为他体等。能动体主要强调动作行为进行的可能性；持续体主要强调动作行为的持续性和经常性；完成体主要强调动作行为的完结；尝试体主要强调动作行为进行的尝试性等。

对鄂尔浑—叶尼塞碑铭语言动词的体进行分类，存在一定的困难。有些语法形式，特别是外部形态有表示多种语法意义的情况。如“qal-”，它所表示的意义就有三四种，而这些意义有时很难找出主次，再者它的每一义项又可以与其他的体在意义上构成对立。但这并不影响在碑铭语言中动词体范畴的存在。因为同语法形式表示的多种语法意义中，毕竟有一项是普遍的、是基本的。分类时就可以以其最为基本、普遍的意义为主进行分类，将其余义项作为其附加意义处理。这样做符合突厥语言动词体的特点，同时也符合确定语法范畴的一般原则。

鄂尔浑—叶尼塞碑铭语言动词通过“动词词干+体的内部形态”“体副动词+体的外部形态”和“动词词干+体的外部形态”三种模式体现出在强调意义上相互对立的可能体、完成体、能动体、呈现体、持续体、重复体、尝试体、为他体等各种不同的体。

形态类型学通常认为有分析型、黏着型和屈折型三种典型的语言类型。分析型又称为孤立型，屈折型又称为融合型。古英语是屈折型的语言，但仍包含着一些黏着形态的构词形式；汉语是分析型的语言，在构词上仍有一些屈折形态和黏着形态的形式。分析形态的一个简单词通常由一个语素构成，黏着形态的一个词可以包含不止一个的语

素，屈折形态的一个词中语素的分界已消失。

在体的形态模式中，作为体的主要体现者的形态部分代表着依附性与组合能力不同的两种形态，即综合形态和分析形态，反映了鄂尔浑—叶尼塞碑铭语言动词体的综合—分析型形态特征。

第一节 可能体

可能体由 a 副动词结合分析形态 u-（能）来构成，强调指出动作行为进行的可能性。如：

artatï（破坏）+u-dacï< artatï +udacï（能破坏）

il-iŋ-in　　törü-ŋ-in:　　käm　　arta-tï

国家-2sg.POSS-ACC　　法制-2sg.POSS-ACC　　谁　　破坏-3sg.PAST

u-dačï　　är-ti

POSSI（能）-FUT　　是-3sg.PAST

谁能毁灭你的国家和法制？—阙 D22

itinü（推行）+u-ma< itinü u-ma（未能推行）；yaratun（建立）+u-ma <yaratun u-ma（未能建立）

yaɣï　bol-up　　it-in-ü　　yarat-un-ü

敌人　成为-ADVL　　组成-PASS-ADVL　　组织-PASS-ADVL

u-ma-duq　　yana　ičik-miš

能-NEG-NMLZ　　又　　内属-PAST

成为敌人后，但他们未能自立，重又内属了。—阙 D9

第二节 完成体

完成体由 a 副动词结合分析形态 ïd-（送，派）来构成，ïd-表示一个动作的完成、结束，强调指出动作行为的完结。如：

ïcɣïnu（扔）+ ïd-<ïcɣïnu ïd-（扔掉）

türk bodun illä-dük il-i-n ïčɣïn-u

突厥 人民 具有国家-ADJVZ 国家-3sg.POSS-ACC 失去-CONV

ïd-mïš

PERF（送）-PAST

拥有国家的突厥人民丧失了国家 —毗 D7

yitirü（失去）+ ïd- <yitirü ïd- （失掉）

qaɣanla-duq qaɣan-ï-n yitür-ü ïd-mïš

成为可汗-ADJL 可汗-ACC 丢失- ADVL PERF（送）-PAST

失去了成为可汗的可汗；—（阙 D7）

现代突厥语族诸语言动词完成体的各语法形式在表示结束、完成的动作这一点上有共同之处，但它们说明完成动作的角度和侧重点却存在着差异。如维吾尔语、哈萨克语、柯尔克孜语、乌孜别克语、塔塔尔语、西部裕固语等的 bol，撒拉语的 vol、bar、Gal，图瓦语的 bol、bɣt/ɣbɣt、ɨbɨt/bɨt 以及西部裕固语的 un、ost/osder 等主要强调说明动作行为的完成及其结果；维吾尔语、哈萨克语等的 qoj 主要强调动作行为完成的随意性；维吾尔语、乌孜别克语的 tšɪq、Øt，哈萨克语的 šɣq 和柯尔克孜语、塔塔尔语的 tšɪq 等语法形式主要强调动作行为完成的过程；撒拉语和图瓦语的 Gal 和其他 6 种语言的 qal 主要强调动作行为进入完成状态。此外，维吾尔语的 wät/ɪwät、uwät/ʏwät，西部裕固语的 vat/avat，维吾尔语的 kät，塔塔尔语的 kɨt 和其他语言的 ket 主要强调动作行为完成的迅速性和坚决性，而哈萨克语的 tasta，柯尔克孜语的 tašta，塔塔尔语、乌孜别克语的 tašla 以及撒拉语的 bar 等主要强调动作行为完成的彻底性。

完成体的语法形式在突厥语言的发展过程中变化较大，已由碑铭时期的 a 副动词+ïd-演变为现代突厥语言 bol、qoj、tasta 等不同形式，且语法意义也有了更为具体的划分。

第三节 能动体

能动体由 a 副动词后加 al-（拿）而形成，表示主体有能力做某一件事或进行某一动作行为的可能性，表示动作的趋向或一贯性。如：

süra（驱赶）+ al- <süra al-（驱赶）

süŋüglüg	qan-tan	käl-ipän	sür-ä	ältdi
带矛的	哪-ABL	来-ADVL	驱赶-ADVL	ABIL（拿走）-3sg.PAST

带矛的人从哪里来驱走你们？—毗 D19

yana（回）+ al- <süra al- （驱赶）

yaraqlïɣ	qan-tan	käl-ip	yań-a	ält-di
有武器的	哪-ABL	来-CONV	回-ADVL	ABIL（拿走）-3sg.PAST

（否则）带武器的人从哪里来赶走（你们）？—毗 D19

现代突厥语族诸语言的动词都有能动体，其构成有两种方式：一种由动词词干缀接各种形态词尾构成，这种构成方式只有维吾尔语一种。能动体在维吾尔语中演化为-la-/-lä-/-yala-/-yälä-，其形成过程是，在以辅音结尾的词干后面先加副词化成分-a/-ä，然后加 al-/äl-，然后再加-a-/-ä，因而在动词词干与能动体成分之间形成两个元音，但在实际发音中这两个元音表现为一个长元音。如 yaz-（写）+-a+al-+-a<yazala-（能写），kör-（看见）+-ä+äl-+-ä<körälä（能看见）等；在以元音结尾的词干后面先加副词化成分-y，然后加 al-/ä；副词化成分-a-/-ä，如 oyna-（玩）+-y+al-+-a<oyniyala-（能玩），sözlä-（说）+-y+äl-+-ä<sözliyälä-（能说），主要表示动作的结果是为动作者本身进行的或使动作者本身为某种目的而获得满足。维吾尔语中 al-还可以和 p 副动词连用，形式为-wal-，表示主体为自己的利益做出某一个动作，如 yaz-（写）+ -ip+al-<yeziwal-（写下来）等。另一种由外部形态结合 a 副动词构成，用这种方式构成能动体的有哈萨克语、柯尔克孜语、乌孜别克语、塔塔尔语、图瓦语等。西部裕固语和撒拉语的能动体比较特殊，同时采用这两种方式构成。

第四节　呈 现 体

qal-（留下，剩下）构成完成体时表示前面的主动词所表达的动作的出现。强调已经或正在呈现的事实或状态，在一定的上下文中带有其他的一些附加色彩。前面的主动词以 p 副动词化的形式出现，如：

yatu（躺）+ qal- <yatu qal- （躺倒）

sï-dï :	usïn bunta-tu :	yurt-da :	yat-u	qal-ur
破坏-3sg.PAST	地名	住地-LOC	躺下-ADVL	（FACT）留下-FUT

诸城成为一片废墟。—暾 1D19

qal-在现代维吾尔语中其形式和意义不变。如：

uxlap（睡）+ qal- <uxlap qal-（睡觉）

bala uxlap qaldi.（孩子已经入睡了。）

第五节　持 续 体

持续体由 a 副动词结合 bar-（去），等分析形态构成，强调指出动作行为的不断持续，如：

bar-（去）主要表示动作向一定的方向持续性地发展着，表示主动词所表达的动作无阻力地、不间断地进行。如：

yoqadu（失去）+ bar- <yoqadu bar- （渐渐失去）

yoq-ad-u	bar-ïr	är-miš.
消灭-CAUS-ADVL	CONT（去）-FUT	是-PAST

他们（突厥）在灭亡。—阙 D10

现代突厥语族诸语言的动词都有持续体，由两种方式构成：一种是内部形态缀接于动词词干构成；另一种由外部形态结合副动词和动词词干构成。维吾尔语和乌孜别克语同时采用这两种方法构成持续

体，其余语言采用后者构成。

维吾尔语中演化为-wär/-iwär，如：sözlä-（说）+-y+bär-<sözläwär-（不断地说）；yaz-（写）+-a+bär-<yaziwär-<yeziwär-（不断地写）等。

bar-这种语法形式在现代突厥语动词的持续体中还有所保留，维吾尔语、塔塔尔语、裕固语、撒拉语中均出现由副词结合 bar-表示动作行为进行的持续性和经常性。这其中的语义侧重点有所不同，维吾尔语中的 bar-，侧重说明动作行为的不断加强，如 mähsulat ešïp bardï. 产量在不断增加)；而其余四种语言中的 bar-则侧重于说明动作行为在说话时正在持续进行，以西部裕固语为例：men am gezeɣ gezep bar.（我正在穿衣服。）

第六节　重 复 体

重复体由 a 副动词结合 olur-（坐）分析形态构成，表示主动词所表达动作经常反复、重复进行的状态或表示状态的持续（或结果的存留）。如：

igidü（养活）+ olur-< igidü olur-（养活着）

tür^{ü}k　bilgä : qaɣan : tür^{ü}k　sir　bodun-uɣ :　oɣuz　bodun-uɣ :　igid-ü

突厥　谋臣　可汗　突厥　设　人民-ACC　乌古斯　人民-ACC　养育-ADVL

olur-ur

（ITR）坐-PAST

突厥毗伽可汗养育了突厥—薛（Sir）人民和乌古斯人民。—暾 2B62

alï　（收集）+olur-< alï olur-（不断收集）

käl-ür :　käl-mäz　är-sär :　tïl-ïɣ　sab-ïɣ　al-ï

来-CAUS　来-NEG　是-COND　舌- ACC　话-ACC　拿-ADVL

ol-ur :　ti-di :

ITR（坐下）-2sg.IMP　说-3sg.PAST

如不来的话，就（注意）不断收集情报！—暾 1B32

现代维吾尔语中的持续体成分是 tur-（站、住），与 p 副动词一起使用，表示动词所表达动作的重复进行或继续进行。一般与静态动词连用时表持续体，如 saqla-（等）+-p+tur-<saqlap tur-（等着）等。

现代维吾尔语的 oltur-（坐）与 p 副动词一起使用，表示被主动词所表达的动作分散了注意力。因此一般用于否定句里。如：

sözläp （讲）+oltur-<sözläp oltur-（讲了）

buni sözläp olturuš zörür ämäs.（没有必要讲这些）。

现代突厥语族诸语言中除西部裕固语和撒拉语外，突厥语族其他 6 种语言动词都有重复体。有重复体的 6 种语言中均由 p 副动词结合外部形态构成。重复体的语法形式在图瓦语中表现为 dur-，在其他 5 种语言中皆表现为 tur-，指出动作行为的频繁性与多次性。

第七节 尝 试 体

尝试体由 a 副动词结合分析形态 kör-（看）来构成，一般缀接在 p 副动词后面，强调指出动作行为进行的尝试。在碑铭中，这种形式只出现过一次。

yälü（试）+ kör-< yälü kör-（试着）

qaɣan :	yäl-ü	kör	ti-miš
可汗	疾驰-ADVL	TENT（看）-2sg.IMP	说-PAST

可汗说：“骑快些！”—暾 1B26

突厥语族诸语言动词都有尝试体，其构成方式在突厥语族诸语言也完全一致，差异只表现在语法形式的语音结构和数量方面。

突厥语族诸语言动词的尝试体在撒拉语中动词词干结合外部形态构成，在其他语言中均由 p 副动词结合外部形态构成。但语法形式的语音结构和数量在突厥语族诸语言中不完全一致。如维吾尔语、乌孜别克语、柯尔克孜语的外部形态有两种，即 baq-和 kör-.

这两个词的原义均为“看”，缀接在 p 副动词后表示试着作主动

词所表达的动作。如现代维吾尔语中：sora（问）+-p+bap-/kör-<sorap bap-/kör（问问看）。而在其他语言中只有一种，并且语音结构也有所不同。如哈萨克语和塔塔尔语中为 kör，西部裕固语和撒拉语中分别表现为 gara 和 vax，在图瓦语中表现为 gör。

第八节　为他体

为他体由 a 副动词结合分析形态 bir-（给）构成，强调主体是为别人利益做出某一动作的情况。如：

alï（交）+bir-<alï bir-（交给）

tabɣač　qaɣan-qa　il-i-n　törü-si-n　al-ï

唐　可汗-DAT　国家-3sg.POSS-ACC 法制-3sg.POSSACC 拿-ADVL

bir-miš.

ALTR（给）-PAST

把其国家和法制交给了唐朝皇帝。—阙 D8

qazɣanu（努力）+ bir-< qazɣanu bir-（争取给）

kök:　täyäŋ-in:　türk-üm-a:　bodun-um-a:　qazɣan-u

蓝　灰鼠- ACC　突厥-1sg.POSS-DAT 百姓-1sg.POSS-ADVL 努力-CONV

bir-tim:

ALTR（给）-1sg.PAST

我为我的突厥人获得了蓝鼠—毗 B12

tutu（稳）+ bir-< tutu bir-　（为……稳住），ïtï　（建立）+bir-< ïtï bir-为……建立

olur-ïpan　türk　bodun-ïŋ　il-i-n　törü-si-

坐-PAST.CONV 突厥 人民-GEN 国家-3sg.POSS-ACC 法制-3sg.POSS-ACC

tut-a　bir-miš,　ït-ï　bir-miš.

抓-ADVL　给予-PAST　做-ADVL　给予-PAST

他们即位后，创建了突厥人民的国家和法制。—阙 D1

atï （打）+bir- <atï bir- 打给

bäg-lär:　türk:　bodun-um [……….]　at-ï:　bir-tim: [………….]qa: taš-iɣ:

官员-PL 突厥 人民-1sg.POSS 称号-3sg.PAST ALTR（给）-1sg.PAST 石-ACC

官员，我的突厥人民……我给予了称号。—毗 B13

为他体在现代突厥语族诸语言中，均用外部形态来构成。除撒拉语的外部形态直接与动词词干结合，而其他语言的外部形态与 p 副动词结合，延续 bir-的语法形式。如维吾尔语中 bir-主要表示动作的延续性或动作的趋向是为对方进行的，与 p 副动词连用。如：

jezip（写）+ bir- <jezip bir-（为……写）

doxtur retsip jezip birdi.（大夫开了个处方。）

oquq（读）+ bir-<oquq bir-（为……读）

bu xiwirni uniŋɣa oqup birdim.（我把这消息读给他听了。）

在历史发展上，突厥语族诸语言动词体的形态经历了“a 副动词+动词”→“a 副动词+分析形态”—→“体副动词+分析形态”→“动词词干+内部形态”这样一个总的演变过程。这为突厥语族诸语言动词的体综合—分析型形态特征的形成提供了条件。美国著名语言学家布龙菲尔德说：“某个语言里能说的无疑是在任何其他语言里也是能说的，其间的差异只不过是形式的结构和形式的内涵意义。”[①]突厥语族诸语言在体的构成方式、语法形式及体的意义等方面有很多共同之处，但也有一定的差异。要在整体上认识突厥语族诸语言动词体的固有特点，对它进行历史的比较研究，首先应该对突厥语族诸语言动词的体进行详尽的共时比较研究，找出其“形式结构和形式的内涵意义”上的差别。这样，才能正确认识突厥语族诸语言动词体的实质，使突厥语族诸语言动词体的历史比较研究成为可能。

突厥语族诸语言动词的体不是体的每一语法形式所表示的语法意义的简单概括。这样做的结果会使在同一语言内部语音结构中，不同语法形式所表示的同一语法意义也会作为不同的类别来概括。这是

---

① ［美］布龙菲尔德：《语言论》，袁家骅、赵世开、甘世福译，商务印书馆 2004 年版，第 38 页。

不符合语法范畴的根本条件的。因为“语法范畴”是最一般的语法意义，是相互对应而又彼此对立的两个或几个语法意义的概括，语法范畴成立的主要条件是语法意义上的对立，没有两种或两种以上的语法意义的对立，就谈不上语法范畴。

在现代突厥语族诸语言中，表示动词体的语法形式比较多。突厥语族语言动词体的语法形式表示体的语法意义时，往往与其他语言成分结合。有的直接与动词词干结合，如维吾尔语的“wat/ɪwat、uwat/ʏwat”，乌孜别克语的“wʌl/æwʌl/ɪwʌl”，撒拉语的“l/ɣl/il”和西部裕固语的“jada”“dʑida”等；有的与副动词结合，如哈萨克语的“kör”“dʒɨber”，柯尔克孜语的“qal”“qoj”“tašta”及塔塔尔语的“kɨt”“otɨr”等。为了对突厥语族诸语言动词体的语法形式有一个总的认识，现将现代突厥语族诸语言动词体的语法形式归纳列表如下：

语种	语法形式
维吾尔语	1. wat/ɪwat/uwat/ɣwat 2. wär/ɪwär 3. wal/ɪwal/uwal/ɣwal 4. wät/ɪwät/uwät/ɣwät 5. bol 6. qal 7. qoj 8. jät 9. baq 10. kör 11. kät 12. tšɪq 13. öt 14. bär 15. bar 16. tašla 17. sal 18. oltur 19. jʏr 20. käl 21. tur 22. ala/älä/jala/jälä 23. bašla
哈萨克语	1. bol 2. qal 3. dʒɪber 4. šɣq 5. ket 6. tasta 7. ber 8. al 9. sal 10. al 11. ber 12. sal 13. dʒazda 14. bɪl 15. kör 16. tur 17. otɣr 18. döʏr 19. tʏs 20. kel 21. basta
柯尔克孜语	1. bol 2. qal 3. qoj 4. tšɣq 5. tašta 6. sal 7. bar 8. bar 9. al 10. al 11. ber 12. ber 13. tʏš 14. dʒazda 15. bɪl 16. kel 17. ket 18. köɪ 19. tur 20. tur 21. baq 22. dʒiber 23. oltur 24. dʒʏr 25. bašta
乌孜别克语	1. wʌl/æwʌl/ɪwʌl 2. wær/ɪwær 3. bol 4. ʌl 5. tur 6. ber 7. qʌl 8. kör 9. bʌq 10. tšɪq 11. öt 12. ket 13. tʌšlʌ 14. bʌšlʌ 15. sʌl 16. tʏš 17. otɪr 18. jʏr
塔塔尔语	1. bol 2. al 3. al 4. bir 5. bir 6. qal 7. sal 8. tšɣq 9. dʒi `ber 10. kit 11. tur 12. kil 13. kör 14. tašla 15. bar 16. otɣr 17. jʏr 18. bašla
裕固语	1. al/jal 2. ot/ost/osder 3. Gɣla/gɣla/ʁɣla 4. avat 5. un 6. bol 7. dʑida 8. jada 9. al 10. saL 11. Gara 12. joz 13. ber 14. qal
撒拉语	1. l/ɣl/il 2. wal/iwal/uwal/ʏwal 3. bil 4. vol 5. jʏr 6. bar/var 7. gel 8. ber 9. wär/iwär 10. Gal 11. bar 12. vax 13. otur
图瓦语	1. bɣt/ɣbɣt/bɨt/ɨbɨt 2. bol 3. Gal 4. al 5. al 6. ber 7. ber 8. bar 9. dur 10. olur 11. dʒor 12. kag 13. gel 14. bašla

从外部形态和语音结构来看，现代突厥语族诸语言与碑铭时期动词的体相比有许多新的形式，如能动体由碑铭时期的 a 副动词后加 al-而形成，维吾尔语的内部形态为 ala/ele/jala/jele，撒拉语的内部形态为 l/ɣl/il；哈萨克语、柯尔克孜语、乌孜别克语、塔塔尔语、图瓦语等延续碑铭语言时期都用 a 副动词结合外部形态构成能动体，但哈萨克语、柯尔克孜语的外部形态有 al，bol 两种，其余 3 种语言只有 al（乌孜别克语为 ʌl）。又如西部裕固语和撒拉语同样用内部形态和外部形态构成能动体，但西部裕固语的内部形态有 al/jal，而撒拉语的内部形态为 l/xl/il；西部裕固语的外部形态为 dzida，jada，而撒拉语的为 bil，两种语言无论在内部形态和外部形态的语音结构上或者在这两种形态的数量上都表现出明显的差异。

现代突厥语族诸语言动词体的语法形式相较碑铭语言时期有很大发展，越来越多的体形式出现了，有的语言甚至超过 20 多种，而且每一种语法形式都表示一定的语法意义。但它们所表达的语法意义并不是相互对立的，如维吾尔语、柯尔克孜语、乌孜别克语这 3 种语言中，都有与 p 副动词结合表示动作尝试性的语法形式 baq，和 kör（乌孜别克语为 bʌq），其所表示的意义并不构成对立。从碑铭时期到现代突厥语族诸语言，突厥语族语言动词的不是体的形态模式中“动词词干+体的内部形态”“体副动词+体的外部形态”和“动词词干+体的外部形态”在“+”后一部分可以替换的语法形式所表示的语法意义的简单堆积，而是在强调重点上相互对立的体的语法意义的进一步概括和抽象。

由于时范畴和体范畴都与时间表达有关，在时、体并存的语言中，两者经常相互交叉、配合使用，进而形成复杂的时、体系统。从跨语言的角度来看，有些语言有时有和体组合起来的形式，比如：现在时和完成体组合而成的现在完成时；也包括兼有时和体义值的形式，比如：作为“过去之过去时”的过去完成时。

在鄂尔浑—叶尼塞碑铭语言中，动词的体范畴与时范畴是有密切联系的。主要表现在以下两个方面：

1. 体的某些语法形式，特别是持续体的语法形式可表示现在—将来时的语法意义，如：

yoq-ad-u　　bar-ïr　　är-miš.

消灭-CAUS-ADVL　CONT（去）-FUT　是-PAST

他们在灭亡。—阙 D10

bar-作为持续体的语法标志后缀接了现在将来时的语缀-ïr。

2. 时的某些语法形式，特别是过去时语法形式可以表示已经结束的动作行为，在语法意义上与完成体语法形式非常相似，如：

apa tarqan-ɣaru :　ičrä　sab :　ïd-mïš :

阿波达干-DAT　里面　话　PERF（告诉）-PAST

听说，他给阿波达干传来密令—暾 B10

ïd-作为完成体的语法标志后缀接了间接过去时语缀-mïš。

但“体”和“时”是两种不同的语法范畴，其区别主要体现在以下几点：

1.“体”范畴除了表示某些时间意义外，还表示动作的可能性、动作的结果、动作的尝试性等动作本身的特点，而“时”范畴则不能体现；

2.“时”范畴虽然能体现部分“体”的意义，但是它主要说明的是动作行为与说话时间的关系，而“体”范畴则着重说明动作行为发生的各种状态；

3.“体”范畴的语法形式作为较为复杂的词干可以缀接形动词、副动词或“时”的形态词尾。而“时”范畴的语法形式之后则不能缀接以上词尾。

以上分析可以看出，鄂尔浑—叶尼塞碑铭语言以至现代突厥语族诸语言动词的“体”和“时”是既有联系又有区别的语法范畴。因此对突厥语族诸语言动词的形态范畴进行系统分析时，要注意承认某些“体”的语法形式能够体现时间意义的一面，又要避免把与“时”有明显差别的“体”的语法形式，如强调的重点、分布的特点等方面纳入“时”的范畴。同时，既要承认某些时间形式表示的意义与某些“体”

的意义有相似之处，又要避免把与“体”有根本区别的专门表示时间的语法形式作为“体”来处理。

本章对碑铭文献语言与现代突厥语族诸语言动词体的形态进行分析，对突厥语族诸语言动词的体进行分类并对它从语法形式和语法意义方面进行共时比较研究，找出其形式结构和内涵意义上的异同。与此同时，对突厥语族诸语言动词的“体”与“时”的关系、突厥语族诸语言动词体的形态的历史演变等问题提出了初步的看法。

第十章

鄂尔浑—叶尼塞碑铭动词的时范畴

关于动词的时态，张道真认为作谓语的动词用来表示动作（情况）发生时间的各种形式称为时态。[①]章振邦将时态定义为：时（Tense）是关于动词的一个语法范畴，它是表示时间区别的动词形式。[②] Poustsma 在《近现代英语语法》中指出："By tense we understand a particular form of a verb group, by means of which we show to what time sphere an action or state is considered to belong." Leech 在《英语交际语法》指出："By tense we understand the correspondence between the form of the verb and our concept of time (past, present, or future). "[③]"时"作为一个语义概念，有两个区分，一个是事件发生的时间位置（时位），另一个是事件所耗费的时间，即一般所说的时段（时量）。在碑铭语言中，被语法化的通常是时位。语法化的时位只是一个抽象的概念，具体准确的时位通常需要特定的词汇形式来表达。

理论上或逻辑上我们可以将事件所发生的时间位置放在一个线

---

① 张道真：《实用英语语法》，商务印书馆 1980 年版，第 110 页。

② 章振邦：《新编英语语法》，上海译文出版社 1983 年版，第 117 页。

③ 杨承兴：《维吾尔语形动词形态标记的简化与整合》，《语言与翻译》（汉文版）2003 年第 2 期。

性的“时轴”上来刻画。如果采用 Reichenbach（1947）[①]的方法，用一个说话时间 S，再用一个参照时间 R，就能将事件的“时”关系表达出来，因为任何事件都是在特定的参照时间点上出现的。

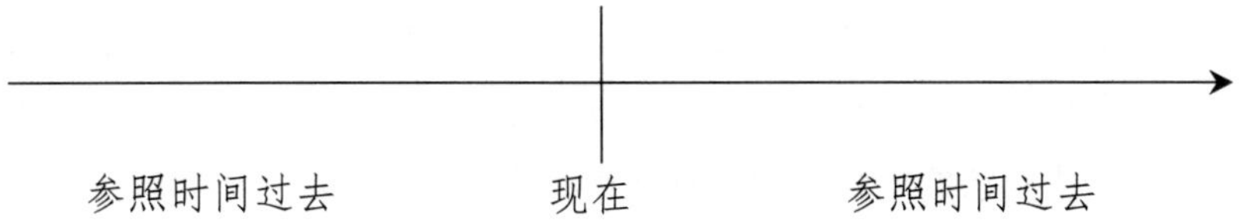

时间一维地由左向右流动，一去不复返。在“现在”这个时间位置之前（左端）的都是过去，在此之后的尚未来到的时间为“将来”。而在具体语言中的时间表达并非如此简单。时的类型可以分为单分时、二分时、三分时、多分时。逻辑上单分时有三种可能：过去(无现在和将来)、将来(无现能存在)，但第三种有可能，即一语言群体在时间认知上只有“现在”的概念，不区分“过去”和“将来”。也可以说，这种语言只有表达“现在”的形式手段。

二分时有三种逻辑可能：过去/非过去、现在/非现在、将来/非将来。二分时也可以作为语法化的表达形式，在过去、现在与将来三个范畴中，有两种时与另一种时在编码上形成对立。现代维吾尔语就属于二分时，区分“过去”和“非过去”，也就是语法形态上表示“过去”的是一套形态，表示“现在和将来”的是一套形态。而非过去时根据上下文的不同而表现为现在—将来时和将来时，这二者使用的是同一标记，因此，在描写里非过去时和现在—将来时是同一个概念。

三分时指过去、现在和将来有着同样的语法地位，但是用不同的语法形态来阐释，如将这三个时在英语中分别用屈折形态、零形态、助动词来表示，英语也可纳入三分时语言。

---

① Reichenbach（1947）认为时态蕴含三种时间：说话时间（speech time），事件发生时间（event time）和参照时间（reference time）。说话时间是指真实世界言语行为发生的时间坐标；事件发生时间是指言语世界中事件的发生时间；参照时间是指说话者自我选择的时间参照点。可见，说话时间与事件发生时间属于客观时间，而参照时属于主观时间。客观时间存在于英语所有时态，然而参照时间是否存在取决于说话人的主观选择，按照说话人是否选择使用参照时间，英语时态可分为简单时态和复合时态，一般过去时就属于简单时态。

多分时是以现在时为核心，过去和将来则根据参照时间离说话时间的远近进一步分为多个过去时或将来时，这些不同的时有着相同的语法位置。[①]

对语言“时”的逻辑分类只是一个理想系统，不一定在每个语言当中都会有如实的反映。因为语言遵循经济原则，可以用最简单的手段表达一些复杂的逻辑概念。并且实际语言的“时”并不能整齐划一地归入这一种类型，在这几种“时”类型的表现上并无清楚边界。

鄂尔浑—叶尼塞碑铭语言在过去、现在和将来三个时间范畴的表达上，有过去时、现在—将来时和将来时三种语缀，可将其在语法形态上分为三分时，碑铭语言的非过去时还没有语法化，现在和将来并没有使用屈折形式。

碑铭动词的人称按照时范畴的不同有着不同的选择，碑铭语言动词的人称和时在实际应用中相互依赖，成为一体，难以分开，因此在描述碑铭语言的时和人称成分时，把两者放在时态范畴一起讨论，这在突厥语族语言研究中已成为一种传统。

第一节 时语缀

鄂尔浑—叶尼塞碑铭在表达某一具体事件的时位时是通过在动词词根（干）后面缀接后缀来表示语法意义，从而将这个事件所发生的时间位置准确刻画出来。谢尔瓦希德泽（1986）主张按照完成/未完成、明显/非明显、确定/非确定、一般过去/久远过去、现实性/潜在性将动词的过去时分为确定过去时、非确定过去时、未完成过去时、不定非确定过去时、潜在过去时，将动词的现在—将来时分为一般现在—将来时和潜在现在—将来时。本书主张将动词的时态分为过去时、现在—将来时和将来时三种，过去时又分为直接过去时和间接

① 陆丙甫、金立鑫主编：《语言类型学教程》，北京大学出版社 2015 年版，第 227 页。

过去时，可用下列表格表示：

<table>
<tr><th colspan="2">时名称</th><th>语缀</th><th>例词</th></tr>
<tr><td rowspan="2">过去时</td><td>直接过去时</td><td>-d/-t</td><td>biti-<u>d</u>-im（我写了）—阙 N13
yorï-<u>d</u>-ïmïz（我们进军了）—阙 D37
bär-<u>t</u>-iŋ（你给了）—翁前 6
yat-<u>d</u>-ï（堆成了）—阙 D24</td></tr>
<tr><td>间接过去时</td><td>-mïš/-miš</td><td>ïd-<u>mïš</u>（听说他传令了）—暾 B10</td></tr>
<tr><td colspan="2">现在—将来时</td><td>-r/-ïr/-är；-ur/-ür</td><td>täz-<u>är</u>-bïz（我们逃跑）—暾 N4
bil-<u>ir</u>-siz（你们知道）—阙 D34
bar-<u>ur</u>（他们去）—阙 B1</td></tr>
<tr><td colspan="2">将来时</td><td>-dačï/-tačï；-däči/-täči</td><td>qal-<u>tačï</u>-bïz（我们将留在）—暾 N6
bol-<u>tačï</u>-sän（你将成为）—毗 B7
ölür-<u>täči</u>（他们将杀死）—暾 N3</td></tr>
</table>

过去时在三大碑出现次数统计如下：

名称	出现次数
《阙特勤碑》	333
《毗伽可汗碑》	363
《暾欲谷碑》	205
合计	901

现在—将来时在三大碑出现次数统计如下：

名称	出现次数
《阙特勤碑》	15
《毗伽可汗碑》	9
《暾欲谷碑》	6
合计	30

将来时在三大碑出现次数统计如下：

名称	出现次数
《阙特勤碑》	7
《毗伽可汗碑》	16
《暾欲谷碑》	10
合计	33

从数量上可直观地看出过去时在三大碑中出现的次数最多，为 901 次，将来时和现在—将来时出现次数与过去时相比数量很少，分别只有 33 次和 30 次。过去时的多用表面其在碑铭语言时期已处于发展较完善的阶段，这也和碑铭内容的文学性有关，属于历史传记文献，为突厥、回鹘、黠戛斯贵族显要人物身后或在世时立的记功碑，由他们的至亲或本人所撰写的往事功绩，以回忆录形式叙述，故多用过去时态。

第二节　人称语缀

动词的人称在鄂尔浑—叶尼塞碑铭语言中由动词自身的形态变化来体现。动词的人称形态词缀有两种类型，分别是领属性人称—数附加成分和谓语性人称—数附加成分。这两种类型的动词人称除了有数（单数和复数）的区别外，都属于动词式、时范畴，其中领属性人称—数附加成分为动词的过去时和祈使—愿望式，谓语性人称—数附加成分为动词的现在—将来时。

每一人称的动词人称形式的附加成分有不同的变体。在某一动词词干后，缀接人称形式的附加成分时，也同缀接其他附加成分一样，主要以元音和谐律和是否以元音（开音节或闭音节）为标准。

一　领属性人称—数附加成分

这一类人称—数词缀在形式上与名词的领属—人称词尾一致。领

属性人称附加成分除了在人称上有第一人称、第二人称、第三人称等差别外，第一、二人称还有不同的单、复数形式，第三人称的单、复数同形。领属性人称附加成分主要用于构成动词的过去时和祈使—愿望式，现将鄂尔浑—叶尼塞碑铭语言动词的领属性列表如下：

人称	数	语法形式	
第一人称	单数	-im/-ïm	-um/-üm
	复数	-imiz/-ïmiz	-uq/-ik
第二人称	单数	-iŋ/-ïŋ	-iɣ/-ig
	复数	-iŋiz/-ïŋiz	-ɣiz/-giz
第三人称	单数	-i/-ï	
	复数	-i/-ï	

二　谓语性人称—数附加成分

这类人称—数附加成分来源于相应的人称代词。在句子中用于构成动词的现在—将来时和将来时，同时也用于名词性词语之后对句子增加各种语法意义。谓语性人称—数附加成分在其内部不仅有第一人称、第二人称和第三人称的差别，而且每一人称内部还有单、复数之分。这一套人称—数附加成分当时很可能并不是很抽象，是由于名词性词语和动词的名词性形式不能作谓语的缘故才用于这一类词之后起判断作用，并附加各类语法意义。现将鄂尔浑—叶尼塞碑铭语言动词的谓语性人称—数附加成分列表如下：

人称	数	语法形式
第一人称	单数	-mïn/-min
	复数	-bïz/-mïz
第二人称	单数	-sän
	复数	-sïz
第三人称	单数	-ol
	复数	-olar

领属性人称—数附加成分是来自人称代词的紧缩形式。对于这一点，可见于动词条件式的发展演变过程中：

第一人称单数：-sarman/-särmän>-sam/-säm

第一人称复数：-sarbïz/-särbiz>sarmïz/-särmiz>samïz/-sämiz>-saq/-säk[①]

第二人称单数：-sarsan/-särsän>-sarïŋ/-säriŋ>-saŋ/-säŋ

第二人称复数：-sarsïz/-särsiz，-sarsïzlar/-särsizlär>-sarïŋsïz/-säriŋsiz -sarïŋsïzlar/-säriŋsizlär>-saŋïz/-säŋiz，saŋlar/-säŋlär

第三人称单数：-sarol/-särol>-sar/-sär>-sa/-sä

第三人称复数：-sarolar/-särolar>-sarlar/-särlär>-salar/-sälär

随着语言的发展，在碑铭语言中使用频率很高的动词第一人称复数形式-imiz/-ïmiz 逐渐消失，到了现代突厥语族诸语言，除了少数语言仍保留有这种形式之外，大多数突厥语族语言已经广泛使用-q/-k 及其相应的语音形式的形态标志。

在鄂尔浑—叶尼塞碑铭语言时期，动词条件式使用的是无人称形式-sar/-sär；发展到回鹘文献语言时期领属性和谓语性人称附加成分均来自人称代词。11 世纪时，在乌古斯人、克普恰克人和苏瓦人的语音中，动词变化也缺少人称标志；[②]在现代的一些突厥语族语言的动词中，如“西部裕固语和撒拉语没有人称—数的语法范畴”。[③]由此可见，突厥语族语言动词的人称—数范畴经历了一个从无到有的复杂发展过程，但其中一些语言却没有经历这一过程。

领属性人称的第二人称单数形式在阿尔胡方言中使用-ɣ。对此麻

---

① 对于第一人称复数动词条件式和过去时中的-q/-k 的来源问题，学术界有不同的观点：1. 博采鲁耶夫斯基和兰司铁认为，-k 不是什么特殊的人称标志，古代常用的人称标志为-dimiz，后来被非人称标志-duq 所取代。2. 科特维奇认为，-q 首先出现于祈使式中，并从此扩展到-di（过去时）和-sa（条件式）形式中；它可能是人称附加成分。3. 烈维特斯卡娅在综合了科特维奇和阔诺诺夫关于该成分表示集合意义的基础上提出，祈使式中的-q 是一个集合标志。

②《突厥语大词典》（维吾尔文版），第二卷，新疆人民出版社 1984 年版，第 40—92 页。

③ 程适良主编，《突厥比较语言学》，新疆人民出版社 1997 年版，第 196 页。

赫穆德·喀什噶里曾记述道："在阿尔胡人的一些词里，第二人称的-ŋ 变成了-ɣ，如说 tapïnduɣ（你崇拜了）。阿尔胡人的 sän anï qačürduɣ（你让他逃跑了）也是如此。动词之后此处按照总规则使用-ŋ 是正确的，而用-ɣ 则是错误的。"①在碑铭语言中，动词过去时的第二人称单数的附加成分已经出现了代词形式-t-iŋ/-d-iŋ 和非代词形式-t-ïɣ/-t-ig 两种类型。阿尔胡方言继承了后一种类型，而其他的突厥语族语言则采用了代词形式的附加成分。但是，从麻氏的记载中可以看出，他认为使用-ɣ 是错误的，至少说明在 11 世纪时动词过去时人称附加成分中，使用人称代词型附加成分已普遍存在。

在现代突厥语族语言中，除西部裕固语和撒拉语外，维吾尔、哈萨克、柯尔克孜、乌孜别克、塔塔尔、图瓦等语言中均有人称—数的范畴，并且均有两套词尾形式。第一套人称—数词尾和第二套人称—数词尾在语音结构和缀接特征上又存在不同程度的差异。第一套词尾后不能再加系动词，第二套词尾后一般可加系动词。

第三节　过去时人称语缀

表示过去某个时间里发生的动作或状态成为过去时。过去时在其内部根据叙述方式的不同又可区分为直接过去时和间接过去时两类。

一　直接过去时人称语缀

1. 构成方法

直接过去时表示说话者直接知道的、已经发生和完成的行为动作，其构成方式是在动词词干后缀接附加成分-d/-t，然后再缀接领属性人称附加成分。

① 《突厥语大词典》（维吾尔文版），第二卷，新疆人民出版社 1984 年版，第 236—237 页。

	单数	例词	复数	例词
第一人称	-d-ïm/-d-im/ -t-ïm/-t-im; -d-üm/-d-um/ -t-üm/-t-um	bädiz-t-im（我装饰了）—阙 N11 olur-t-um（我坐了[我继位了]）—阙 N9	-d-ïmïz/-d-imiz/ -t-ïmïz/t-imiz/-t-ümiz; -d-uq/-t-uq/-t-ïq	sülä-d-imiz（我们出兵了）—阙 D17 ölür-t-ümiz（我杀死了）—阙 D36 qaɣanla-d-uq（我们给了可汗）—翁 Q2 ula-t-ïq（我们联合了）—塔
第二人称	-d-ïŋ/-d-iŋ/ -t-ïŋ/-t-iŋ; -d-ïɣ/-t-ïɣ/ -t-ig	bär-t-iŋ（你给了）—翁 Q6 icik-d-iŋ（你屈服了）—铁	-d-ïŋïz/-d-ïɣïz/-t-iŋiz/-t-igiz	bar-d-ïŋïz（你们离开了）—翁 Z4 är-t-iŋiz（你们是）—阙 NB
第三人称	-d-ï/-d-i/-t-ï/ -t-i	käl-t-i（来了）—阙 D28 atlan-t-ï（出发了）—阙利 D8	-d-ï/-d-i/-t-ï/-t-i	yat-d-ï（堆成了）—阙 D24 icik-d-i（投降了）—铁 X2

2. 意义

直接过去时的意义表示对说话者来说是直接知道的、发生于说话前的动作行为。例如：

bilgä tońuquq : bän öz-üm : tabɣač il-i-ŋä : qᶦïl-ïn-tïm :

毗伽 暾欲谷 我 自己-1sg.POSS 唐朝 国家-DAT 做-PASS-1pl.PAST

我是谋臣暾欲谷，本人成长于唐朝。—暾 1X1

täg-älim ti-dim : täg-d : yulï-dïmïz : äkinti kᵘün :

袭击 说-1sg.PAST 到达-1pl.PAST 掠夺-1pl.PAST 二-ORD 天

让我们进攻吧！”—我说。我们抢掠了（他们）。第二天 — 暾 2X39

qop an-ta alqïn-tïɣ arïl-tïɣ

全部 那-LOC 完了-2sg.PAST 除净-2sg.PAST

你们都消弱了，送命了。—阙 N9

lui yïlqa yätinc ay küclüg alp qaɣan-ïm-da adrïl-u bard-ïŋïz.

龙 年 第七 月 强大 勇敢 可汗-1sg.POSS -LOC 分离-ADVL 去-2pl.POSS

龙年七月你们离开了我强大、勇敢的可汗—翁 Z4

täŋri yarlïqa-dï : yań-dïmïz : ögüz-kä : tüš-di : yań-duq

天　保佑-ADV　驱散-1pl.PAST　河-DAT　落下-3sg.PAST　驱散- ADJVZ

上天保佑，我们击溃了他们，他们落入了河中。—暾 1N9

türgiš　qaɣan-ta　maqarač tamɣačï, oɣuz bilgä　tamɣačï　käl-ti.

突骑施　可汗-LOC　人名　掌印官　人名　掌印官　来-3sg.PAST

从突骑施可汗那里来了个玛克拉施的掌印官和奥古斯・毗伽掌印官。—阙 B13

其否定形式表示说话者直接知道的、没有发生于过去的动作行为。例如：

bükägükdä säkiz oɣuz, toquz tatar qalmaduq.（在 bükägük 一带没有留下我们的八姓奥古斯和九姓鞑靼全出动了）—毗 D1

qara igil bodunïɣ yoq qïlmadïm.（我没有让那些百姓去死亡）—毗 D2

现代突厥语族语言中过去时的一种形式是表示动作行为的发生已经成为事实，称为一般过去时。维吾尔、哈萨克、柯尔克孜、乌孜别克、塔塔尔、图瓦等语言中，用同一种方式构成，即“过去时间尾+谓语性人称—数词尾”构成；而在西部裕固语和撒拉语中，动词词干缀接过去时词尾构成。但需要指出的是在用同一种方式构成直接过去时的语言中，过去时词尾的语音形式除哈萨克语和塔塔尔语具有完全相同的形式 dɣ/tɣ,dɨ/tɨ 外，其他语言并不完全一致，古代突厥语直接过去时动词词干后缀接的附加成分-d/-t 得以延续。试将现代突厥语族诸语言在一般过去时的构成方法和词尾形式上的差别列表比较如下：

语种	构成方式		词尾形式
	动词词干+过去时词尾+谓语性人称书词尾	动词词干+过去时词尾	
维吾尔语	—	—	-dI/-tI,-du/-tu
哈萨克语	+	—	-dɣ/-tɣ,-di/-ti
柯尔克孜语	+	—	-dI/-tI,-du/-tu,-dɣ/-tɣ,-dɣ/-tɣ
乌孜别克语	+	—	-dI

续表

语种	构成方式		词尾形式
	动词词干+过去时词尾+谓语性人称书词尾	动词词干+过去时词尾	
塔塔尔语	+	—	-dɣ/-tɣ,-di/-ti
图瓦语	+	—	-de/-dɣ/-di,-du/-dʏ
裕固语	—	+	-dɣ/-di
撒拉语	—	+	-dʒi

二　间接过去时人称语缀

间接过去时表示说话者间接知道的、已经发生和完成的行为动作，其构成是在动词词干之后先缀接附加成分-mïš/-miš，然后再缀接人称附加成分，间接过去时只用于第三人称，但多数情况下人称标志成分省略。

ïd-mïš（听说他传令了）—暾 1B34

apa tarqan-ɣaru :　ičrä　sab :　ïd-mïš :

阿波达干-DAT　里面　话　告诉-PAST

给阿波达干秘密送去消息—暾 1B34

sïɣta-mïš（听说他们来悼念）—阙 D4

yoɣta-mïš（听说他们来送葬）—阙 D4

otuz　tatar, qïtań, tatabï　bu-n-ča　bodun　käl-ipän　sïɣta-mïš　yoɣta-mïš

三十　鞑靼　契丹　奚　这-EPE-EQUI　人民　来-ADVL　哭丧-PAST　吊唁-PAST

听说，三十鞑靼、契丹、Tatabï 等许多部落来悼念了、葬送了。—阙 D4

sülä-mïš（听说他们出兵了）

qïrq　artuqï　yiti　yolï　sülä-miš,　yägirmi　süŋüš　süŋ-üš-miš

四十　多余　七　次　征战-PAST　二十　打仗　交战-PAST

他出征了四十七次，参加了二十次战斗。—阙 D15

现代突厥语中的过去时的另一种形式表示动作行为作为一种状

态曾经发生过，称为状态过去时。

（1）在维吾尔、乌孜别克、塔塔尔等语言中是由动词词干缀接状态过去时词尾构成。这种词尾形式在维吾尔语和塔塔尔语中为ʁan/qan,gän/kän，在乌孜别克语中为gæn。

（2）在哈萨克、柯尔克孜、图瓦等语言中是由动词词干缀接状态过去时词尾，然后再缀接领属性人称—数词尾构成。状态过去时词尾在哈萨克语中为-ʁan/-qan,-gen/-ken,-gön/-kön,-qon。

（3）在裕固语和撒拉语中，状态过去时还有确切口气和非确切口气之分。裕固语的确切口气状态过去时是由动词词干缀接-ʁan/-ʁen,-Gan/-gen 构成；非确切口气形式由动词词干先缀接确切口气状态过去时词尾，然后再缀接 dro 构成。在撒拉语中，确切口气状态过去时由动词词干缀接-ʁan/-ʁen,-Gan/-gen，然后再加 var 构成，非确切口气形式由动词词干先缀接确切口气状态过去时词尾，然后缀接 vara 构成。

现代突厥语族诸语言在状态过去时的构成方式和词尾形式上表现的差异列表如下：

<table>
<tr><th>语种</th><th>构成方式</th><th>词尾形式</th></tr>
<tr><td>维吾尔语</td><td>动词词干+状态过去时词尾</td><td>-ʁan/-qan/-gän/-kän</td></tr>
<tr><td>塔塔尔语</td><td>动词词干+状态过去时词尾</td><td>-ʁan/-qan，-gän/-kän</td></tr>
<tr><td>乌孜别克语</td><td>动词词干+状态过去时词尾</td><td>-gæn</td></tr>
<tr><td>哈萨克语</td><td>动词词干+状态过去时词尾+领属性人称—数词尾</td><td>-ʁan/-qan,gen/-ken</td></tr>
<tr><td>柯尔克孜语</td><td>动词词干+状态过去时词尾+领属性人称—数词尾</td><td>-ʁan/-qan,-gen/-ken,
gön/-kön,-qon</td></tr>
<tr><td>图瓦语</td><td>动词词干+状态过去时词尾+领属性人称—数词尾</td><td>ʁan/-Gan,-gen/-ken</td></tr>
<tr><td rowspan="2">裕固语</td><td>确切口气：动词词干+状态过去时词尾</td><td rowspan="2">-ʁan/-ʁen,-Gan/-gen</td></tr>
<tr><td>非确切口气：动词词干+状态过去时词尾+dro</td></tr>
<tr><td rowspan="2">撒拉语</td><td>确切口气：动词词干+状态过去时词尾+var</td><td rowspan="2">-ʁan/-ʁen,-Gan/-gen</td></tr>
<tr><td>非确切口气：动词词干+状态过去时词尾+vara</td></tr>
</table>

第四节 现在—将来时人称语缀

一 构成方法

现在—将来时表示正在发生或将要发生的行为动作。在鄂尔浑—叶尼塞碑铭中，只见于第一人称和第二人称、第三人称的复数形式之中，而不见于第二人称、第三人称单数。第一人称、第二人称现在—将来时由动词词干先缀接-r/-ïr/-är；-ur/-ür，然后在其后再缀接相应的谓语性人称附加成分构成。

第三人称由动词词干缀接现在—将来时词尾-r/-ïr/-är，-ur/-ür 构成，其人称标志成分省略。

	单数	例词	复数	例词
第一人称	-ür-man/ -ïr-män	bir-ür-man（我给）—阙 D9 bar-ïr-män（我去）—Ir63	-är-bïz/ -ur-bïz	täz-är-bïz（我们逃跑）—暾 1N3 qorq-ur-bïz（我们害怕）—暾 1N4
第二人称			-ir-siz	bil-ir-siz（你们知道）—阙 D34
第三人称			-r/-ïr/-är, -ur/-ür	bir-ür（他们给）—阙 N7 bar-ïr（他们去）—阙 D10 bar-ur（他们去）—阙 B1

二 意义

现在—将来时表示发生在说话时的动作行为或将要发生的动作行为。例如：

nä qaɣan-qa iš-ig küč-üg bir-ür män ti-r är-miš:

什么 可汗-DAT 事-ACC 力量-ACC 给-FUT 我 说-FUT 是-PAST

我为哪家可汗效力？”——他们说—阙 D9

kim-kä il-ig qazɣan-ur män?

谁-DAT　国家-ACC　得到-FUT　我

我为谁的国家出力呢？—阙 D9

nä-kä :　täz-ärbiz

什么-DAT　逃走-1pl.PRES

我们为何要逃呢？—暾 2X38

täg-dük-in　türk　bäg-lär,　qop　bil-irsiz.

进攻-NMLZ-ACC　突厥　官-PL　全部　知道-2sg.FUT

突厥官吏们，你们全都知道吧。—阙 D34

ïrak　är-sär　yablaq　aɣï　bir-ür　yaɣuq　ärsär　ädgü　aɣï　bir-ür

远　是-COND　坏　宝物　给-FUT　近　是-COND　好　宝物　给-FUT

如果远离了，他们会给不好的绸缎；如果接近了，他们会给好的绸缎。—阙 N7

ïduq　qut:　oɣuš-um:　bodun:　är-ti:　arqïš　ïd-maz:

神圣的　福　氏族-1sg.POSS　百姓　是-3sg.PAST　商队　派-NEG

亦都护是我的族人，我因他们不派贡使来。—毗 D25

yalabačï: ädgü:　sav-ï:　ötüg-i:　käl-mäz　ti-yin:

使者　好　话-3sg.POSS　请求-3sg.POSS　来-NEG　说-1sg.IMP

好话不可推绝—毗 D39

在回鹘文献语言中，带有-r/-ïr/-ir/-ur/-ür/-ar/-är/-yur/-yür 或-maz/-mäz/-mas/-mäs 现在—将来时附加成分的动词，经常与 är-、bol-组合使用，这时其现在—将来时的意义服从于 är-、bol-的时、式和人称范畴。例如：

tapuyuŋlarqa män yürün bolamän.（我将去为您服务。）

ol yultuz ymä olarnï birlä barïr ärdi.（那颗星星与他们）

ozyurur ärtim.（我解脱了）

bilinmäz ärtilär（他们没有意识到。）

第五节 将来时人称语缀

一 构成方法

将来时表示将要发生和进行的行为动作。将来时由动词词干先缀接将来时词尾-dačï/-tačï；-däči/-täči，然后再缀接谓语性人称构成。

将来时不见于第一人称单数。

	单数	例词	复数	例词
第一人称			-tačï-bïz/ -tači -bïz	qal-tačï-bïz（我们将留在） käl-tači-biz（我们将看到）
第二人称	-tačï-sän/ -täči -sän	köl-täči-sän（你将来到） bol-tačï-sän（你将成为） öl-täci-sän（你将死亡）	-tačï-sïz	yaŋïl-tačï-sïz（你们将失败）
第三人称	-dačï/-tačï; -däči/-täči	ti-däči（他将说）	-dačï/-tačï; -däči/-täči	ölür-täči（他们将杀死）

二 意义

将来时表示在说话后将要发生的动作行为。例如：

tabɣač : oɣuz : qïtań : bu üčägü : qabïs-ar qal-tačï biz :

唐人 乌古斯 契丹 这 三个 会和-COND 留下-FUT 我们

假若唐朝、奥古斯和契丹这三方联合起来，我们就孤立了。—暾 1X13

ädgü: kör-täči sän: äv-iŋ-ä: kir-täči sän: buŋsuz:

好 看-FUT 你 房子-2sg.POSS-CONV 进入-FUT.ADJVZ 你 无忧的

你们将是幸福的，安居乐业，

bol-tačï sän

成为-FUT 你

你将过得好，将留在自己的房子并将成为不愁的人—毗 B14

öŋrä qïtańïɣ : ölür-täči :

前面 契丹人-ACC 坐-FUT.ADJVZ

在东边他们将消灭契丹人一瞰 1N3

-dačï/-tačï；-däči/-täči 本身为鄂尔浑—叶尼塞碑铭语言中表示未然体的形动词词缀，Erdal 认为其为将来时词缀[①]，在回鹘文中逐渐被 -gäy/-gay 代替。

在鄂尔浑—叶尼塞碑铭语言中，动词是一个形态变化最丰富的词类。动词通过自身的形态变化与名词对立，与名词一起成为鄂尔浑—叶尼塞碑铭语言词类体系的主体。因此认清动词的变位系统，正确认识动词的各语法范畴，特别是对“时”范畴的描述，在鄂尔浑—叶尼塞碑铭语言的学习和研究中具有十分重要的理论意义和实际价值。

① Marcel Erdal：《古突厥语语法》，刘钊译，商务印书馆 2016 年版，第 275 页。

第十一章

鄂尔浑—叶尼塞碑铭动词的式范畴

语气（mood）又译为式，是西方传统语法学的一个范畴。指的是一些印欧语系语言（尤其是古代语言，如古希腊语、拉丁语和梵语）的话语类型，例如陈述、疑问、命令、祈愿等，以及直陈/虚拟或者写实/非写实的语义区别。这些语义区别主要是反映在动词的形态变化上。例如古希腊语有直陈（indicative）、虚拟（subjunctive）、祈愿（optative）和命令（imperative）四种语气，这四种语气可以通过动词的形态变化表示出来。

由于语气表达的语法意义与一般意义上的情态范畴（即上述三个核心语义域）多有重合，是否把它看作一个单独的语法范畴存在争议。Bybee et al. 把语气范畴表示的各种语法意义都归入情态范畴下[①]，而 Palmer 则把语气和情态范畴并列，分别讨论[②]。还有一些学者把语气排除在语法范畴之外，把语气看作编码情态范畴某些语义值的语法

---

① Bybee J.，Perkins R，Pagliuca W. ：*The Evolution of Grammar：Tense，Aspect，and Modality in the Languages of the World*. Chicago & London，The University of Chicago Press，1994：212.

② Palmer. Mood and Modality.：*Cambridge：Cambridge University Press*, 2001. 重印本：《语气·情态》，世界图书出版公司北京公司 2007 年版。

形式的统称。例如 de Haan 给语气下的定义是："表达句子情态语义值的动词形态范畴，是情态的语法表达。"[①]刘丹青也认为："式主要是从形式上划分出来的范畴，指一种由动词的形态表现的在命题内容之外跟说话人的主观态度有关的范畴。情态主要是从意义划分出来的范畴，指说话人对命题的主观态度的语法表征。"[②]

语气与情态范畴有一点明显的不同，就是它可以表示话语类型，"体现说话人以言行事（illocutionary force）等言语行为（speech act）的交际功能类别"。

式表示动作与现实的关系，即动作是希望实现的、是假定虚拟的或是现实的。在突厥语族语言动词变位系统中，"式"是比较复杂的部分，它一般通过动词自身的形态变化来表示，有时由动词内部和外部形态有机的结合来表示。

动词的式，指一种由动词的形态表现的在命题内容之外跟说话人的主观态度有关的范畴。式除了基本的种类外，还可能有更加细微的小类，体现说话人更加细微的态度差异。有些学者将基本式下面的式叫作"口气"，区别于体现为基本式的"语气"，这是可取的思路。例如，据陈宗振（2004），西部裕固语在直陈式下面就有"普通"和"确定"两种"口气"，后者要带特定的词缀，这是用形态手段表现的口气。

在鄂尔浑—叶尼塞碑铭语言中，动词的式范畴包括陈述式、祈使—愿望式、条件式三种式的形式。

动词式的语法特征表现在式的语法形式和动词的人称形影相随，结合在一起；陈述式有时间范畴，而祈使—愿望式没有时间范畴、条件式的时间范畴则要通过分析形态来表示。

---

① de Haan F. Evidentiality and Mirativity//Binnick R I. *The Oxford Handbook of Tense and Aspect*. New York：Oxford University Press，2012：1020–1046.

② 刘丹青：《语法调查研究手册》，上海教育出版社 2008 年版。

第一节 陈述式

说话人可以把过去、现在或将来发生的事情确认为事实或是客观存在的，而用陈述的语气来表达，表达这种语气的动词语法形式就称作陈述式。

鄂尔浑—叶尼塞碑铭动词的陈述式按陈述方式的不同又可进一步分为直接陈述式（直陈式）和间接陈述式（间陈式）。

一　直接陈述式

表示说话人以直接知道的语气来陈述已经发生或目睹正在进行或将要进行的行为动作。

直陈式由动词的直接过去时、现在—将来时和将来时形式以及名词性词结合系动词 är-/bol-（是）的过去时直接形式来表示，这是根据时间意义来划分的，如：

1. 直接过去时直陈式

直接过去时直陈式表示说话者直接知道的、已经发生和完成的行为动作。如：

sülädimiz（我们曾作战）< sülä-(作战)+ dimiz（第一人称复数过去时）

äč-im	qaɣan	birlä	il-gärü	yašïl ügüz,	šantuŋ	yazï-qa	tägi
叔父-1sg.POSS	可汗	一起	东-DAT	黄　河	山东	平原-DAT	直到

sülä-dimiz,

作战-1pl.PAST

我同我叔可汗一起，向东一直征战到黄河和山东平原。—阙 D172

2．现在—将来时直陈式

表示正在发生或将要发生的行为动作。现在—将来时表示现在或将来，有时表示时间的泛指，时间的绝对差别在许多情况下，需要依

据具体的语言环境来确定。

第一，纯粹的现实意义，表示正在进行的行为。如：

türk	bäg-lär,	qop	bil-irsiz.
突厥	官-PL	全部	知道-2sg.FUT

突厥人的官吏们，你们都是知道的。—阙 D34

此句中的 bilirsiz （你们知道）<bil（知道）+irsiz（第二人称复数将来时）

第二，将来时的意义，表示将要发生的动作或行为。如：

nä	ayay-in :	ti-di :	käl-ir	är-sär :	k^{o}ör-ü
什么	问-ACC	说-3sg.PAST	来-FUT	是-COND	看-CONV

我能向你说些什么呢？如果他们来的话。—暾 1B32

此句中的 kälir（要来）<käl-（来）+ir（将来时）

第三，泛指时间，通常表示一个经常性或习惯性的动作或状态。如：

an-ta	ičräki	bodun	qo[p]	m[an-g]a	kör-ür,	bu-n-ča	bodun:
那-LOC	里面的	人民	全部	我-DAT	看-FUT,	这-EPE-EQUI	人民

那里的人民全部属于我。—阙 N2

此句中的 körür（将看）<kör-（看）+ür（将来时）

此外，现在将来时在特定的条件下，在叙述过去已发生的事件、现象或某人的生平时，还可用来表达过去时的意义。也可以称为历史现在时。

现在将来时另一种常用的表达形式，是名词性词结合系动词 är-/bol-（是）的过去时直接形式来表示。例如：

bodun :	boɣz-i :	toq	är-ti
人民	喉咙-3sg.POSS	饱	是-3sg.PAST

人民的肚子是饱饱的。—暾 1X8

此句中 toq ärti 的构成方式是由 toq（饱）加上 ärti<är-（是）+ti（第三人称单数过去式）

bäglig	urï	oɣl-ï-n	qul	bol-tï	šilik	qïz	oɣl-ïn
官	男儿	子-3sg.POSS-ACC	奴隶	成为-3pl.PAST		女儿	子-ACC

küŋ bol-tï

奴婢 成为-3pl.PAST

应做官的男儿做了奴隶，纯洁的少女做了女仆。—阙 D24

此句中 küŋ boltï 的构成方式是由 küŋ（奴隶）< bol-（成为）+tï（第三人称单数过去式）

3. 将来时直陈式

将来时直接陈述式主要表示所陈述的动作是在说话时刻之后发生的。这种将来时表示将要发生的动作不是十分肯定的，或对将要发生的动作表示一种估计。如：

öltäči（将死亡）<öl-（死）+täči（将来时）

ol yär-gärü bar-sar türk bodun öl-täči sän

那 地方-DAT 去-COND 突厥 人民 死-FUT. ADJVZ 你，

如去那地方，突厥人民你就将死亡—阙 N8

olurtačï（将坐下）<olur-（坐下）+ täči（将来时）

ötükän yïš olur-sar bäŋgü il tut-a olur-tačï sän

于都斤 山林 坐-COND 永久的 国家 抓住-CONV 坐下- FUT. ADJVZ 你

如果住在于都斤山，你们将永保国家。—阙 N8

kirtäči（将进入）<kir-（进）+ täči（将来时）

ädgü: kör-täči sän: äv-iŋ-ä: kir-täči

好 看-FUT 你 房子-2sg.POSS-CONV 进入-FUT.ADJVZ

你们将是幸福的，安居乐业—毗 B14

二 间接陈述式

由动词的过去时间接形式和名词性结合系动词 är-（是）的过去时形动词形式表示。间陈式指明动作行为是说话者并非直接知道或目睹，而且是间接知道的。例如：

uluɣ süŋ-üš süŋ-üš-miš.

大 打仗-RECP 交战-RECP-3sg.PAST

听说，他（在那里）打了一次大仗。—阙 D40

süngüšmiš（他打仗）<sung-（作战）+üš-（交互—共同态）+miš（第三人称单数过去时）

tört　bulun̡　qop　yaɣï　är-miš,

四　角落　全部　敌人　是-PAST

听说，四方都有（我们的）敌人。—阙 D3

此句中的 yaɣi ärmiš（曾有敌人），yaɣi（敌人）加上 ärmiš<är-（是）+miš（过去时）

qan-i :　sü-si　tir-il-miš :

可汗-ADVL　军队-3sg.POSS　集起-PASS-PAST

听说，（他们的）可汗和军队都集中在那里。—暾 1B28

tirilmiš（曾被集中）<tir-（集起）+il（被动态）+miš（过去时）

apa tarqan-ɣaru :　ičrä　sab :　ïd-mïš:

阿波达干-DAT　里面　话　告诉-PAST

听说，（可汗）汗对阿波达干传来密令。—暾 1B34

ïdmïš（告诉）<ïd-（告诉）+mïš（过去时）

第二节 祈使—愿望式

从表达功能来看，祈使句的作用是要求（包括命令、希望、恳求等）受话人做或不做某事。祈愿句的作用是说话人用以表达内心强烈的愿望，受话人是神灵或没有受话人。

两者的区别在于祈使句的主语是受话人，祈愿句的主语可以是受话人也可以不是受话人。祈愿句所述事情的确定度较祈使句低。

跨语言研究表明，3 种主要言语行为陈述（statement）、命令（command）、疑问（question）分别对应 3 种独立的句子类型，且每一种类型都可以标记为相应的情态系统，即陈述（declarative）、祈使（imperative）和疑问（interrogative）。[1]这些句子类型在语音、形

① Aikhenvald, Alexandra Y. *The Art of Grammar*. Oxford: Oxford University Press, 2015: 234.

态句法方面具有各自特点。其中典型祈使句被认为是针对受话者（第二人称）的言语行为的句子类型，这种狭义的命令表达方式亦可扩展到第一人称和第三人称，表示祈愿、请求、警告、建议等语义。

祈使句主要表达“命令”或“指令”的言语行为，在含有多种人称祈使句的语言中，不同人称祈使结构的祈使强度也会有所差异。König & Siemund 将第一人称表达命令或请求的形态标记称为“劝告式”（hortatives），称第三人称表达的形式标记为“祈愿式”（optatives）。[①]如果一种语言的祈使范式中有人称区别，则遵循以下等级序列：2（单数/复数）>1 复数（包括）>3（单数/复数）>1 单数/1 复数（排除）。[②]

动词祈使—愿望式表示希望、要求、命令、建议、号召或邀请等语法意义的人称形式。祈使—愿望式没有时的区别，它仅表示将来的意义，根据人称的不同，在语法形式和语法意义上也有不同，请见下表：

人称	数	构成形式	例词
第一人称	单数	-yïn/-yin，-ayïn/-äyin	yaša-yïn（我活……吧）—埃 yorï-yïn（我派出吧）—毗 D5 tašïq-ayïn（我出兵吧）—毗 D10 qon-ayïn（我住下吧）—阙 N7 yoɣlat-ayïn（我……送葬吧）—暾 1B7 uruɣïsïrat-ayïn（我使绝种吧）—阙 D10 ay-ayin（我……说呢）—暾 1B8 qïs-ayïn（我立……吧）—暾 1X5 bol-ayïn（我成为……吧）—暾 1X7 olur-ayin（我杀死吧）—阙 D10 ris-ayin（我去……吧）—暾 1B6 tag-ayin（我进攻吧）—暾 N4 at-ayin（我去组织吧）—阙 D39

① König Ekkehard & Siemund Peter. *Speech act distinctions in grammar*. In Timothy Shopen (ed). Language Typology and Syntactic Description (vol.1), 276–324. Cambirdge: Cambirdge University Press，2007.

② Aikhenvald, Alexandra Y. *Imperatives and Commands*.Oxford：Oxford University Press，2010：305.

续表

人称	数	构成形式	例词
第一人称	复数	-lïm/-lim，-alïm/-älim	yorï-lïm（我们派出吧）—暾 1B11 sülä-lim（我们进军吧）—暾 1D3 yoqqïs-alïm（我们消灭吧）—暾 2N4 yan-alïm（我们回去吧）—暾 1X2 qabïš-alïm（我们联合吧）—暾 1D3 adrïlma-lïm（我们不离开吧）—翁 Z3 azma-lïm（我们不翻脸吧）—翁 Z3 täg-älim（我们进攻吧）—暾 1X4
第二人称	单数	-ɣïl/-gil 零形式	uy-ɣïl（你安排吧）—暾 1B10 äšid-gil（你听着）—阙 N1 öl（你去死吧）—暾 2X2 ält（你带领吧）—暾 1B8 basïtma（你不要[让他们]攻破）—暾 B10
	复数	-ŋ/-ïŋ/-iŋ/-uŋ	ämgätmä-ŋ（你们不要折磨）—毗 B6 ïdma-ŋ（你们不要废弃）—埃 tolɣatma-ŋ（你们不要折磨）—毗 B6 saqïn-ïŋ（你们想一想吧）—毗 D33 bar-ïŋ（你们挺进吧，你们去吧）—暾 1B6 äšid-iŋ（你们听着）—阙 D22 bil-iŋ（你们知道一下吧）—阙 N13 igid-iŋ（你们做主吧）—毗 B6 olur-uŋ（你们住下吧）—暾 1B6
第三人称	单数	-zun/-zün，-zu，-cun	tur-zun（让他活着）—埃 bar-zun（让他去吧）—暾 1B8 yorïma-zun（不要让他存在）—暾 1N4 yoqbolma-zun（不要让他们消失）—毗 D10 qalma-zun（不要让他们留着）—毗 D17 yitmä-zün（不要让他们消失）—翁 Q3 yoluqärmä-zün（不要让他们灭亡）—翁 Q3 yarlïqa-zu（由他保佑吧）—阙 D29 bol-cun（让他们成为……吧）—阙 D11
	复数	-zun/-zün，-zu，-cun	

一 第一人称祈使—愿望式

第一人称祈使—愿望式表示说话者主观的决定或提出的希望、建议等语气还表示说话者的愿望、祝愿。

1. 第一人称祈使—愿望式单数

第一人称祈使—愿望式的单数由动词干缀接-yïn/-yin，-ayïn/-äyin等词尾构成。

第一人称单数祈使—愿望式的这一类附加成分来源于将来时附加成分-ɣay/-gäy 结合第一人称附加成分-män 的结构。即它是按-ɣaymän/-gäymän/→-aymän/- äymän/→yan→yän 的顺序结构所演变的结果。

第一人称祈使—愿望式表示说话者的愿望和决定。例如：

tägäyin<täg-（袭击）+äyin（祈使式形式）

bän yïrdïnta yan : täg-äyin

我 北面 边 袭击-IMP

我从北部进军吧。—暾 1X11

yasayïn<yasa-（岁）+ayïn（祈使式形式）

yuz yas-ayin.

百 岁-IMP

但愿我能活一百岁。—埃

tüšäyin<tüš-（落下）+äyin（祈使式形式）

ol sab-ïɣ : äšid-ip : qaɣan-ïm : bän äb-gärü : tüš-ayin

那 话-ACC 听-ADVL 可汗-1sg.POSS 我 家-DAT 落下-1sg.IMP

ti-di :

说-3sg.PAST

听了那句话后，我的可汗说道：“我要回家。”—暾 1DB30

bolayïn<bol-（成为）+ ayïn（祈使式形式）

bilgä tonyoquq boyla baɣa tarqan birlä iltäriä qayan bol-ayïn…

谋臣 暾欲谷 裴罗 莫贺 达干 一起 颉跌利施 可汗 成为-1sg.IMP

颉跌利施说：“我同毗伽暾欲谷裴罗莫贺达干一起做可汗吧。”—暾 1X6

itäyin<it-（做）+äyin（祈使式形式）

soɣdaq bodun it-äyin ti-yin

粟特 人民 做-1sg.IMP 说-IMP

为了整顿粟特人民，

yinčü ügüz-üg käč-ä tämir qapïɣ-qa tägi sülä-dimiz.

珍珠 河-ACC 渡过-ADVL 铁 门-DAT 直到 作战-1pl.PAST

为整顿粟特人民我们渡过珍珠河一直向铁门关推进。—阙 D39

此处 ätäyin 用作第一人称复数。

2. 第一人称祈使—愿望式复数

第一人称祈使—愿望式复数由动词词干缀接-lim/-lïm，-alïm/-älim构成。第一人称祈使—愿望式的复数形式表示说话者对自己包括在内的一部分人所发出的号召和建议。如：

sülälim<sülä-（出兵）+lim（第一人称复数祈使式）

üčägün : qabïs-ïp : sülä-im

三个 会和-ADVL 出兵-1pl.IMP

我们三个联合起来进军吧。—暾 1D21

sab-i antag : öŋdün qaɣan-ɣaru : sü yorï-lïm

话-3sg.POSS 这样 东面 可汗-DAT 军队 出征-1pl.IMP

他们的话是这样的:“我们在东边向可汗出兵吧。”—暾 1B29

qïsalïm<qïs-做+alïm（第一人称复数祈使式）

u-sar idi yoq qïsalïm :

能-COND MOOD 没有 做-1pl.IMP

如有可能，让我们消灭他们！”—暾 1X11

yanalïm<yan-（返回）+alïm（第一人称复数祈使式）

ol sab-ïɣ äšid-ip : bäg-lär : q°op-[in] yan-alïm: arïɣ obutï yig :

那 话-ACC 听-ADVL 官-PL 全部-INST 返回-1sg.IMP 干净 耻辱 好的

tidi :

说-3sg.PAST

听了那句话后，官吏们都说:“我们回去吧。”—暾 2X36

qabïšalïm<qabïš-（会和）+alïm （第一人称复数祈使式）

ol üč qaɣan : öglä-š-ip : altun yïš üzä : qabïš-alïm

那 三 可汗 商量-RECP-ADVL 阿尔泰 山林 之上 会和-1pl.IMP

那三可汗要会师阿尔泰山林。—暾 1D20

二 第二人称祈使—愿望式

第二人称祈使—愿望式表示说话者的请求、命令、劝告等语气。

1. 第二人称祈使—愿望式单数

第二人称祈使—愿望式的单数由动词词干缀接-ɣïl/-gil 来表示。同时动词不缀接祈使—愿望式的形式也代表第二人称单数祈使—愿望式。这一类附加成分，即-ɣïl/-gil 是 ɣaymän 的第二人称对应形式。

第二人称祈使—愿望式的单数形式表示说话者对单个的听话者发出的命令。如：

äšidgil< äšid-（听）+ gil（第二人称单数祈使式）

sab-ïm-ïn tükäti äšid-gil

话-1sg.POSS-ACC 全部 听-2sg.IMP

你听完我的话吧。—阙 N1

urɣïl<ur-（打）+ɣïl（第二人称单数祈使式）

yälmä: qaraɣu : ädgüti : ur-ɣïl : bas-ït-ma :

前锋 瞭望 好好地 打-2sg.IMP 袭击-CAUS-NEG

你妥善安排骑兵探子吧 ，免受袭击！—暾 1B34

ay（说），不缀接祈使—愿望式的形式也代表第二人称单数祈使—愿望式。

qïyïn-ïɣ : k^{ö}öŋlüŋčä ay

惩罚-ACC 想法 说

有何困难，你照说吧。—暾 1B32

ält（率领），不缀接祈使—愿望式的形式也代表第二人称单数祈使—愿望式。

bu　sü-g　ält : ti-di :

这　军队-ACC　率领　说-3sg.PAST

你带领这支军队吧。—暾 1B32

öl（死），不缀接祈使—愿望式的形式也代表第二人称单数祈使—愿望式。

täŋri :　öl　ti-miš

天　死　说-PAST

腾格里说："你死吧。"—暾 1X3

2. 第二人称祈使—愿望式复数

第二人称祈使—愿望式的复数形式由动词词干缀接-ŋ/-ïŋ/-iŋ/-uŋ来构成。有时动词词干本身也可表示复数第二人称祈使—愿望式，表示不客气，纯属命令的语气。

第二人称祈使一愿望式的复数形式表示说话者对多数听话人的命令和建议。如：

igidiŋ <igid-（养育）+ iŋ（第二人称复数祈使—愿望式）

igid-iŋ:　ämgät-mä-ŋ　tolɣa-t-ma-ŋ [……..]m

养育-2sg.IMP　使痛苦-CAUS-NEG-2sg.POSS　折磨-CAUS -NEG-2sg.POSS

你们去做主吧，但不要折磨。—毗 B13

saqïnïŋ<saqïn-（想）+ïŋ（第二人称复数祈使—愿望式）

[tür^{ü}k]　bäg-lär [bodun　anč]a:　saqïn-ïŋ:

厥　官员-PL　人民　这-EQUI　想-2sg.POSS

突厥官员和人民，你们要这样考虑。—毗 D33

biliŋ<bil-（知道）+iŋ（第二人称复数祈使—愿望式）

an-gar　kör-ü　bil-iŋ

它-DAT　看-ADVL　知道-2sg.IMP

我们看了这个就知道吧。—阙 N11

oluruŋ<olur-（住）+uŋ（第二人称复数祈使—愿望式）

altun　yïš-da :　olur-uŋ

阿尔泰　山-LOC　坐-2sg.IMP

你们住在阿尔金山吧—暾 1B31

ïdmaŋ<id-（送）+ma-（否定）+ ŋ（第二人称复数祈使—愿望式）

äl törös-in ïd-ma-ŋ

国家 法律-3sg.POSS-ACC 派-NEG-2sg.IMP

你们不要废除国法。—埃

tïŋla（听），动词词干本身表示复数第二人称祈使—愿望式。

toquz oɣuz bäg-läri boḍun-ï:

九 乌古斯 官-PL-3sg.POSS 人民-3sg.POSS

九姓乌古斯诸官和人民，

bu sab-ïm-ïn ädgüti äšid qatïɣdï tïŋla

这 话-1sg.POSS-ACC 好好地 听-2sg.IMP 努力地 听

我的话你们好好听着，努力听着：—阙 N2

三 第三人称祈使—愿望式

第三人称祈使—愿望式表示说话者对第三者的希望、命令或要求。第三人称单、复数祈使—愿望式均由动词词干缀接-zun/-zün，-zu，-cun 等词尾来构成。第三人称祈使—愿望式表示说话者对第三者的希望、建议和命令。如：

barzun<bar-（去）+zun（第三人称祈使—愿望式）

ti-di : sü baš-ï : inäl qaɣan : tarduš šad :

说-3sg.PAST 军队 头-3sg.POSS 官号（王子） 可汗 达头 设

bar-zun:

去-3sg.IMP

让移涅可汗（小可汗 inäl qaɣan）及达头设作军队首领—暾 1B31

yarlïqazu<yarlïqa-（保佑）+zu（第三人称祈使—愿望式）

täŋri yarlïqa-zu.

天 保佑-3sg.IMP

让腾格里保佑吧。—阙 D29

bolmazun<bol-（成为）+ma（否定）+ zun（第三人称祈使—愿望式）

bolčun<bol-（成为）+čun（第三人称祈使—愿望式）

anča　ti-miš,　türk　bodun　yoq　bol-ma-zun　ti-yin,

那样　说-PAST　突厥　人民　没有　成为-NEG-3sg.IMP　说-1sg.IMP

这样说："不要让突厥人民灭亡！

bodun　bol-čun　ti-yin

人民　成为-3sg.IMP　说-1sg.IMP

让他们成为人民！"—阙 B11

祈使—愿望式的肯定形式和否定形式在三大碑中分别出现次数统计如下：

碑铭名称	肯定形式祈使—愿望式	否定形式祈使—愿望式	总计
阙特勤碑	22	7	29
毗伽可汗碑	20	11	31
暾欲谷碑	10	0	10
合计	52	18	70

祈使句是表示说话者命令、请求、劝告或希望别人进行某种动作或进入某种状态的言语行为。鄂尔浑—叶尼塞碑铭语言的祈使句主要由祈使式范畴的形态句法手段来表示。

标记祈使句最常见手段是动词的特殊屈折形式。阿尔泰语系诸语言普遍具有祈使式范畴，能够表达直接的"命令"言语行为，形态上主要表现为在谓语动词词根或词干之后缀加相应的祈使标记。

祈使—愿望式从回鹘语言时期开始表现出祈使式和愿望式分离开来的趋势。回鹘文献语言动词的祈使式表示命令、请求、建议、号召等意义，祈使式的构成是在动词词干之后缀接带有人称式的祈使式附加成分，如下表：

	单数	复数
第一人称	-yïn/-yin/-ayïn/-äyin/-yan/-yän/ -ayan/-äyän/ -yïm/-yim/-ayïm/-äyim	-lïm/-lim/-alïm/-älim/ -lam/-läm/ alam/-äläm

续表

	单数	复数
第二人称	-ŋ/-ïŋ/-iŋ/-uŋ/-üŋ/-aŋ/-äŋ/-ŋïz/ -ŋiz/-ïŋïz/-iŋiz/ -uŋuz/-üŋüz;-ɣïl/-gil/-ɣïn/-gin	-ŋlar/-ŋlär/-ïŋlar/-iŋlär/ -uŋlar/-üŋlär/ -aŋlar/-äŋlär
第三人称	-sun/-sün/-sïn/-sin/-sunï/-süni/ -su/-sü/-zun/-zün	-sunlar/-sünaär/-sïnlar/ -sinlär/-zunlar/-zünlär

回鹘文献语言动词的愿望式表示说话者对完成行为动作的愿望。动词愿望式的构成主要以下几种方式：

（1）在动词词干之后缀接-ɣay/-qay/-gäy/-käy 及人称附加成分。

（2）在动词词干之后缀接-sa/-sä/-ïɣsa/-igsä/-uɣsa/-igsä/-gsä/-ïɣsï/-igsi/-ɣsaq/-gsäk-ɣsïq/-gsik/-ïysaq/-igsäk/-uɣsaq 等附加成分和时、人称附加成分。

（3）在动词词干之后缀接-ɣuluq/-gülük/-ɣlïq/-ïɣlïq/-iglik/-ɣlï/-gli/-ïɣlï/-igli/-uɣlï/-ügli 等附加成分及人称代词，或与 är-\bol-主动词的时、人称形式组合使用。

第三节　条件标记

鄂尔浑—叶尼塞碑铭中的条件标记主要通过动词形式的动词词干缀接-sar/-sär 来标记。碑铭语言条件句较为依赖分句和主句构成的充分条件的逻辑关系；在句法位置上，分句在前，主句在后，位置关系较为固定；在句法表现上将来时对于条件语义范畴的组成具有重要意义；就语义层面而言，条件分句具有假设性、时间性等特征，条件主句具有主观性的特征；就语用层面而言，条件句表达说话者强烈的主观态度。

条件式的否定形式是动词词干缀接否定词缀-ma/-mä 再缀接-sar/-sär 来构成，在动词的否定部分已有举例。

一 古代突厥语条件标记流变

标记理论最初由 Trubetzkoy, N.S（1969）[①]提出，其后，沈家煊（2015）[②]将标记理论用于汉语研究，并对其作出定义：“标记理论是指一个范畴内部存在的某种不对称的现象。”本书对标记的定义采用沈家煊的判别标准，将条件标记认定为：表达非条件关系的一种不对称形式。

与现实句相比，条件句需要更深层的主观逻辑分析，而人的主观分析易产生歧义，那么就不得不在语言上添加更多的形式帮助人们清晰地理解语义，因而条件标记形式应运而生。

从跨语言的角度来看，条件句的标记手段（也是主从小句连接的手段）主要有：独立连接词、动词形式、语序和语调，其中以前三种最为常见。动词形式手段包括附着形式（clitics）、词缀（affixes）以及内部屈折。鄂尔浑—叶尼塞碑铭语言的条件句标记手段使用动词形式的词缀手段，由动词词干缀接-sar/-sär 来构成。

本节在类型学的视野下，通过分析鄂尔浑—叶尼塞碑铭语言动词的条件式，同时与回鹘文献语言及现代突厥语族诸语言的类比，讨论突厥语族语言条件式的发展变化。并从条件语义范畴逻辑、句法、语义及语用四个方面来分析碑铭语言的条件标记内涵。

条件—结果关系（包括汉语语法学所说的条件关系假设关系）通常实现为句法上的主从句关系（状语从句和主句），通常由句法、连词等手段表示。但是，在突厥语族语言里，条件句（包括假设句）的谓语动词要使用一种区别性的式形态，以标明句子内容为说话人假设，而非客观现实，具有非现实性（irrealis），因而有别于直陈式所体现的命题内容的现实性。如哈萨克语动词的条件式就是在词干后加-sa 或-se，再加人称和数的成分，如：

(eger)kino kør-se-ŋiz（看–条件式–人称单数尊）barona（您要是

① Trubetzkoy, N.S（1969：67）提出标记理论用于总结音位：“一对音位对立中，其中一个成分的特点是具有标记，而另一个成分则没有这种标记。”转引自沈家煊（2015：23）。

② 沈家煊：《汉语词类的主观性》，《外语教学与研究》2015 年第 5 期。

看电影就去吧。）

鄂尔浑—叶尼塞碑铭语言的条件标记由动词词干缀接-sar/-sär来构成。具体统计鄂尔浑—叶尼塞碑铭文献中的条件式的肯定与否定形式出现次数情况如下表：

碑铭名称	肯定形式条件式（-sar/-sär）	否定形式条件式（-masar/-mäsär）	带人称的条件式	总计
《阙特勤碑》	8	2	0	10
《毗伽可汗碑》	2	1	0	3
《暾欲谷碑》	16	6	0	22
合计	26	9	0	35

由上表可以看出碑铭时期动词条件式-sär/-sar之后没有人称附加成分，而句中的人称则通过句法手段即通过句中的人称代词表示，或者是通过词法手段即通过在结句的动词之后表示。

古代突厥语时期的动词条件式虽然已经出现，但与现代突厥语相比，使用频率还不高，没有出现专用的条件连接词。条件式的截短形式（-sa/-sä）出现于10世纪至11世纪。①例如，在《福乐智慧》和玛合穆特喀什噶尔的著作中：bolsa（若是），ïmïtsa（若推进），qïldï ärsä（他若做），tersä（若搜集）。②条件式最初的人称形式是完整的，如：

单数

第一人称 barsa(r) män

第二人称 barsa(r)sän 和 bara(r)iŋ

第三人称 barsa(r)

复数

第一人称 barsa(r)mïz 或者 barsa(r)q

第二人称 barsa(r)-ïŋ-sïz

① 马洛夫在《拉伯古兹》一书里发现了上述观察形式的完整变体形式，按照16—17世纪抄本把它当成特殊的形态结构（-sa是祈使式的形式，-r是将来时付动词形式的附加成分）。参见拉德洛夫《回鹘文文献集》，列宁格勒，1928，第226页。

②《福乐智慧》卷二，圣彼得堡，1900—1910，第71、75、110、127页。

第三人称 barsa(r)

这些附加成分在发生紧缩和不同的语音变化的同时，产生了由最初的条件意义，引申到愿望或假定的专门意义。

条件式-sa（-sar）在回鹘文献语言里除表示本身的条件意义外，还可以表示原因。如：yel bolsa（由于有风），temür bolsa（由于是做铁的）。[①]

附加成分-sa 的多种意义是由于跟其他形式相配合而产生的结果，如跟情态词 keräk 相配合。如：

men Uyɣurnïŋ qaɣanï bolamän kim yerni tört bolunïnuŋ qaɣanï bolsam keräk turur（我是回鹘人的可汗，应该是四方世界土地的统治者）[②]；同助动词 bol-相配合，如：qaɣanda bedizini amasa bolur（始终应该叫作最完善的）；tïtïq söksä bolmas（不应该责备语言）；ïdsa bolur（应该派遣）。[③]

同副词 tep 配合，yeküкä ašazuq alïq kelsä dep…（把食物拿来供使用）。[④]

数词 nečä（几个）附加于条件式形式之前可以表示任何条件的否定意义，如：nečä bersä dun' ya tügär，alɣïnïr（世界无论给多少，总会有终止，有消失）nečä tirisä(?)，ahïr ölüm tutqučï（无论活多久，最后还是要死的）。[⑤]

如果过去时确定式跟带有条件式的助动词 er-相结合，则表示非现实条件的意义，如：ölür erdi ärsä qamaɣ iglägän kiši qalmaɣay erdi ruzï yegän（如果一切病人都死了，就剩不下享受起码生活资料的人了），ölümgä aicïq qildï ersä otäm otačï turu qalɣay erdi ulam（如果药物有效的话，那么所有的医生是会长生不老的）。[⑥]

---

① 苏联科学院收藏的巴黎国立图书馆的《乌古斯可汗的传说》手稿复印本，第 16 页。

② 苏联科学院收藏的巴黎国立图书馆的《乌古斯可汗的传说》手稿复印本，第 12 页。

③《福乐智慧》卷二，圣彼得堡，1900—1910，第 16、93 页。

④ 鲍洛夫柯夫，《乌孜别克语史资料》，《突厥学文集》，莫斯科，1951 年，第 77 页。

⑤《福乐智慧》卷二，圣彼得堡，1900—1910，第 21、127 页。

⑥《福乐智慧》卷二，圣彼得堡，1900—1910，第 101、110 页。

在带-ar 的形动词和句子中作主要成分用的助动词 er-相结合时，非现实的条件意义只能由一种条件式形式来表示。如：küyär erdim otta küzätmäsä ol（如果不拯救他，我将焚身于火中。）[①]

有时，这种带有 er-的条件形式的综合结构具有条件形式的一般意义。如 udïr erdiŋ ersär tur（如果你睡醒了，就起来吧！）[②]

与古代碑铭语言相比，这一时期的动词条件式使用范围更广，使用频率更高，表达的意义也更为丰富。

王远新先生曾总结过突厥语动词条件式发展的基本过程[③]：

初始时期（古代突厥文碑铭文献语言）

完整的肯定形式：-sar/-sär

完整的否定形式：-masar/-mäsär

分化发展时期（中古突厥语）

（1）高昌回鹘文献语言

完整的肯定形式：-sar/-sär

简化的肯定形式：-sa/-sä

带谓语性人称的完整肯定形式：-sarmən/-särmän

带简化形式人称的简化肯定形式：-sam/-säm

完整的否定形式：-masar/-mäsär

简化的否定形式：-masa/-mäsä

带谓语性人称的完整否定形式：-masarmən/-mäsärmän

带简化形式人称的简化否定形式：-masam/-mäsäm

（2）喀拉汗王朝突厥书面语言

简化的肯定形式：-sa/-sä

带简化形式人称的简化肯定形式：-sam/säm

带谓语性人称的简化肯定形式：-samən/-sämän

带连接词 ägär-qali 的简化肯定形式：ägär…-sa/-sä；qali…-sa/-sä

---

①《福乐智慧》卷二，圣彼得堡，1900—1910，第 45 页。

②《福乐智慧》卷二，圣彼得堡，1900—1910，第 19 页。

③ 王远新：《突厥历史语言学研究》，中央民族大学 1995 年版，第 217 页。

简化的否定形式：-masa/-mäsä

带简化形式人称的简化否定形式：-masam/-mäsäm

带谓语性人称的简化否定形式：-masamən/-mäsämän

现代突厥诸语言动词的条件式经历了较长的发展过程，从古代突厥碑铭文献时期的不带人称附加成分的初始形式即-sar/-sär 形式发展到现代多数突厥语的带人称附加成分的-sa/-sä 及其变体形式，经历了复杂的分化过程。

现代突厥语时期，从形式上看大多数现代突厥语族诸语言动词条件式的完整形式为：动词+-sa/-se（条件式附加成分）+人称附加成分（谓语性人称的简化形式，形式上同领属性人称）。由于语音对应、语音和谐律及语言发展的不平衡性导致现代突厥语族诸语言动词条件式有着构成上的差异：

语言名称	动词条件式形式
多数现代突厥语	动词+-sa/-se+人称
柯尔克孜语语	动词+-sa/-se/-so/-sö+人称
阿尔泰语	动词+-sa/-se、-so/--sö、-za/-ze、-zo/-zö+人称
哈卡斯语	动词+-sa/-se、-za/-zö+人称
图瓦语	动词+-sa/-se、-za/-ze+第三人称 动词+-sə/-si、-zə/-zi+第一、二人称
巴什基尔语	动词+-ha/-hɛ+人称
图瓦语	动词+-sa/-se、-za/-ze+第三人称 动词+-sə/-si、-zə/-zi+第一、二人称
西部裕固语	动词+-sa/-se
撒拉语	动词+-sa/-se
雅库特语	动词+-tar/-dar、-lar/-nar+谓语性人称

现代突厥语族诸语言动词的式范畴都包括陈述式、条件式、祈使式、愿望式、转述式等几种形式。现代突厥语族诸语言动词的时范畴都与陈述式融合一体，一般包括过去时、现在—将来时、现在时三种。

每种语言又根据自己内部的发展规律，各种“时”的形式中又包括多种动作完成或进行等不同形式。虽然各语言表示时范畴的语法意义基本一致，但在形态变化、语言形式上有着千变万化的差别，与此同时又可以从语言发展史上找出其与碑铭语言的共同渊源关系，构成了各语言动词时范畴的可对比性和相对应性。

二　标记型条件语义范畴逻辑、句法、语义及语用分析

鄂尔浑—叶尼塞碑铭的条件标记可从4个维度分析其特色。（1）就逻辑层面而言，碑铭语言条件句较为依赖分句和主句构成的充分条件的逻辑关系，条件标记的位置符合“联系居中原则”。（2）就句法层面而言，碑铭语言条件句（包括假设句）的谓语动词要使用一种区别性的式形态；在句法位置上，分句在前，主句在后，一般位置关系不可调换；在句法表现上将来时对于条件语义范畴的组成具有重要意义。（3）就语义层面而言，条件分句具有假设性、时间性等特征，条件主句具有主观性的特征。（4）就语用层面而言，条件句表达说话者强烈的主观态度。

1. 逻辑关系分析

条件句成立的逻辑基础是充分条件的逻辑关系。所谓充分条件，逻辑学上定义为：如果A能推出B，那么A就是B的充分条件。李小五（2003）[①]进一步重申了充分条件的定义：“满足‘若A则B’的逻辑语义形式，就是充分条件。”这是因为条件句中的条件语义关系以复句的形式呈现，从逻辑角度进行分析，即可分析为条件分句在任何条件下都可以使主句成立，这一逻辑基础是条件句成立的关键。

客观世界任何动作的完成都需要时间。一般来说，若两个有必然相关性的事项在时间链条上依次发生，那么我们称前一个事项为条件，后一个事项为结果。

客观事物发展的规律是在一定的条件作用下产生一定的结果，在

---

① 李小五：《条件句逻辑》，人民出版社2003年版，第10—11页。

逻辑顺序上条件在先，结果在后。在语序上，条件陈述句中，一般条件分句处于结论分句之前。

如：

bu yolïn yorï-sar（走-条件式），yaramacï.（如果走这条路就不合适。）—暾 1D23

sän bir tod-sar（ 饱-条件式），ačsïq ömäz （你们一旦饱食，就不考虑饥饿。）—阙 N8

ötükärn yïš olur-sar（坐-条件式），bäŋgü il tuta olurtacïsän（如果你们住在于都斤山，你们就能牢坐你们的江山。）—阙 N8

Dik“联系项居中原则”认为，联系项的优先位置为：1. 在两个被联系成分之间；2. 如果联系项位于某个被联系成分上，则它会在该被联系成分的边缘位置。以上仅是一条倾向性的原则，这里的联系项指诸如连词、介词、格标记、从属小句的引导词等连接成分。在包含条件标记的条件分句中，联系项不仅没有违反第一条原则，而且毫无例外地遵循了第二条原则，位于条件分句句尾这一边缘位置。

条件标记在碑铭语言动词条件标记的位置不外乎两种：条件分句句首和条件分句句尾，此两种句法位置都符合 Dik“联系项居中原则”中所谓的“被联系成分的边缘位置”。

后期回鹘语文献和现代突厥语族诸语言中表达条件语义的标记形式较为丰富，有连词标记、指称性助词标记、从句体标记、时间直指词标记、语气词标记等。丰富多样的标记形式的使用，使条件句的语义关系较为明晰。如：

回鹘文献语言附加成分-sa 的多种意义是由于跟其他形式相配合而产生的结果，如：跟情态词 keräk 相配合，如：

men Uyɣurnïŋ qaɣanï bolamän kim yerni tört boluninuŋ qaɣanï bolsam keräk turur（我是回鹘人的可汗，应该是四方世界土地的统治者）；同助动词 bol-相配合，如：qaɣanda bedizini amasa bolur（始终应该叫作最完善的）；tïtïq söksä bolmas（不应该责备语言）；ïdsa bolur（应该派遣）。

同副词 tep 配合，yekükä aš azuq alïq kelsä dep…（把食物拿来供使用）。

数词 neča（几个）附加于条件式形式之前可以表示任何条件的否定意义，如：neča bersä dun' ya tügär，alɣïnïr（世界无论给多少，总会有终止，有消失）neča tirisä(?)，ahïr ölüm tutqučï（无论活多久，最后还是要死的）。

与古代碑铭语言相比，这一时期的动词条件式使用范围更广，使用频率更高，表达的意义也更为丰富。

在维吾尔语中，在条件式动词后，如果结合 keräk“必须、应该”一词，则又表示可能等意义。例如：

u mädʒliskä barsa keräk.（他可能去开会。）

u ejtqɑn bolsɑ kerɛk.（他可能是说过。）

bu poloni jimigän bolsa keräk.（他可能没有吃过这种抓饭。）

维吾尔语条件式可带能动标志。它的能动式是在动词词干后接缀附加成分 -ata/-älä 或 -jala/-jälä，再加条件式附加成分和人称标志构成。例如：

bär-älä-sä-m → bärälisäm （如果我能去）

käl-älä-sä-ŋ → kelälisäŋ （如果你能来）

条件句的逻辑表示两个事件同时发生，或是把前一分句所表示的事件背景化，这两种功能都是复句本身通过移位或是重叠不能表达的。条件语义表达极为依赖充分条件表示的推理关系，充分条件逻辑基础是条件语义明晰的关键。

2. 句法分析

碑铭语言的条件语义范畴的句法结构可以从组成、位置、句法表现 3 个维度进行分析。

2.1 句法组成

碑铭语言条件句句法组成，包括两个部分，即条件分句和条件主句，如：

ötükän yir olorup arqïš tirkiš ïd-sar（派-条件式），näŋ buŋuɣ yoq

[如果你们住在于都斤山这地方，（从这里）派出商队，那就没有忧虑。] —阙 N8

条件分句是条件语义的根源，因为条件句的假设性语义特征来源于条件分句，条件语义的等级也依赖条件分句进行划分，而主句在条件句中只是增强了条件语义的论断性。

碑铭语言的条件句标记主要集中在分句标记之上，如：

ol yärgärü bar-sar（去-条件式），türk bodun öltäči sän （如去那地方，突厥人民你就将死亡。）——阙 N8

bir kiši yaŋïl-sar（犯错-条件式），oɣuši bodunï bišükinge tägi qïdmaz ärmiš（一人有错，连其族人、人民、后辈都不饶恕。）——阙 N6

以上例句，分句谓语动词后缀加条件式标记，主句不使用标记。在表达条件语义关系的过程当中，条件标记是必不可少的，标记的使用使得条件语义关系更加明晰，让听话者更容易理解条件语义关系，而对条件语义的形成并不起决定性的作用。

2.2 句法位置关系

鄂尔浑—叶尼塞碑铭语言的条件分句只能位于条件主句之前，且分句与主句之间，有语音停顿。

条件句中偏句前置的原因，Greenberg（1966）[①]、Comrie（1986）[②]、张金桥、莫雷（2005）[③]、王春辉（2010）[④]等从不同的角度进行过论证。王春辉认为："不同语言中条件小句前置源于条件句的假设性和对比性。"

碑铭语言的语条件分句和主句之间具有很强的因果关系。在语义关系上，两汉汉语条件分句和主句之间是条件与结论、条件与结果的

---

① Greenberg J.H.：*Some universals of grammar with particular reference to the order of meaningful elements.* In J. H. Greenberg (ed.), Universal of Language (Second edition). Cambridge，MA：MIT Press，1966.

② Comrie, Bernard: *Conditionals*. Cambridge: Cambridge University Press, 1986, 83—84.

③ 张金桥，莫雷：《汉语假设条件复句的心理表征项目互换效应研究》，《心理科学》2005 年第 1 期。

④ 王春辉：《汉语条件句标记及其语序类型》，《语言科学》2010 年第 3 期。

关系，这是一种紧密的因果关系。即前面的条件必然会使后面的结果出现，是不可逆转的。如：

bu yol-ïn : yorï-sar : yara-ma-čï

这 路-ACC 走-COND 组织-NEG

如果走这条路就不合适。—暾 1D23

türk qaɣan ötükän yïš olur-sar il-tä buŋ yoq

突厥 可汗 于都斤山 山林 坐-COND，国-LOC 忧愁 没有。

突厥可汗如果住在于都斤山，则国家没有忧愁。—阙 N3

bir kiši yaŋïl-sar oɣuš-ï bodun-ï

一 人 犯错-COND， 氏族-3sg.POSS 人民-3sg.POSS

bišük-i-n-ge tägi qïd-maz är-miš

亲族-3sg.POSS-EPE-DAT 直到 怜悯-NEG 是- ADJVZ

一人有错，连其族人、人民、后辈都不饶恕。—阙 N8

bir tod-sar ačsïq ö-mäz sän

一 饱-COND 饿的 想-COND 你

你们一旦饱食，就不考虑饥饿。—阙 N8

ötükän yïš olur-sar bäŋgü il tut-a olur-tačï sän

于都斤 山林 坐-COND 永久的 国家 抓住-CONV 坐下- FUT. ADJVZ 你

如果住在于都斤山，你们将永保国家。—阙 N8

öglä-š-miš : öŋrä türk qaɣanɣaru : sülä-lim ti-miš : an-garu

商量-RECP-PAST 前面 突厥可汗-DAT 交战-1pl.IMP 说-PAST 他-DAT

sülä-mä-sär:

交战-NEG-COND

qačan ⟨na⟩ŋ är-sär : ol bizn-i :

何时 什么也不 是-COND 那 我们-ACC

“让我们首先出兵（攻打）突厥可汗。如果不向他出兵，早晚他们要把我们消灭。”—暾 1D21

句法操作的手段有三类：添加、移位、重叠。句法操作的位置有三个，分别是句首、谓头、句尾，这三个位置对属于全局功能语法范

畴的句法操作比较敏感，因此被称为三个敏感位置。如上例，碑铭语言的动词条件标记后置与条件分句句尾，条件主句之前。

象似性在语言中体现在诸多方面，其中时间象似性被众多学者所关注。Givón 的“线性次序原则”认为，在一段紧密结合的话语里，句子的顺序倾向于和它们所描述的事件出现的时间顺序相对应。戴浩一研究了汉语的时间象似性，提出了“时间顺序原则”（PTS），认为两个句法单位的相对次序决定于它们所表示的概念领域里的状态的时间顺序。

Comrie 认为条件句分句间的线性顺序反映了分句时间指示上的顺序，即条件小句的时间指示通常是在结果分句之前，或者至少不会在结果分句之后，所以 Comrie 的象似是时间顺序上的象似。除此之外，Comrie（1986：86）还提到一点，也可以看作另一个象似性表现。Comrie 提出条件分句和结果分句之间存在着因果关系是条件句的典型特征之一，因此 Comrie 认为条件分句前置于结果分句的语序倾向，可能是对两分句之间原因在结果之前的关系的象似性反映。

但对于这种顺序，碑铭语言中也有一例特殊：

nä　ayay-in :　ti-di :　käl-ir　är-sär :　k^{ö}ör-ü

什么　问-ACC　说-3sg.PAST　来-FUT　是-COND　看-CONV

我能向你说些什么呢？如果他们来的话。—暾 1B32

条件分句至于主句之后，虽然主句的时间指示是在分句之后，但是语序却是后置的。

2.3 句法表现

在碑铭语言条件语义范畴中，条件式表示说话者对行为动作的假设或提出的条件等虚拟语气的动词形式，主要用于条件关系复句，作为主句动词谓语所指动作实现的条件。条件式没有时的区别，它仅表示将来的意义。如：

üzä täŋri　bas-ma-sar,　asra　yir　tälin-mä-sär,

上 天　压-NEG-COND　下面　土地　裂-NEG-COND

当上面上天不塌，下面大地不裂—阙 D22

taɣ-da: sïɣun: ät-sär [an-ča]

山-LOC 鹿 叫-COND 这-EQUI

如山上的鹿鸣叫。—毗 X5

äšid-ip ; bu yol-ïn : yorï-sar : yara-ma-čï ti-dim : yärči

听- PAST.ADVL 这 路-ACC 走-COND 组织-NEG 说-1sg.PAST 向导

并已（为雪）封住。如走这条路，将不合适。—暾 1D23

är ärdäm ä üčün ä yït-a yoqla-dï qul-ï

人 美德 MOOD 为了 MOOD 失去-ADVL 吊唁-3sg.PAST 奴隶-3sg.POSS

alp tut-sar küč ičič-im ä

英雄 抓住-COND 力量 兄长-1sg.POSS MOOD

以英雄之名升高，抓住奴隶，有劲的我的兄长—乌依 1

回鹘语言时期，如果过去时确定式跟带有条件式的助动词 er-相结合，则表示非现实条件的意义，如：ölür erdi ärsä qamaɣ iglägän kiši qalmaɣay erdi ruzï yegän.（如果一切病人都死了，就剩不下享受起码生活资料的人了。）ölümgä aicïq qildï ersä otäm otačï turu qalɣay erdi ulam.（如果药物有效的话，那么所有的医生是会长生不老的。）①

在带-ar 的形动词和句子中作主要成分用的助动词 er-相结合时，非现实的条件意义只能由一种条件式形式来表示。如：küyär erdim otta küzätmäsä ol.（如果不拯救他，我将焚身于火中。）

有时，这种带有 er-的条件形式的综合结构具有条件形式的一般意义。如 udïr erdiŋ ersär tur.（如果你睡醒了，就起来吧！）②

维吾尔语的多次过去时，在许多情况下，这种过去时如果与条件式连用，它所表达的仅仅是对过去可能发生的行为的一种估计、虚构成愿望。如：

u bu järeä bolsa, qandaqla bolmisun birär amal tapqan bolatti.（他要是在这儿，好歹也能拿出个主意。）

ägär putum aʁrimiʁan bolsa, män pijadä qajtattim.（假若不是脚疼，

① 《福乐智慧》卷二，圣彼得堡，1900—1910，第 21、127 页。

② 《福乐智慧》卷二，圣彼得堡，1900—1910，第 101、110 页。

我就步行回来了。）

u waqitta u kälmigän bolsɑ, män bazarʁa bɑrottim.（那时候如果他不来，我就去市场了。）

3. 语义分析

条件句的构成包括分句和主句，分句和主句在语义上具有不同的语义特征，主要表现为条件句分句具有假设性；条件句主句具有较强主观性。龚波（2010）在论述假设句语义特征时，将假设句的语义基础概括为"主观假定性、对比性、指称性、推断性"，龚波对语义特征的分析较为全面，这是条件句成立表现出来的语义特征。下面具体分析碑铭语义的条件句分句和主句的语义特征。

3.1 条件分句语义分析

条件分句是条件句重要组成部分，条件语义主要来源于条件分句。总地说来，分句具有假设性、时间性等特征。

条件句分句具有假设性，条件句的假设性是从语义角度探究条件分句的语义特征。王春辉（2010a）对假设性进行了定义："条件句尤其是条件小句中所提到的情形实现的可能性。"不同学者将其概括为不同的等级，罗晓英（2006）将其划分为两个等级："一是违实假设；二是可能假设。违实假设是指'假设的内容都是不可能成为事实或者说与已然事实相反的情况。'可能假设是指'假设前项提出的条件是否是事实或者是否成为事实是未知的，结果存在多种可能性'。"如：

yazï　qon-ayïn　ti-sär　türk　bodun　üläs-ig　an-ta

平地　住下-1sg.IMP　说-COND，突厥　人民　部分-ACC　那-LOC

ańïɣ　kiši　an-ča　bošgur-ur　är-miš

坏　人　那-EQUI　教唆-FUT　是-PAST

并要住在平原时，恶人就这样教唆部分突厥人民道　一阙 N7

上例是对过去时间发生的动作的假设，är-miš （是-过去时）表示过去时间标记。

üz-gäli :　učuz : yuyqa : qalïn　bol-sar :　topul-ɣuluq :　alp

折断-DIR 容易　薄的　厚　成为-COND　穿透- ADJVZ　勇敢

är-miš : yinčgä
是- PAST 细的

要是薄的东西变成厚的，透就难了；要是细的变成粗的，要折断就难了。—暾 1X14

上例是对将来时间发生的动作的假设。

条件分句的假设性可以表示另一动作发生的条件和环境。

条件分句具有时间性。在一个条件复句中，条件分句所表示的是事件一般背景信息，主句则是新信息。从语用上来看，话题正是一个背景信息，而说明部分恰好在提供一个新信息，这符合句子的信息传递结构。通常，旧信息与新信息之间通过停顿、提顿词等起到引进新信息、强化话题的作用。条件复句中，位于条件分句句末的时间词恰好处于此位置，这一特殊的句法位置为其进一步虚化为话题标记提供了条件。刘丹青指出了话题标记的四种来源，其中，时间名词必须经历条件句标记这个阶段才能成为话题标记[①]。

江蓝生认为话题标记与假设助词是通用的，话题是预设说明的对象，而假设是以一个虚拟的条件为话题，二者之间有本质上的相似性[②]。

qačan 〈na〉ŋ är-sär : ölür-täči köük : üčägün : qabïs-ïp :
何时 什么也不 是-COND 坐-FUT.ADJVZ 力量 三个 会和-ADVL

让我们三家联合出兵吧！—暾 1D21

空间是三维的，而时间是一维的，人类在交际时所使用的语言只能在时间链条上依次展开，在一个包含两个或两个以上事件的语言结构中，按照时间象似性原则，通常发生在前的或是处于背景的语序上在前，后发生的事件语序上在后。如：

köz-dä yaš käl-sär tïd-a, köŋül-tä sïɣït käl-sär,
眼睛-LOC 泪 来-COND 阻碍- ADVL 心情-LOC 吊唁 来-COND

① 刘丹青：《话题标记从何而来? ——语法化中的共性与个性续论》。沈家煊、吴福祥、马贝加：《语法化与语法研究（二）》，商务印书馆 2005 年版，第 107—130 页。

② 江蓝生：《时间词“时”和“後”的语法化》，《中国语文》2002 年第 4 期。

yan-tur-u　　　　　saqïn-tïm

返回-CAUS- ADVL　想-1sg.PAST

眼睛流泪，我强忍住；心情难过，我强抑住。—阙 B11

közdä yaš kälsär（眼睛流泪）在先，进而 tidä köŋültä（我努力控制它），遵循时间顺序。由此可见，遵循语言的象似性已经可以明示分句之间的时间关系了，表示时间的时态现象成为羡余，由于经济性的影响，其要么脱落，要么语法化。

语言事实是，其虚化为条件标记（-sär）。

时间、空间是人类认识客观世界的基本立足点，那么语言中应普遍存在表示时间的词语。此外，Greenberg 人类语言的 45 条普遍特征中，第 14 条就指出“条件陈述句中的正常语序是条件句处于结论之前”。这表明，在人类普遍认知规律的作用下，映射于语言中的条件复句在语序上符合时间象似性原则。如此看来，从时间范畴到条件范畴的映射应在现代突厥诸语言中也存在。

时间词用作条件复句的关联词语，在突厥语族语言中是广泛存在的。如在图瓦语中，表示时间关系的“manafai”可以用作条件标记。如:

ioopu I kaa kalaga nee au loopu manafai（如果） e fia faipati koe ki eii.（如果你想和 loopu 说话，我就给他打电话。）

3.2 条件主句语义分析

条件句主句语义中具有较强的主观性。龚波（2010）将主观性的语义特征概括为论断性，并认为：“假设句是论述句中的一类，具有很强的论断性。假设句从不用于描述事实，只用于论述和判断。”本书认为条件句主句是具有论断性的结构。论断性指句子语义用于表示认识的结果，而不用于表示叙述。论断性主要体现在主句采取的形式上。如：

ïrak　ar-sär　yablaq　aɣï　bir-ür　yaɣuq　ar-sär　ädgü　aɣï　bir-ür

远　是-COND　坏　宝物　给-FUT　近　是-COND，好　宝物　给-FUT

凡住远处的给坏的礼物，凡住近处的给好的宝物。—阙 N7

碑铭语言条件句的分句和主句之间的关系可以分析为状语从句

和主句的关系。条件分句常常被认定为背景信息，条件主句才是句义信息的重点。

条件句是语言研究中的重要组成部分，自语法研究初期就受到了广泛关注。在外部形式上，条件句与认知系统、逻辑关系和思维方式都存在密切的关系，它是客观外部世界的主观表达形式，是多学科的集合体。在内部组成上，条件句由分句和主句共同构成，具有多样的搭配形式，形成了不同的句法、语义特征，这是因为条件语义关系具有极强的主观性，在其压制下产生的条件语义表达式具有明晰的语义内涵。

鄂尔浑—叶尼塞碑铭语言代表了早期突厥语族的语言面貌，是突厥语族语言研究的源泉，通过碑铭语言与后期回鹘文献语言以及现代突厥语族语言条件式发展脉络的梳理，能够清楚地体现出条件式的演变现象。对碑铭语言条件式具有鲜明的语义范畴逻辑基础，碑铭语言条件句句法组成，包括两个部分，即条件分句和条件主句，分句具有假设性、时间性等特征，条件主句具有较强的主观性。

鄂尔浑—叶尼塞碑铭语言动词在式范畴的使用和表达上有着自身的特点：《暾欲谷碑》作为自传体文本，使用的是第一人称叙述，而《阙特勤碑》和《毗伽可汗碑》的撰写与多位叙述者有关，虽也包括第一人称视角，使用的是一种双重性的叙述，其叙述视角更为广阔、复杂、完整。这种叙述不同于一般的回忆录形式，叙事者使用直接陈述式叙述的是最具真实感的个人亲历感受；以间接陈述式表达当时所了解到的所发生的故事；使用条件式和读者共同探讨时势大局，以说服和教化他人。鄂尔浑—叶尼塞碑铭语言通过对动词的式灵活运用，使得叙述者不断建立起一种叙述权威，和读者保持着一种上层阶级和平民百姓的关系，通过不同形式的“式”的表达，使得碑铭语言内容不仅是反映英雄人物或风云局势，而使得文字具有了一定的教化作用。

第十二章

鄂尔浑—叶尼塞碑铭动词的肯定—否定范畴

动词的肯定—否定范畴是指对行为动作的肯定或否定形式。鄂尔浑—叶尼塞碑铭语言动词的肯定形式即动词词干或词干原来的形态，无形态标志；否定形式是在动词词干之后缀接-ma/-mä 附加成分。在肯定或否定式动词词干之后还可以缀接其他各种时、态、人称等附加成分。由否定式动词还可以构成副动词、形动词和动名词。

第一节　肯定形式

鄂尔浑—叶尼塞碑铭动词的肯定形式是对动词所指动作的肯定，凡是没有带否定词尾的动词形式（即动词词干本身）都是动词的肯定形式。如：

köŋül-tä　sïɣït　käl-sär,　<u>yan-tur-u</u>　<u>saqïn-tïm</u>

心情-LOC　吊唁　来-COND　<u>返回-CAUS- ADVL</u>　<u>想-1sg.PAST</u>

心情难过，我强抑住。心情难过，我强抑住。—阙 B11

ol　at　an-ta　<u>öl-ti</u>.

那　马　那-LOC　<u>死-3sg.PAST</u>

该马在那里死了。—阙 D32

on oq bodun ämgäk kör-ti.
十 箭 人民 痛苦 看-3sg.PAST
十箭人民经受了苦难—阙 D19

qal-tačï biz : öz ič-i taš-ï-n : tut-mïš
留下-FUT 我们 自己 内-3sg.POSS 外-3sg.POSS-ACC 抓-PAST
我们将无救，我们将腹背受敌。—暾 1X13
üz-gäli: učuz : yuyqa : qalïn bol-sar : topul-ɣuluq:
折断-DIR 容易 薄的 厚 成为-COND 穿透- ADJVZ
要是薄的东西变成厚的，穿透就难了—暾 1X13

动词的肯定—否定范畴是对某一动作行为或某一状态存在的肯定或否定。突厥语族诸语言的肯定—否定范畴所表示的肯定或否定的语法意义是相同的。由于有着古代突厥语相同的渊源关系，它们的语法形式在语音结构上存在着很大的共性，又因为突厥语族诸语言有各自的发展途径，它们的语法形式又存在着一定的差异。

第二节　否定形式

鄂尔浑—叶尼塞碑铭动词的否定形式由动词词干后缀接-ma/-mä构成。如：

qïl-ma-dïm（我没有做）—阙 D27
bol-ma-zun（不要让我没有）—阙 D25
tälin-mä-sär（若不裂开）—阙 D22
sï-ma-dï（不毁坏）—阙 N11

动词的否定型表示没有施事的动作行为。如：

anča qazɣan-ïp biriki bodun-ïɣ ot sub qïl-ma-dïm
那样 努力-ADVL 联合的 人民-ACC 火 水 做-NEG-1sg.PAST
我努力不使联合起来的人民成为水火。—阙 D27

bu　yol-ïn :　yorï-sar :　yara-ma-čï　ti-dim :

这　路-ACC　走-COND　组织-NEG-FUT　说-1sg.PAST

如走这条路，将不合适。—暾 1D23

sü　yorï-lïm　ti-däči :　una-ma-ŋ :

军队　出征-1sg.IMP　说-FUT　中意-NEG-2sg.POSS

如果他说进军，不要答应—暾 1B35

一　直接过去时否定

第一人称单数直接过去时的否定形式由动词词干先缀接-ma/-mä，后缀接过去时词尾-d/-t，然后再缀接领属性第一人称单数人称词尾构成。如：

qïl-ma-d-ïm（我没有做）

udï-ma-t-ïm（我没有睡觉）

yogurt-mä-d-im（我没让……走）

—暾 1D4

bük-mä-t-im（我没带够）—埃 9

第一人称复数直接过去时的否定形式，由动词词干先缀接否定词尾-ma/-mä，然后再缀接其肯定形式（缀接过去时词尾-d/-t，后缀接-uq/-ïq）的语法形式构成。如：

qorq-ma-dïmïz（我们没有怕）—暾 1X6

adrïl-ma-duq（我们没有离开）—翁 Z3

yaŋïl-ma-duq（我们没有被打败）—翁 Z3

第二人称单数直接过去时的否定形式由动词词干先缀接-ma/-mä，后缀接第二人称单数直接过去时的肯定形式（先缀接过去时词尾-d/-t，后缀接领属性第二人称单数词尾构）成，如：

al-ma-dïŋ（你没有拿）—埃

第二人称复数直接过去时的否定形式在鄂尔浑—叶尼塞碑铭语言中很少出现。

第三人称单、复数直接过去时的否定形式由动词词干先缀接否定

词尾-ma/-mä，然后再缀接过去时词尾-d/-t 和领属性第三人称单数、复数词尾构成。如：

sï-ma-d-ï（没有拒绝）—毗 B14

tuy-ma-d-ï（没有发觉）—暾 1X3

käl-mä-d-i（没有来）—毗 D2

yäl-mä-d-i（没有来）—毗 D41

直接过去时的否定形式意义表示说话者直接知道的、没有发生于过去的动作行为。如：

anča qazɣan-ïp biriki bodun-ïɣ ot sub qïl-ma-dïm

那样 努力-ADVL 联合的 人民-ACC 火 水 做-NEG-1sg.PAST

我努力不使联合起来的人民成为水火。—阙 D27

ti-yin, türk bodun üčün tün udï-ma-dïm

说-IMP 突厥 人民 为了 夜 睡眠-NEG-1sg.PAST

为了突厥人民，我夜不能眠。—阙 D27

käč-ä käl-timiz : käl-miš-i : alp ti-di :

渡过-ADVL 来-1pl.PAST 来-NMLZ-3sg.POSS 困难 说-3sg.PAST

tuy-ma-dï:

感觉-NEG-3sg.PAST

我趁夜晚赶来了，来得很艰难，他们没有发觉。—暾 2X38

täŋri yarïlqaduq üčün uküš tiyin qoorqmadïmïz :（我们多一半。由于上天保佑，我们没有因其人多而害怕）—暾 2X40、41

män-iŋ sab-ïm-ïn sï-ma-dï

我-GEN 话-1sg.POSS-ACC 毁坏-NEG-3sg.PAST

他们没有拒绝我的要求。—阙 N11

bunča iš-ig küč-üg bir-tük-gärü: saqïn-ma-tï

这样的 事-ACC 力量-ACC 给- NMLZ-DAT 想-NEG-3sg.PAST

并不考虑曾出了这么多的力。—阙 D10

yir sub: [äč-im q]aɣan: qut-ï: tapla-madï ärinč:

地 水 叔父-1sg.POSS 可汗 福-3sg.POSS 喜欢-NEG-3sg.PAST MOOD

由于上面上天和神圣水土和我祖可汗在天之灵不说—毗 D35

käl-mä-di:　anï　ańïtayin: tip
来-NEG-3sg.PAST　为此　把他　说
不来贡使。—毗 D41

间接过去时的否定形式在鄂尔浑—叶尼塞碑铭语言中很少出现。

二　现在—将来时否定

现在—将来时在鄂尔浑—叶尼塞碑铭中，只见于第一人称和第二、第三人称的复数形式之中，而不见于第二、第三人称单数。

现在—将来时的否定形式由动词词干缀接-maz/-mäz 构成，但多见于第三人称。如：

ö-mäz-sän（不能够想到）—阙 N8

ïd-maz（没有派来）—毗 D25

käl-mäz（不合适）—毗 D39

现在—将来时的否定形式表示表示发生在说话时的动作行为或未来不会发生的动作行为。如：

ïduq　qut:　oɣušum:　bodun: är-ti:　arqïš　ïd-maz:
神圣的　福　氏族-1sg.POSS　百姓　是-3sg.PAST　商队　派-NEG
亦都护是我的族人，我因他们不派贡使来—毗 D25

yalabačï: ädgü:　sav-ï:　ötüg-i:　käl-mäz　ti-yin:
使者　好　话-3sg.POSS　请求-3sg.POSS　来-NEG　说-1sg.IMP
我因其不派使节、不致问候—毗 D39

ädgü　bilgä　kiš-ig　ädgü　alp　kiši-g　yorï-t-maz　är-miš:
好　智慧的　人民-ACC　好　勇敢的　人民-ACC　出征-CAUS-NEG　是- ADJVZ
他们不让真正英明的人、真正勇敢的人有所作为—阙 N6

bir　kiši　yaŋïl-sar　oɣuš-ï　bodun-ï
一　人　犯错-COND，　氏族-3sg.POSS　人民-3sg.POSS
bišük-i-n-ge　tägi　qïd-maz　är-miš
亲族-3sg.POSS-EPE-DAT　直到　怜悯-NEG　是- ADJVZ
一人有错，连其族人、人民、后辈都不饶恕。—阙 N6

yoqla-maz　biz <…> bilgä　oɣliŋa

祭奠-NEG　我们　智慧　儿子-3sg.POSS-EPE-DAT

我们离去了智慧之子。—乌 9

三　将来时否定

将来时的否定形式由动词词干先缀接-ma/-mä，然后再缀接将来时词尾-čï/-či 和谓语性人称词尾构成。如：

yol-ïn :　yorï-sar :　yara-ma-čï　ti-dim :

路-ACC　走-COND　组织-NEG-FUT　说-1sg.PAST

我说道："走这条路不合适。"—暾 1D23

täg-mä-ci　män　täyin　saqïn-tim

到达-NEG-FUT　我　说　想 1sg.PAST

我想："我不再进攻。"—翁 Q2

至于在否定式中使用的-čï/-či，特肯认为，来源于用于否定式中的-ɣačï/-gäči，而-mačï/-mäči 也是-maɣačï/-mägäči 结构简化的结果。谢尔瓦希德兹则认为，yaramačï 是 yaratačï 的否定形式 yaramatačï 的发展。

四　祈使—愿望式否定

第一人称单数祈使—愿望式否定在碑铭文献中很少见。第一人称复数祈使—愿望式否定形式是由动词词干缀接否定词尾-ma/-mä，然后再缀接-lïm/-lim，-alïm/-älim 构成。如：

adrïl-ma-lïm（我们不离开吧）—翁 Z3

az-ma-lïm（我们不翻脸吧）—翁 Z3

täŋri bilgä　qaɣan-da　adïrïl-ma-lïm,　az-ma-lïm.

天 智慧的　可汗-LOC　离开-NEC-1pl.IMP　犯错-NEC-1pl.IMP

我们不要离开天神毗伽可汗并不要对他翻脸。—翁

第二人称单数祈使—愿望式否定形式由动词原形缀接否定词尾-ma，如：

basïtma（你不要让他们攻破）—暾 B10

第二人称复数祈使—愿望式否定形式由动词词干缀接否定词尾-ma 再缀接祈使式形式-ŋ/-ïŋ/-uŋ 来构成，如：

ämgät-mä-ŋ（你们不要折磨）—毗 B13

ïd-ma-ŋ（你们不要废弃）—埃

tolɣat-ma-ŋ（你们不要折磨）—毗 B13

igid-iŋ，　ämgä-t-mä-ŋ，　tolɣa-t-ma-ŋ.

养育-2sg.IMP　使痛苦-CAUS-NEG-2sg.POSS　折磨-CAUS -NEG-2sg.POSS

你们去做主吧，但不要折磨—毗 B13

第三人称单、复数祈使—愿望式均由动词词干缀接否定词缀-mä/-ma 再缀接-zun/-zün，-zu，-cun 等词尾来构成，如：

yorïma-zun（不要让他存在）—暾 1N4

yoqbolma-zun（不要让他们消失）—毗 D10

qalma-zun（不要让他们留着）—毗 D17

yitmä-zün（不要让他们消失）—翁 Q3

yoluqärmä-zün（不要让他们灭亡）—翁 Q3

türk bodun　yitmä-zün　tä-yin,　yoluqär-ma-zün　täyin,

突厥　百姓　消失-3sg.IMP　说-1sg.IMP　灭亡-NEC-3sg.IMP　说-1sg.IMP

üza　täŋri tär　är-miš.

上面　天　汗　是-PAST

上面的腾格里说：“不要让突厥人民消失，不要让他们灭亡吧。”—翁 Q3

türk　bodun-ïɣ　at-ï　kü-si　yoq

突厥　人民-ACC　名声-3sg.POSS　名声-3sg.POSS　全部

bol-ma-zun　ti-yin,

成为-NEG-3sg.IMP　说-IMP

为了不要让突厥人民无名无声—毗 D25

五　条件式否定

条件式的否定是在条件式否定由动词词干缀接否定词缀-ma/-mä

再缀接-sar/-sär 来构成。表示

üzä täŋri bas-ma-sar, asra yir tälin-mä-sär, türk bodun,

上 天 压-NEG-COND 下面 土地 裂-NEG-COND 突厥 人民

当上面上天不塌，下面大地不裂，突厥人民，—毗 D22

män iniligü: bu-n-ča: bašlayu: qazɣan-m[a-sar]:

我 弟-CONJ 这-EQUI 以……为首 努力-NEG-COND

türᵘk: bodun: öl-täči: är-ti: yoq: bol-tačï:

突厥 人民 死-FUT 是-3sg.PAST 没有 成为-FUT

如果以我和我弟一起为首的人不如此努力的话，突厥人民将灭亡。—毗 D33

六 可能体否定

可能体否定由 a 副动词结合分析形态 u-再缀接否定词缀-ma/-mä 来构成，如：

itinü-u-ma（未能推行）；yaratun-u-ma（未能建立）

yaɣï bol-up itin-ü yaratun-ü u-ma-duq

敌人 成为-PAST.ADVL 推行-ADVL 建立-ADVL POSSI 能-NEG- NMLZ

yana ičik-miš

又 内属

-PAST 成为敌人后，但他们未能自立，重又内属了—阙 D9

其他七个完成体、能动体、呈现体、持续体、重复体、尝试体、为他体在碑铭中很少出现否定形式。

七 现代突厥语族诸语言动词的否定

在突厥语族诸语言中，动词是个比较复杂的词类，具有非常丰富的形态变化。突厥语族诸语言的动词有肯定—否定、人称—数、语态、式时、体等语法范畴，同时还具有名动词、形动词、副动词、目的动词、助动词、系动词等不同语法形式。动词的肯定—否定、语态、式、体、时等语法范畴是突厥语族诸语言所共有的，而人称—数的范畴只存在于维吾尔语、哈萨克语、柯尔克孜语、乌孜别克语、塔塔尔语和图瓦

语等语言中。西部裕固语和撒拉语没有人称—数的语法范畴。动词的名动词、形动词、副动词、助动词、系动词形式在突厥语族诸语言中普遍存在，但它们的语法形式和语法意义及用法不尽一致，而目的动词仅存在于维吾尔语、乌孜别克语和塔塔尔语中。突厥语族诸语言动词的肯定—否定、语态、式、时、体等语法范畴的构成形式、语法意义和用法也不完全相同。有时同一种语法范畴的表现方式也不尽一致。

现代突厥语族诸语言动词的肯定形式一律由动词的原型，即动词词干不缀接任何词尾的零形式来表示，这和古代突厥语的表现形式一致。而动词的否定形式均有专门的形态词尾。维吾尔语、乌孜别克语、塔塔尔语、撒拉语等语言动词的否定形式由以“m”开头的形态词尾来表示。维吾尔语有-ma/-mæ/-mä,-mu/-my；乌孜别克语由-mʌ/-mæ/-me；塔塔尔语有-mʌ/-mæ/-mɤ；撒拉语有-ma/-me 等词尾形式。哈萨克语、柯尔克孜语、西部裕固语等语言动词的否定形式除有以“m”开头的各种变体外，还有以“b”“p”开头的各种变体形式，哈萨克语有-ma/-ba/-pa/-me/-be/-pe 等，西部裕固语有-ma/-ba/-pa/-me/-be/-pe/-mɤ/-bɤ/-pɤ，柯尔克孜语有 -ma/-ba/-pa/-me/-be/-pe/-mo/-bo/-po/-mö/-bö/-pö 等词尾形式。而图瓦语动词的否定形式是以“b”开头的形态词尾-ba/-bæ/-be。

现代突厥语族诸语言动词的否定形式在语音结构上的差异列表比较如下：

语种	词尾
维吾尔语	-ma/-mä/mu/my
哈萨克语	-ma/-ba/-pa/-me/-be/-pe
柯尔克孜语	-ma/-ba/-pa/-me/-be/-pe/-mo/-bo/-po/-mö/-bö/-pö
乌孜别克语	-mʌ/-mæ/-me
塔塔尔语	-mʌ/-mæ/-mɤ
裕固语	-ma/-ba/-pa/-me/-be/-pe/-mɤ/-bɤ/-pɤ
撒拉语	-ma/-me
图瓦语	-ba/-bæ/-be

第十三章
鄂尔浑—叶尼塞碑铭的静词性动词

限定是独立句的一个语用特征，主要通过时语气和人称两种标记将命题与现实世界相“绑定”。非限定动词就是未接限定标记的动词变位形式。

非限定动词按其句法功能分布特征分为形动词、副动词和名动词三类。顾名思义，此三类形式分别与名动词、形容词和副词具有类似的功能与分布。

非限定性动词是动词中带有过渡性特点的特殊部分。它们部分地保留了动词的基本语义和语法特征，又具有静词的某些语法意义和语法形式。这一类动词统称为静词性动词。

邓浩在中外学者研究成果的基础上认为，突厥语之所以是较为典型的黏着语，是因为它有着大量的后缀及语音和谐律。[①]而后缀和元音和谐律都是后来产生的，不代表原始突厥语的结构类型特点。原始突厥语一方面具有分析型的结构特征，第一性的原始根词基本都是单音节型的，多音节根词大多是在单音节的原始词根基础上产生的。另一方面，古代突厥语中有不少多音节结构本身是“辅音+元音+辅音”

① 邓浩：《论原始突厥语的结构类型》，《新疆师范大学学报》1988 年第 2 期。

的单音节词，其词尾的辅音很像是担负某种语法功能的语素，原始突厥语很可能都是由一个彼此共同的词根，即彼此相同的“辅音+元音”结构体系派生出来的，结尾的辅音则可能是原始突厥语中用于构词或构形的具有屈折性质的语素，因此，原始突厥语具有屈折型的结构特征。这两种结构特征构成了原始突厥语的结构类型，即原始突厥语可能是一种孤立—屈折语言。邓浩还认为，能证明这一论点的另一个重要论据是，古代突厥语中存在的“混合词”，即同时具有静词和动词语法功能的词或者说是同形异义的静词和动词。混合现象与突厥语黏着型的结构特征不符，因而在各突厥语中没有得到发展，但作为一种残迹，它可能正是更古时期突厥语语素的某种结构特征的反映和表现。因此可以这样来认识它：在原始突厥语中，由于现在意义上的附加语素相当贫乏，所以，在那时的语言中，混合词根（根词）式的语素在交际中起着巨大的作用。①

静词性动词的语法特征包括：

1. 具有动词的时态、语态、肯定与否定等形式，并保留了动词支配名词格的功能。

2. 具有静词的格、数、领属性人称的形态变化。

3. 在句子中可以充当各种句子成分。

鄂尔浑—叶尼塞碑铭中的静词性动词按其语法特点和功能可分为名动词和形动词两大类。

第一节　名动词

名词化现象的研究一直是国外语言研究的热点问题，从叶斯柏森（Jespersen）的《分析句法》到乔姆斯基（Chomsky）的转换生成语法，再到韩礼德（Halliday）的系统功能语法，再到认知语言学和类型学，

① 邓浩：《论维吾尔语结构形语素的历史发展》，《喀什师范学院学报》1988 年第 2 期。

不同的语言学流派或语法体系都对该现象做过不同程度的研究。根据范文芳、汪明杰（2003）和刘国辉、陆建茹（2004）的研究，最早研究名词化现象的是叶斯柏森，在他的《分析句法》中把名词化称为“主谓实体词”，并把“主谓实体词”又分为“动词性”和“谓词性”两种，前者实际上是通常所说的动词的名词化，后者实际上是通常所说的形容词的名词化。

乔姆斯基关于名词化的看法属于词汇主义假设（Lexicalist Hypothesis）（Comrie 1976），也就是说，乔氏认为名词化不能用生成转换的思想对待，即不能把名词化看作由一套固定规则生成的。在他看来，名词化现象极不规则，名词化形式和它的来源动词在词形学和语义学上的关系都极有个性，因此他主张名词化只能从词汇意义上进行解释，即名词化形式应该是在词库中生成的。例如 laughter 一词中的-ter 可能是英语中唯一一个动词 laugh 的名词化后缀，其他动词都不能通过加-ter 进行名词化。这样的规则没有任何的生产能力，因此也就算不上什么规则而言。

韩礼德从语法隐喻的角度对名词化进行研究的，他认为名词化是一种语法隐喻，“是用名词来体现本来要用动词或形容词所体现的‘过程’或‘特征’”（Halliday1994），并且指出，名词化时不可避免会出现语义变化，包括语义功能、语法功能和语法类别等。例如：

（1）The driver drove the bus too fast down the hill, so the brakes failed.

（2）The driver’s overrapid downhill driving of the bus caused brake failure.

上面例子中，动词“drive”转化为“driving”时，其语义由“过程”转化为“实体”，语法功能由“及物系统”转化为“物质”，语法类型由动词转化为名词。认知语言学对名词化的看法，主要是指 Langacker 的观点。他把名词化看作整体扫描的结果。

名动词是具有名词语法特点和功能的动词形式，是动词的名词形式，一般用来连接主语位置上的动词和谓语动词。

朱德熙定义的名动词是：“名动词”是兼有名词性质的动词，也可以看作“名动兼类词”。名动词不是指动词的名化（名词化或名物化）形式。[①]动词名化或者是泛指动词作主宾语的时候已经转化为名词，或是指动词在主宾语位置上受名词的修饰的时候取得了名词的特点。[②]

朱德熙先生的汉语语法体系里有两个论断：一个是认为名动词是兼具名动两种性质的词，类似于英语动词的分词形式；另一个是认为动词作主宾语的时候还是动词，但有名词化。这两个论断存在一定争议，有学者认为，动词作主宾语的时候还是动词，没有名词化，汉语里兼具名动两种性质并类似于英语。

“V-ing 形式”的词不是名动词而是整个动词类。由此，引出了“名动包含”的推断，这种观点认为所有的动词其实都是“名动词”。

一　名动词类转变与格语法理论

名动词类转变是一种语用现象，与句法、语义密不可分。名动词类转变的语义过程是以名词所包含的表示动作的语义内容作为转类的语义基础，并将此作为含义内化于表达式内。

汉语中名词转类动词常被看作一种修辞手段进行研究，而在英语中则被作为一种构词法进行研究，从 20 世纪开始，国外的语言学家就运用各种理论对此现象进行描述和探讨。对名动词类转变现象研究的内容大多分成构词与修辞或积极修辞和认知两个层面。国外语言学界的研究起步相对较早；国内汉语界致力于此研究的学者当首推朱德熙，而国内外语界的讨论则主要集中在 20 世纪 90 年代后，但力量较分散，对英语中名动词类转变现象的讨论较多，对汉语中这类现象的讨论尚未形成系统，在研究力度上有待加强。另外，国外语言学界和国内外语界与国内汉语界对此现象讨论的角度也有些许不同。

---

① 沈家煊：《“名动词”的反思：问题和对策》，《世界汉语教学》2012 年第 1 期。

② 丘荣棠：《名动词质疑——评朱德熙先生关于名动词的说法》，《汉语学习》1994 年 6 月。

Fillmore 在 *The case for case* 中首次提出格框架下的论元角色关系，其理论的主要特点是从句子结构的深层分析出发，引入施事、受事、方式、工具、来源或目的等概念角色表达名词与动词间的语义关系。随后 Clark & Clark 根据 Fillmore 的格语法理论，在《When nouns surface as verbs》一文中具体分析了英语中名词转类为动词的情况，同时在对 1300 多个具体的名动转类词进行分析后提出，英语中名词发生转类的语义角色主要包括施事、感事、工具、目的地、时间、地点等。而 Dirven 也在前者的格语法理论基础上研究名动词类转变现象，并在 *case grammar cope with conversion* 中指出，格框架下的论元角色关系存在三种典型的事件图式，即动作图式、地点图式和本体图式，而这些图式共涉及 16 个语义角色，其中包括受事、地点、源头、路径、工具、方式、目的地、性质等。包括后来学者们从语用理解机制和认知方式角度对名动词类转变的研究，都是基于格语法理论。

二 名动词类转变分类

在鄂尔浑—叶尼塞碑铭语言中，名动词由动词词干缀接-sïq/-sik 等形态词尾构成，如：

ac-sïq（挨饿）—阙 N8　　olur-sïq（坐下来）—暾 1X14

udï-sïq（睡意）—暾 1X14　　tut-sïq（管理，治理）—阙 N4

toɣ-sïq（出生）—苏 4　　bat-sïq（落下）—苏 4

to-sïq（吃饱）—毗 B6　　öl-sik（送命）—阙 N10

鄂尔浑—叶尼塞碑铭名动词还由动词词干缀接-tuq/-tüq/-tük/-duq/-dük 等形态词尾构成，如：

yarlïqa-duq（保佑）—阙 D15　　yangïl-duq（做错）—阙 D19

olur-tuq（继位）—阙 D27　　uč-duq（去世）—阙 D30

qazɣan-tuq（努力）—暾 2D55　　täg-dük（进攻）—阙 D34

Clark & Clark 根据 Fillmore 的格语法理论，通过分析意释关系，把基名词的格角色分为九组：动体动词、方位动词、持续动词、施事动词、经验者动词、目标动词、来源动词、工具动词和其他。这种分

类既考虑到语义角色，又结合了句法情景中谓词与论元的句法关系。下面将依据此标准，选取鄂尔浑—叶尼塞碑铭语言中较为典型名动转类词进行详细的描写，从而进一步分析碑铭语言中名动词类转变的情况。

1. 动体动词（locatum verb）

基名词在意释句的宾格位置上，其扮演的语义角色常常为一个事件的受事，表示名词特征，名动词接受定语性或状语性的限制或修饰成分。表示行为动作的名称，具有名词的领属性人称、数和格的形态变化，由这样的名词转类来的动词便是动体动词。如：

täŋri	yarlïqa-duq	üčün	illig-ig	ilsirä-t-miš
天	命令-NMLZ	由于	有国家的-ACC	国家-失去-CAUS-PAST

由于上天保佑，使有国家的失去国家一阙 D15

täg-dük-in	türk	bäg-lär,	qop	bil-irsiz.
进攻- NMLZ-ACC	突厥	官-PL	全部	知道-2sg.FUT

突厥诸官，你们都知道他的进攻。一阙 D34

yoq	är-täči	är-ti :	qazɣan-tuq-ïn
没有	是-FUT	是-3sg.PAST	努力-NMLZ-ACC

由于他（可汗）的努力一暾 2D55

qaŋ-ïm	qaɣan	uč-duq-ta,	ini-m	kül tigin	yiti	yaš-da
父-1 sg.POSS	可汗	飞-NMLZ-LOC	弟-1sg.POSS	阙特勤	七	年岁-LOC

qal-tï

留下-3sg.PAST

当我父可汗去世时，我弟阙特勤七岁。一阙 D30

üčün,	bizi-ŋä	yaŋïl-duq-ïn	üčün	qaɣan-ï	öl-ti,
由于	对我们-DAT	犯错-NMLZ-ACC	由于	可汗-3sg.POSS	死-3sg.PAST

由于他们无知，由于他们对我们做错了事，其可汗死了。一阙 D19

2. 方位动词（location verb）

这类动词的基名词一般为方位名词或处所名词，并且在整个意释句的方位格位置上。碑铭语言中的方位或处所名词很多都可转类为动

词，其动词义表示与此处所发生的相关的动作行为。如：

kün tuɣ-sïq-da bükli čöllig il, tabɣač, tüpüt,

日 东方-NMLZ-LOC 莫离 沙漠 国家 唐 吐蕃

apar, purum, qïrqïz, üč qurïqan, otuz tatar, qïtań, tatabï

阿瓦尔 拂林 黠戛斯 三 骨利干 三十 鞑靼 契丹 奚

从日出之方，有莫离荒原人、唐人、吐蕃人、阿瓦尔人、拂林人、黠戛斯人、三姓骨利干人、三十姓鞑靼人、契丹人、奚人—阙 D4

il-gärü kün toɣ-sïq-da bükli qaɣan-qa tägi sülä-yü

前-DAT 太阳 出生-NMLZ-LOC 莫离 可汗-DAT 直到 率军-ADVL

bir-miš,

给-PAST

前面，在日出之方，一直打到莫离可汗那里—阙 D8

qurïya kün bat-sïq-daqï soɣd, bärčäkär, buqaraq uluš bodun-ta

往西 日 西方-NMLZ –LQ 粟特 波斯 安国 国家 人民-LOC

näk säŋün, oɣul tarqan käl-ti.

人名 将军 人名 达干 来-3sg.PAST

从西面，日落之方的粟特、波斯人、安国人民那里来了 nak 将军和 oɣul 达干。—阙 B12

3. 持续动词（duration verb）

能转类为持续动词的基名词一般为时间名词，且该时间名词表示一段时间。

amɣï qurïɣan qïšla-duq-da: yut: bol-tï:

地名 城堡 过冬-NMLZ-LOC 雪灾 成为-3sg.PAST

当我在 amɣï 过冬时，发生了大雪灾害—毗 D32

4. 施事动词（agent verb）

在一个事件中，语义角色施事起着关键性作用。因此在施事格位置上的基名词可以转类为动词，表示与施事相关的动作事件。如：

tün yämä : ud-ï-sïq-ïm käl-mäz är-ti : ⟨kün yämä :⟩

夜 也 跟随- NMLZ-1sg.POSS 来-NEG 是-3sg.PAST 白天 也

olur-sïq-ïm :　　　　käl-mäz　　är-ti :

坐- NMLZ-1sg.POSS　　来-NEG　　是-3sg.PAST

夜间不想睡觉，白天不能坐下休息—暾 1D22

ur-tum，　　　yaŋïl-ïp　　öl-sik-iŋ-in　　　　yämä

打-1sg.PAST　　犯错-ADVL　　死-NMLZ-2sg.POSS-ACC　　也

集合起突厥人民、建立国家（的事迹），

bunta　　　ur-tum.

在这里　打-1sg.PAST

我又在这里刻写下了你们（如何）做错了事，几乎就要灭亡（的情形）。—阙 N10

il　　tut-sïq　　　yir　　ötükän　　yïš　　　är-miš:

国家　统治- NMLZ　　地方　于都斤山　　山　　是- ADJVZ

统治国家的地方是于都斤山。—阙 N4

5. 经验者动词（experienceer verb）

经验者动词，即基名词是某一类特定动作行为的原型经验者。如果把施事动词进行详细的分类，则经验者动词可以说是施事动词的其中一类。经验者动词也是处在意释句的施事格位置上。而且经分析可发现，能够转类为经验者动词的基名词一般是由特定的职业名词所充当。碑铭语言中的经验者动词类转通过构词法中的缀接附加成分体现。

这种方式在碑铭语言中非常普遍，体现出这类名动词的类转现象，如：

bädiz（装饰）+či< bädizči（画匠）—阙 N12

baü（头）+la< bašla-（以……为首，带领）—阙 D16

yär（地）+ či < yärči（向导）—暾 1D23

bil-（写）+ig<bilig（智慧、知识）—毗 B4

sü（军队）+lä<sülä-（出兵）—毗 D3

yir-či : yir　yaŋïl-ïp :　　boɣuz-lan-ti :　　　buŋad-ïp :　qaɣan : yäl-ü

向导 地方 犯错-ADVL 扼杀-PASS-3sg.PAST 忧愁-ADVL 可汗 疾驰-ADVL

kör ti-miš

TENT（看）-2sg.IMP 说-PAST

向导由于带错了路而被杀。当困苦之际，可汗说："骑快些！"—1B26

如果把施事动词进行详细的分类，则经验者动词可以说是施事动词的其中一类。经验者动词也是处在意释句的施事格位置上。而且经分析可发现，能够转类为经验者动词的基名词一般是由特定的职业名词所充当。

6. 目标动词（goal verb）

动词所表示的动作行为与基名词所凸显出的事物的体貌、形状、性质等具有相同的特点，即事物的体貌性状通过动词的动作行为成为客观存在。

āčsïq tosïq ö-mäz sän bir tod-sar ačsïq ö-mäz sän

饿的 饱 想-NEG 你 一 饱-COND 饿 想-COND 你

挨饿时你想不到会吃饱，吃饱时你想不到会挨饿—阙 N8

armaqčï-si-n üčün ini-li äči-li kikš-ür-tük-in üčün

骗人者-3pl.POSS-ACC 由 弟-CONJ 兄-CONJ 仇视-CAUS- NMLZ-ACC 由于

由于他们的引诱，由于他们使兄弟相仇—阙 D3

这类动词通过使用基名词的体貌性状，能够使动词所表达的动作行为更加形象生动，因此这类动词在碑铭语言中相当常见。

7. 来源动词（source verb）

来源动词，即基名词所表示的事物是动作行为发生的来源，处在意释句的来源格位置上。

üčün, biz-iŋä yaŋïl-duq-ïn üčün qaɣan-ï öl-ti,

由于 对我们 犯错-NMLZ-ACC 由于 可汗-3sg.POSS 死-3sg.PAST

由于他们无知，由于他们对我们做错了事，其可汗死了。—阙 D19

täŋri küč bir-tük üčün qaŋ-ïm qaɣan sü-si

天 力量 给-NMLZ 由于 父-1sg.POSS 可汗 军队-3sg.POSS

böri täg är-miš, yaɣï-si qoń täg är-miš

狼 像……的 是-PAST 敌人-3sg.POSS 羊 像……的 是-PAST

由于上天赋予力量，我父可汗的军队像狼一样，（而）其敌人像绵羊一样。—阙 D12

küni: täg-dük: üčün: yaɣï bol-tï: bir yïl-qa: tört: yolï:

嫉妒 碰到-NMLZ 因此 敌人 成为-3sg.PAST 一 年-DAT 四 次

由于心怀嫉妒，成了（我们的）敌人。一年中我打了四次仗。—毗 D30

qan-ïŋ-ïn : q°od-up : ičik-diŋ : ičik-dük üčün : täŋri :

汗-2sg.POSS-ACC 放下-ADVL 内属-2sg.PAST 内属-NMLZ 因此 天

öl ti-miš

死 说-PAST

（但）你们舍弃了你们的汗，臣属（于唐朝）了。因为臣属（于唐朝），上天惩罚了（直译：让你们死亡了）。—暾 1X3

8. 工具动词（instrument verb）

基名词所表示的事物是工具，转类后的动词与基名词的关系为，工具和动作行为的关系。工具和动作表示动词特征，有语态和时态、肯定和否定等形态变化，并支配带格的名词，作用相当于一个形动词。如：

türk bodun-ïɣ tir-ip il tut-sïq-ïŋ-ïn

突厥 人民-ACC 集起-ADVL 国家 抓-NMLZ-2sg.POSS-ACC

我在这里刻写下了（如何）

bunta ur-tum，

在这里 打-1sg.PAST

我在这里刻写下了—阙 N10

qapɣan qaɣan : tür^ük sir bodun : yorï-duq-ï bu

默啜 可汗 突厥 薛 人民 出征- NMLZ-3s g.POSS 这

默啜（qapɣan）可汗及突厥一薛（sir）人民才得以这样存在。—暾 2B61

9. 其他（miscellaneous verb）

üzä kök täŋri asra yaɣïz yir qïl-ïn-tuq-da

在……之上 蓝 天 下面 褐色 土地 做-PASS-NMLZ-LOC

当上面蓝天、下面褐色大地造成时，

äkin　ara　kiši　öɣl-ï　qïl-ïn-mïš

两个　中间　人　儿子-3sg.POSS　做-PASS-PAST

在二者之间（也）创造了人类之子。—阙 D1

äčü-m　qaɣan　il-i　qamšaq　bol-tuq-ïn-ta,

叔-1sg.POSS　可汗　国家-1sg.POSS　乱的　成为- NMLZ-EPE-LOC

当我叔可汗的国家动乱时，

bodun　il-ig　ikägü　bol-tuq-ïn-ta:

人民　国家-ACC　两个　成为- NMLZ-EPE-LOC

izgil　bodun　birlä　süŋ-üš-dimiz.

思结　人民　一起　交战-RECP-1pl.PAST

当人民和统治者分为两部分时，我们与思结人民交战。—毗 B3

这类词因为从具体的语义角色和在句中的格关系来看，不属于上述八种中的某一种，因此将其列为一类。

碑铭语言中的名动词类转现象说明了概念转喻这种一般认知能力，通过名词所凸显的事物转喻为与该事物相关的动作行为，从而充当在心理上访问事件的参照点。并且遵从语言系统的先用原则和经济原则，如经验者动词中的 bädiz（装饰）+či< bädizči（画匠），在语言中已经存在 bädiz（装饰）因此便无须将职业名词“bädizči”（画匠）转类为动词。社会文化背景造就了碑铭语言名动词类转的特殊情况，如：yarlïqa（命令）+duq<yarlïqa-duq-（保佑）—阙 D15；uč（飞）+duq<uč-duq-（去世）；等等。

名动词在三大碑中出现次数分别统计如下：

名称	出现次数
《阙特勤碑》	27
《毗伽可汗碑》	38
《暾欲谷碑》	13
合计	78

回鹘文献语言时期名动词的语法形式有以下几种类型：

1. 动词词干之后缀接-maq/-mäk 构成名动词[①]，如：

turɣurmaqda（在树立时）<turɣur-（树立）+maq（名动词）+da（位格）

2. 动词词干之后缀接-ɣu/-qu/-gü/-kü 构成名动词，如：

bilgüm（我知道）<bil-（知道）+gü（名动词）+m（第一人称单数）

3. 动词词干之后缀接-ɣ/-g/-k/-ïɣ/-ig/-ik/-uɣ/-üg/-ük 等附加成分构成名动词，如：

barïɣ（去）<bar-（去）+ïɣ

麻赫穆德·喀什噶里将这种名动词称为“合成名动词”，并指出：它们原来不是名动词，而是通过附加成分构成的合成名动词，这种名动词还有状态的意义。如：mäniŋ barɣïm bolsa maŋa tušɣïl（在我去时见我）。käyik käliki bolsa oqta（野羊来时再开枪）。这两句中的 barɣïm 和 käliki 就是合成名动词。这种动名词构成规则是：在发音硬的词之后缀接 q 或 ɣ，例如：barïɣ bardï（他去了）。ol qulïn uruɣ urdï（他狠打奴隶了）。这两句中的 barïɣ、uruɣ 就是再动词词根上缀接 ɣ 构成的。词中有 k 或发音软的词之后缀接 k，例如：anï sökük sökti （狠狠地责备了他）。ol qulïn täpik täpdi （他狠踢了奴隶）。这两句中的 sökük 和 täpik 就是缀接了 k 而构成的合成名动词。这种名动词表示强调的意义。[②]

在现代突厥语族诸语言中，名动词具有双重属性：一方面像名词一样有格位、人称—数的变化，另一方面像动词具备支配名词和名词性短语的能力。除西部裕固族语外都有名动词。现代突厥语族诸语言一般分为不定名动词、表愿名动词、主体名动词、构形名动词。其中构形名动词存在于维吾尔语、哈萨克语、柯尔克孜语、乌孜别克语、塔塔尔语五种突厥语族诸语言中。现将突厥语族诸语言构形名动词的构成形式列表比较如下：

---

① 麻赫穆德·喀什噶里将这种名动词称为“单纯名动词”。见《突厥语大词典》（维吾尔文版）第一卷，新疆人民出版社 1981 年版，第 34—35 页。

② 麻赫穆德·喀什噶里将这种名动词称为“合成名动词”。见《突厥语大词典》（维吾尔文版）第一卷，新疆人民出版社 1981 年版，第 33—34 页。

语种	不定名动词构成形式
维吾尔语	-maq/-mäk
塔塔尔语	-maq/-mäk
哈萨克语	-maq/-mek、-paq/-pek、-baq/-bek
柯尔克孜语	-maq/-mek、-moq/-mØq
乌孜别克语	-maq

名动词的语法形式从碑铭时期的动词缀接-sïq/-sik、-tuq/-tüq/-tük/-duq/-dük 附加成分到回鹘文献时期的-maq/-mäk、-ɣu/-qu/-gü/-kü、-ɣ/-g/-k/-ïɣ/-ig/-ik/-uɣ/-üg/-ük 等附加成分，发展到以构形名动词为代表的现代突厥语族诸语言中，-maq/-mäk 这种语法形式得以延续保留，同时在语言的接触和发展过程中不断出现新的名动词形式。

第二节 形 动 词

形动词是修饰名词并接受名词性词尾和式外部形态的动词形式，具有明显的时间意义。本节在描写鄂尔浑—叶尼塞碑铭形动词时，引用部分结构—功能主义的观点作为理论基础。功能主义的观点及其研究内容决定了它的研究方法，重视研究实际交际中的语料，较少使用个人的内省语料或人造语料；语言描写不强求形式化，认为许多语言事实，如说话的目的、各种语境因素等都难以形式化；重视研究语义必涉及说话人的用意；重视研究语用、篇章，并充分考虑语言使用中的语境及功能，从而更有效地理解形式结构[①]。语言作为所有语言学家研究的对象，就其性质而言有两个属性：一是自然属性，二是社会属性。自然属性是语言本身的结构规律，语言的符号系统性以及其约定俗成的结构，即语音、单词、句子等语言单位在语言系统中的功能关系和地位。社会属性是语言在社会中的作用。如只从一个角度去考

① 周士宏：《功能主义语言学说略》，《语言与翻译(汉文版)》2003 年第 4 期。

察语言的内在规律或社会功用，最终必然会导致其研究的不完整性。语言研究不仅要包括语言自身内在的规则，如语音与音位、句子的实义划分以及结构语法，还要研究一些语法的外围部分，如“交际功能”与“篇章功能”，以反映各种语境、语用功能因素对结构的作用，这样才能比较全面研究鄂尔浑—叶尼塞碑铭的形动词。

形动词具有动词的语态、时态、肯定与否定等语法形式；形动词可以作名词的限定语，当其具有名物化意义时则具有名词的数，领属性人称和格的变化。在句子中作定语，也可以作主语、谓语和宾语。

形动词可按分布功能粗分三类：表语形动词（随小句降级亦可充当宾语补足语，但受主句动词所限，这一功能的使用频率相对较低）、定语形动词和表定兼职的形动词。定语形动词按动词与所修饰名词性中心语的逻辑关系可分为主语形动词和状补形动词。主语形动词是指可以充当动词主语的题元提出而成为名词词组中心语的情况；状补形动词是指动词非题元成分（如时间、空间等环境成分）或主语以外的题元成分（即广义的补语成分）提出成为中心语的情况；若没有题元或非题元成分提出，而动词又非限定形式，则整个动词短语表示事件，是为句子降级。

鄂尔浑—叶尼塞碑铭中的形动词有-duq、-miš、-ïɣma、-r、-dacï/-tacï。

一　-duq 型形动词

这一类形动词由动词词干缀接-duq/-tuq，-dük/-tük 等词尾构成，-duq 形动词兼为名动词，表达过去时意义。如：

qïšlä-duq（过冬的）—毗 D31

qaɣanla（得到过可汗的）-duq—翁 Q2

yan-tuq（回来的）—暾 N9

olur-tuq（坐过的）—毗 D6

illä-dük（得到过国都的）—阙 D36

bir-tük（给过的）—阙 B10

其否定形式是-maduk，如：

äšit-mädük（没有听见的）—毗 B4

作定语时可修饰主语或宾语，属于定语性主语形动词，例如：

yań-duq yol-ta : yämä : öl-ti

驱散- ADJVZ 路-LOC 又 死-3sg.PAST

在回来路上又死了许多—暾 1X16

qaɣan-la-duq qaɣan-ïn ïcɣïnïïd-miš

可汗-NP- ADJVZ 可汗-ACC 扔掉-PAST

他们把已得到的可汗废弃不要了—翁 Q2

köz-ün: kör-mä-dük: qulqaq-ïn: äšid-mä-dük: bodun-um-ïn:

眼睛-INST 看-NEG- NMLZ 耳-INST 听-NEG- NMLZ 人民-1sg.POSS-ACC

把我有眼看不见、有耳听不见的人民……—毗 B11

作为格词尾和 ücün，kisrä 等分析形态所结合的基础来使用，属于定语性仍具有过去时之义，定语性状补形动词。如：

bu-n-ča iš-ig küč-üg bir-tük-gärü: saqïn-ma-tï,

这-EPE-EQUI 事-ACC 力量-ACC 给-NMLZ-DAT 想-NEG-3sg.PAST

他没有想自己曾给过自己的力量和一切—毗 D9

amɣï qurïɣan qïšla-duq-da: yut: bol-tï:

地名 城堡 过冬-NMLZ-LOC 雪灾 成为-3sg.PAST

当在 amaɣï 堡过冬时，遇到了暴风雪。—毗 D31

män öz-üm: qaɣan: olur-toq-um: üčün:

我 我自己 可汗 坐-NMLZ-1sg.POSS 因此

由于我自己坐了可汗的位置……—毗 D36

ol qan yoq bol-tuq-da kisrä…

那 可汗 没 成为- NMLZ-LOC 之后

那位可汗去世后。—翁 Q1

二 -miš 型形动词

这一类形动词由动词词干缀接-mïš/-miš 等词尾构成，为定谓兼职

形动词，表达完整体意义，如：

tut-mïš（治理过的）—阙 D19

älsirä-mïš（失去了国都的）—阙 D13

qaɣansïra-mïä（失去了可汗的）—阙 D13

yarat-mïš（生的）—毗 D1

älsirä-mïš（失去可汗的）—毗 D22

igid-miš（做主的）—毗 B6

bar-mïš（去过的）—毗 D22

-miš 形动词兼具表语和定语功能，属于表定兼职形动词。Erdal 在谈到古突厥语完整体分词时指出：“作为限定形式的表示传信（evidentiality）语气和惊讶（mirativity）意义，而完整体-miš 分词以及后起的从不表示这样的意义。”[①]换言之，动词的这种变位形式充当表语时兼有传信意义，作定语时则只有过去时意义，属于定语性动词。如：

äcümiz apamïz tutmïš yir sub idisiz bolmazun…（为了不让我们的祖先治理过的水土无人做主……）—阙 D19

täŋri-täg:	täŋri:	yarat-mïš:	türk:	bilgä:	kagan:
天-SML	天	创造-ADJL	突厥	毗伽	可汗

天一般的、天生的突厥毗伽可汗—毗 D1

äl-sirämiš	qaɣansïra-mïš	bodun-ïɣ,	küŋ-äd-miš
失去国家-ADJL	失去可汗-ADJL	人民-ACC	女婢-CAUS-ADJL

qul-ad-mïš:

奴隶-CAUS-ADJL

bodun-ïɣ,	türk	törü-si-n	ïčɣïn-mïš	bodun-ïɣ:
人民-ACC	突厥	法制-3sg.POSS-ACC	失去-ADJL	人民-ACC

äčü-m	apam	törü-si-n-čä	yarat-mïš.
祖先-1sg.POSS	祖先-1sg.POSS	法制-3sg.POSS-EPE-依照	创立-PAST

---

① Marcel Erdal：《古突厥语语法》，刘钊译，商务印书馆 2012 年版，第 294 页。

bošɣur-mïš.

教导-PAST

把失去了国都、失去了可汗的人民，把已成为女仆和女奴的人民、把扔掉了突厥国法的人民按照我祖先的做法又组织了起来、管教了起来。—阙 D13

-miš 形动词仅在作为过去时表语时兼具传信意义，此时限定标记中与事件关系密切的时语气为零形式；若限定成分中表时语气的成分有标记，因被有标记形式“覆盖”，-miš 形动词失去传信意义，或者至少传信意义不再凸显，凸显的只有表示过去；作为定语时，-miš 形动词仅凸显完整体意义。作为现在时表语，表示完整事件于说话时段内存在的结果或经历状态，可以观察，但事件的发生过程有时并非说话者亲见，如：

an-ta qal-mïš-ï yir sayu qop tor-u öl-ü

那-LOC 留下-ADJL-3sg.POSS 土地 每一个 全部 变瘦-ADVL 死-ADVL

yorï-yïr är-tig

走 是-2sg.PAST

在此留下的到处流浪、到处死亡—阙 N9

ïd-a taš-da : qal-mïš-ï : q^{u}ubrn-ïp : yäti yüz bol-tï :

派-ADVL 石-LOC 留下-ADJVZ-3sg.POSS 集起来- ADVL 七 百 成为-3sg.PAST

留在森林里和山上的加起来共有七百人—暾 1X4

käl-miš-i : alp ti-di :

来-NMLZ-3sg.POSS 困难 说-3sg.PAST

来之不易。—暾 2X38

ayïɣ-mïš-ï bän är-tim : bilgä tońuquq :

集合-PAST-3sg.POSS 我 是-1sg.PAST 智慧的 暾欲谷

追随我的是毗伽暾欲谷—暾 1X5

an-ta qal-mïš-ï yir sayu qop tor-u öl-ü

那-LOC 留下-ADJL-3sg.POSS 土地 每一个 全部 变瘦-ADVL 死-ADVL

yorï-yïr är-tig

走 是-2sg.PAST

在此留下的到处流浪、到处死亡。—毗 D22

-miš 形动词还表示对完整事件的知识源自传闻或事后发觉，接受第三人称领属性附加成分名物化，作为动作名称使用，充当主格，指与某一动作有关的人或事物。如：

tür^{ü}k　bodun : tämir　qapïɣ-qa :　tėnsi　oɣl-ï

突厥　人民　铁　门-DAT　天子　儿子-3sg.POSS

tinsi　oɣl-ï :　aytïɣma　taɣ-qa :　täg-miš　idi　yoq

天子　儿子-3sg.POSS　名叫……的　山-DAT　到达- ADJVZ　MOOD　没有

är-miš :

是-PAST

突厥人从未攻过铁门关和被叫作天子的山。—暾 2N47

türk　qaɣan : olur-ɣalï　šantuŋ　balïq-qa : taluy　ögüz-kä : täg-miš

突厥　可汗　坐-ADVL　山东　城-DAT　海　河流-DAT　到-ADJVZ

yoq　är-miš :

否定　是-PAST

自从突厥人作为人民、突厥可汗坐位后，从未攻过山东诸城和河边各地。—暾 1D18

三　-ïɣma 型形动词

这一类形动词由动词词干后缀接-ïɣma/-gmä，-igmä/-ügmä 等词尾来构成，如：

saqïn-ïɣma（想的）—毗 D2

bar-ïɣma（去的）—毗 D19

icik-igmä（死的）—毗 D37

udïz-ïɣma（带领的）—暾 2X4

yarat-ïɣma（造的）—阙 B13

bitigmä（写者）—阙 N13

kör-ügmä（归属于……的）—阙 N11

kötür-ügmä（抬举的）—阙 D25

这一类形动词有以下意义和用法：

1. 表示说话时正在进行并将来还要进行的动作行为，修饰名词，定语性主语形动词。如：

käl-ig-mä: bäg-lär-in : bodun-ïn : it-ip : yïɣ-ïp
来-ADJL 官员-PL-ACC 百姓-ACC 组织 1-ADVL 集起-ADVL
把来到的官吏们和平民集中起来，组织起来……—暾 2X43

qaŋ-ïm qaɣan-ïɣ, ög-üm qatun-ïɣ kötür-miš täŋri,
父-1sg.POSS 可汗-ACC 母-1sg.POSS 可汗-ACC 举起-ADJVZ 天
把我的可汗父亲和可敦母亲抬举的腾格里……—阙 D25

bödkä kör-ügmä bäg-lär gü yaŋïl-tačï siz
这时 看-ADJL 官-PL MOOD 犯错误-FUT 你
归属于这一汗国的官吏们，你们还会失败吗？—阙 N11

öl-täči-čä: saqïn-ïɣma: türük: bäg-lär: bodun: [ö]gir-ip: sävin-ip:
死-FUT-EQUI 想-ADJL 突厥 官员-PL 百姓 高兴- ADVL 喜爱- ADVL
toŋït-miš köz-i: yügärü kör-ti:
使低头- ADJL 眼睛-3sg.POSS 上边 看-3sg.PAST
就要死亡的突厥官员和人民兴奋了，高兴了，他们那停滞的眼睛开始转动了。—毗 D2

2. 这一类形动词还表示与某一动作行为有关的人，作名词来使用，属于定语性主语形动词。如：

barq itgüči, bädiz yarat-ïɣma bitig taš itgüči,
建筑物 作者 画 造-ADJL 书 石 作者
tabɣač qaɣan čïqan-ï čaŋ säŋün käl-ti.
唐 可汗 表兄弟-3sg.POSS 张 将军 来-3sg.PAST
建造陵墓、镂刻装饰者及建立碑文者唐朝可汗侄子张将军来了。—阙 B13

bunča bitig bit-igmä kül tigin atï-sï yolluɣ tigin biti-dim.
这样的 书 写- ADJL 阙特勤 侄子-3sg.POSS 药利特勤 写-1sg.PAST
yigirmi kün olur-up bu taš-qa bu tam-qa qop yolluɣ tigin biti-dim.
二十 天 坐下- ADVL 这 石-DAT 这 墙-DAT 全部 药利特勤 写-1sg.PAST
我药利特勤，阙特勤的侄子写此碑文。刻写此碑文的是阙特勤侄子 yolluɣ

特勤—阙 ES

yäti　yüz : kiši-g :　uduz-uɣma :　uluɣ-i :　šad　är-ti :

七　百　人-ACC　领导- ADJVZ　大-3sg.POSS　设　是-3sg.PAST

带领七百人的长者是一个设。—暾 1X4

四　-r 型形动词

这一类形动词由动词词干缀接-r/-ar/-(y)ar-ïr/-ur/-ür 等词尾来构成。如：

u-yar（算作的）—埃　　ba-r（有的）—暾 2N3

qal-ar（留下的）—暾 1D2　　täz-är（逃跑）—暾 1X3

qabïš-ïr（联合）—暾 1X13　　bil-ir（知道的）—阙 D50

kör-ür（看得见的）—阙 D50

其否定形式是由动词词干缀接-maz/-mäz 来构成。如：

bïl-mäz（不知道的）—阙 D50

kör-mäz（看不见的）—阙 D50

bär-mäz（不给）—翁 Q8

这一类形动词的意义和用法如下：

1. 表示成为规律的动作行为，修饰名词，定语性状补形动词。如：

kör-ür　köz-üm　kör-mäz　täg,　bil-ir　bilig-im

看- ADJL　眼睛-1sg.POSS　看-NEG　像　知道- ADJL　智慧-1sg.POSS

bil-mäz　täg　bol-tï.

知道-NEG　像　成为-3sg.PAST

看得见的眼睛像是成了看不见的了，知道的知识像是成了不知道的了。—阙 B10

altun　kümüš　isgti　qutay　buŋ-suz　an-ča　bir-ür　tabɣač　bodun

金　银　粮食　丝绸　忧愁-NEG　那-EQUI　给-FUT　唐　人民

把金银、酒类和绸缎无怨无悔赠送的唐朝人民……—阙 N5

2. 与谓语性人称—数词尾结合构成动词的现在—将来时形式。例如：

näkä q^{o}orq-^{u}ur biz

什么-DAT 怕-FUT 我们

我们为什么要怕呢？—暾 2X39

täg-dük-in türk bäg-lär, qop bil-irsiz.

进攻- NMLZ-ACC 突厥 官-PL 全部 知道-2sg.FUT

突厥官吏们，你们都知道—阙 D34

öd täŋri yasa-r

时间 天 制作-FUT

时代是由天所造的—阙 B10

bän-iŋ bodun-um : an-ta är-ür :

我-GEN 人民-1sg.POSS 那-LOC 是-FUT

我的人民会在那里。—暾 1D21

五 -dacï/-tacï、-dačï/-tačï 型形动词

-dacï/-tacï 形动词表示未来之意，只有一种形式，即由动词词干缀接-dacï/-tacï 构成。如：

qušla-dacï（打猎的）—埃　u-dacï（可能的）—埃

öl-täci（将死的）—毗 D31　käl-täci（将要来的）—暾 N7

-dacï/-tacï 形动词表示说话后将要发生的动作行为，修饰名词，定语性状补形动词。如：

qut-um bar üčün: ülüg-üm bar üčün, öl-täči bodun-ïɣ

福-1sg.POSS 有 由于 命运-1sg.POSS 有 由于 死-FUT 人民-ACC

tirg-ür-ü igit-tim.

活-CAUS-ADVL 养育-1sg.PAST

由于我有福气并走运，把就要死亡的人民起死回生并把他们组织了起来。—阙 D29

qušla-dacï bilgä tutuq yoq.

打猎的-FUT 毗伽 都督 没

要打猎的毗伽都督不见了。—埃

u-dačïna　bars-ïm　adrïl-u　bar-dï.

可能-FUT 老虎-1sg.POSS 分离-ADVL 去-3sg.PAST

有可能性的老虎全都逃跑了。—埃

-dacï/-tacï 形动词有时表现出名物化的作用，指与某一动作有关的人，如：

üküš　öl-täči:　an-ta:　tir-il-ti:

多　死-FUT　那-LOC　聚集-PASS-3sg.PAST

许多快要死亡的在那里复活了。—毗 D31

第十四章

鄂尔浑—叶尼塞碑铭的副动词

副动词是修饰名词并接受动词的各类外部形态和形态词尾的动词形式。在鄂尔浑—叶尼塞碑铭语言中，副动词兼有动词和副词的语法特征，它既像动词一样能支配名词和名词性短语又具有副词修饰动词的能力。

第一节 阿尔泰语系语言的句子结构类型

在阿尔泰语言学中，形动词、副动词和动名词范畴形式在句子中的地位问题一直是有争议的话题。因为阿尔泰语系黏着型语言的一项重要的句法特征就是借助于这些形态形式构成各种复合句或复杂结构句，所以这些形态标志中，有的句法语义功能相当于其他类型语言中复合句的连接词，如孤立型语言—汉语复句中的关联词、各种助词，英语复合句中关系小句的连接词，屈折型语言—俄语主从复合句中的连接词等。[①]

Г.Д.桑席耶夫认为形动词和副动词结构是句子的扩展成分，而反对把它们看作从句，其主要理由是蒙古语中这些形式能以静词的主

① 许伊娜：《阿尔泰诸语句法类型及副动词范畴》，《民族语文》2001 年第 1 期。

格、宾格和属格形式出现，也能接受谓语形式，同时，这些结构中缺乏表示从句关系的连接词。[1]T.A.别尔塔嘎耶夫支持这种观点。他认为，只有以连词或连接词同主语相结合的句子才是从句。在单句中所有的短语分为两种：简单的（从属的）和复杂的（独立的）。独立的短语是双成分的，主要成分为形动词或副动词，带属格和宾格或这些格的零形式的主体名词。[2]Д.А.阿列克塞耶夫提出用另外的标准确定短语和句子一单主语和多主语。З.К.卡斯亚聂科却认为主语和谓语不能成为把形动词和副动词结构作为从属句的障碍。他认为，从句在现代蒙古语和其他蒙古语中具有以下特征：（1）相对的意义和语法的独立性；（2）一定要有谓语；（3）有自己区别于句子其他成分的主语，它可能不用"主语"这个专门的词来称呼，但在语境中能表达表述关系。[3]为不考虑这样的结构是复句中的从句还是短语，或复杂单句，E.K.斯科力布尼克使用了"多谓项结构"这一术语。

研究黏着语结构的许多学者认为应把带有这种短语结构的句子分为另类，这样，句子就有种 3 种类型单句复句联合关系复句和和主从关系复句既区别于单句，又区别于复句，带有形动词和副动词的句子。

俄罗斯新西伯利亚的语言学家借鉴英语和俄语的研究成果，利用西伯利亚地区突厥语、蒙古语和满—通古斯语丰富的语言材料，对副动词以及形动词和动名词这些动词的非限定形式进行了卓有成效的研究。在理论上，以 M.И.切列米塞娜、E.И.乌布梁托娃、E.K.斯科力布尼克为代表的语言学家们系统地发展了传统理论，在句法理论中为确定形动词和副动词结构提出了一系列新的术语和概念，如"多谓项结构""单主语结构"，把句子分为单限定结构和双限定结

---

① Г. Д. Санжеев，Грамматика бурят-монгольского языка. М. Изд. АНССР，1941. СТР. 121.

② Т. А. Бертагаев，Синтаксис современного монгольского языка в сравнительном освещении - Простое предложение. М.，1964. СТР. 234

③ З. К. Касьяненко，Придаточное предложение и оборот в монгольском языке - Проблемы филологии стран Азии и Африки. Ленинград，1966. СТР. 7.

构句。这些术语和概念从根本上揭示了副动词等句法范畴形式的结构本质。

M.И.切列米塞娜认为,单句是形成和表达关于情景,确切一些,是关于一类情景认识的句法形式。而复句能形成和表达两个情景(或者更多)之间的关系。复句的特殊意义就在于从属性关系。每一具体的复句模式表达着某种从属特征。①

复句的语法结构区别于单句，就在于它包含更多的谓述节点。用单限定性和双限定性的术语来说明联合与从属复合句,更能揭示这两种复句类型的结构特性。双限定性是指复句的两部分都是限定谓语，在排除以分析性标志连接的情况下，每一个部分就是合乎规范的单句。双部多谓项结构被看作单限定性的。其中一个部分的谓语是限定形式，另一部分是非限定形式，不能组成独立的单句。副动词构成耦合谓语的中心，但它不能成为一个单独的句子。而无论从句法构造，还是从语义功能角度看,副动词在阿尔泰系属语言的句子中作用都非常重要，体现了黏着语类型特征。句子中带人称动词的限定形式谓语被看作第一级谓项成分,带副动词的非限定形式动词则被看作第二级谓项成分，它从结构和语义上都从属于第一级谓项成分。

M.И.切列米塞娜在类型研究的基础上给副动词下了定义：这是"有效能的动词形式,起着附属(非限定性)谓语的作用,并且表示被标志行为对其他(主要)行为关系的某种特征。它接受该句法结构一句子内占主要地位的限定动词的绝对情态一时间,具有相对情态一时间意义"。②E.H.乌布梁托娃把副动词确定为：表示副动词行为和其他行为各种句法关系的动词形式,从而使副动词起从属句谓语的作用。③

在突厥语中,副动词是第二级谓项成分,与动词谓语构成某种句

---

① М. И. Черемисина, Моносубьектная конструкция. Понятие и типалогия - Полипредикативные конструкции и их морфологическая база-Новосибирск, 1980. стр. 18

② М. И. Черемисина, Деепричастие как класс форм глагола в языках разных систем - Сложное предложение в языках разных систем, Новосибирск, 1977. СТР. 5-15.

③ Е. И. Убрятова, Исследования по синтаксису якугского языка, Ч. 2. (Сложное предложение), Новосибирск: Наука, Сиб. отд-ние, 1976. кн. 1. 41.

法语义关系，表达动词谓语所表示的主要行为的附属或补充行为(或过程、特征)。它以动词后面缀接不同的形态成分的方式与主要动词构成行为的方式、条件、时间、原因、目的、让步等语义联系，同时与主要行为完成的绝对时间构成次要行为的相对时间关系。从形态特征看，突厥语中的副动词不接受格的附加成分，不能名物化，不能在句中静词位置出现，既不能作句子的主语、定语、宾语，也不能作第一级谓项成分，不接受动词人称附加成分，即不能作句子的终结性谓语。鄂尔浑—叶尼塞碑铭语言包括以下几种副动词形式。

第二节　-a 副动词

这一类副动词由动词词干后缀接-a/-ä，-ï/-i，-u/-ü，-yu/-yü 等附加成分来构成。如：

tut-a（抓住）—阙 D1	aš-a（超过）—阙 D21
uc-a（飞走）—阙 DN	sür-ä（追赶）—阙 D23
ät-i（组织）—阙 D1	yat-u（躺着）—暾 2N1
yoqad（失去）—暾 2B2	öntür-ü（越过）—暾 1N7
kör-ü（看见）—暾 2N7	ye-yü（吃）—暾 1N1
bas-a（进攻）—暾 1X3	ud-ï（睡觉）—暾 1X6
bintür-ä（骑上）—暾 2N1	tik-ä（立下）—毗 N9
toɣ-a（生）—毗 D27	yüzüt-i（游泳）—毗 D30
ïcɣïn-ï（扔掉）—翁 Q2	opla-yu（猛攻）—阙利 D3
sanc-a（刺上）—阙利 D7	

这一类副动词有以下意义与用法，

1. 用于动词之前，表示后一动词所表示的动作的状态，如：

at　üzä :　<u>bin-tür-ä</u>　qar-ïɣ :　sök-dïm :

马　之上　<u>骑-CAUS-ADVL</u>　雪-ACC　折断-1sg.PAST

让他们骑在马上，穿过了雪地—暾 1B25

toɣla: ügüz-üg: yüzä-ti: käč-ip: sü-si

土拉 河-ACC 游-3sg.PAST 渡过-ADVL 军队-3sg.POSS

游过 toɣla 河，他们的军队……—毗 D30

aq-ïn bin-ip opla-yu täg-ip sanč-a ïd-ïp

白-ACC 骑-ADVL 突击-ADVL 进攻-ADVL 刺杀-ADVL 弃-ADVL

topul-u önti.

穿透-CONV 越过

骑着白马凶猛进攻刺杀。—阙利 D7

2. 作为体的外部形态基础，参与构成动词的体，如：

bar-mïš bodun öl-ü yit-ü yadaɣ-ïn yalaŋ-ïn yana

去-ADJVZ 人民 死-CONV 失去-CONV 步行-INST 赤裸-INST 又

käl-ti.

来-3sg.PAST

逃跑的平民不顾死活赤着脚、光着身子回来了。—阙 D28

tabɣač qaɣan-qa il-i-n törü-si-n al-ï

唐 可汗-DAT 国家-3sg.POSS-ACC 法制-3sg.POSSACC 拿-ADVL ALTR

bir-miš.

给-PAST

把其国家和法制交给了唐朝皇帝。—阙 D8

由于这一类副动词的以上两种功能，也可称为连续副动词。

在回鹘文献语言中，有一些词就是通过缀接-a 副动词的构形附加成分-ï/-i 构成的，但这些构形附加成分已经虚化，丧失了构形的作用，而成为一个词的组成部分。如：

taqï（也、还）<taq-（结合）+ï

bäri（以来）<bär-（给）+i

qaršï（对面、迎面）< qarïš-（反对）+ï

第三节　-p 副动词

这一类副动词由动词词干后缀接-p/-ïp/-ip/-uq/-üq 等词尾构成。如：

qïšla-p（过冬）—阙 B8	aɣrï-p（生病）—毗 N9
sulä-p（派兵）—阙 D12	ti-p（说）—阙 D12
yay-ïp（打败）—阙 D34	sanc-ïp（刺上）—阙 D12
kir-ip（进来）—阙 D38	käl-ip（来）—阙 D23
tut-up（抓住）—阙 D3	olur-up（坐）—阙 N9
ökün-üp（感到可惜）—毗 D38	kälür-üp（使来）—毗 N11

p 副动词主要表示以下意义：

1. 用于谓语动词之前，表示发生于谓语动词所表示的动作之前的动作行为。如：

buŋad-ïp :	qaɣan :	yäl-ü	kör	ti-miš
忧愁-ADVL	可汗	疾驰-ADVL	TENT（看）-2sg.IMP	说-PAST

可汗感到痛苦并说：“飞速赶路！”—暾 1B26

toquz:	oɣuz:	bodun:	yir-i-n:	sub-i-n:	ïd-ïp:
九	乌古斯	人民	地方-3sg.POSS-EPE	水-3sg.POSS-EPE	弃-ADVL

tabɣač-ɣaru:	bar-dï:	tabɣač	[............]	bu	yir-dä:	käl-ti:
唐朝-DAT	去-3sg.PAST	唐朝		这	地-LOC	来-3sg.PAST

九姓奥古斯人民扔掉自己的水土归属于唐朝。—毗 D35

2. 用于谓语动词之前，表示谓语动词所表示的动作的状态。如：

tigin:	män:	ay	artuq-ï:	tört	kün:	[ol]ur-up:	biti-dim:
特勤	我	月	多余-3sg.POSS	四	天	坐下-ADVL	写-1sg.PAST

bädiz-ät-tim:

绘-CAUS-1sg.PAST

我 yoluɣ 特勤坐三十四天写下了它、装饰了它。—毗 XN

ïšbara yamtar boz at-ïɣ bin-ip täg-di.
始波罗 yamtar 灰色的 马-ACC 骑- ADVL 到达-3sg.PAST
骑着始波罗 yamatar 的雪青马参战了。—阙 D33

sü-si: tir-il-ip: käl-ti:
军队-3sg.POSS 集起-PASS-ADVL 来-3sg.PAST
军队一起来了—毗 D39

3. ti-（说）一词的 p 副动词形式表示动作行为发生的原因。如：

anï ańïtayin: ti-p sülä-dim
为此 把他 说-PAST.CONV 作战-1pl.PAST
（为了击败他们，我派兵了）—阙 D41

4. 与语气词-an/-än 连用的 p 副动词表示谓语动词所表示的动作前刚刚发生的动作行为，如：

säläŋä: qodï: yorï-pan: qaraɣïn: qïïsïl-ta: äb-in:
色楞格河 向下 出征-ADVL 地名 峡谷-LOC 家-3sg.POSS-ACC
barq-ï-n: an-ta buz-dum
建筑物-3sg.POSS-ACC 那-LOC 破坏-1pl.PAST
色楞格河下游在一个叫作 qaraɣïn 的山谷我攻破了他们的帐房。—毗 D37

qal-ïn yaɣï-qa qïy matin tägi-pän adïrïlti-ïm.
留下 1sg.IMP 敌人-DAT 参加 直到-ADVL 分离-1sg.POSS
不顾敌人众多参战，失去了……）—埃

tabɣačgï bäg-lär: tabɣač at-ï-n tut-ïpan
唐 官-PL 唐 名称-3sg.POSS-ACC 抓-ADVL
tabɣač qaɣan-qa kör-miš.
唐 可汗-DAT 看-PAST
亲唐的官吏们接受唐朝的称号归属于唐朝—阙 D7

对于这一类形式的性质和来源学界有不同看法：一说它是 p 副动词的扩展形式；二说它是由 p 副动词后缀接工具格词尾-ïn/-in 的结果（qop-ïn 全部）；另说它反映的是方言差异或语体差异（口头语体与书面语体）。

在一些摩尼文文献、回鹘文《福乐智慧》等文献中还出现了动词词干之后缀接-p(b)an/-ïp(b)än/-up(b)an/-üp(b)än 等附加成分构成副动词，其所表达的意义与-p 副动词相同。如：

ol anda yatïban bärur sanïnï.（他躺在那里报数字。）

oqušluɣ oquban küzätür anï.（学者读完了以后会保存它。）

第四节　-uyïn 副动词

这一类副动词由动词词干缀接-yïn/-uyïn 等形态词尾构成，如：

tä-yin（说）—暾 2D6

bulma-yïn（不存在）—暾 1X2

bol-uyïn（成为）—暾 2X6

这一类副动词在碑铭中只出现于 tä-（说），bul-/bol-（成为，存在）等两个词中。其中有的还以否定形式出现。

从意义上来说，这一类副动词一般表示发生于谓语动词动作之前的动作行为。如：

bilgä　tonyuqoq　boyla baɣa tarqan　birlä　ilteriš　qaɣan　bol-uyïn

谋臣　暾欲谷　裴罗 莫贺 达干 一起　颉跌利施　可汗　成为- ADVL

biriyä　tabɣac-ïɣ　öŋrä　qïtan-ïɣ　yïraya oɣuzuɣ　öküš　ök　ölür-ti.

南边　唐人-ACC 前面 契丹人-ACC 在北面 乌古斯人许 小品词　杀-3sg.PAST

同毗伽可汗暾欲谷裴罗莫贺达干一起，在南边把唐朝、在东边把契丹、在北边把奥古斯杀死了许多。—暾 1X6

türk　bodun : qan-ïn　bol-ma-yïn :　tabɣač-da :　adrïl-tï :

突厥　人民　汗-ACC　成为-NEG- ADVL　唐-LOC　分离-3sg.PAST

qanlan-tï :

拥有汗-3sg.PAST

突厥人本没有可汗，离开唐朝后，自立了可汗—暾 1X2

qant-ayïn : sab-ïɣ : yana käl-ti : olur-uŋ ti-yin: ti-miš :
怎么-1sg.IMP 话-ACC 又 来-3sg.PAST 住-2sg.IMP 说-ADVL 说-PAST
从可汗那里传回命令，说："就住在那里！"—暾 1B33

特肯认为，tä-副动词形式还用来表示距离之近；马洛夫则把 bol-的这一类副动词形式看作祈使—愿望式形式。但从这一类副动词形式出现的环境来看，认为它作祈使—愿望式的观点是不妥当的。假若作祈使—愿望式处理，上句中的人称问题就无法解释，故采用特肯和谢尔瓦希德泽的说法，作副动词处理。

第五节 –matïn 副动词

这一类副动词由动词词干缀接-matïn/-matï/-mayïn 等形态词尾构成。如：

al-matïn（听取）—阙 N9
saqïn-matï（想）—阙 D10
olur-matï（坐下来）—暾 1D2
udï-matï（睡觉）—暾 2D51

这一类副动词作 p 副动词和 a 副动词的否定形式来使用。如：

sab-ïn al-ma-tïn yir sayu bar-dïɣ
话-ACC 听-NEG-ABL 土地 每一个 去-2sg.PAST
……你们不听取话，到处流浪。—阙 N9

tün udï-ma-tï kᵘüntüz : olur-ma-tï : qⁱïzïl qan-ïm :
夜 睡眠-NEG-3sg.PAST 白天 坐-NEG-3sg.PAST 红的 血-1sg.POSS
töküt-i :
倒-3sg.POSS
夜间不睡觉，白天不坐，我流出了鲜血。—暾 2D51

bunča iš-ig küč-üg bir-tük-gärü: saqïn-ma-tï
这样的 事-ACC 力量-ACC 给- NMLZ-DAT 想-NEG-3sg.PAST

türk　bodun　öl-ür-äyin,　uruɣsïra-t-ayïn　ti-r　är-miš

突厥　人民　死-CAUS-1sg.IMP　断绝后代- CAUS-1sg.IMP　说-FUT　是-PAST

不顾作出如此大的努力，说："我让突厥人去死，让他们绝种。"—阙 D10

谢尔瓦希德泽还把 mayïn 也归入这一类副动词的语法形式。虽 t 与 y 间的交替不难解释，但把 mayïn 作 uyïn 副动词的否定形式来处理更为妥当。

matïn 副动词在三大碑中出现次数分别统计如下：

名称	出现次数
《阙特勤碑》	2
《毗伽可汗碑》	2
《暾欲谷碑》	0
合计	4

第六节　-ɣalï 副动词

这一类副动词由动词词干缀接-ɣalï/-gäli 附加成分构成。如：

al-ɣalï（为了拿……）—毗 D32

yul-ɣalï（为了拆除）—毗 D32

oqï-ɣalï（为了邀请）—毗 D28

asan-ɣalï（为了吃）—暾 1B27

topla-ɣalï（刺破）—暾 1N6

olur-ɣalï（从坐起）—暾 1D18

qïlïn-ɣalï（从成为……起）—暾 1D1

üz-gäli（弄断）—暾 2N6

süŋüš-gäli（为了打仗）—毗 D32

öl-gäli（为了死）—阙 B10

这一类副动词在不同的语境中，可表示以下三种意义：

1. 表示动作行为进行的目的。如：

sü-si äv-ig barq-ïɣ: yulï-ɣalï: bar-dï:

军队-3sg.POSS 家-ACC 财物-ACC 掠夺-ADVL 去-3sg.PAST

军队来拆除他们的毡房—毗 D32

kiši oɣl-ï: qop öl-gäli törü-miš.

人 子-3sg.POSS 全部 死- ADVL 生-PAST

人的儿子全部是都要死的—阙 B10

oqï-ɣalï: käl-ti:

叫-ADVL 来-3sg.PAST

来邀请……—毗 D28

aša-n-ɣalï :tüš-ür-tïmüz

吃饭-PASS-ADVL 落下-CAUS-1pl.PAST

让他们下来吃。—暾 1B27

2. 表示动作的名称，如：

yuyqa ärikli : topul-ɣalï učuz är-miš : yinčgä äriklig:

薄的 当……时候 穿透-ADVL 容易 是- ADJVZ 细的 有力的

üz-gäli : učuz

折断-DIR 容易

据传，微薄之物容易刺穿，细小之物容易折断。—暾 1X13

3. 表示动作行为的起始界限。如：

türk qaɣan : olur-ɣalï šantuŋ balïq-qa : taluy ögüz-kä :

突厥 可汗 坐-ADVL 山东 城-DAT 海 河流-DAT

täg-miš yoq är-miš :

到-ADJVZ 否定 是-ADJVZ

突厥可汗从即位以来，未曾到过山东诸城和海洋。—暾 1D18

ɣalï 副动词在三大碑中出现次数分别统计如下：

名称	出现次数
《阙特勤碑》	1
《毗伽可汗碑》	4
《暾欲谷碑》	4
合计	9

第七节　-ca 副动词

这一类副动词由动词词干后缀接-ca/-cä 附加成分构成。如：

yoq bol-ca（死之前）—毗 N9

ätär-cä（好像做……）—毗 N3

这一类副动词表示紧接着谓语动词动作之后发生的动作，有时还表示比喻，如：

uluɣ: oɣlu-m: aɣrï-p: yoq bolča: q^{u}uɣ:

大 儿子-1sg.POSS 生病-ADVL 没有 成为-LMT 郭

säŋün-üg: balbal: tik-ä: bir-tim:

将军-ACC 杀人石 立-ADVL 给-1pl.PAST

我的大儿子刚一去世，我 quɣ 将军为他立出杀人石像。—毗 N9

yay bol-sar: üzä: t[äŋri] köbürgä-si: ätär-čä an-č[a]

夏天 成为-COND 上面 天 鼓-3sg.POSS 轰鸣-EQUI 这-EQUI

我悲痛如夏天天上之鼓作响—毗 X

此外，在《翁金碑》正面第一行出现过一个 buzqunca（一直到破坏）一词。从语境中虽无法获得其意义，但很可能是一个表示界限的副动词，但这一类副动词形式不见于其他碑铭，故未作一类叙述。

第十五章

鄂尔浑—叶尼塞碑铭的系动词

系动词，也称连系动词（Linking Verb），是用来辅助主语的动词。它本身有词义，但不能单独用作谓语，其后必须跟表语，构成系表结构说明主语的状况、性质、特征等情况。是动词的一种特殊类型，在句子里往往与其他静词结合，赋予时、式等语法意义。力提甫认为系动词（copula）指把主语和表语联系起来，做出判断和结论的虚义动词。①

är-是一个具有完整形态变化的常规系词，可以接于静词句之后，表示判断或在，或为命题增加时态、传信、条件、时间等语气或语法意义。är-系动词在鄂尔浑—叶尼塞碑铭语言中的使用十分广泛。一般以 ärtï（är-的直接过去时形式）、ärmiš（är-的间接过去时形式）、ärsär（är-的条件式形式）及 ärinc（är-的名动词形式）四种形式出现。而且每一种形式具有不同的语法意义。

第一节　ärti 系动词

用于静词和-r 型形动词之后，对它们附加直接过去时意义。如：

---

① 力提甫·托乎提：《现代维吾尔语参考语法》，中国社会科学出版社 2012 年版，第 360—364 页。

türk bodun : tavɣαč-qa : k^{ö}ör-ür ärti

突厥 人民 唐朝-DAT 看-PUT 是-3sg.PAST

突厥人归属于唐朝—暾 1X1

an-ta qal-mïš-ï yir sayu qop tor-u öl-ü

那-LOC 留下-ADJL-3sg.POSS 土地 每一个 全部 变瘦-ADVL 死-ADVL

yorï-yïr är-tig

走 是-2sg.PAST

你们中剩下的到处流徙，处境困难—阙 N9

on oq qaɣan-ï : yaɣï-mïz är-ti :

十 箭 可汗-3sg.POSS 敌人-1pl.POSS 是-3sg.PAST

十姓部落的可汗是我们的敌人—暾 1D19

oɣl-ï qaŋ-in bil-mäz är-ti

子-3sg.POSS 父-ACC 知道-NEG 是-3sg.PAST

儿子不认识其父亲。—阙 D21

toquz oɣuz bodun käntü bodun-um är-ti.

九 乌古斯 人民 自己 人民-1sg.POSS 是-3sg.PAST

九姓乌古斯人民本是我自己的人民。—阙 B4

ilk-i sü: taš[ïq]-mïš: är-ti: ikin sü: äv-dä:

先的-3sg.POSS 军队 外出-PAST 是-3sg.PAST 第二 军队 房子-LOC 是

är-ti:

-3sg.PAST

üč oɣuz: sü-si:

三 乌古斯 军队-3sg.POSS

第二军留驻汗庭。三姓乌古斯军队袭击而来。—毗 D32

第二节　ärmiš 系动词

用于静词和-r 型形动词之后，对它们附加间接过去时意义。如：

qaɣan-ï : alp är-miš : ayɣučï-sï bilgä är-miš
可汗-3sg.POSS 勇敢的 是- ADJVZ 谋臣-3sg.POSS 智慧的 是-ADJVZ
据说，可汗是勇敢的，军师是英明的。—暾 1X10

yaɣru qon-tuq-da kisrä ańïɣ bilig anta ö-yïr är-miš
近处 住下-ADJVZ-LOC 之后，坏 知识 那样 想-地方 是-ADJVZ
据说，接近后，使出他们的坏点子。—阙 N5

ańïɣ kiši an-ča bošgur-ur är-miš
坏 人 那-EQUI 教唆-FUT 是-PAST
并要住在平原时，恶人就这样教唆部分突厥人民道—阙 N7

ti-r är-miš. qaɣanlïg bodun är-tim, qaɣan-ïm qanï?
说-FUT 是-PAST 可汗 人民 是-1sg.PAST 可汗-1sg.POSS 哪里
——他们说。我曾是有可汗的人民，现在我的可汗在哪里？—阙 D9

第三节 ärsär 系动词

用于静词和-r 型形容词和直接过去时之后，对其前面的成分附加条件意义，同时连接其前后的成分，如：

ïrak är-sär yablaq aɣï bir-ür yaɣuq är-sär ädgü aɣï bir-ür
远 是-COND 坏 宝物 给-FUT 近 是-COND, 好 宝物 给-FUT
如果离远了，会给你不好的礼物，如果接近了，会给你好的礼物。—阙 N7

nä ayay-in : ti-di : käl-ir är-sär : k^{ö}ör-ü
什么 问-ACC 说-3sg.PAST 来-FUT 是-COND 看-CONV
我能向你说些什么呢？如果他们来的话。—暾 1B32

iltäriš qaɣan : qazɣan-ma-sar : yoq är-ti är-sär :
颉跌利施 可汗 努力-NEG-COND 否定 是-3sg.PAST 是-COND
bän öz-üm bilgä tońuquq : qazɣan-ma-sar : bän yoq är-
我 自己-1sg.POSS 谋臣 暾欲谷 努力-NEG-COND 我 没有 是

tim　　är-sär

-1sg.PAST　是-COND

假若颉跌利施可汗不努力不存在的话，加之我毗伽暾欲谷不努力不存在的话，在默啜可汗的突厥 sir 人之地，将完全不会存在任何联合体、人民和人类。—暾 2B59

第四节　ärinč 系动词

ärinč 一般用于直接过去时，形动词、静词+系词结构之后，对它们附加可能性之意义，而且它表达的可能性比较强烈。如：

oɣl-ï　ta　qaɣan　bol-miš　ärinč:

儿子-3sg.POSS　也　可汗　成为-PAST　MOOD

很可能是儿子也成了可汗。—阙 D5

icikdük ücün täŋri ölütmiš ärinč.

由于去投降，很可能由天使他们灭亡。—暾 1X3

üčün : täŋri　ïduq　yir sub:　[äč-im　q]aɣan: qut-ï:

上面　天　神圣的　地　水　叔父-1sg.POSS　可汗　福-3sg.POSS

tapla-madï　ärinč:

喜欢-NEG-3sg.PAST　MOOD

上面的天、神圣的水土和我的祖先，即诸可汗的布天之灵都没有接受之。—毗 D35

oɣl-ï　qaŋ-i-n-täg　qïl-ïn-ma-duq　ärinč

儿子-3sg.POSS　父-3sg.POSS-EPE-像　做-PASS-NEG- ADJL　MOOD

儿子们很可能没像他们的父亲们那样做。—阙 D5

barduq　yir-dä　ädgü-g　ol　ärinč

去-ADJL　地方-LOC　好-ACC　那　MOOD

凡是你去过的地方都得到好处。—毗 D20

är-系动词在三大碑中出现次数分别统计如下：

名称	出现次数
《阙特勤碑》	71
《毗伽可汗碑》	57
《暾欲谷碑》	77
合计	205

在回鹘文献中，är-的泛时形态 ärür 常用于没有体或语气标记的肯定式静词谓语句中，表示“非过去时”，使用系词的句子例如：

biz körgüči bo at yaŋata ulatï tïnlïglar kuvragï ärsär, olar barča čïn kertü bar ärürlär.（我们看到这些马，象及众生都是实有。）①此表判断。

与 ärür 相对应，ärti 用于静词句中表示过去时：

ötrü ol ugurta, unčiu atlïg balïkta čaŋ baglïg küütau altïg bir bäg, balïk bägi ärti.（这时，温州有治中名张居道。）②此句中系词亦兼表存在。

另有完全助词化的 ärki 用于疑问句中，起到加强语气的作用。ärki 经常紧跟在形动词之后，但与形动词并不处于同一语法成分之内，如：

bul-gay ärki biz yeg adrok buyanïŋ.（也许我们会得到殊胜的功德。）③

nizvanilarḍïn näčükin adïrïlïp barïp öŋi ketgäli u-maz-lar ärki?（那么他们为什么不能脱离烦恼呢？）④

系动词在现代突厥语族诸语言中的构成形式和形态变化不尽相同。如在维吾尔、哈萨克、柯尔克孜、乌孜别克、塔塔尔、图瓦等语言中，系动词有人称—数的变化，而在西部裕固和撒拉语中则没有人称—数的变化。

Lars Johanson 指出突厥语中的系动词 （如 ärmiš，ärken）是词缀化成分，出现在谓语后，主要有以下多种语义类型：（1）综合间接

① Çağatay，Saadet. *Altun Yaruktan İki Parča Ankara*：Türk Tarih Kurumu Basïmevï，1945：385.

② Dahl，Östen. *Tense and Aspect Systems.* Oxford：Blackwell. 1985：4.

③ Gulcalï，Zemire.*Eski Uygurca Altun Yaruk Sudur'dan "Ač Bars" Öyküsü (Metin-Çeviri-Ačïklamalar-Sözlük)* TDK Yayïnlarï，Ankara，2013：609.

④ Dahl，Östen.*Tense and Aspect Systems.* Oxford：Blackwell，1985：383.

性成分，如：ärmiš，土耳其语-（y）mIš 等；（2）具有报道意义的间接性成分，如：ärmiš，土库曼语-mIš 等；（3）不具有报道意义的间接性成分，如：äken，哈萨克语 eken 等。[①]

在维吾尔、哈萨克、柯尔克孜、乌孜别克、塔塔尔、图瓦等语言中，有由古代突厥语动词 är-的过去时、过去时形动词、间接过去时形动词形式变来的系动词，但其语音结构并不完全一致。如：维吾尔语中为 ıdı,ıkän,ımıš，在哈萨克语中为 edɨ,eken,mɣs；在乌孜别克语中为 edı,ekæn,emıš；在塔塔尔语中为 ıdi,zkæn,ımıš；在图瓦语中为 ɨrge,ɨrgen,ɨjɨk。

在柯尔克孜、西部裕固、撒拉等语言中，也有由古代突厥语系动词 är-演变来的系动词，但在柯尔克孜语中，只有其过去时形式 ele 和过去时形动词 eken；在西部裕固语中，只有其过去时形式 egɣn；在撒拉语中也只有其过去时形式 idɣr。乌孜别克语还有从古代突厥语 är-演变而来的系动词 esæ；在维吾尔、乌孜别克、塔塔尔、西部裕固等语言中还有从鄂尔浑—叶尼塞碑铭语言 dur/tur 演变而来的系动词 dur/tur、dIr/dɣr/tɣr 和 dro。

系动词作为现代突厥语族诸语言中一种比较特殊形式的动词，没有完全的“态、式、时、体”等的语法范畴，却可以在静词之后，表示动词的某些语法意义。这是现代突厥语族诸语言动词中保留下来的最古老的鄂尔浑—叶尼塞碑铭语言同源词汇。

① Johanson，Lars. *Evidentiality in Turkic*. in Aikhenvald，Alexandra Y. and R. M. W. Dixon（eds.），Studies in Ev-identiality. Amsterdam：John Benjamins，2003：278.

结　　语

研究语言的发展要弄清楚语言发展的规律，把隐蔽于人们所熟知的语言事实背后的可以意会而难以言传的规律找出来，并给予因果性、理论性的解释。也就是说，一方面要弄清语言事实，另一方面要在扎实的材料基础上进行理论性的探索，使具体语言事实的分析蕴含理论的深度，而理论则寄寓于具体事实的具体分析之中。随着鄂尔浑—叶尼塞碑铭语言研究的深入和研究领域的拓展，特别是伴随着语言类型学、普遍语法、语系学说、语言接触、语言心理、语言生态、语言检索和多语机器翻译等新兴跨学科研究在学界的蓬勃兴起，突厥学界开始呼唤与现代民族语言研究领域相同的资源性建设研究，特别是对其真实文本资源的语言本体研究。本书上编部分首次对鄂尔浑河流域的三大碑及《铁兹碑》《铁尔痕碑》和五方叶尼塞河流域碑铭进行语法标注，初步弥补了该领域的不足。基于传统文献学原文、转写、对译、意译四行对照的方法，在其中对译部分增加了语法标注，做到系统、全面、精细地描写碑铭语言，可以为早期及近代突厥文献语言和现代突厥语族诸语言研究加以补充、提供参考。标注牵涉对语法系统的选择、认识和处理，根据现在语法研究的现状，尤其是功能词和固定结构的语法功能目前很多问题还没有定论，细节问题各家处理还存在很大不同，因此标注规则具有一定的灵活性，个人所采用的标注体系和自己对语法的了解和语法观念密切相关，不可能完全统一。本

书采用的语法标注缩略语是以国际通用的莱比锡规则缩略语为基础同时参考黄成龙（2005、2006）、力提甫・托乎提（2012）、王海波、阿力木江・托乎提（2016）突厥语族语言的语法缩略语形式。

下编是对鄂尔浑—叶尼塞碑铭动词的全面描写。关于动词的分类：动词按其功能即所表达意义的不同分为实义动词和虚义动词两种。而实义动词内部根据对名词格支配作用的不同可区分为单向动词和多向动词两种；虚动词根据语法意义和功能，可分为系动词、体助动词和构词轻动词三个小类。动词构词法主要是派生法，即通过词根或词上缀接各种构词附加成分而构成新词，它是突厥语族语言词汇丰富发展的一条主要途径。通过对 11 种附加成分在三大碑中出现的次数统计可以看出在碑铭语言时期，动词构成附加成分出现最多的两个分别是-la-/lä（69 次）、-q/-k/-uq/-ik/-ïq（62 次），而出现次数最少的则是-ül，仅有 4 次。语态变化是碑铭动词中常见的语法现象。鄂尔浑—叶尼塞碑铭动词词干根据语境的需要可以有基本态（主动态）、反身态、被动态、使动态、交互—共同态五种形式。反身态在动词词干后附加成分-n/-in/-ïn，-un/-ün 构成，在三大碑中共出现了 10 次；被动态是在动词词干后加-l/-il/-ïl/-ül 和-n/-ïn。其中-n/-ïn 缀接于最后音节带 l 的动词词干，而-l/-il/-ïl/-ül 则缀接以其他音位结尾的动词词干，表示非语法主语进行的动作行为，在三大碑中共出现了 21 次；鄂尔浑—叶尼塞碑铭语言中的使动态由动词词干缀接-t/-it/-ït、-tur/-tür、-r/-ir/-ïr/-ïz、-ur/-ür、-gür/-ɣur 四种附加成分而构成，在三大碑中共出现了 118 次；碑铭动词中的交互—共同态形式是在动词词根后加词缀-š/-is/-ïš 构成，在三大碑中仅出现了 7 次；碑铭语言的动词构词还可以由两个的语态组合而成，出现共同—使动态及使动—使动态两种语态的重叠现象。鄂尔浑—叶尼塞碑铭语言动词的体根据其强调重点上的对立关系，可分为可能体、完成体、能动体、呈现体、持续体、重复体、尝试体、为他体八种体的形式。鄂尔浑—叶尼塞碑铭语言动词的肯定形式即动词词干或词干原来的形态，无形态标志；否定形式是在动词词干之后缀接-ma/-mä 附加成分。在鄂尔浑—叶尼

塞碑铭语言中，动词的式范畴包括陈述式、祈使—愿望式、条件式三种式的形式。动词式的语法特征表现在式的语法形式和动词的人称形影相随，结合在一起；陈述式有时间范畴，而祈使—愿望式没有时间范畴，祈使—愿望式在三大碑中共出现 70 次，条件式的时间范畴则要通过分析形态来表示，在三大碑中共出现 35 次。鄂尔浑—叶尼塞碑铭语言在过去、现在和将来三个时间范畴的表达上，有过去时、现在—将来时和将来时三种语缀，从数量上可直观地看出过去时在三大碑中出现的次数最多，为 901 次，将来时和现在—将来时出现次数与过去时相比数量很少，分别只有 33 次和 30 次。鄂尔浑—叶尼塞碑铭中的静词性动词按其语法特点和功能可分为名动词和形动词两大类。在鄂尔浑—叶尼塞碑铭语言中，名动词由动词词干缀接-sïq/-sik 等形态词尾构成。形动词有-duq、-miš、-ïɣma、-r、-dacï/-tacï 六种，按照功能可分为表语形动词、定语形动词和表定兼职的形动词。副动词包括 a 副动词、p 副动词、-uyïn 副动词、-matïn 副动词、-ɣalï 副动词；系动词主要谈了 är-系动词，在三大碑中共出现 205 次。

对鄂尔浑—叶尼塞碑铭动词的研究还尝试与现代突厥语族诸语言进行比较研究，侧重于历史比较研究，目的在于找出古代突厥碑铭文献与现代诸民族语言在语音、语法结构、基本词汇等方面的相似或相近的共同语言特征，从而佐证突厥语族诸语言的同源关系，厘清在漫长历史长河中相互接触与融合的脉络。突厥语族诸语言的动词以形态变化繁多且细腻复杂而形成自身的语言特点。动词的各语法范畴主要用黏着法，即缀加具有各种语法意义的词尾来表示。突厥语族同源词是突厥诸语言中词汇的基本组成部分，作为最稳定或最活跃的部分在现代突厥语族各语言中广泛使用，并且大部分在读音、语义和功能上基本相同。在西部裕固语、图瓦语中保存了较多了鄂尔浑—叶尼塞碑铭语言动词词汇，语言在历史发展过程中某个词在一些语言里保存下来，而这些词汇在其他语言中已不复存在，这是正常的语言现象，不能否认它们作为突厥语族同源词的资格。

语言演变的表现在时间和空间两个方面，明朝的陈第在《毛诗古

音考自序》说过："时有古今，地有南北，字有更革，音有转移，亦势所必至。"[1]又在《读诗拙言》中说："一群之内，声有不同，系乎者也；百年之中，语有递变，系乎时者也。"具体说明语言的语音会随着时间和空间的不同而发生变迁。对鄂尔浑—叶尼塞碑铭的研究要从其语言的共时状态中找出起边（actuation）的原因和演变的途径，把共时和历时联系起来，这就需要把语言中的各种变异引入突厥语言研究的领域，从变异中考察突厥语言发展的机制并体察历史上已成的音变特点。

①《毛诗古音考自序》，此书初刊本已佚。建宁徐时栋购得旧刻本重刻于闽中，《四库全书》本即以徐氏刻本为底本。

附　录

鄂尔浑—叶尼塞碑铭动词表

附录动词表收录上编语法标注的《阙特勤碑》《毗伽可汗碑》《暾欲谷碑》《铁兹碑》《铁尔痕碑》及五方叶尼塞地区碑铭所涉及的全部动词。动词表格式为原词、汉语意义、所在位置及例句。

原词	汉义	所在位置	例句
ač-	打开	暾-1B28	usïn süŋügün **ač**dïmïz.（我们用矛打开了他们的睡梦。）—暾-1B28
ägir-	围绕	阙 -B6; 阙 -B7; 毗 -D31	toquz ärig **ägir**ä　toqïdï.（围击九人）—阙-N6
aɣït-	冲散	阙-B7；毗-D31	oza kälmiš süsin kül tigin **aɣït**ïp:（阙特勤将超越过来的敌军冲散了）—阙-B7
aɣrï-	生病	毗-N9	ölürti uluɣ oɣlum **aɣrï**p yoq bolča（当我的长子病死时）—毗-N9
aɣ-	登上	暾-1B25；铁兹-X3	at yätä yadaɣïn ïɣač tutunu **aɣ**turtum (我令牵着马，抓住树木（或木棍）步行) —暾-1B25

续表

原词	汉义	所在位置	例句
al-	听；拿；取	阙 -D2; 阙 -D8; 阙 -D36; 阙 -D38; 阙 -D40; 阙 -B2; 阙 -B6; 阙 -N7; 阙 -N9; 毗 -B6; 毗 -B7; 毗 -D3; 毗 -D8; 毗 -D26; 毗 -D27; 毗 -D29; 毗 -D30; 毗 -D32; 毗 -D35; 毗 -D38; 毗 -B6; 毗 -B7; 暾 -1B32; 阙 -D36; 阙 -D38; 阙 -B2; 阙 -B6; 毗 -D24; 毗 -D27; 毗 -D28; 毗 -D29; 毗 -D30; 毗 -D34; 毗 -D38; 毗 -D39; 毗 -N3 铁尔痕-D8；铁尔痕-N2；铁尔痕 -N6	tabɣač qaɣanqa ilin törüsin **al**ï birmiš.（把其国家和法制交给了唐朝皇帝。）—阙 D8 qïrqïz qaɣanïn öltürtümüz, ilin **al**tïmïz.（我们杀死了黠戛斯的可汗，取得了他的国家）。—阙 D36 sülädim taŋut bodunuɣ buzdïm oɣlïn yutuzïn yïlqïsïn barïmïn anta **altïm**（与党项人民作战，从那里获取妻儿、马匹、财物。）—毗-D24
alq-	完结；完了	阙 -DB; 阙 -N9; 毗 -B7;暾-1X3	barqïn bädizin bitig tašin bičin yïlqa yitinč ay yiti otuzqa qop **alq**adïmïz.（祠庙、绘画、碑石于猴年七月二十七日全部竣工。）—阙 DB
äbir	围绕	铁尔痕-N5； 暾-1B26；暾-1B28	ili sizdä **äbir** tidi（他对周围的国家给了）—铁尔痕-N5
älsirä-	失去国家	阙-D13；毗-D11	**ilsirä**miš qaɣansïramïš bodunïɣ, küŋädmiš quladmïš: bodunïɣ, türk törüsin ïčɣïnmïš（组织和教导了曾丧失国家、丧失可汗的人民，曾沦为婢女、成为奴隶的人民，曾失掉突厥法制的人民。）—毗-D11
altïz-	使拿	阙-D38	äkisin özi **altïz**dï.（他自己俘获了其中的两个）—阙 D38
ämgäk-	痛苦	阙 -D19; 阙 -D38; 毗 -D16; 毗-B13	on oq bodun **ämgäk** körti.（十箭百姓受到了痛苦。）—阙 D19

续表

原词	汉义	所在位置	例句
ančula-	献给	阙-D32	yaraqlïɣdï qaɣanqa ančuladï. ol süg（连同武器把他献给了可汗）—阙 D32
anï-	把他	阙 -D3; 阙 -D34; 阙 -N; 阙 -N13; 阙 -X; 毗 -D4; 毗 -D28; 毗 -D41; 暾 -1D24; 暾 -1B31; 暾-2X44;	**anï** yańïp türgi yarɣun költä buzdïmïz.（我们击溃了他，并在 türgi yarɣun 湖畔破之。）—阙 D34
ańïɣ	坏	阙 -N3; 阙 -N5; 阙 -N7; 毗 -B2; 毗 -B4; 毗-B5	qop itdim ol amtï **ańïɣ** yoq（那里人民全部组织起来了，他们现在都相安无事。）—毗 B2
ar-	欺骗	阙 -N5; 阙 -N6; 毗 -B4;毗-B5	süčig sabïn yïmsaq aɣïn **ar**ïp ïrak bodunuɣ anča yaɣutïr ärmiš.（他们用甜蜜的话语，柔软的宝物欺骗，使得远处的人民靠近（他们）。）—阙 N5
är-	是	阙-D2; 阙-D3; 阙-D3; 阙-D3; 阙-D3; 阙-D3; 阙-D3; 阙-D4; 阙-D5; 阙-D5; 阙-D9; 阙-D9; 阙-D9; 阙-D9; 阙-D10; 阙-D10; 阙-D12; 阙-D12; 阙-D14; 阙-D14; 阙-D14; 阙-D17; 阙-D18; 阙-D20; 阙-D21; 阙-D21; 阙-D21; 阙-D21; 阙-D22; 阙-D22; 阙-D23; 阙-D39; 阙-D40; 阙-B1; 阙-B2; 阙-B2; 阙-B4; 阙-B7; 阙-B9; 阙-B9; 阙-B10; 阙-B10; 阙-BD; 阙-N4; 阙-N4; 阙-N5; 阙-N5; 阙-N5; 阙-N5; 阙	il tutsïq yir ötükän yïš **är**miš:（统治国家的地方是于都斤山。）—阙 N4 alp är bizingä tägmiš **är**ti.（袭击我们的是勇敢的人。）—阙 D40

续表

原词	汉义	所在位置	例句
är-	是	-N6;阙-N6;阙-N7;阙-N7;阙-N7;阙-N7;阙-N9;阙-N11;阙-N13;阙-ND;毗-D3;毗-D4;毗-D4;毗-D4;毗-D4;毗-D4;毗-D4;毗-D5;毗-D6;毗-D6;毗-D8;毗-D8;毗-D9;毗-D9;毗-D9;毗-D11;毗-D11;毗-D12;毗-D12;毗-D12;毗-D16;毗-D17;毗-D18;毗-D18;毗-D18;毗-D18;毗-D18;毗-D19;毗-D19;毗-D25;毗-D29;毗-D31;毗-D32;毗-D32;毗-D33;毗-D33;毗-D34;毗-D38;毗-B3;毗-B3;毗-B4;毗-B4;毗-B4;毗-B4;毗-B5;毗-B5;毗-B5;毗-B5;毗-B5;毗-B7;毗-B8;毗-B15;毗-N8;毗-N10;暾-1B27;暾-1B29;暾-1B29;暾-1B29;暾-1B30;暾-1B31;暾-1B32;暾-1B32;暾-1D18;暾-1D18;暾-1D19;暾-1D19;暾-1D19;暾-1D20;暾-1D21;暾-1D21;暾-1D21;暾-1D21;暾-1D22;暾-1D22;暾-1D23;暾-1D23;暾-1D24;暾-1D24;暾-1X1;暾-1X10;暾	kül tigin ol süngüšdä otuz yašayu **är**ti.（阙特勤在那次战役时三十岁。）—阙 B2 toquz oɣuz bodun käntü bodunum **är**ti.（九姓乌古斯人民本是我自己的人民。）—阙 B4 bodun adaq qamšatdï, yablaq boltačï **är**ti. （人民动摇了，情况不妙。）—阙 B7 kül tigin yoq **är**sär, qop öltäči **är**tingiz!（要是没有阙特勤的话，你们都将死掉！）—阙 B10 yäti yüz boltï; äki ülügi : atlïɣ **är**ti :（为七百人。其中两部分骑马）—暾 1X4

续表

原词	汉义	所在位置	例句
är-	是	-1X10; 暾 -1X13; 暾 -1X13; 暾 -1X14; 暾 -1X16; 暾 -1X16; 暾 -1X4; 暾 -1X4; 暾 -1X5; 暾 -1X5; 暾 -1X6; 暾 -1X7; 暾 -1X8; 暾 -1X8; 暾 -1X8; 暾 -2B59; 暾 -2B59; 暾 -2B59; 暾 -2B59; 暾 -2B60; 暾 -2D55; 暾 -2D57; 暾 -2D57; 暾 -2D57; 暾 -2B47; 暾 -2B50; 暾 -2B50; 暾 -2X40; 暾 -2X43;铁兹-B5；铁兹-D2；铁兹-D2；铁兹-D2；铁尔痕-N5	uduzuɣma : uluɣi；šad **är**ti : ayɣïl tidi:（首领是设。他说:“请集合[我们的队伍]）吧！”）—暾 1X5 bölsär : sämiz buqa : toruk buqa tiyin : bilmäz ärmiš tiyin （人们就不知道哪个是肥公牛，哪个是瘦公牛）—暾 1X6
arïl-	除净	阙-N9;毗-B7	yir sayu bardïɣ qop anta alqïntïɣ **arïl**tïɣ（到处走散，你们都毁灭在那里。）—毗-B7
arta-	破坏	阙-D22;毗-D19	iliŋin töriŋin: käm **arta**tï udačï ärti（谁能毁灭你的国家和法制？）—阙 D22
ärt-	经过	暾-2B60;毗-D32;毗-D32;暾-2X44	käčä : tiansi oɣli : aytïɣma : bäŋülüg äk taɣïɣ : **ärt**ü（翻过称作“天子”的 bäŋülüg äk taɣïɣ 山）—暾-2X44
artuq	多余的	阙 -D33; 阙 -D15; 阙 -DB; 毗 -D28; 毗 -D34; 毗 -D38; 毗 -N1; 毗 -N2; 毗 -XN; 暾-2X40；暾-1D20	qïrq **artuq**ï yiti yolï sülämiš, yägirmi süŋüš süŋüšmiš 他出征了四十七次，参加了二十次战斗。—阙 D15
ärtür-	使成为	毗-B10;毗-B10	**ärtü[r]**tüm:tört [buluŋdaqï bodunuɣ] baz（我征服了四方。）—毗-B10
arturup	欺骗	毗-B5;阙-N6	üčig sabïnga yïmšaq aɣïsïnga **arturup**（由于受到他们甜蜜的话语、华丽的宝物的诱惑。）—阙-N6

续表

原词	汉义	所在位置	例句
äšid-	听	暾-1D24	**äš(id)**tim : az yir y[oli?] anï b[irlä? … är]miš ：我听说在阿热地方近处有条路。—暾-1D24
aš-	越过	毗-D15; 毗-D17; 阙-D17; 阙 -D21; 阙-D26; 暾 -1B26; 暾-1B27; 暾 -1B35; 暾-2X37；铁尔痕-D6	bän bilgä tońuquq : altun yïšïɣ : **aš**a kältimiz : ärtiš ögüzüg(我谋臣暾-欲谷这样说道："我们翻越阿尔泰山林来（到这里），我们渡过额尔齐斯河而来)。—暾-2X37
äšid-	听;耳	毗 -D18; 毗 -B1; 阙-N2; 毗 -B1; 阙 -N1; 毗 -B8; 阙 -N10; 阙-D22; 暾 -1B30; 暾-1B33; 暾 -1B35; 暾-1D22; 暾 -1D23; 暾-1X12; 暾 -1X17; 暾-2X36; 暾 -2X42; 毗-D10; 阙 -D12; 毗-B11;暾-1X15	türk bäglär bodun bunï **äšid**iŋ (突厥诸官和人民，你们敬听这个吧！）—阙 N10 tirmän : ol sabïɣ : **äšid**ip : tün udïsïqïm :kälmädi :（听到那些话后，我夜里睡不着觉）—暾 1X12
asra	下面	阙 -D1; 阙 -D22; 毗-D18;	üzä kök täŋri **asra** yaɣïz yir qïlïntuqda（当上面蓝天、下面褐色大地造成时）—阙 D1
atlat	使上马	暾-1B25	ötüntüm : sü yorïtdïm : **atlat** :[tid] im :（我让军队上马出发）—暾-1B25
aqlaš-	集结	铁尔痕-N2	bišinč ay : üč yigirmikä : **aqlaš**dï（五月十三日他们集结了。）—铁尔痕-N2
ät-	做	阙-D13;毗-D12	tölis tarduš bodunïɣ anta **ät**miš,（在那里组织了突利斯及达头人民）—阙-D13
ay-	说	暾 -1B32; 暾 -1B31; 暾-1X5;暾-1X5;	bilgä tońuquqqa : baŋa : **ay**dï :（他对我暾-欲谷说：）—暾-1B31
aytïɣma	名叫……的	暾-2X44;暾-2N47	käčä : tiansi oɣli : **aytïɣma** : bäŋülüg äk tayïɣ : ärtü（翻过称作"天子"的bäŋülüg äk tayïɣ 山，）—暾-2N47

续表

原词	汉义	所在位置	例句
ayt-	问	暾-1D24	bir at oruuqï : ärmiš : anïn barmïš : aŋar **aytïp** :（是条只能走一匹马的小路。我问他： 人们可走那条路吗）—暾-1D24
ba-	系，缚	暾-2X39	üküš tiyin : näkä qoorquur biz : az tiyin : nä **ba**sïnalïm : (我们为什么因为他们人多就惧怕？我们为什么因为人少就要被打败？)—暾-2X39
bädiz-	画;打造	阙-B13; 阙-N11; 阙-N12; 阙-DB; 毗-B14;毗-XN	barqïn **bädiz**in bitig tašin bičin yïlqa yitinč ay yiti otuzqa qop alqadïmïz.（祠庙、绘画、碑石于猴年七月二十七日全部竣工。）—阙-DB
baŋa-	对我;向我	暾-1B31;暾-1B34	tidi : bilgä tońuquqqa : **baŋa** : ydï :（“前进！”他对我暾-欲谷说）—暾-1B31
bar-	有;去;走;给	阙-D10;阙-D14;阙-D16;阙-D23;阙-D23;阙-D23;阙-D24;阙-D24;阙-D24;阙-D24;阙-D24;阙-D28;阙-D29;阙-D29;阙-D34;阙-D39;阙-B1;阙-N7;阙-N8;阙-N9;阙-N9;阙-N10;阙-DN;毗-D12;毗-D13;毗-D19;毗-D19;毗-D19;毗-D19;毗-D20;毗-D20;毗-D20;毗-D20;毗-D22;毗-D23;毗-D29;毗-D32;毗-D32;毗-D35;毗-D37;毗-D40;毗-D40;毗-D41;毗	ol yärgärü **bar**sar türk bodun öltäči sän （如去那地方，突厥人民你就将死亡;）—阙 N8 bir atlïɣ **bar**miš tiyin : ol yolïn : yorïsar :（他说：骑马可以走过。）—暾 1D24

续表

原词	汉义	所在位置	例句
bar-	有;去;走;给	-B6; 毗 -B6; 毗 -B7; 毗 -B7; 毗 -B8; 毗 -N1; 毗 -N10; 暾 -1B26; 暾 -1B26; 暾 -1B27; 暾 -1B27; 暾 -1B27; 暾 -1B30; 暾 -1B31; 暾 -1D24; 暾 -1D24; 暾 -1X10; 暾 -1X11; 暾 -1X14; 暾 -1X14; 暾 -1X2; 暾 -1X6; 暾 -1X7; 暾 -2D52; 暾 -2D57; 暾 -2D57;暾-2X38；铁兹-B2；铁兹-B4；铁尔痕-D2；铁尔痕-D2；铁尔痕-D4；铁尔痕-N3；铁尔痕-N5	intimiz : on tünkä : yantaqï : tuɣ äbirü : **bar**dïmïz :（在十夜中，我们绕行边的路障。）—暾 1B26 tün yämä : **bar**dïmïz : qïrqïzïɣ : uqa basdïmïz :（夜地疾走。我们袭击黠戛斯于睡梦之中。）—1B27 ol yärgärü **bar**sar türk bodun öltäči sän（如去那地方，突厥人民你就将死亡）—毗 B6
bas-	袭击	阙 -D22; 阙 -D35; 阙 -D37; 阙 -B8; 阙 - 石龟上的字 4; 毗 -D18; 毗 -D27; 毗 -D27;暾-1B27	üzä täŋri **bas**masar, asra yir tälinmäsär（当上面上天不塌，下面大地不裂）—阙 D22
baš-	带领	阙-D23；阙-B1；阙 -B6；毗 -D25; 毗 -D29；毗 -N8; 毗 -N11；暾-1B31	biš tümän: sü kälti: ïduq **baš**da: süŋüšdüm: ol（五万军队到来，我们战于圣泉）—毗-D25
basïq-	扔	阙-B8	balïqqa **basïq**dï. ol sü anta ölti（并把他们扔到泥沼中。该军在那里被消灭了。）—阙-B8
basït-	使遭到袭击	暾-1B34	urɣïl : **basït**ma : timiš : bög⟨ü⟩ qaɣan : baŋaru : anča ïdmiš :（默啜可汗这样让人告诉我了。）—暾-1B34
bašla-	以……为首	阙 -D16; 阙 -D25; 阙 -B8; 阙 -B11; 毗 -D13; 毗 -D20; 毗 -D33; 毗 -N13; 毗 -N14;毗-N14	otuz ärig **bašlayu** tutuɣqa bardï[m]（我去了30个英雄为首的都督那里。）—乌 12

续表

原词	汉义	所在位置	例句
ba-	捆	暾-1B27	:tüšürtïmüz : atïɣ : ïqa : **bayur** ärtimiz （我令下马用饭。我们把马拴在树上。）—暾-1B27
baz	从属	阙-D30；铁兹-B5；毗-B11；毗-D3；毗-D14	.[öŋ]rä tabɣač-qa : **baz**lanmïš : uyɣur :（从前，他们与唐朝和好。）—铁兹-B5
bil-	知道；由于	阙-D18;阙-D21;阙-D21;阙-D24;阙-D34;阙-B10;阙-B10;阙-N7;阙-N11;阙-N12;阙-N13;毗-D16;毗-D18;毗-D18;毗-D20;毗-D33;毗-B6;毗-B8;毗-B15;毗-B15;暾-1X6;	aŋar körü **bil**iŋ türk amtï bodun bäglär（突厥现在的人民和诸官，愿你们看后都知道）—阙-N11
bin-	骑；使得骑	阙-D32;阙-D33;阙-D33;阙-D36;阙-D37;阙-D40;阙-B2;阙-B3;阙-B3;阙-B5;阙-B5;阙-B6;阙-B8;阙-B9;暾-1B25;暾-2D57;铁尔痕-N8;铁尔痕-N9	äkinti ïšbara yamtar boz atïɣ **bin**ip tägdi.（第二次骑始波罗的灰马进击）—阙-D33
bir-	给	阙-B9;毗-D21 阙-D1;阙-D1;阙-D9;阙-D10;阙-D12;阙-D20;阙-D20;阙-D21;阙-D30;阙-N;阙-N;阙-N5;阙-N7;阙-N7;毗-D3;毗-D3;毗-D8;毗-D8;毗-D8;毗-D8;毗-D9;毗-D9;毗-D11;毗-D17;毗-D17;毗	ögsüz aqïn binip toquz ärin sančdï, orduɣ **bir**mädi（骑白马 ögsüz，刺杀九人。并守住了汗庭。）—阙-B9

续表

原词	汉义	所在位置	例句
bir-	给	-D17; 毗 -D32; 毗 -D41;毗-B4;毗-B5;毗 -B9; 毗 -B10; 毗 -B10; 毗 -B12; 毗 -B12; 毗 -B13; 毗 -N7;毗-N9;毗-N10;毗-N11；；铁尔痕 -X4	singilim qunčuyuɣ **bir**timiz.（并把我的妹公主嫁给了他。）一毗 D17
birlä	一起	阙 -D17; 阙 -D26; 阙 -D27; 阙 -D27; 阙 -D35; 阙 -B1; 阙 -B1; 阙 -B3; 阙 -B5; 阙 -B6; 阙 -B7; 阙 -N4; 毗 -B3; 毗 -D15; 毗 -D21; 毗 -D22; 毗 -D22; 毗 -D26; 毗 -D27; 毗 -D34; 暾 -1X7;暾-1D24	qaɣanin **birlä** suŋa yïšda süŋüšdimiz.（我们与其可汗战于 suŋa 山。）—阙 -D35
biti-	写	阙 -N13; 阙 -N13; 阙 -NX;阙-ND;阙-ND;阙 -ND; 毗 -B15; 毗 -NX; 毗 -NX; 暾 -2D58; 铁尔痕-X2；铁尔痕-B2	ärig yirtä bäŋgü taš toqïtdïm **biti**tdim（在这人来人往的地方建造了永久的石碑，我让人写下了我的话。）一阙 N13
boɣuzlan-	扼杀	暾-1B26	yirči : yir yaŋïlïp **boɣuzlan**ti :（向导由于带错了路而被杀。）一暾-1B26
bol-	成为	阙 -D4; 阙 -D5; 阙 -D5; 阙 -D7; 阙 -D7; 阙 -D9; 阙 -D10; 阙 -D11; 阙 -D11; 阙 -D12; 阙 -D13; 阙 -D13; 阙 -D19; 阙 -D20; 阙 -D21; 阙 -D21; 阙 -D24; 阙 -D24; 阙 -D25; 阙 -D25; 阙 -D26; 阙	šilik qïz oɣlïn küŋ **bol**tï（清白的姑娘成了奴婢。）一阙 D7

续表

原词	汉义	所在位置	例句
bol-	成为	-D30; 阙 -D31; 阙 -D34; 阙 -D39; 阙 -B1; 阙 -B2; 阙 -B3; 阙 -B3; 阙 -B3; 阙 -B4; 阙 -B7; 阙 -B9; 阙 -B10; 阙 -B10; 阙 -B11; 阙-BD; 阙-N1; 毗 -D4; 毗 -D5; 毗 -D5; 毗 -D9; 毗 -D9; 毗 -D10; 毗 -D10; 毗 -D11; 毗 -D11; 毗 -D11; 毗 -D16; 毗 -D17; 毗 -D18; 毗 -D18; 毗 -D20; 毗 -D20; 毗 -D20; 毗 -D21; 毗 -D22; 毗 -D26; 毗 -D29; 毗 -D30; 毗 -D31; 毗 -D31; 毗 -D32; 毗 -D33; 毗 -D36; 毗 -D36; 毗 -D37; 毗 -D40; 毗 -B1; 毗 -B14; 毗 -N9; 毗 -X; 暾 -1B31; 暾 -1D20; 暾-1X13;暾-1X2;暾 -1X3; 暾 -1X4; 暾 -1X6; 暾 -1X7; 暾 -2D56; 暾 -2D56; 暾 -2D56;暾-2D56; 铁兹-X5; 铁尔痕-D8; 铁尔痕 -D9; 暾 -1D18; 铁尔痕-X4	subï anča timiš, türk bodun yoq **bol**mazun tiyin（这样说：“不要让突厥人民灭亡！）—阙 D11 bodun **bol**čun tiyin（让他们成为人民！”）—阙 D11 yäti yüz är **bol**miš. yäti yüz är **bol**up（共是七百人。当有了七百人之后） ičikigmä: ičikdi: bodun: boltï: ölügmä（要臣属的臣属了，成了[我的]人民，死的死了。）—毗 D37
bošgur-	教唆	阙 -N7; 阙 -N7; 毗 -D12;毗-B5;毗-B5	ańïy kiši anča **bošgur**ur ärmiš（恶人就这样教唆部分突厥人民道：）—毗-B5
bult-	找	暾-1D23	tilädim : čölgi az äri :**bult**um（我找到了一个漠地阿热（Az）人。）—暾-1D23

续表

原词	汉义	所在位置	例句
buŋ-	忧愁	阙 -N3; 阙 -N5; 阙 -N8;毗-D29;毗-B2; 毗 -B4; 毗 -B6; 毗 -B12; 毗 -B14; 暾 -1B26;暾-2D57	ötükän yir olorup arqïš tirkiš ïdsar, näŋ **buŋ**uɣ yoq （如果你们住在于都斤山地方，从这里派出商队，那就没有忧虑。）—阙-N8
buz-	破坏	阙 -D31; 阙 -D34; 毗 -D24; 毗 -D25; 毗 -D34; 毗 -D37; 毗 -D39	altï čub soɣdaq tapa süllädimiz, **buz**dïmïz.（我们出征六州粟特人，破之。）—阙 D31
ïčɣïn-	失去	阙 -D6; 阙 -D13; 毗 -D7;毗-D11	türk bodun illädük ilin **ïčɣïn**u ïdmïš(拥有国家的突厥人民丧失了国家)—毗-D7
ič-	内	阙 -N12; 毗 -B14; 暾 -1X13	qaltačï biz : öz **ič**i tašïn : tutmïš （我们将无救，我们将腹背（直译：内外）受敌。）—暾-1X13
ičik-	内属	阙 -D10; 阙 -D38; 毗 -D9; 毗 -D37; 暾 -1B28; 暾 -1X2; 暾 -1X3;暾-1X3	qaɣanqa : qι ïrqïz : boduni : **ičik**di : yükünti :（黠戛斯人民内属并归顺于我们。）—暾-1B28
ïd-	送;派;丢失	阙 -D6; 阙 -D7; 阙 -N8; 毗 -D7; 毗 -D7; 毗 -D25; 毗 -D35; 毗 -D40; 毗 -B6; 暾 -1B26; 暾 -1B34; 暾 -1B34; 暾 -1X4; 暾 -1X9; 暾 -1X9; 暾 -1X9	yoɣur<ru>ča : **ïd**ïp ï bar baš : ašdïmïz : yuvulu :（踏开（冰雪），我们翻过长有树木的山顶。我们很困难地下了山。）—暾-1B26
igid-	养育	阙 -D16; 阙 -D23; 阙 -D28; 阙 -D29; 阙 -N9; 阙 -DN; 毗 -D14; 毗 -D19; 毗 -D23; 毗 -D23; 毗 -D35; 毗 -D35; 毗 -D38; 毗 -B6; 毗 -B13;暾-2B62	türük bilgä : qaɣan : türük sir bodunuɣ : oɣuz bodunuɣ : **igid**ü olurur［突厥毗-伽可汗养育了突厥—薛（Sir）人民和乌古斯人民。］—暾-2B62

续表

原词	汉义	所在位置	例句
ilsirä-	失去国家	毗-D13;毗-D15	täŋri yarlïqaduq üčün illigig **ilsirä**tmiš（由于上天保佑，使有国家的失去国家）—毗-D13
in-	下去	阙-D12; 毗-D11; 暾-1B26	**in**miš tirilip yätmiš är bolmïš（则走下来，聚集起来是七十人。）—毗-D11
ir-	是；到达；追赶	阙-D40;暾-2X44;暾-2B45；铁兹-B1；铁尔痕-D6	anta ödkä ökünüp, kül tiginig az ärin **ir**türü（当时我们后悔只派了少数人随同阙特勤。）—阙 D40
it-	做;组成;送;派	阙-D1; 阙-D3; 阙-D7; 阙-D10; 阙-D16; 阙-D19; 阙-D21; 阙-D21; 阙-D22; 阙-D39; 阙-D40; 阙-N3; 阙-N12;毗-D3;毗-D4; 毗-D7; 毗-D9; 毗-D14; 毗-D16; 毗-D17; 毗-D18; 毗-D18;毗-B2;毗-B9; 毗-B9; 毗-B12; 毗-B14; 毗-N15; 暾-2D52; 暾-2X42; 暾-2X43；暾-1B33；铁尔痕-N5	anča qazɣanmïš, anča **it**miš ilimiz törümiz ärti.（这样努力了，我们建立的国家和法制就是这样。）—阙 D22 qaɣanɣaru : ol sabïɣ **ïttïn** : qanta yan : sabïɣ : yana（我怎么办才好呢？回话）—暾-1B33
käŋ kär	争斗	铁兹-B4	[bä]di bärsil : qadïr qasar : an-ta : bar-miš : ol bodun-um **käŋ kär**išdi（……之后，伯狄白霫和哈狄尔曷萨走掉了。我的人民长期互相敌对了。）—铁兹-B4
käč-	渡过	阙-D37; 阙-D39; 阙-N4; 毗-D26; 毗-D27; 毗-D30; 毗-B3; 毗-DN; 毗-DN; 暾-1B25; 暾-1B35; 暾-1B35; 暾-2X38; 暾-2X44	ärtiš ügüzüg : **käč**igsizin : **käč**dimiz : tün qatdimïz :（渡过无渡口的额尔齐斯河。）—暾-1B35

续表

原词	汉义	所在位置	例句
käl-	来	阙-D4; 阙-D20; 阙-D23; 阙-D23; 阙-D28; 阙-D31; 阙-D37; 阙-B1; 阙-B7; 阙-B11; 阙-B11; 阙-B12; 阙-B12; 阙-B12; 阙-B12; 阙-B12; 阙-B13; 阙-B13; 阙-B13; 阙-DB; 阙-N11; 毗-D5; 毗-D17; 毗-D19; 毗-D19; 毗-D23; 毗-D25; 毗-D25; 毗-D27; 毗-D29; 毗-D31; 毗-D32; 毗-D32; 毗-D32; 毗-D34; 毗-D35; 毗-D39; 毗-D39; 毗-D41; 毗-D41; 毗-B14; 毗-N8; 毗-N11; 毗-N11; 毗-N11; 毗-N11; 毗-N12; 毗-N15; 暾-1B28; 暾-1B29; 暾-1B32; 暾-1B32; 暾-1B32; 暾-1B33; 暾-1B34; 暾-1D22; 暾-1D22; 暾-1X12; 暾-1X12; 暾-1X14; 暾-1X15; 暾-1X16; 暾-1X17; 暾-1X17; 暾-1X8; 暾-2D53; 暾-2B46; 暾-2B48; 暾-2X38; 暾-2X40; 暾-2X43;暾-2X43; 铁尔痕-N2	män bäŋgü taš tikdim tabɣač qaɣanta bädizči **käl**ürtüm bädizätdim:（我立起这永久的石碑，我从唐朝皇帝那里请来了画工，让他们装饰了。）—阙 N1 yalabačï: ädgü: savï: ötügi:**käl**mäz tiyin:（我因其不派使节、不致问候）—毗 D39 qara bodun: qaɣanïm:**käl**ti tip:（普通人民则高兴地说："我们的可汗来了。"）—毗 D41 manga: lisün: tay sängün: bašad[u]: biš yüz: ärän: **käl**ti:（李佺大将军率五百人来到我）—毗 N11
kig-	进入	阙-D23;毗-D19	yablaq **kig**ürtig（招致了恶果。）—毗-D19

续表

原词	汉义	所在位置	例句
kikšür-	仇视	阙-D6;毗-D6	armaqčïsin üčün inili äčili **kikšür**tükin üčün（由于他们的引诱，由于他们使兄弟相仇）—阙-D6
kir-	进入	阙-D38; 毗-B14; 毗-D38; 铁尔痕-N3	ädgü: körtäči sän: äviŋä: **kir**täči（你们将是幸福的，安居乐业）—毗-B14
kït-	做	阙-N13	anï körüp anča biliŋ ol taš barkin **kït**dïm yaraturtïm.（愿你们看到后都知道我组织人打造了那石碑。）—阙-N13
köŋlüŋ-	听	暾-1X15;暾-1B32	**köŋlüŋ**čä : udïz tidi : kök öŋüg : yuɣuru ：［他说："按你想的指挥(军队)吧！"过 kök öŋ，]—暾-1X15
kör-	看	阙-D8; 阙-D19; 阙-D30; 阙-B10; 阙-B10; 阙-N2; 阙-N11; 阙-N11; 阙-N12; 阙-N13; 毗-D2;毗-D7;毗-D16; 毗-D24; 毗-D39; 毗-B2; 毗-B8; 毗-B8; 毗-B14; 毗-B15; 毗-B15; 暾-1B26; 暾-1B32;暾-1X1	bödkä **kör**ügmä bäglär gü yaŋïltačï siz（这时诸官看了以后，你们还要犯错吗？）—阙-N11
köč-	迁移	铁尔痕-X4; 铁尔痕-X5	qaraɣa : burɣu : ol yir ikin : subïmïn : qonar **köč**ür bän :（在 qarɣa 和 burɣu 两条河之间，我居住着和游牧着）—铁尔痕-X4
kötür-	举起	阙-D11; 阙-D25; 毗-D10;毗-D21	täŋri töpüsintä tutup yögärü **kötür**miš ärinč（护持在上天之顶，高高举起了。）—毗-D10
küŋäd-	成为女婢	阙-D13;毗-D11	ilsirämiš qaɣansïramïš boduniɣ, **küŋäd**miš（组织和教导了曾丧失国家、丧失可汗的人民，曾沦为婢女）—毗-D11

续表

原词	汉义	所在位置	例句
küräg-	违法	阙-D23;毗-D19	ökün **küräg**üŋin üčün, （你们悔过吧！由于你们的无法）—毗-D19
kürlüg-	欺骗	阙-D6;毗-D6	tabɣač bodun täbligin **kürlüg**in üčün:（由于唐人的奸诈和欺骗）—阙-D6
küzäd-	守护	阙-X	inim kül tiginig **küzäd**ü olurtïm（守护我弟阙特勤）—阙 X
ö-	想	阙 -N5; 阙 -N8; 阙 -N8; 毗 -B4; 毗 -B6; 毗 -B6; 阙 -N8; 阙 -N8; 毗 -B6; 毗 -B6; 阙-N5;毗-B4	bir todsar ačsïq **ö**mäz （你们一旦饱食，就不考虑饥饿。）—阙-N8
ögläš-	商量	暾-1D20;暾-1D20	ol üčqaɣan : ögläšip : altun yïš üzä : qabïšalïm timiš : anča **ögläš**miš :（那三可汗要会师阿尔泰山林。他们这样商量道：）—暾-1D20
ögtür-	赞颂	阙-X	anï **ögtür**tüm（我让人尊敬他。）—阙 X
ökün-	后悔	阙 -D23; 阙 -D40; 毗 -D19;毗-D38	täzip: tabɣačqa: kirti: **ökün**üp: sülädim:（逃窜入唐朝。我悔恨地出征……）—毗-D38
öl-	死	阙 -D10; 阙 -D19; 阙 -D19; 阙 -D20; 阙 -D27; 阙 -D28; 阙 -D29; 阙 -D33; 阙 -D33; 阙 -D33; 阙 -D36; 阙 -D38; 阙 -D40; 阙 -B1; 阙 -B2; 阙 -B4; 阙 -B6; 阙 -B7; 阙 -B8; 阙 -B10; 阙 -B10; 阙 -N6; 阙 -N7; 阙 -N8; 阙 -N9; 阙 -N10; 毗 -D2; 毗 -D9; 毗 -D16; 毗	süsin: ikinti kün: qop: [**ölü**]r[tüm:（第二天全部消灭其步兵。）—毗-N1

续表

原词	汉义	所在位置	例句
öl-	死	-D16; 毗 -D17; 毗 -D22; 毗 -D22; 毗 -D23; 毗 -D26; 毗 -D27; 毗 -D28; 毗 -D29; 毗 -D29; 毗 -D31; 毗 -D33; 毗 -D37;毗-B5;毗-B6; 毗 -B6; 毗 -B7; 毗 -B8; 毗 -N1; 毗 -N7; 毗 -N9; 暾 -1B28; 暾 -1B30; 暾 -1X16; 暾 -1X3;暾-1X3; 铁尔痕-N3	ičikigmä: ičikdi: bodun: boltï: **öl**ügmä（要臣属的臣属了，成了人民，死的死了。）—毗 D37
olɣurt-	使坐下	暾-2D53	arquy qaraɣuɣ : **olɣurt**dïm oq : yanïɣma : yaɣïɣ :（我扩大了禁卫队。我使叛逃的敌人归来。）—暾-2D53
olur-	坐	阙 -N8; 阙 -D1; 阙 -D1; 阙 -D3; 阙 -D5; 阙 -D5; 阙 -D16; 阙 -D16; 阙 -D17; 阙 -D26; 阙 -D26; 阙 -D27; 阙 -D27; 阙 -N1; 阙 -N3; 阙 -N4; 阙 -N8; 阙 -N8; 阙 -N9; 阙 -N9; 阙 -DN; 阙-X;毗-D2;毗-D2; 毗 -D2; 毗 -D3; 毗 -D3; 毗 -D4; 毗 -D6; 毗 -D6; 毗 -D14; 毗 -D14; 毗 -D14; 毗 -D15; 毗 -D21; 毗 -D21; 毗 -D21; 毗 -D22; 毗 -D22; 毗 -D28; 毗 -D36; 毗 -B1; 毗 -B2; 毗 -B3; 毗 -B6; 毗 -B6; 毗 -B6;毗-B7;毗-B7;	bu ödkä **olur**tïm（这时登上了汗位。）—阙-N1 qaɣan **olur**tïm qaɣan **olur**up（我做了可汗。我做了可汗后）—阙 N9 biligsiz qaɣan **olur**mïš ärinč yablaq qaɣan **olur**mïš ärinč:（昏庸的可汗登了位，坏的可汗登了位。）—阙 D5

续表

原词	汉义	所在位置	例句
olur-	坐	毗 -B9; 毗 -B9; 毗 -N9;毗-N9;毗-N13; 暾 -1B31; 暾 -1B32; 暾 -1B34; 暾 -1D18; 暾 -1D21; 暾 -1D22; 暾 -1X10; 暾 -1X10; 暾 -1X11; 暾 -1X12; 暾 -1X7; 暾 -1X8; 暾 -1X8; 暾 -1X9; 暾 -2B62; 暾 -2D51; 暾 -2D52；铁兹-X6；铁兹-B1；铁兹-B2；铁兹-B5；铁兹-D1；铁兹 -B6; 铁尔痕 -D1；铁尔痕-D1；铁尔痕-D3；铁尔痕 -D4	sü barïng : tidi : altun yïšda : **olur**ung（你们率军前进吧！你们驻扎在阿尔泰山林！）暾 1B31
opla-	突击	阙 -B2; 阙 -B3; 阙 -B4; 阙 -B5; 阙 -B5; 阙-D32;阙-D36;	kül tigin yadaɣïn **opla**yu tägdi.(阙特勤徒步冲击)—阙-D32
örti-	起事	阙-X	qurïdïn soɣud **örti**.（西方粟特人反叛。）—阙-X
ortus-	中间	阙-N2;毗-B2;毗-B2	toɣsïqqa, birgärü kün **ortus**ïngaru（往前（东面）到日出，往右（南面）到日中）—毗-B2
ötün-	请求	毗-D39;暾-1X12;暾 -1X12; 暾 -1X14; 暾 -1X15; 暾 -1X15; 暾 -1D18;暾-1B25；铁尔痕-N4	sümüz : kältäčimiz : bar mu nä : anča **ötün**tüm :（不是这样吗？”我这样对他说了。）—暾-1X14
oz-	冲出；冲到前	阙 -B7;毗-D28；毗 -D31	**oz**a kälmiš süsin kül tigin aɣïtïp:（阙特勤将超越过来的敌军冲散了）—阙-B7
qabïš-	会和	暾 -1D20; 暾 -1D21; 暾-1X12	ol üčqaɣan : ögläšip : altun yïš üzä : **qabïš**alïm（那三可汗要会师阿尔泰山林。）—暾-1D20

续表

原词	汉义	所在位置	例句
qaɣansïra-	失去可汗	阙-D13; 阙-D15; 阙-D18; 毗-D11; 毗-D13; 毗-D15; 毗-D25;	qaɣanlïɣïɣ **qaɣansïra**tmïš, yaɣïɣ: baz qïlmïš（使有可汗的失去可汗，征服了敌人）—阙-D15
qal-	留下	阙-D20; 阙-D30; 阙-B9; 阙-N9; 毗-D14; 毗-D17; 毗-D25; 毗-B7; 暾-1B30; 暾-1B33; 暾-1D19; 暾-1X13; 暾-1X4; 暾-1X4	kökmän yir sub idisiz **qal**mazun tiyin,（为了不要让曲漫山地方没有主人）—阙-D20
qamšat-	使动摇	阙-B7;毗-D30	bodun adaq **qamšat**dï, yablaq boltačï ärti.（人民动摇了，情况不妙。）—阙-B7
qanlan-	拥有汗	暾-1X2	türk bodun : qanïn bolmayïn : tabɣačda : adrïltï : **qanlan**tï :（突厥人民没有自己的可汗，脱离了唐朝，有了汗。）—暾-1X2
qaraɣ	瞭望	暾-1B34	timiš : yälmä: **qaraɣ**u : ädgüti（说，好好地布置探马防哨，免受袭击！）—暾-1B34
qat-	加入	暾-1B35	ärtiš ügüzüg : käčigsizin : käčdimiz : tün **qat**dimïz :（渡过无渡口的额尔齐斯河。）—暾-1B35
qatïɣ-	努力	阙-B11; 毗-B1; 阙-N2	qara bodunum **qat**ïɣlanïŋ äl törösin（哎，我的人民，由于你们的努力）—埃 7
qazɣan-	努力	阙-D9; 阙-D16; 阙-D22; 阙-D26; 阙-D27; 阙-D27; 阙-D30; 阙-D31; 毗-D8; 毗-D13; 毗-D18; 毗-D22; 毗-D22; 毗-D22; 毗-D33; 毗-D33; 毗	udu bän özüm : **qazɣan**masar : il yämä : bodun yämä :（要是我不跟随他也努力的话，国家和人民都得灭亡。）—暾 2D55

续表

原词	汉义	所在位置	例句
qazɣan-	努力	-D33; 毗 -D34; 毗 -D36; 毗 -B12; 毗 -N10; 毗 -N10; 暾 -2B59; 暾 -2B59; 暾 -2B61; 暾 -2D54; 暾 -2D55; 暾 -2D55; 暾 -2D55	ilim amtï qanï? kimkä ilig **qazɣan**ur män?（现在我的国家在哪里？我在为谁努力获取国家？）—阙-D9
qïd-	怜悯	阙-N6;毗-B4	bir kiši yaŋïlsar oɣušï bodunï bišükinge tägi **qïd**maz（一人有错，连他的族人、亲人、后辈都不饶恕。）—毗-B4
qïz-	生气	铁兹-B3	buzuq bašïn : **qïz**a : učuz kül iki atlïɣïn : tükä barmiš（由于布祖克首领的不满，小阙和两位贵人一起完了。）—铁兹-B3
qïs-	做	暾 -1X11; 暾 -1D21; 暾-1X5	usar idi yoq **qïs**alïm :（如有可能，让我们消灭他们！”）—暾-1X11
qïyïn-	惩罚	暾-1B32	bu süg ält : tidi : **qïyïn**ïɣ : kööŋlüŋčä ay : bän saŋa（你领此军。你按自己的意见做出决定吧！）—暾-1B32
qïl-	做	阙 -D1; 阙 -D1; 阙 -D2; 阙 -D5; 阙 -D5; 阙 -D15; 阙 -D16; 阙 -D16; 阙 -D27; 阙 -D29; 阙 -D29; 阙 -D29; 阙 -D30; 阙 -D30; 阙 -N10; 阙 -N10;毗-D2;毗-D2; 毗 -D3; 毗 -D6; 毗 -D6; 毗 -D7; 毗 -D7; 毗 -D13; 毗 -D14; 毗 -D14; 毗 -D22; 毗 -D23; 毗 -D24; 毗 -D24; 毗 -D24; 毗 -D24; 毗 -D36; 毗 -B7; 毗 -B7; 毗 -B9; 毗 -B12; 毗 -N4; 毗 -N7; 暾 -1D18； 暾 -1X1 铁兹-B1	bay qïltïm az bodunïɣ üküš qïltïm azu bu bay **qïl**tïm az bodunïɣ üküš qïltïm azu bu(把贫困的人们集合起来，使穷人变富，使较少的人民变多。)—毗 B7 äkin ara kiši öɣlï **qïl**ïnmïš［在二者之间（也）创造了人类之子。］—阙-D2

续表

原词	汉义	所在位置	例句
qïlïčla-	用剑斩杀	阙-B5	sü tägišintä yitinč ärig **qïlïčla**dï.（刺杀六人。在两军接战时，用剑斩杀了七人。）—阙-B5
qïs-	做	阙 -D32; 阙 -D34; 毗 -D25;暾-1X6	özüm ök : qaɣan **qïs**dïm :（我自己敦促为可汗。）—暾-1X6
qïšla-	过冬	阙-B8;毗-D31	amɣï qurɣan **qïšla**p（我们在 amɣï 堡过冬。）—阙-B8
qït-	做	阙-B8	tašïqdïmïz. kül tigin äbig bašlayu **qït**tïmïz.（我们留阙特勤守家。）—阙-B8
qïz-	生气	铁尔痕-D2	**qïz**a barmïš : uč[mïš（人民因反派而灭亡）—铁尔痕-D2
qodï	向下	毗-D37	ölti: säläŋä: **qodï**: yorïpan:（我沿色楞格河而下）—毗-D37
qon-	住下	阙 -D2; 阙 -D21; 阙 -D21; 阙 -D38; 阙 -N5; 阙 -N7; 毗 -D4; 毗 -D17; 毗 -D18; 毗 -D40; 毗-B4; 毗-B5; 毗-B11；铁兹-N2；铁兹-N3；铁尔痕 -X4；铁尔痕-X4	**qon**turtïmïz, anča itdimiz.（西面，一直到康居贪漫，让突厥人民这样住下了，这样组织了。）—阙-D21
qod-	放下	暾-1X3;毗-N12	qanïn **qod**up : tabɣačqa : yana ičikdi（他们又弃其汗而臣属于唐朝，）—暾-1X3
qoon-	住下	暾-1X17	bilgä : tuńuquq : ⟨kälürtüm : ⟩ ötükän yärig : **qoon**muš täyin :（谋臣暾-欲谷住在于都斤地方后）—暾-1X17
qorq-	怕	暾-2X39;暾-2X41	üküš tiyin : näkä **qorq**uur biz : az tiyin : nä basïnalïm :（我们为什么因为他们人多就惧怕？我们为什么因为人少就要被打败？）—暾-2X39

续表

原词	汉义	所在位置	例句
qubrat-	使集起	阙-D12; 阙-N10; 毗-B7;毗-D11	yoq čïɣań boduniɣ qop **qubrat**dïm čïɣań boduniɣ（把贫困的人们集合起来）—阙-N10
qulad-	做奴隶	阙-D13;毗-D11	**qulad**mïš: boduniɣ, türk törüsin ïčɣïnmïš（成为奴隶的人民，曾失掉突厥法制的人民）—毗-D11
quubrn-	集起来	暾-1X4	bod qalmadï : ïda tašda : qalmïšï : **quubrn**ïp :（没有留下机体。留在荒原中的，聚合起来）—暾-1X4
sanč-	刺	阙-D36; 阙-B2; 阙-B5; 阙-B5; 阙-B6; 阙-B8; 阙-B9; 毗-D26; 毗-D30; 毗-D31; 毗-D32; 毗-D37;暾-1B28；铁尔痕-N1；铁尔痕-N3	**sanč**dïmïz : qanïn : ölürtïmïz :（我们打败了他们并杀死其可汗。）—暾-1B28
saqïn-	想	阙-D10; 阙-B10; 阙-B11; 阙-B11; 阙-B11; 阙-B11; 毗-D2;毗-D9;毗-D33; 毗-D35; 毗-X; 暾-1D22; 暾-1D24; 暾-1X5;暾-1X6；铁尔痕-N3	köŋültä sïɣït kälsär, yanturu **saqïn**tïm,（心情难过，我强抑住。）—阙-B11
sävin-	喜爱	毗-D2；铁尔痕-X4	saqïnïɣma: türük: bäglär: bodun: [ö]girip: **sävin**ip: toŋïtmïš :（当我即位时，悲痛欲绝的突厥诸官和人民欢庆喜悦）—毗-D2
seni	把你	暾-1X10	ol äki kiši : bar ärsär : **seni** tabɣačïɣ :（如那两人存在，他们将把你唐人杀死）—暾-1X10
sï-	破坏，毁坏	阙-D36; 阙-N11; 毗-B14;暾-1D19	savïmïn: **sï**madï: ičräki: bädizčig:（他们没有拒绝我的要求，派来了内宫的工匠。）—毗-B14

续表

原词	汉义	所在位置	例句
sïɣït-	吊唁	阙-石龟上的字 4	**sïɣït**ïmïn basdïm(我忍住悲痛。)—阙-石龟上的字 4
sïɣta-	哭丧	阙-D4;毗-D5	kälipän **sïɣta**mïš yoqlamïš（前来吊唁。）—毗-D5
sök-	跪;折破	阙-D18; 阙-D35; 毗-D3; 毗 -D13; 毗-B10; 毗 -D16; 毗-D27;暾-1B25	**sök**dïm : yoqaru : at yätä yadaɣïn : ïɣač tutunu :(折破 1pl.PAST 往上马达到CONV 步行INST 树木 被抓住 CONV 我令牵着马，抓住树木步行)—暾-1B25
sökür-	使跪	阙-D2;阙-D15	tizligig **sökür**miš, bašlïɣïɣ yüküntürmiš:（使有膝的屈膝，使有头的顿首）—阙-D15
sözläš-	交谈	阙-D26;毗-D21	inim kül tigin birlä **sözläš**dimiz.（我同我弟阙特勤商谈了）—阙-D26
sülä-	作战;率军	阙 -D2; 阙 -D12; 阙 -D14; 阙 -D15; 阙 -D17; 阙 -D17; 阙 -D18; 阙 -D28; 阙 -D31; 阙 -D35; 阙 -D39; 阙 -N3; 毗-D3; 毗 -D11; 毗 -D13; 毗 -D15; 毗 -D15; 毗 -D15; 毗 -D15; 毗 -D23; 毗 -D24; 毗 -D25; 毗 -D25; 毗 -D26; 毗 -D26; 毗 -D26; 毗 -D28; 毗 -D32; 毗 -D38; 毗 -D39; 毗 -D40; 毗 -D41; 毗-N2; 毗-N2; 毗 -N2; 暾 -1D18; 暾 -1D20; 暾 -1D20; 暾 -1D21; 暾 -1D23; 暾 -2X43; 暾 -2X44; 阙 -N3; 阙 -N3; 阙 -N4; 阙 -N4; 毗 -B2; 毗 -B3; 毗 -B3; 毗 -B3; 阙 -D8; 毗 -D8; 毗 -D8	tört bulung qop yaɣï ärmiš, sü **sülä**pän（四方皆是敌人。他们率军作战）—毗 D3 quriɣaru tämir qapïɣqa tägi süläyü birmiš（在西方，一直打到铁门关）—毗-D8 ilgärü šanduŋ yazïqa tägi **sülä**dim taluyqa kičig tägmädim(向前我曾征战到山东平原，几乎到达海滨。)—阙 B3

续表

原词	汉义	所在位置	例句
süŋüš-	交战；打仗	阙-D15; 阙-D15; 阙-D18; 阙-D20; 阙-D28; 阙-D31; 阙-D32; 阙-D35; 阙-D37; 阙-D40; 阙-D40; 阙-B1; 阙-B1; 阙-B2; 阙-B2; 阙-B3; 阙-B4; 阙-B4; 阙-B5; 阙-B6; 阙-B6; 阙-B7; 毗-D13; 毗-D13; 毗-D15; 毗-D17; 毗-D23; 毗-D25; 毗-D26; 毗-D26; 毗-D26; 毗-D27; 毗-D28; 毗-D28; 毗-D29; 毗-D30; 毗-D30; 毗-D30; 毗-D30; 毗-D31; 毗-D32; 毗-D34; 毗-D34; 毗-D37; 毗-N6; 暾-1B28; 暾-1X16; 暾-2N49; 暾-2N49; 暾-2X40;暾-2X41	yiti yolï sülämiš yägirmi **süŋüš süŋüš**miš（他出征了四十七次，参加了二十次战斗。）—毗-D13 äng ilk toɣu balïqda **süngüš**dimiz.（最先我们交战于都护城。）—毗 B4 äkinti:anta arɣuda: **sungüš**düm: süsin:（第二次我战于我败其军）—毗 D30
suq-	怒	毗-D38	**suq**un [............... o]ɣïlin: yutuzin: anta altïm:(我怒取其男儿、妻女)—毗-D38
sür-	驱赶	阙-D23；毗-D19	süŋüglüg qantan kälipän **sür**a altdï（带矛的人从哪里来驱走你们？）—阙-D23
tä-	说	暾-1D22	[türk boduni yämä :] bulɣanč [ol **t**]**ä**miš : oɣuzi yämä :tarqïnč ol［突厥人民将乱，他的乌古斯（人民）也将涣散。］—暾-1D22
ta-	反对	阙-D28；毗-D23	ilgärü qïtań **ta**tabï bodun taa,（东面反对契丹、奚人民）—阙-D28

续表

原词	汉义	所在位置	例句
täblig-	狡猾	阙-D6;毗-D6	tabɣač bodun **täblig**in kürlügin üčün:（由于唐人的奸诈和欺骗）—阙-D6
täg-	进攻；袭击；到达	阙-D32; 阙-D32; 阙-D33; 阙-D33; 阙-D34; 阙-D36; 阙-D36; 阙-D37; 阙-D40; 阙-D40; 阙-B2; 阙-B3; 阙-B4; 阙-B5; 阙-B5; 阙-B6; 阙-B8; 阙-N3; 阙-N3; 阙-B5; 毗-B2;毗-B3;毗-D30; 毗-N8; 毗-DN; 暾-1B35; 暾-1D18; 暾-1X8; 暾-1X11; 暾-1D18; 暾-1B35; 暾-2N47; 暾-2N47; 暾-2X39;暾-2X39；毗-N8;毗-NB；铁兹-X4；铁兹-D3	küni: **täg**dük: üčün: yaɣï boltï（由于心怀嫉妒，成了敌人。）—毗-D30 kül tigin yadaɣïn oplayu tägdi.（阙特勤徒步冲击）—阙 D32
tägi	直到	阙-D2; 阙-D2; 阙-D8;阙-D8;阙-D17; 阙-D17;阙-D17;阙-D21; 阙-D39; 阙-N3;阙-N3;阙-N4; 阙-N4; 阙-N4; 阙-N6;阙-N12;毗-B2; 毗-B3; 毗-B3; 毗-B3;毗-B3;毗-B4; 毗-B11;毗-B15;毗-D3;毗-D4;毗-D8; 毗-D8; 毗-D15; 毗-D15; 毗-D15; 毗-D18; 毗-D18; 毗-DN; 暾-2N45; 暾-2N57; 阙-N3; 阙-N3;毗-B2;毗-B3	tämir qapïɣqa : **tägi** : irtimiz :［我们一直到达铁门（关）。］—暾-2N45 yïrɣaru yir bayïrqu yiringä **tägi** sülädim（向左我曾征战到拔野谷地方。）—阙 N4

续表

原词	汉义	所在位置	例句
taɣïq-	上山	阙-D12;毗-D10	tiyin kü äšidip, balïqdaqï **taɣïq**mïš:［在听到（他们）外走的消息后，城中的人上了山］—阙-D12
tägiš-	交战	阙-B5	sü **tägiš**intä yitinč ärig qïlïčladï.（刺杀六人。在两军接战时，用剑斩杀了七人。）—阙-B5
tägür-	送交	阙-D33;暾-1D19	šantuŋ b[alïqqa] taluy [ögüzk]ä : **tägür**tüm : üč otuz balïq :［我使（军队）到达山东诸城和海边，（我军）摧毁了二十三座城池］—暾-1D19
tälin-	裂	阙-D22;毗-D18	üzä täŋri basmasar, asra yir **tälin**mäsär（当上面上天不塌，下面大地不裂）—阙-D22
tap-	反对；朝向	阙-D28; 阙-D28; 阙-D31; 阙 -D35; 阙-D36; 阙 -D39; 毗-D23; 毗 -D23; 毗-D24; 毗 -D25; 毗-D26; 毗 -D26; 毗-D26; 毗 -D27; 毗-D28; 毗 -D32; 毗-D40;毗-N2;毗-N2	bodunïɣ igidäyin tiyin, yïrɣaru oɣuz bodun **tap**a,（为了养育人民，北面反对乌古斯人民）—阙-D28
tapla-	喜欢	毗-D35	yir sub: [äčim q]aɣan: qutï: **tapla**madï ärinč:［由于上面上天和神圣水土（神）和我祖可汗在天之灵不说］—毗-D35
tašïq-	外出	阙-D11; 阙-B8; 毗-D10; 暾-1B30; 暾-1B30;暾-1B33	qaŋïm qaɣan yiti yigirmi ärin **tašïq**mïs, tašra:（我父可汗同十七人）—阙-D11
tašra	往外	阙-D11; 阙-D26; 毗-D10;毗-D21	ičrä aššïz, **tašra** tonsïz, yabïz ablaq bodunta üzä olurtïm.（我统治的是内无食、外无衣、贫困可怜的人民。）—阙-D26
tä-	说	暾-1X17	bilgä : tuńuquq : ⟨kälürtüm : ⟩ ötükän yärig : qoonmuš **tä**yin :（谋臣暾-欲谷住在于都斤地方后）—暾-1X17

续表

原词	汉义	所在位置	例句
täz-	逃走	阙-D34; 毗-D37; 毗-D38; 毗 -D40; 毗-D41; 暾 -2X38; 暾-2X43；铁尔痕-N3	näkä : **täzär** biz :（为什么我们要逃走？）—暾-2X38
tïd-	阻碍	阙-B11	anča saqïntïm. közdä yaš kälsär **tïda**,(我十分悲痛。眼睛流泪，我强忍住；)—阙-B11
ti-	说	阙 -D9; 阙 -D9; 阙-D9;阙-D9;阙-D10; 阙 -D11; 阙 -D11; 阙-D11; 阙 -D12; 阙-D19; 阙 -D20; 阙-D25; 阙 -D25; 阙-D27; 阙 -D28; 阙-D39; 阙 -N7; 阙-B11; 毗-B5; 毗-B5; 毗 -D8; 毗 -D8; 毗-D9; 毗-D9; 毗-D9; 毗-D10; 毗-D10; 毗-D10; 毗 -D10; 毗-D16; 毗 -D17; 毗-D20; 毗 -D21; 毗-D22; 毗 -D23; 毗-D25; 毗-D32； 毗-D35; 毗 -D39; 毗-D40; 毗 -D41; 毗-D41; 暾 -1B25; 暾-1B26; 暾 -1B29; 暾-1B30; 暾 -1B30; 暾-1B30; 暾 -1B31; 暾-1B31; 暾 -1B31; 暾-1B31; 暾 -1B32; 暾-1B32; 暾 -1B32; 暾-1B33; 暾 -1B34; 暾-1B35; 暾 -1D20; 暾-1D20; 暾 -1D21; 暾-1D21; 暾 -1D21; 暾-1D22; 暾-1D23; 暾	bäglärim bodunum közi qašï ablaq boltačï **tip** saqïntïm.（诸官、我的人民将哭坏他们的眼睛。）—阙-B11 basa: kälti:yadaɣ: yavïz: boltï: **tip**: alɣalï: kälti:（因【我们】无马，处境困难，来攻取【我们】）。—毗D32 **ti**yin bodun bolču **ti**yin（让他们成为人民！）—毗 D10

续表

原词	汉义	所在位置	例句
ti-	说	-1D23; 暾 -1D23; 暾 -1D23; 暾 -1D24; 暾 -1X2; 暾 -1X3; 暾 -1X5; 暾 -1X5; 暾 -1X15; 暾 -2X37; 暾 -2X38; 暾 -2X39; 暾 -2X39; 暾 -2X39; 暾 -2X40; 阙 -D9; 阙 -D11; 阙 -B11; 阙 -N7; 毗 -D8; 毗 -D9; 毗 -D10; 毗 -D32; 毗 -D40; 毗 -D41; 毗 -D41; 暾 -1B26; 暾 -1B29; 暾 -1B30; 暾 -1B33; 暾 -1B34; 暾 -1B34; 暾 -1D20; 暾 -1D20; 暾 -1D21; 暾 -1D21; 暾 -1D22; 暾 -1X3; 阙 -N7; 毗 -D33; 暾 -1X6; 暾 -1X6； 阙 -D11; 阙 -D11; 阙 -D12; 阙 -D19; 阙 -D20; 阙 -D25; 阙 -D25; 阙 -D27; 阙 -D28; 阙 -D39; 毗 -D10; 毗 -D10; 毗 -D10; 毗 -D16; 毗 -D17; 毗 -D20; 毗 -D21; 毗 -D22; 毗 -D23; 毗 -D25; 毗 -D35; 毗 -D39; 暾 -1D23; 暾 -1D24; 暾 -2X39; 暾 -2X40 铁尔痕-N5	bolmazun tiyin, az bodunuɣ **it**ip yaratïp bars bäg（于是，[我们]组织了阿热人民。他原为虎官）—毗 D16 **ti**yin qangïm qaɣanïɣ（使我父成为可汗）—毗 D20 bolmazun **ti**yin, özümin ol tängri（那上天让我自己）—毗 D21 soɣdaq bodun itäyin **ti**yin(为了整顿粟特人民)—阙-D39 üküš **ti**yin : näkä qorqur biz : az **ti**yin : nä basïnalïm : üküš tiyin : näkä qorqur biz :az tiyin : nä basïnalïm :（我们为什么因为他们人多就惧怕？我们为什么因为人少就要被打败？）—暾 2X39
tik-	立起	毗 -D13; 阙 -D16; 阙 -D25; 阙 -N11; 毗 -N9; 毗 -N11; 毗 -D20；铁兹-N2	balbal **tik**miš qaŋïm（立作杀人石。）—毗-D13
timaɣ	赞扬	毗-N15;毗-N15	ärtiŋü: **timaɣ**: itdi: ögd[i … … q]aŋïm （十分颂扬了……我父可汗）—毗-N15

续表

原词	汉义	所在位置	例句
tïŋla	听	阙-N2;毗-B1	bu sabïmïn ädgüti äšid qatïɣdï **tïŋla**（我的话你们好好听着，努力听着：）—阙-N2
tir-	集起；活	阙 -D12; 毗 -D11; 毗 -D11; 阙 -D12; 阙 -N10; 毗 -D23; 毗 -D29; 毗 -D31; 毗 -D34; 毗 -D36; 毗 -D39; 毗 -B8; 暾 -1B28; 暾 -1B30; 暾 -1B33; 暾 -1B33; 暾 -1X9; 暾 -1X10; 暾 -1X10; 暾 -1X11; 暾 -1X12; 暾 -2X36; 暾 -2X36	taɣdaqï inmiš, **tir**ilip yätmiš är bolmïš.（山上的则走下来，聚集起来是七十人。）—阙-D1 ülügüm bar üčün: öltäči boduniɣ **tir**gürü（由于我的福分，由于我的幸运，我振兴了濒死的人民）—毗-D23
tir-	说	阙 -D9; 阙 -D9; 阙 -D10;毗-D8;毗-D9; 毗 -D9; 毗 -D9; 毗 -D9	nä qaɣanqa išig küčüg birür män **tir** ärmiš:（我为哪家可汗效力？——他们说）—毗-D9
tirgür-	复活	阙-D29;毗-D23	ülügüm bar üčün, öltäči boduniɣ **tirgür**ü igittim.(由于我的幸运，我振兴了濒死的人民）—阙-D29
tod-	饱	阙-N8	bir **tod**sar ačsïq ömäz（你们一旦饱食，就不考虑饥饿。）—阙-N8
toɣ-	越	阙-D35;阙-D37	ilgärü kün **toɣ**sïqqa, birgärü kün ortusïngaru（往前到日出，往右到日中）—阙-N2
toɣsïq-	出生	阙 -D8; 阙 -N2; 毗 -D8;毗-B2	ilgärü kün **toɣsïq**da bükli qaɣanqa tägi süläyü birmiš,（前面，在日出之方，一直打到莫离可汗那里）—阙-D8
töküt-	使倒	暾-2D52	küüntüz : olurmatï : qïzïl qanïm : **töküti** : qara tärim :（昼不能坐，流鲜血，洒黑汗）—暾-2D52

续表

原词	汉义	所在位置	例句
tolɣat-	折磨	毗-B13	[y]ämä: igidiŋ: ämgätmäŋ **tolɣat**maŋ（您养育他们，不要使他们受到痛苦！）—毗-B13
toŋït-	使低头	毗-D2	saqïnïɣma: türük: bäglär: bodun: [ö]girip: sävinip: **toŋït**mïš：（悲痛欲绝的突厥诸官和人民欢庆喜悦）—毗-D2
toŋtar	推翻	铁尔痕-D8	… anta **toŋtar**tïm :qan[ïn altïm]（我推翻了突厥的统治。）—铁尔痕-D8
toqï-	打；打造	阙 -B6; 毗 -D31; 毗 -N8; 阙 -N12; 阙 -N13; 阙 -N13; 毗 -B14; 毗 -B15; 毗 -B15; 铁尔痕-D9; 铁尔痕-N1; 铁尔痕 -X2; ; 铁尔痕-X3	**toqï**dïm: üč tümän süg: [ölürt]üm:（我消灭三万军，击溃）—毗-N8
tor-	变瘦	阙-N9;毗-B7	anta qalmïšï yir sayu qop **tor**u ölü yorïyïr ärtig［你们中剩下的到处（流徙），处境困难］。—阙-N9
törü-	创立；生	阙 -B10; 毗 -B9; 毗 -B10;毗-B10	qïzïm[in ……….] ärtiŋü: uluy: **törü**n: alï birtim: tür[giš qaɣan]（女儿嫁给突骑施可汗）—毗-B9
tosïq	饱	阙-N8;毗-B6	türk bodun toqurqaq sän ăčsïq **tosïq** ömäz sän（你们一旦饱食，就不考虑饥饿。）—阙-N8
tu-	堵塞	暾-1B26;暾-1D23	kööɡmän : yolï : bir ärmiš : **tu**muš tiyin（我听说曲漫的道路只有一条）—暾-1B26
tur-	站立	铁尔痕-B2	bu bitidükdä :qanïma : **tur**ɣaq bašï [qaɣas] atačuq bägzik är čigši : bïla baɣa tarqan : üč yüz : turɣaq : turdï :（当书写这些文字的时候，护卫军首领勇敢的阿塔楚克及别克泽克·艾尔·刺史连同莫贺达干和三千护卫军，以及）—铁尔痕-B2

续表

原词	汉义	所在位置	例句
tüš-	落下	阙 -B4; 暾 -1B30; 暾 -1X16	äšidip : qaɣanïm : bän äbgärü : **tüš**ayin tidi :（我的可汗说道：“我要回家。”）—暾-1B30
tüšür-	使落下	暾-1B27	**tüšür**tïmüz : atïɣ : ïqa : bayur ärtimiz （我令下马用饭。我们把马拴在树上。）—暾-1B27
tut-	抓;抓住;让抓住;被抓住	阙 -D1; 阙 -D3; 阙 -D3; 阙 -D7; 阙 -D11; 阙 -D19; 阙 -D32; 阙 -D38; 阙 -D38; 阙 -B3; 阙 -N8; 阙 -N10; 毗 -D3; 毗 -D4; 毗 -D4; 毗 -D7; 毗 -D10; 毗 -D16; 毗 -B6; 毗 -B8; 毗 -N9; 暾 -1B25; 暾 -1X13; 暾 -2X41; 暾-2X42；铁兹-X4；铁兹-B2；铁兹-D3；铁尔痕 -N2；铁尔痕-B1	qaɣanïn : **tut**dïmïz : yabɣusïn : šadïn :（俘虏其可汗。将其叶护和设）—暾-1X13 tabɣač atïn **tut**ïpan tabɣač qaɣanqa（用唐朝称号，臣属于唐朝皇）—阙 D7
tutsïq	统治	阙-N4;毗-B3	il **tutsïq** yir ötükän yïš ärmiš:（统治国家的地方是于都斤山。）—阙-N4
tuy-	感觉	暾-2X38	käčä kältimiz : kälmiši : alp tidi : **tuy**madï : （他们以为来到这是困难的。他们没有觉察我们。）—暾-2X38
tüz-	平直	阙 -D3; 阙 -D6; 毗 -D4;毗-D6;	bägläri bodunï **tüz**süz üčün（由于其诸官和人民的不忠）—阙-D6
tüzäl-	建立	阙-N5;毗-B3	bu yirdä olurup tabɣač bodun birlä:**tüzäl**tim altun kümüš isgti（住在这里，我同唐人建立了关系。）—毗-B3
u-	睡眠	暾-1B27;暾-1B28	[usï]n süŋügün : ačdïmïz （我们用矛打开了他们的睡梦。那时他们的可汗和军队）—暾-1B28

续表

原词	汉义	所在位置	例句
uč-	飞	阙-D16; 阙-D24; 阙-D30; 阙-BD; 阙-ND; 毗-D13; 毗-D14; 毗-D20; 毗-N10; 毗-X; 暾-2X40；铁兹-X5；铁尔痕-D2	yablaqïŋïn **üčün** äčim qaɣan uča bardï（由于你们无义，我叔可汗死去了。）—阙-D24
ud-	睡眠；跟随	阙-D27; 阙-D35; 阙-D37; 毗-D22; 毗-D27; 毗-D27; 暾-1D22; 暾-1X12; 暾-2D51; 暾-2X41 暾-2D55;暾-2D55	tarduš : šad ara : **udï** yańdïmïz :（达头设参战了，我们击溃了。）—暾-2X41
udïšr-	追赶；跟随	阙-D36;阙-B2	bir ärig oqun urdï, äki ärig **udïšr**u sančdï.（他用箭射死一人，并追杀两人。）—阙-D36
uma-	不能	阙-D10;毗-D9	yaɣï bolup itinü yaratunü **uma**duq yana ičikmiš（成为敌人后，但他们未能自立，重又内属了。）—阙-D10
üntürü	出来	暾-1B35	bolčuqa : taŋ **üntürü** : tägdimiz :（我们连夜前进，于黎明时抵达bolču。）—暾-1B35
ur-	打	阙-D33; 阙-D36; 阙-D36; 阙-N10; 阙-N11; 阙-N11; 毗-B8; 毗-B8; 毗-B8; 毗-B14; 暾-1B34；铁兹-N3 阙-N12;阙-N12;毗-B14	yarïqïnta yalmasïnta yüz artuq oqun **ur**tï（他的甲胄和披风上中了一百多箭）—阙-D33
uruɣsïra-	断绝后代	阙-D10;毗-D9	türk bodun ölüräyin, **uruɣsïra**tayïn（他们说：“我要灭掉突厥人民，并使其断绝后代。”）—毗-D9
üz-	折断	暾-1X13;暾-1X14;	yoɣun bolsar : **üz**gülük alp ärmiš（变成粗的，要折断就难了。）—暾-1X14

续表

原词	汉义	所在位置	例句
yabrït-	击溃	毗-D31	süsin anta: sančdïm: **yabrït**dïm （将其军队在那里击败、歼灭了）—毗-D31
yadaɣ-	步行	阙-D28; 阙-D32; 毗-D22; 毗 -D32; 毗-N1; 暾 -1B25; 暾-1X4	barmïs bodun ölü yitü **yadaɣ**ïn yalaŋïn yana（流散各处的人民，筋疲力尽地、无马无衣地归来了。）—毗-D22
yamaš	使用	铁尔痕-D6	[atlï]ɣïn : yamašdï : bïnga yorïdï（他使用了骑兵）—铁尔痕 D6
yaɣut-	走近	阙-N5;毗-B4	süčig sabïn yïmsaq aɣïn arïp ïrak bodunuɣ anča **yaɣut**ïr ärmiš, （他们用甜蜜的话语，柔软的宝物欺骗，使得远处的人民靠近。）—毗-B4
yäl-	疾驰	暾-1B26	buŋadïp : qaɣan : **yäl**ü kör timiš（向导由于带错了路而被杀。当困苦之际，可汗说："骑快些！"）—暾-1B26
yältür-	使疾驰	暾-2D54	bu türük bodun ara : yarïqlïɣ yaɣïɣ : **yältür**mädim（我没有让全副武装的敌人在突厥人民中驰骋）—暾-2D54
yan-	返回；驱散	阙-D23; 阙-D34; 阙-B11; 毗 -D19; 毗-D33; 暾 -1B26; 暾-1B28; 暾-1B29; 暾-1B33; 暾-1X16; 暾-1X16; 暾-2D53; 暾-2B45; 暾-2X37; 暾-2X41	köŋültä sïɣït kälsär, **yan**turu saqïntïm（心情难过，我强抑住。）—阙-B11
yaŋïl-	犯错	阙-D19; 阙-D20; 阙-D23; 阙 -N6; 阙-N10; 阙 -N11; 毗-D16; 毗 -D17; 毗-D19;毗-B4;毗-B8;毗-B8; 暾-1B26; 毗-D35	üčün, biziŋä **yaŋïl**duqïn üčün qaɣanï ölti（由于他们无知，由于他们对我们做错了事，其可汗死了。）—阙-D19

续表

原词	汉义	所在位置	例句
yarat-	创立；组织；造；成为	阙-D13; 阙-D19; 阙-D20; 阙-B13; 阙-N12; 阙-N13; 毗-D1; 毗-D12; 毗-D16; 毗-D17; 毗-B9; 毗-B9; 毗-B14; 毗-N13; 毗-N15; 暾-1D23; 毗-XN; 铁兹N2；铁兹-N3；铁尔痕-X2；铁尔痕-X3；铁尔痕-B5	aŋar adïnčïɣ barq **yarat**urtïm.（我令他们建造了宏伟的建筑物。）—阙-N12 tängritäg: tängri: **yarat**mïš: türk: bilgä:（像天一样的、天造的突厥毗伽可汗）—毗 D1
yaratun-	组织起来	阙-D10;毗-D9	yaɣï bolup itinü **yaratun**ü（成为敌人后，但他们未能自立）—毗-D9
yarlïqa-	保佑	阙-N9; 毗-B7; 毗-B9; 毗-B10; 毗-D33; 毗-D34; 暾-2D53; 暾-2X40; 暾-1X16;阙-D29	kisrä, täŋri **yarlïqa**zu, qutum bar üčün:（之后，感谢上天，由于我的福分）—阙 D29
yarlïqa-	命令	阙-D15; 阙-D29; 毗-D13; 毗-D14; 毗-D23；铁尔痕-B6	täŋri **yarlïqa**duqin üčün özüm qutïm bar üčün （由于上天的保佑，由于我本人有福）—阙-D15
yasa-	活着	阙-B2; 阙-B2; 阙-B10	özüm saqïntïm. öd täŋri **yasa**r, kiši oɣlï:qop ölgäli törümiš. （我自己十分悲痛。寿命是上天决定的，人类之子全都是为死而生。）—阙-B10
yat-	躺下	阙-D24; 阙-B9; 毗-D20;暾-1D19	söŋüküŋ tayča **yat**dï（你们的骨头堆积如山）—阙-D24
yät-	达到	暾-1B25	sökdïm : yoqaru : at **yät**ä yadaɣïn : ïɣač tutunu :（我令牵着马，抓住树木或木棍步行）—暾-1B25
yazuqla	犯罪	毗-D36	**yazuqla**[.......................... bi]ryä:（有罪在南方）—毗-D36
yïɣ-	集起	暾-2X43	**yïɣ**ïp azča : bodun : täzmiš ärti :（少数人民逃走了。）—暾-2X43

续表

原词	汉义	所在位置	例句
yit-	失去	阙-D27; 阙-D28; 毗-D22;毗-D22	birlä, äki šad birlä ölü **yit**ü qazɣantïm.（和两个设在一起，努力工作，筋疲力尽）—毗-D22
yitür-	丢失	阙-D7;毗-D7	qaɣanladuq qaɣanïn **yitür**ü ïdmïš（失去了成为可汗的可汗）—阙-D7
yoɣur-	涉过	暾-1B26	**yoɣur**<ru>ča : ïdïp ï bar baš : ašdïmïz :（踏开冰雪，我们翻过长有树木的山顶。）—暾-1B26
yoŋašur-	互相不合	阙-D6;毗-D7	bägli bodunlïɣ **yoŋašur**tuqin üčün:（由于他们使官民不和）—阙-D6
yoqadu	消灭	阙-D10	**yoqadu** barïr ärmiš.（他们在灭亡。）—阙-D10
yoqla-	吊唁	阙-D4;毗-D5	kälipän sïɣtamïš **yoqla**mïš（前来吊唁。）—毗-D5
yorï-	出征	阙-D12; 阙-D37; 阙-D40; 阙-N4; 阙-N6; 阙-N9; 阙-D35; 毗-DN; 暾-1X11；毗-D10; 毗-D27; 毗-D37; 毗-B3; 毗-B4; 毗-B7; 毗-N5; 暾-1B29; 暾-1B29; 暾-1D23; 暾-1D24; 暾-1X10;暾-2B61；暾-1B25；毗-D27；铁尔痕-D6；铁尔痕-D6；铁尔痕-D9；铁尔痕-D9; 铁尔痕-N1；铁尔痕-N2；铁尔痕-B5	äšidip ; bu yolïn : **yorï**sar : yaramačï tidim : yärči （并已封住。如走这条路，将不合适。）—暾-1D23 anta qalmïšï yir sayu qop toru ölü **yorï**yïr ärtig（你们中剩下的到处【流徙】，处境困难。）—阙-N9
yügärü	上边	阙-XN;毗-D2	közi: **yügärü** körti:（他们呆滞的眼睛变得有神了。）—毗-D2
yuɣur-	涉过	毗-DN;暾-1X15	[……….. kök]: öŋüg: **yuɣuru**: sü yorïp: tünli: künli:(越过兰 öŋüg 进军，白天黑夜)—毗-DN

续表

原词	汉义	所在位置	例句
yügür-	跑	阙 -D24; 毗 -D20; 暾 -2D54;暾-2D52	barduq yirdä ädgüg ol ärinč: qanïŋ subča **yügür**ti,（在你们去的地方的好处就是：你们血流如水）—阙 -D24
yükün-	敬拜	阙 -D2; 阙 -D15; 毗 -D3; 毗 -D13; 毗 -B10; 暾 -1B28; 暾 -2B46;暾-2X43	bašlïɣïɣ **yükün**türmiš, tizligig sökürmiš（使有头的顿首，使有膝的屈膝投降。）—阙 D2
yulï-	掠夺	暾-2X39；毗-D32	tägälim tidim : tägd : **yulï**dïmïz :（让我们进攻吧！”—我说。我们抢掠了。）—暾-2X39 siŋar: süsi ävig barqïɣ: **yulïɣalï**: bardï:（他们的一半军队去掠取汗庭和财物）—毗-D32
yünkün-	敬拜	阙-D18;毗-D16	tizligig sökürtümiz, bašlïɣïɣ **yünkün**türtimiz.（使有膝的屈膝，使有头的顿首投降。）—阙-D18
yurt-	住地	阙-B9;暾-1D19	sïdï : usïn buntatu : **yurtda** : yatu qalur（诸城成为一片废墟。）—暾 -1D19
yuvulu-	困难	暾-1B26	yoɣur<ru>ča : ïdïp ï bar baš : ašdïmïz : **yuvulu** :（踏开冰雪，我们翻过长有树木的山顶。我们很困难地下了山。）—暾-1B26

参考文献

（一）参考书目

《敦煌旧藏三叶回鹘文〈增壹阿含经〉残片研究》，《民族语文》2020年第1期。
A. 冯·加班：《古代突厥语语法》，耿世民译，内蒙古教育出版社2004年版。
爱德华·萨丕尔：《语言论》，陆卓元译，商务印书馆1985年版。
巴尔托里德：《中亚简史》，耿世民译，新疆人民出版社1980年版。
巴赞：《突厥历法研究》，耿升译，1998年。
伯恩什达姆：《6—8世纪鄂尔浑叶尼塞突厥社会经济制度》，杨讷译，新疆人民出版社1997年版。
伯纳德·科姆里：《语言共性和语言类型》，沈家煊译，华夏出版社1989年版。
布龙菲尔德：《语言论》，袁家骅，赵世开，甘世福译，商务印书馆2004年版。
蔡鸿生：《唐代九姓胡与突厥文化》，中华书局，2001年版。
岑仲勉：《突厥集史》（上下册），中华书局1958年版。
陈宗振：《中国突厥语族语言词汇集》，民族出版社1990年版。
程世良：《突厥比较语言学》，新疆人民出版社1997年版。
程世良：《现代维吾尔语语法》，新疆人民出版社1996年版。

崔焱：《〈玄奘传〉汉文—回鹘文对勘研究》，《中国与域外》2017 年第 2 期。

崔焱：《The Research on the Currency, Weights and Measures in Uygur Civil Documents》，《民族古籍研究》，商务印书馆 2018 年第 4 辑。

崔焱：《俄藏回鹘文〈玄奘传〉第六卷 6 叶释读》，《西夏学辑刊》宁夏人民出版社 2017 年版。

崔焱：《俄藏回鹘文〈玄奘传〉第六卷的文字特点》，《中国民族古文字研究会第十次学术会议论文集》，云南民族出版社 2018 年版。

崔焱：《俄藏回鹘文〈玄奘传〉第六卷七叶释读》，《民族古籍研究》，商务印书馆 2018 年第 4 辑。

崔焱：《鄂尔浑—叶尼塞碑铭语言研究综述》，《中国与域外》2020 年第 4 期。

崔焱：《回鹘文〈玄奘传〉研究综述》，《民族古籍研究》商务印书馆 2016 年第 2 辑。

崔焱：《回鹘文契约文书参与者称谓及其特点考释——兼与敦煌吐鲁番出土文书比较》，《西域研究》2017 年第 2 期。

崔焱：《回鹘文契约文书人名研究初探》，《丝绸之路出土各族契约文献研究论集》，中华书局 2019 年版。

崔焱：《回鹘文契约文书中的货币和度量衡问题》，《中国与域外》2016 年创刊号。

崔焱：《类型学视域下鄂尔浑——叶尼塞碑铭条件标记研究》，《中国民族古文字文献研究》2022 年第 1 期。

崔焱：《浅析回鹘文〈玄奘传〉第六卷中的音译型佛教术语》，《“译音对勘”的材料与方法》2021 年 12 月。

崔焱：《谒见回鹘石碑》，《中国少数民族碑铭研究》，民族出版社 2019 年版。

戴维·克里斯特尔：《现代语言学词典》，沈家煊译，商务印书馆 2007 年版。

冯承钧：《西突厥史料补阙及考证》，中华书局 1958 年版。

耿世民、阿不都热西提·亚库甫:《鄂尔浑—叶尼塞碑铭语言研究》,新疆大学出版社 1999 年版。
耿世民、魏萃一:《古代突厥语语法研究》,中央民族大学出版社 2010 年版。
耿世民:《古代突厥文碑铭研究》,中央民族大学出版社 2005 年版。
韩儒林:《蒙元史与内陆亚洲史研究》,兰州大学出版社 2012 年版。
护雅夫:《古代トルコ民族史研究》(《古代土耳其民族史研究》)全 3 册,东京,1967—1997 年。
黄成龙:《蒲溪羌语研究》,民族出版社 2006 年版。
江荻主编,王海波、阿力木江·托乎提著:《维吾尔语语法标注文本》,社会科学文献出版社 2016 年版。
克里亚什托尔内:《古代突厥如尼文碑铭》,李佩娟译,黑龙江教育出版社 1991 年版。
勒内·吉罗著,耿昇译:《东突厥汗国碑铭考释—骨咄录、默啜和毗伽可汗执政年间(680—734)》,新疆社会科学院历史研究所,1984 年。
李增祥:《突厥语言学基础》,中央民族大学出版社 2011 年版。
力提甫·托乎提:《现代维吾尔语参考语法》,中国社会科学出版社 2012 年版。
林梅村:《西域文明·考古、民族、语言和宗教新论》,东方出版社 1995 年版。
刘丹青讲授,曹瑞炯整理:《语言类型学》,中西书局 2017 年版。
陆丙甫、金立鑫主编:《语言类型学教程》,北京大学出版社 2015 年版。
罗新:《中古北族名号研究》,北京大学出版社 2009 年版。
马长寿:《突厥人和突厥汗国》,上海人民出版社 1957 年版。
桥本万太郎:《地理语言类型学》,余志鸿译,北京大学出版社 1985 年版。
芮传明:《古突厥碑铭研究》,上海古籍出版社 1998 年版。

沙畹：《西突厥史料》，冯承钧译，中华书局 1958 年版。
索绪尔：《普通语言学教程》，高名凯译，商务印书馆 2001 年版。
王力：《汉语史稿》，中华书局 1980 年版。
王远新：《突厥历史语言学研究》，中央民族大学出版社 1995 年版。
徐烈炯、刘丹青：《话题的结构与功能》，上海教育出版社 1998 年版。
徐通锵：《历史语言学》，商务印书馆 1996 年版。
张定京、阿不都热西提・亚库甫：《突厥语文学基础——耿世民教授八十华诞纪念文集》，中央民族大学出版社 2009 年版。
张定京：《现代哈萨克语实用语法》，中央民族大学出版社 2004 年版。
张铁山：《突厥语族文献学》，中央民族大学出版社 2005 年版。
А. С. Аманжолов, История и теория древнетюркского письма, Алматы, 2003

Allan, Keith. Classifiers[J]. Language. 53, 1977.

Alyılmaz Cengiz. Orhun Yazıtlarının Bugünkü Durumu, Ankara, 2005.

Ayazı, Özlem, Altun Yaruk Sudur VI. Kitap Karşıaştırmalı Metin Yayını. Ankara: Türk Dil Kurumu Basımevi, 2012.

С. Е. Малов, Енисейская письменность Тюрков: Тексты и Переводы, Москва, 1952.

Comrie, Bernard, Aspect: An Introduction to Verbal Aspect and Related Problems. Cambridge: Cambridge, University, 1976.

Comrie, Bernard, Haspelmath, Martin and Bickel, Balthasar. The Leipzig Glossing Rules: Conventions for interlinear morpheme-by- morpheme glosses. Department of Linguistics of the Max Planck Institute for Evolutionary Anthropology, Gemany.

Comrie, Bernard. Language Universals and Linguistic Typology: Syntax and Morphology (the second edition). Chicago: The University of Chicago,1989.

Erhan Aydın, Risbek Alimov, Fikret Yıldırım, Yenisey-Kirgızistan Yazıtlarıve Irk Bitig, Ankara, 2013.

Erhan Aydn,Orhon Yazıtları, Kömen Yayınları,2012.

G. Clauson, An Etymological of Pre-thirteenth-Century Turkish. Oxford, 1972.

H. N. Orkun, Eski Türk Yazıtları, I-IV, Istanbul, 1936-1941.

Hudson, Richard. Towards a useful theory of language[M]. In Peter K. Austin, Oliver Bond & David Nathan (eds.) Proceedings of Conference on Language Documentation and Linguistic Theory. London: SOAS, 2007.

Marcel Erdal, A Grammar of Old Turkic, Brill, Leiden-Boston, 2004.

Marcel Erdal, Old Turkic Word Formation, Wiesbaden, 1991.

Mehmet. Ölmez, Orhon–Uygur Hanlığı Dönemi Moğolistan'daki Eski Türk Yazıtları (Yenilenmiş İkinci Baskı). Ankara, 2013.

Ölmez, Mehmet. Altun Yaruk III. Kitap(5. Bölüm). Türk Diller Araştırmaları Dizisi I, Ankara,1991.

Ölmez, Mehmet. Şingko Şeli Tutung ve Eski Uygurcanın Sözvarlığına Katkıları, Doğan Aksan Armağanı, 1998.

Robert Dankoff, James Keily, Compendium of The Turkic Dictionary, Harvard University, 1982.

Talat Tekin. A Grammar of Orkhon Turkic, Indiana University,1968.

Talat Tekin. Orhon Türkçesi Grameri. Istnabul: Sanat Kitabevi,

W. Radloff, Die Alttürkischen Inschriften der Mongolei 1-3, St. Petersburg, 1894–1899.

В. М. Надельев, Древнетюркский Словарь, Ленинград, 1969.

Д. Д. Васильев, копрус тюркских рунических памятников бассейиа енисея, Ленинград, 1983.

И. В. Кормушинн, тюркские енисейские эпитафии, Москва, 1997.

（二）参考论文

（苏联）A. M. 谢尔巴克：《新疆十至十三世纪突厥文献语言语法概论

（动词部分）（续），动词的构词法》，《突厥语研究通讯》1989 年第 2 期。

阿不都热西提·亚库甫：《〈福乐智慧〉语言名词的形态系统概述》，中央民族大学突厥语言文化系、中亚学研究所、维吾尔学研究所编：《突厥语言与文化研究》（第二辑），北京：中央民族大学出版社 1997 年版。

阿不都热西提·亚库甫：《古代维吾尔语摩尼教文献语言结构描写研究》，博士学位论文，中央民族大学，1996 年。

阿不里克木·亚森：《吐鲁番回鹘文世俗文书动词条件式研究》，《语言与翻译》2002 年第 2 期。

阿布都那扎尔·阿布都拉：《维吾尔语构词词缀历时比较研究——以构成静词的词缀为主》，博士学位论文，中央民族大学，2009 年。

阿布都沙拉木·许库尔·诺亚：《古代突厥—回鹘碑铭文献的叙述特点》，《民族文学研究》2008 年第 1 期。

阿布都沙拉木·旭库尔：《古代突厥文碑铭文学研究——以〈暾欲谷碑〉、〈阙特勤碑〉和〈毗伽可汗碑〉为例》，中央民族大学 2009 年版。

阿力肯·阿吾哈力：《突厥如尼文字潮源》，《西域研究》2004 年第 2 期。

阿利娅·艾尼瓦尔：《鄂尔浑回鹘汗国及其回鹘文字》，《西北民族大学学报》（哲学社会科学版）2007 年第 5 期。

阿依达尔·米尔卡马力，迪拉娜·伊斯拉非尔：《吐鲁番博物馆藏回鹘文〈慈悲道场忏法〉残叶研究》，《敦煌研究》2011 年第 4 期。

艾娣雅·买买提：《鄂尔浑—叶尼塞碑铭文献古俗寻绎》，《西域研究》2001 年第 3 期。

艾克拜尔·吐尼亚孜：《浅析古代突厥文〈暾欲谷碑〉中出现的 türk sir bodun——兼论薛延陀汗国灭亡以后的薛延陀部落的历史》，《中央民族大学学报》（哲学社会科学版）2011 年第 5 期。

白玉冬：《鄂尔浑突厥鲁尼文碑铭的 čülgl (čülgil)》，《西域研究》2011

年第 1 期。
白玉冬：《十至十一世纪漠北游牧政权的出现——叶尼塞碑铭记录的九姓达靼王》，《民族研究》2013 年第 1 期。
陈明：《〈福乐智慧〉的词法研究》，硕士学位论文，喀什师范学院，2008 年。
陈玉洁、王健、Hilario de Sousa 等：《莱比锡标注系统及其在汉语语法研究中的应用》，《方言》2014 年第 1 期。
陈宗振：《〈突厥语词典〉中保留在西部裕固语里的一些古老词语》，《民族语文》1992 年第 1 期。
陈宗振：《再论〈突厥语词典〉中保留在西部裕固语里的一些古老词语》，《民族语文》1993 年第 1 期。
程溯洛：《从回鹘毗伽可汗碑汉文都分看唐代回鹘民族和祖国的关系》，《中央民族学院学报》1978 年第 2 期。
邓浩、杨富学：《西域敦煌回鹘文献条件形式的演变》，《敦煌研究》1999 年第 1 期。
邓浩、杨富学：《西域敦煌回鹘文献语言词法研究》，《敦煌研究》1998 年第 1 期。
邓浩、杨富学：《西域敦煌回鹘文献语言中的动词及其用法》，《敦煌研究》1998 年第 4 期。
邓浩：《〈突厥语词典〉名词的语法范畴及其形式》，《民族语文》1995 年第 1 期。
迪拉娜·伊斯拉非尔：《回鹘文哈密本〈弥勒会见记〉之动词词法研究》，硕士学位论文，中央民族大学，2005 年。
迪丽达尔：《古代突厥语和现代维吾尔语副词的初步比较研究》，李增祥等：《耿世民先生 70 寿辰纪念文集》，民族出版社 1995 年版。
冯懿：《20 世纪上半期突厥碑铭研究成就述论》，《牡丹江师范学院学报》（哲学社会科学版）2013 年第 1 期。
耿世民：《丹麦学者汤姆森与古代突厥文的解读》，《民族语文》2006 年第 6 期。

耿世民：《古代突厥文碑铭的发现和解读——纪念汤姆森解读古代突厥文一百一十年》，《西北民族研究》2004 年第 3 期。
耿世民：《若干古代突厥词的考释》，《民族语文》2002 年第 4 期。
哈米提·扎克尔：《突厥语族诸语言词法描写中尚待解决的若干问题》，《语言与翻译（汉文）》2002 年第 2 期。
洪勇明：《回纥汗国古突厥文碑铭研究述略》，《伊犁师范学院学报》（社会科学版）2009 年第 3 期。
洪勇明：《回纥汗国古突厥文碑铭语言和历史研究》，博士学位论文，中央民族大学，2009 年。
洪勇明：《试论古代突厥语造词法》，《伊犁师范学院学报》（社会科学版）2007 年第 3 期。
洪勇明：《试析古突厥文中 Sir 的族属》，《西北民族大学学报》（哲学社会科学版）2011 年第 4 期。
胡振华：《黠嘎斯文献语言的特点》，《民族语文》1992 年第 6 期。
黄成龙：《语法描写框架及术语的标记》，《民族语文》2005 年第 3 期。
靳尚怡：《高昌回鹘文文献语言的助词》，《语言与翻译》2002 年第 3 期。
靳尚怡：《回鹘文献语言的助动词简析》，刘志霄主编：《中国维吾尔历史文化研究论丛》(1)，乌鲁木齐：新疆人民出版社 1998 年版。
库班·外力：《吐鲁番出土公元五世纪的古突厥语木牌》，《文物》1981 年第 1 期。
李刚：《塔拉斯（TalasI-II）碑铭探微》，《吐鲁番学研究》2013 年第 2 期。
李经纬，陈瑜：《回鹘文文献语言名词的格范畴》，《语言与翻译》1996 年第 2 期。
李经纬，靳尚怡：《回鹘文献语言的后置词》，《语言与翻译》1995 年第 1 期。
李经纬：《回鹘文〈乌古斯可汗的传说〉kim 一词的用法》，《语言与翻译》1988 年第 1 期。
李经纬：《回鹘文文献语言动词的语法形式与语法意义（二）》，《喀什

师范学院学报》1996 年第 4 期。
李经纬：《回鹘文文献语言动词的语法形式与语法意义（一）》，《喀什师范学院学报》1996 年第 3 期。
李经纬：《回鹘文献语言的数量词》，《语言与翻译》1991 年第 1 期。
李经纬：《回鹘文献语言动词的双功能形式》，《语言与翻译》1997 年第 2 期。
李经纬：《浅谈高昌回鹘文献语言的连词》，《语言与翻译》2002 年第 2 期。
李娟：《漠北回鹘碑铭与汉文回鹘史料比较考证》，《西北民族大学学报》（哲学社会科学版），2013 年第 5 期。
李树辉：《〈突厥语大词典〉诠释四题》，《喀什师范学院学报》1998 年第 3 期。
李秀花：《〈慈悲道场忏法〉成书考》，《东方论坛》2008 年第 2 期。
李增祥：《中世纪突厥语文献与现代哈萨克语的词汇》，李增祥等：《耿世民先生 70 寿辰纪念文集》，民族出版社 1995 年版。
李志敏：《可汗名号语源问题考》，《民族研究》2004 年第 2 期。
林幹：《古突厥文碑札记》，《西北史地》1983 年第 2 期。
刘萍：《佛教的传播对古代维吾尔语书面语的影响》，《语言与翻译》1994 年第 4 期。
刘萍：《摩尼教的传播对回鹘书面语的影响》，《新疆社科论坛》1995 年第 2 期。
刘钊：《〈先祖库尔阔特书〉形态句法研究》，博士学位论文，中央民族大学，2013 年。
柳元丰：《7～11 世纪突厥文献语言名词格位对比研究》，《喀什师范学院学报》2009 年第 2 期。
柳元丰：《古代维吾尔语借词研究》，《喀什师范学院学报》2010 年第 4 期。
罗新：《走访突厥三大碑》，《文史知识》2005 年第 1 期。
马小玲：《论维吾尔语动词条件式的历史嬗变》，《语言与翻译（汉文

版)》2005 年第 2 期。
买买提阿布都拉·艾则孜:《回鹘文〈两王子的故事〉语言词法系统研究》，硕士学位论文，新疆大学，2011 年。
买提热依木:《古代突厥语的构词词缀》，中央民族大学突厥语言文化系、中亚学研究所、维吾尔学研究所编:《突厥语言与文化研究》(第二辑)，中央民族大学出版社 1997 年版。
满绰拉:《暾欲谷碑》,《内蒙古社会科学》(文史哲版)1993 年第 6 期。
芒·牧林:《古突厥文来源新探》,《中国民族古文字研究会第七次学术研讨会论文集》2004 年。
米娜瓦尔·阿合买提:《回鹘文〈佛说天地八阳神咒经〉的形态特征研究》，中央民族大学，2013 年。
牛汝极:《敦煌吐鲁番回鹘佛教文献与回鹘语大藏经》,《西域研究》2002 年第 2 期。
牛汝极:《古代突厥文〈翁金碑〉译注》,《喀什师范学院学报》1987 年第 3 期。
欧伟贞:《浅谈古代突厥文与现代维语语法中名词和动词之异同),《喀什师范学院学报》2001 年第 3 期。
帕丽达·阿木提:《古代维吾尔语的构词系统及其实用价值》，李增祥等:《耿世民先生 70 寿辰纪念文集》，民族出版社 1995 年版。
乔吉:《读赤峰市出土的古回鹘文碑铭》,《蒙古学信息》1995 年第 2 期。
乔睿:《古代突厥语动词 ti-之用法初探》,《佳木斯职业学院学报》2014 年第 12 期。
丘荣棠:《名动词质疑——评朱德熙先生关于名动词的说法》,《汉语学习》1994 年 6 月。
热孜娅·努日:《回鹘文哈密本〈弥勒会见记〉名词研究》，硕士学位论文，中央民族大学，2006 年。
沈家煊:《“名动词”的反思:问题和对策》,《世界汉语教学》2012 年第 1 期。

孙宏开：《再论藏缅语中动词的人称范畴》，《民族语文》1994 年第 4 期。

王大方：《突厥〈阙特勤碑〉与〈毗伽可汗碑〉踏察记》，《碑林集刊》2002 年第 1 期。

王立：《试析〈阙特勤碑〉中 čïqan 一词的词源及翻译问题》，《西域研究》2017 年第 3 期。

温拓：《阙特勤碑札记三则》，《历史学》2017 年第 3 期。

乌丽达娜依·居玛拜：《鄂尔浑碑铭文献词汇与现代哈萨克语词汇比较——以〈暾欲谷碑〉〈阙特勤碑〉〈毗伽可汗碑〉为主》，《伊犁师范学院学报》（社会科学版）2017 年第 4 期。

吴迪：《由〈阙特勤碑〉史实窥探阿尔泰语对汉语山东沂水方言的影响》，《伊犁师范学院学报》（社会科学版）2014 年第 4 期。

吴宏伟：《原始突厥语元音的构拟》，《语言与翻译》1996 年第 4 期。

吴玉全：《古代突厥语（暾欲谷碑）与现代吉尔吉斯语主从复合句对比分析》，《和田师范专科学校学报》2008 年第 3 期。

叶少钧：《试论十一世纪维吾尔语词的构成——学习〈突厥语大辞典〉》，《喀什师范学院学报》1985 年第 3 期。

叶少钧：《宗教与回鹘语言》，《喀什师范学院学报》（社会科学版）1999 年第 3 期。

张定京：《突厥语族语言语料转写与标注规范问题》，《伊犁师范学院学报》（社会科学版）2017 年第 2 期。

张定京：《语法范畴与词法、句法——突厥语言语法范畴问题》，《中央民族大学学报》1999 年第 2 期。

张巧云：《关于古代突厥文碑铭文献中“tängri”崇拜的整理与研究》，《伊犁师范学院学报》（社会科学版）2015 年第 1 期。

张铁山：《〈突厥语词典〉词汇统计研究》，中央民族大学少数民族语言文学学院编委会编：《中国民族语言论丛》（二），云南民族出版社 1997 年版。

张铁山：《〈突厥语词典〉动词构词附加成分电脑统计分析》，《民族语文》1998 年第 2 期。

张铁山：《〈突厥语词典〉名词构词附加成分统计研究》，《中央民族大学学报》1997 年第 5 期。

赵明鸣：《〈突厥语词典〉动词反身态研究》，《民族语文》1999 年第 6 期。

赵明鸣：《〈突厥语词典〉动词态范畴研究》，《新疆大学学报》1999 年第 4 期。

赵明鸣：《〈突厥语词典〉动词态特殊附加成分研究》，《语言与翻译》1999 年第 4 期。

赵明鸣：《〈突厥语词典〉语言构形及构词附加成分研究》，郎樱主编：《中国维吾尔历史文化研究论丛》（3），民族出版社 2003 年版。

赵明鸣：《〈突厥语词典〉中的一种宾格附加成分-I 考》，《民族语文》1999 年第 3 期。

赵明鸣：《关于〈突厥语词典〉中的一种宾格附加成分-n》，《民族语文》1998 年第 6 期。

赵永红：《回鹘文献语言动词的语态范畴及其特点》，《民族语文》2005 年第 2 期。

郑玲：《试析〈阙特勤碑〉分词符的省略》，《伊犁师范学院学报（社会科学版）2012 年第 1 期。

周士宏：《功能主义语言学说略》，《语言与翻译》（汉文版）2003 年第 4 期。

索　引

A

B

C

D

E

F

G

H

J

K

L

M

N

P

Q

R

S

T

W

X

Y

Z

后　　记

任何学术研究，都是探索一种理想实现的可能性。而我们则需要成为某一方面最前卫的“探索者”。因为自知无知，有所坚守，所以愿意自讨苦吃。

文化，这是一件迷人的事，而复原一种古代的语言，更是一件引人入胜的事。一个民族古代的生活与文化，常常有许多遗迹可寻，有许多实物为证，而说出来的话是瞬息即逝的，语言消亡之后就很难再捕捉到了。面对消失的文字和语言，我们永远都不知道我们已经失去了什么。古代语言的构拟常常是支离破碎的，要掌握其系统和组合结构，就只有依靠它的文字和文献。古代突厥碑铭里演绎着金戈铁马的战场和可汗的功绩；回鹘文题记中蕴含着敦煌壁画中经变图的密语；回鹘文世俗文书中扑面而来的是回鹘人浓浓的生活气息，察合台文献中叙说着伊斯兰化背景下的历史。这种语言的消亡与其部族被压迫和遭受不公正待遇密不可分，对于这些族群来说，保留他们的语言，解读他们的文献，透过语言的点点星光，就是在恢复他们的文化认同感、价值观和历史遗产，是给我们对人类的语言机能和认知系统有更深刻了解的机会。可以说，我们越深入，就越感觉到现有研究的局限性，越体会到自己的无知。对于人类历史的追寻是打开未来的一把钥匙，

更是对人类文明最大的尊重。

学习并不是为了使我们变得深奥，而恰恰是恢复人类的天真和好奇，天真的人才会无穷无尽地追问关于这个世界的道理。也就是那些“成熟的人”不屑一顾的“呆子气”，“成熟的人”永远是在告诉你，存在的就是合理的，而合理的就是不必追究，不必改变的。希望我们能够永远“stay hungry，study foolish”，念兹在兹。

在民大六载硕、博的学习生活即将告一段落，回首过去，感慨良多，我的任何一点小小的进步都少不了身边老师和同学们的帮助，谨此致以我最诚挚的谢意。

感谢我的导师张铁山先生，他是最纯粹的学者，先生为人谦和，儒雅风趣，永远的悲悯仁爱；先生治学严谨，求真求是，诲人不倦。从论文的选题到篇章的设计，自始至终都倾注着先生的心血。跟随先生学习六载，犹记得我们 15 年时重走丝绸之路的点滴，第一次在博物馆里见到回鹘文写本的震撼，谒见矗立千年的回鹘文石碑，敦煌大漠漫漫黄沙的洗礼，吐鲁番千佛洞的凋敝与丰盛。先生思想深邃，视野雄阔，引领我们步入这神奇而又深邃的语言文化世界，置身其间，耳濡目染，潜移默化。学习上经由先生悉心点拨，再经思考后的领悟，常常让我 “山重水复疑无路，柳暗花明又一村”。先生的人生境界和学术境界是我终身学习的典范，他的教诲与鞭策将激励我在今后的学术道路上励精图治、开拓创新。

感谢所有教导过我、关心、帮助过我的恩师。特别是参与我论文评审和答辩的各位老师，聂鸿音老师学识渊博，博通经典，总是能一针见血地指出我们的问题，让我们受益良多；温柔而又有力量的孙伯君老师永远是我们高山仰止的女性学术楷模，使我立下“精审地考证解读后回归历史文化以建构民族文化”的学术目标；和蔼可亲的毕桪老师教诲如春风、似润雨，永铭我心；诲人不倦的朱崇先老师总是不厌其烦地解答我们的各种提问，让我们陶醉其中，心驰神往；最亲切的黄建明老师永远让我们感受到热情和睿智，带领我们发现古籍文献中的奇珍异宝。还要特别感谢艾尔肯老师无私地提供给我许多国内外

的一手宝贵资料，使我的论文不断完善。他们都有着深厚的语言学和文献学造诣，高尚的人格修养，有幸得以和诸位先生学习，诚乃福报也!是他们让我审视六年来的学习成果，是他们让我更加明确今后的发展方向。各位亲爱的老师，是我生命航程里的一座座灯塔，照亮我前方的路，无私地给予我温暖和光明。

感谢同门的兄弟姐妹们，可爱明媚的洁洁宝贝、“同甘共苦”的海霞和进芳姐、如意、Martina、朱哥、三个博士姐姐、元晟、富珍、建军、苏苏；还有已经毕业了的师兄师姐，温润如玉的佩仪姐、王立师兄、仲夷姐、华栋师兄、剑锋师兄、代川师兄、佳音师姐、李琴师姐、韩旭师姐、杨潇师姐、何师兄、巧云师姐、乔睿师姐；给我的论文提供帮助和材料的古丽师姐、李刚师兄，原谅没有一一提及，这些亲爱的兄弟姐妹是我珍视一生的亲爱伙伴，感谢大家对我付出的帮助和包容！难忘大家在一起的学习生活的欢乐与美好，共同经历的时光都变成钻石一般闪闪发光的珍贵回忆，镌刻于心，感恩这段难得的岁月!身边还有很多关心我、帮助我成长的师长、朋友和家人，我永远怀抱一个感恩的心，感谢你们!

志之所趋，无远弗届，穷山距海，不能限也。我将脚踏实地，仰望星空，继续前行!

崔　焱

2023 年 4 月